AF206319

Martin Hagenmaier

…und über allem schwebt der Heilige Geist…

Widersprüche in der evangelischen Kirche

Bibliografische Informationen der Deutschen Bibliothek

Die Deutsche Bibliothek verzeichnet diese Publikation in der Deutschen Nationalbibliografie; detaillierte bibliografische Daten sind im Internet unter http:/dnb.d-nb.de abrufbar.

© 2020 Martin Hagenmaier
Herstellung und Verlag: BoD – Books on Demand, Norderstedt.
ISBN: 9783751904414

Um ein Kapitel erweiterte Taschenbuch - Auflage.

Alle Rechte vorbehalten. Alle Angaben ohne Gewähr.

Nachdruck, auch auszugsweise, nur mit schriftlicher Genehmigung des Autors. Die Verwendung in anderen Medien oder in Seminaren, Vorträgen etc. ist ohne Erlaubnis verboten.

Texte aus diesem Buch wurden bereits in den „Evangelischen Stimmen" oder „Wege zum Menschen" abgedruckt.

Umschlagbild: Baptisterium der Arianer in Ravenna, Taufe Jesu im Jordan. Foto: Martin Hagenmaier

Umschlagsgestaltung: Heike Hagenmaier, TBT Verlag

Inhalt

Einleitung

Der Geist weht, wo er will[1]

Was ist los mit der Kirche? Zum Beginn von evangelischen Kirchentagen steigt die Medienaufmerksamkeit immer. Zum Lutherjahr gab es ebenfalls reges Interesse. 2017 sendeten daher die Tagesthemen zwei Kommentare. Im ersten fragte Anna Kyrieleis nach einer deutlicheren und klareren Präsenz der Kirche im Alltag, die auch gerne mal streitbar oder einseitig sein darf.[2] Das könnte die Frage nach etwas mehr Heiligem Geist und weniger Ausgewogenheit in der evangelischen Kirche gewesen sein, öffentlich noch rechtzeitig vor dem Pfingstfest gestellt. Warum kann diese Kirche nicht deutlicher und mit Begeisterung dem folgen, was ihre Grundaussage vorgibt, die Nächsten- und sogar Feindesliebe heißt? Geht etwa der Alltag auch in der Kirche im Gemenge unter, obwohl sie doch klare Botschaften kennt? Im zweiten Kommentar fragte Friederike Sittler danach, ob vielleicht nach dem Reformationsjubiläum 2017 den Kirchen die Luft ausgehen wird und plädierte für einen neuen Anfang – wie 1517.[3] Im Alltag werden aber ganz andere Fragen gestellt, die eher eine andere Realität betreffen:

Wenn man beispielsweise Pfingsten noch nicht draußen grillen kann, geht hierzulande die bange Frage um, ob der Sommer dieses Jahr noch kommt, um eine der Einnahmequellen an der See oder in den Bergen des Landes zum Sprudeln zu bringen. Weihnachten feiern Christen und Nichtchristen in der Familie. Menschen, die bewusst keine Kirchenmitglieder sind, tun das sehr bewusst auch. Wehe, jemand will diesen sozialen Besitzstand angreifen und sei es, um an den Feiertagen eine Arbeitserlaubnis für seinen Betrieb zu bekommen! Karfreitag, Ostern und selbst Pfingsten werden von Schulferien eingerahmt. Mit Geburt und Kreuzigung kann man auch direkt etwas anfangen, die Auferstehung wird schon komplizierter, aber der Heilige Geist? Er mag in den elitären Fragen erscheinen: Ob die Menschheit sich demnächst selbst in die Wärmekatastrophe manövriert, ob sozialer Ausgleich gut sei, ob man MigrantInnen anders begegnen oder wie man mit Islamisten ein Gespräch beginnen könnte, statt sie mit Bomben zuzuschütten – um gleich das Komplizierteste zu nennen.

Am fünfzigsten Tag nach dem Sabbat am Passahfest war Jerusalem das Ziel einer großen Wallfahrt für die Juden aus aller Welt. An diesem Tag geschah das Pfingstwunder. Ein Brausen setzte ein und es sah aus, als ob sich feuerähnliche Zungen auf die Jünger verteilten. Sie begannen

---

[1] Eigentlich: Der Wind weht, wo er will.... Aber aus dem Zusammenhang in Joh. 3, 8 wird klar, wer mit dem Wind gemeint ist.
[2] https://www.tagesschau.de/multimedia/video/video-291953.html.
[3] http://www.tagesschau.de/multimedia/video/video-342575.html.

vom Geist erfüllt „in Zungen zu reden". Das hörten Leute, die zur Wall-fahrt in Jerusalem weilten und jeder hörte in seiner eigenen Sprache etwas von den großen Taten Gottes.

Ein echter Protestant legt Wert auf Vernunft und Nüchternheit. Schon „Maria" ist ihm zu viel. Wenn man sich vorstellt, in Flensburg, Meldorf, auf der Insel Föhr, in Greifswald oder Schwerin fielen plötzlich einige gestandene Bürger in geistliche Verzückung, das auszumalen reizt eher zum Lachen. Deshalb wird das Verhältnis zum Pfingstfest etwas kühler geblieben sein, auch wenn man sich nicht getraute zu denken, was die Leute in Jerusalem damals sogar gesagt haben: „Die sind doch besof-fen!" So ein bisschen Verdacht auf Schwärmerei und Gefühlsduselei haftet der Kirche immer an, wenn sie mal wieder die eingefahrenen Wohlstandsgewohnheiten in Frage stellt und an die Armen, Kranken und Flüchtlinge erinnert. Duselei heißt dabei auch etwas wie nicht so ganz klar bei der Wirklichkeit! Dabei ist „die Kirche" nichts anderes als alle, die an Gott in der Form der Botschaft Christi glauben oder eben eine gegliederte Institution. Dass sie aber mit dem Gewerkschaftsbund und der katholischen Schwester zusammen den Abbau des Sozialstaates beklagt, das erfüllt manche doch wieder mit heimlicher Hochachtung.

Weltweit feiern Christen das gleiche Fest trotz unterschiedlicher Spra-chen und religiöser Bräuche. Die einen sind mit dem Feiern in einer Stunde vernünftig fertig. Viele nutzen den ganzen Tag, um zu tanzen und zu singen oder am - Karfreitag - zu klagen. Alle aber leiden auf ihre Art darunter, dass es nicht zu gelingen scheint, die Begeisterung des Anfangs zurückzuholen. Das Pfingstfest erinnert daran: vom Geist wird man ergriffen und kann ihn nicht selbst erzeugen. Das unterscheidet die biblische Lehre vom Heiligen Geist von vielen Übungen, die religiöse Gruppen anbieten, um den religiösen Trip herbei zu zwingen wie mit einer Droge.

Ein religiöser Trip ist der Heilige Geist nicht. Aber aus der Bahn wirft er schon, weil er sich nicht an die Konventionen hält. Von der Konven-tion hat unsere angeblich unkonventionelle Umbruchzeit so viel, dass der Heilige Geist als Regelverletzer erster Ordnung bei seinem Auftre-ten massenweise Gesetze und Verordnungen brechen müsste. Einen Geist, der weht, wo er will, ohne dass er vorher von einem Kirchenamt oder einer Verwaltung auf Unbedenklichkeit und Schulabschluss über-prüft wäre, kann sich schon bald keiner mehr vorstellen. In unserem freien Land müssen sogar junge Leute unendliche Verbeugungen und Verbiegungen hinter sich bringen, damit sie die Schule schaffen und ihnen jemand einen Platz zur Ausbildung gewährt. Wer aus der Rolle gefallen ist, trägt das Makel lebenslang mit sich herum. Leute, die täg-lich zur Arbeit gehen, werden durch immer neue Diskussionen um die Löhne und Gehälter gemobbt, angeblich um die zu hohen Lohnkosten nicht ausufern zu lassen. Wer keine Arbeit hat, ist selber schuld. Wer alt ist, soll sich seiner Rente ein wenig schämen, so er denn genug davon hat. Wer Zuflucht sucht, findet nur unter schwersten Bedenken und Verdächtigungen Platz. Statt Zuversicht regiert die Angst. Wo man mit seinen Gaben wuchern müsste, hält man sich ängstlich zurück. Man könnte von irgendjemand haftbar gemacht werden. Erklärbar ist das alles nicht mit der so beliebten emotionsfreien Vernunft. Man könnte denken, es regiert ein Geist, der mutlos, wütend und ängstlich macht. Er bringt uns alle außer Rand und Band. Da helfen nicht einmal neue Vorschriften. Und manche denken: Wenn sie doch mal „besoffen (vom Geist)" wären!

Immer noch sind die meisten Menschen im Gegensatz zu Ostdeutschland auch in Schleswig-Holstein getauft und konfirmiert. So ist ein Hauch vom Geist, der lebendig macht, weitergegeben. Heute warten aber viele darauf, dass der Heilige Geist sichtbar in die Kirchen zurückkehrt, auch wenn eher eine Art Angst davor herrscht, dass man dann gar nichts mehr hat, was feststeht.

Unterdessen aber gibt es viel zu tun und zu erleben. Denn der Geist hat bewirkt, dass es keine Voraussetzungen für den Glauben gibt. Man braucht nicht arm oder reich, jung oder alt, Frau oder Mann, deutsch oder anderer Zunge, nicht besonders rechtschaffen und angepasst oder gar bibelfest und was es alles an Definitionen, Unterscheidungen und vermeintlichen Statussymbolen gibt, zu sein oder zu haben, um sich mit den anderen Menschen zu verstehen und sie zu achten, wenn nicht gar sie zu lieben. Viele Zeugen des Glaubens würden heute durch alle bürgerlichen, wenn nicht rechtlichen Roste fallen. In unseren Tagen setzt sich auch der Verdächtigungen aus, der andere wirklich achtet, ohne daraus ein eigenes Interesse zu befriedigen.

Der Heilige Geist, hat der Apostel Paulus geschrieben, vertritt uns mit „unaussprechlichem Seufzen", was heute wohl auch ein Seufzen über die Geister wäre, von denen wir uns leiten lassen. Er schafft Zuversicht ohne Voraussetzung und oft gegen alle Vernunft. Die christlichen Kirchen und Gemeinden aller Art sind nur seine Platzhalter, auch wenn sich manche unter ihnen gebärden, als hätten sie ihn als Ausstellungsstück unter Glas. Man erkennt ihn aber daran, dass er sich nicht einsperren lässt. Er schafft Leben, Liebe, Freude, Zuversicht, Begeisterung, Geduld, Frieden und Beharrlichkeit.

Wie er aber da und dort, wo er eigentlich im Mittelpunkt stehen müsste, bisweilen regelrecht ausgetrieben wird, kann man in „seiner Kirche" betrachten. Das wird auch an den (uns) Pastoren deutlich.

Ende der sechziger, Anfang der siebziger Jahre z.B. als Theologe ausgebildet und seither bis in den Ruhestand hinein fleißig weitergebildet worden zu sein, das bedeutet vor allem, dass man seine ganze Kraft und sein ganzes Vertrauen aus der „Wahrheit" der Humanwissenschaften bezieht. Sie können erklären, wie der Glauben den menschlichen Bedürfnissen und Sehnsüchten entspricht, ihnen nachgebildet ist und sie erfüllt.

Wer sich selbst immer schön am Schlafittchen hält, seine Empfindungen kontrolliert und seine Beziehungen klärt, der kann Pastorin oder Pastor sein. Dann kommen dazu noch ein gutes Zeitmanagement, ein paar gute Ideen fürs Spendensammeln, und jede Menge Aufgeschlossenheit für Festivitäten und Aktionen in der Gemeinde. Der gruppendynamische Überblick hilft, kleinere und größere Gemeindegruppen anzuschieben und durchzuhalten, Projektgruppen zu initiieren und den Kirchenvorstand oder -gemeinderat richtig zu lenken. Ein wenig Spiritualität bildet das Salz in der Suppe.

Bereitschaft und Fähigkeit für seelsorgerlich-therapeutische Gespräche können auch nicht schaden. Wer noch mit den Stars der Öffentlichkeit verkehrt, wirkt anziehend. Leitungsfähigkeiten tun den Mitarbeiterinnen und Mitarbeitern gut. Mit „Eventcharakter" sollen die Gottesdienste am Sonntag, die Taufen, Trauungen und ein wenig auch die Trauerfeiern nicht einfach nur „gehalten", sondern gefeiert werden. Unterricht und Konfirmation sollen einen richtigen „Kick" verpassen.

Viel Professionalität wurde auf allen Ebenen gewonnen. Begleitet wurde das ganze von Auseinandersetzungen um „Charismatiker" sowie missionarische und andere Erneuerungsversuche. Gute und professionelle Animateure, Therapeuten und Manager - *die braucht „die Kirche" - wozu?*

Ist den Menschen, die beruflich in den Kirchen arbeiten, vor lauter Professionalität vielleicht doch der Inhalt abhandengekommen, obwohl sogar Unternehmensberatungen sich um Leitbild- und Produktdiskussion der Kirchen bemühen? Viele Kirchengemeinden erarbeiteten den Unternehmensberatungen nachgebildete Bestandsaufnahmen und Leitbilder.

Hatten Theologengenerationen nach dem Zweiten Weltkrieg vorrangig nach dem „*Was*" der Kirche gefragt, so fragten wir uns immer wieder nach dem „*Wie*". Die Frage: „*Was sage ich m e i n e r Gemeinde*", trat völlig zurück hinter dem immer wieder neu aufgerollten: „*Wie sage ich es der Gemeinde?*". Neuerdings heißt das mangels Zuhörerschaft bisweilen schlicht sogar einfach nur noch: „*Wie sage ich es...den Mitmenschen?*"

Mancherorts und zu manchen Zeiten sind also neben den Inhalten möglicherweise auch die Adressaten verloren gegangen. Die oft hart erarbeitete Professionalität wurde von der Erosion der Kirchenmitgliedschaft begleitet. Diverse religiöse Gruppen und bisher anderswo auf der Erde beheimatete Religionen machen die Anschauung von Religion bunter. Die Zusammenbindung von Aggression und Religion im

Islamismus macht vielen Angst – vor allen Religionen. Vielleicht hat in den christlichen Kirchen aber erst die Professionalisierung der Pfarrerschaft eine Art der Austreibung des Heiligen Geistes verursacht. Professionell kann ich doch nur das handhaben, was ich mir griffbereit angeeignet habe und auch dauernd weiter aneigne. *„Ständige Verbesserung"* lautet ein Schlagwort der professionellen Qualitätssicherung. Der Heilige Geist aber kann nicht professionell angeeignet werden. *„Der Wind bläst, wo er will, und du hörst sein Sausen wohl...".* *„Wenn ihr nicht werdet wie die Kinder...“* Sind das Schlüsselsätze für therapeutische, charismatische und unternehmerische Professionalität? Ich frage mich: Hat ein ziemlich unprofessioneller und unvorbereiteter Auftritt vielleicht beim ersten Pfingstfest Festbesucher zu der Diagnose veranlasst: *„Sie sind voll süßen Weins" (Apg2)?* Das „Was" und das „Wie" gab der Geist ihnen zu reden ein. Und sie wussten nicht wie ihnen geschah. Der Heilige Geist saß auf ihnen wie Feuer und es kamen 3000 Leute zur Taufe an einem Tag.

Solche gewaltigen Glaubenswogen gibt es nicht jeden Tag. Das weiß der vernünftige Mensch. Deshalb ist er auch professionell mit erheblich weniger zufrieden. „Ständige Verbesserung" von Leitbild und Angebot kann auch abschrecken, wenn sie die Botschaft rüberbringt, das Glauben sei ein ungeheures Expertentum. Wie bescheiden ist dagegen die enthusiastische Vorstellung des Apostels Paulus (1. Kor 12), der allen Glaubenden ihre je eigene Geistesgabe zuspricht und die Gemeinde als eine Versammlung dieser Gaben des Geistes ansieht.

Wir sind eine Theologengeneration, die versucht hat, die Kraft des Heiligen Geistes durch die Kraft der Professionalität zu ersetzen. Das macht in einer Gesellschaft, die vom Expertentum der Professionellen lebt, einen Sinn für den beruflichen Werdegang. Für die Gemeinde ist jedoch entscheidend, dass alle Glaubenden den Geist durch Handauflegung und Segen zugesprochen bekommen, nicht nur die 'Geistlichen' in ihrer ganz eigenen Funktion. Die Pfingstgeschichte wurde schon immer als Erfüllungsgeschichte der Verheißung verstanden, dass Gott seinen *„Geist auf alles Fleisch ausgießen"* will, nicht nur auf professionelle Mitarbeiterinnen und Mitarbeiter von Kirchen oder Geistliche.

Wie ist es aber möglich, sich trotz Professionalität und Leitbild dem Heiligen Geist zu öffnen, der neues Leben schafft und nicht die Strukturen des alten mit anderen Mitteln fortsetzt? Diese Frage muss zumindest in einer Kirche gestellt werden, die das Priestertum aller Gläubigen zu ihren evangelischen Leitbildern zählt. Die Tendenz von evangelischer Professionalität muss nicht sein, Glauben und Leben im Expertentum endgültig zu lösen. Das nämlich würde geradewegs zur Austreibung des Heiligen Geistes führen. Evangelische Professionalität heißt vielmehr, sich dem Heiligen Geist und seinen Gaben so weit zu öffnen, dass es heißen kann:

„Ich lebe aber; doch nun nicht ich, sondern Christus lebt in mir". (Gal 2,20) *„Die Frucht des Geistes ist allerlei Gütigkeit und Gerechtigkeit und Wahrheit." (Eph. 5, 9).*

Diese und andere Gaben des Geistes wirken in der Gemeinde und sind sogar außerhalb ihrer zugänglich, wie der universale Anspruch und die universale Wirkung der Ausgießung (Joel 3) ankündigen.

Eine der Gaben des Geistes ist die Scheidung der Geister, eine die Deutung, eine die Seelsorge usw. Glaubende haben teil an den Gaben des Geistes, nicht Deutende oder Professionelle. Die Frage müsste also heißen: Wie kann ich mich als Glaubender so weit vertiefen, dass ich mich dem Wirken des Geistes nicht in den Weg stelle, wenn ich auf ihn hinweise. Denn er ist es, der uns als neue Geschöpfe anspricht. Leitbildentwicklung und Professionalisierung - das sind neue Formen der Selbstvergewisserung und Selbstrechtfertigung auch in den Kirchen. Da wir in dieser Welt leben, können wir auf solche Formen von Auseinandersetzung, Zusammenarbeit und Management nicht verzichten. Wir sollten sie aber nicht mit der Offenbarung und dem Wirken des Heiligen Geistes verwechseln. Der ergreift uns neben und unter all dem Bemühen um bessere Darstellung und Darbietung im Streit um die Lebensmöglichkeiten. Reflektiert werden muss deshalb, wie neue Ansätze in Seelsorge und Gemeinde, so geistgeleitet und lebensfördernd sie immer zu wirken scheinen, durch Organisation, Festschreibung und bestimmte institutionelle Verarbeitungsweisen zu Formen degenerieren, die den Heiligen Geist nicht wirken lassen, sondern vertreiben.

♦ Die Erfahrung sagt, dass der Geist an Orten oder bei Menschen auftaucht, an und bei denen es vor allem die hauptberuflichen Geistlichen nicht vermuten.

♦ Es bleibt die Aufgabe sowohl der beruflichen als auch aller Christinnen und Christen, sich dem Wirken des Heiligen Geistes zu öffnen und sich selbst als „geistlich" zu begreifen.

Die „Austreibung" des Heiligen Geistes

Die vordergründige Einengung der Kirche auf Pastorinnen und Pastoren, die fast bis zur Identifikation reicht, sowie die verfassungsmäßige Festlegung der geistlichen Leitung beispielsweise in der ehemaligen Nordelbischen Kirche auf die Gemeindevorstände, das trotz radikal sich verändernder beruflicher Situation immer noch auf das „Pfarrhaus" ausgerichtete Dienstrecht, das bedeutet meiner Ansicht nach eher die Austreibung des Heiligen Geistes als das Leben aus seiner Kraft. Wer einmal wieder in Jürgen Moltmanns Buch „Kirche in der Kraft des Heiligen Geistes"[4] liest, kommt sich vor wie in einem anderen Zeitalter.

---

[4] Jürgen Moltmann, Kirche in der Kraft des Geistes, Chr. Kaiser Verlag München 1975

Trotz der charismatischen und anderer Bewegungen, die ausdrücklich den Heiligen Geist zum Inhalt hatten, ist wenig von ihm zu spüren. Die Kirchen bemühen sich darum, sich ganz auf die eigenen Ressourcen zu besinnen.

Die Leitung der Kirche kommt offenbar nicht vom unbegreifbaren und auch immer wieder quertreibenden, aber Leben schaffenden Heiligen Geist. Ebenso wenig verstehen sich die zur Leitung Berufenen oder Gewählten als Medien der geistlichen Leitung. Vielmehr werden Verantwortung für notwendige Reformen den mit Leitbildorientierung, Optimierung und Rationalisierung argumentierenden Beratungsfirmen zugeschoben. Ich habe meine Zweifel, dass ausgerechnet durch sie der Heilige Geist wieder zu Wort kommen kann. Der Geist Gottes ist ein Geist des Lebens im universalen und im speziellen christlichen Sinne. Bei der Schöpfung schwebte der Geist Gottes über dem Chaos.[5] Die Richter der Vorkönigszeit trieb er zu ziemlich heftigen kriegerischen Handlungen an, wenn man beispielsweise an Gideon, an die Männer Israels im Krieg denkt oder auch an Simson.[6] Hier wirkte er schon sehr partikular und diskriminierend im Sinne des rechten Glaubens und gegen die Götzen.

Das Königtum war wie eine Art Institutionalisierungsversuch des Geistes, dessen Unmöglichkeit schon vor der Wahl des Königs Saul als Streit zwischen Gott und den Israeliten nachgezeichnet ist.[7] Die Salbung des Königs war zugleich die Übergabe des Geistes an ihn.[8] In der Geschichte des Königs Saul wird gezeigt, dass nach alttestamentlichem Verständnis Gott seinen Geist wieder abziehen und einen bösen Geist wirken lassen konnte.[9]

♦ Die Geistbegabung wirkte als Beauftragung Gottes. Sie ist mit Macht und Kraft verbunden.

♦ Bei der Taufe Jesu kommt der Heilige Geist auf ihn herab, als ihm die Gottessohnschaft zugesagt wird, was als Begabung mit dem Geist und Beauftragung im Sinne auch der alttestamentlich verstandenen Macht zu verstehen ist.[10]

♦ In den Abschiedsreden des Johannesevangeliums wird er als Tröster der verlassenen Gemeinde angekündigt.[11]

---

[5] 1. Mose 1
[6] Richter 6 und Richter 13-16
[7] 1. Samuel 8/9
[8] 1. Samuel 10
[9] 1. Samuel 16-18
[10] Markus 1,10; Matthäus 3, 16; Lukas 3,22
[11] Johannes 13-16

17

♦ Die Geschichte, in der das Wirken des Heiligen Geistes die ängstlichen Jünger zu überzeugenden Missionaren macht, wird schließlich bis heute mit dem Pfingstfest gefeiert.[12] Wo ist der Heilige Geist heute? Hat er sich in den Gaben von Wort und Sakrament zu sehr verdinglicht und ritualisiert? Oder wird er gar durch diese Einengung ausgetrieben?

In den siebziger Jahren des vorangegangenen Jahrhunderts war das Stichwort „neue Spiritualität" durch die 5. Vollversammlung des Ökumenischen Rates der Kirchen in Nairobi ausgegeben worden. Auch die Evangelische Kirche in Deutschland beteiligte sich als ganze zumindest an der Diskussion, wie die Denkschrift „Evangelische Spiritualität"[13] nachweist. Diese Denkschrift erklärt die Zurückhaltung der evangelischen Kirchen gegenüber „einer Theologie des Heiligen Geistes ... aus den schmerzlichen Erfahrungen in der Reformationszeit."[14] Der Hauptstrom der Reformation sei der Überlieferung der abendländischen Kirche gefolgt und habe den Geist als gleichzeitig vom Vater und vom Sohn ausgehend „konsequent an Wort und Sakrament als seine wirksamen Instrumente gebunden"[15]. Dies begründe auch einen Mangel an „systematischem Nachdenken über Frömmigkeit und geistliches Leben" in der praktischen Theologie.[16]

Die Frage nach der Kirche wird in der Praktischen Theologie vorwiegend am Berufsbild der Geistlichen und an ihren Aufgaben reflektiert. An den Universitäten gibt es seit Schleiermacher zunehmend und heute überall die Abteilung „Praktische Theologie". So sinnvoll es schien, die Theologie mit Praxisreflektion auszustatten, so erstaunlich bleibt es doch, wie sehr die Praktische Theologie unpraktisch bleibt. Obwohl gerade in diesem Fachbereich alle Lehrenden im Pfarramt gewesen sind, scheint es doch, als hätten sie ihre Erfahrungen weit hinter sich gelassen. Wohl erschienen Beiträge zum „Evangelischen Pfarrhaus".[17] Diese sprechen von ihrem Objekt aber bei aller Ernsthaftigkeit eher romantisch - verklärend. Das einzige offene Buch über bestimmte Aspekte eines frommen Hauses hat Tilman Moser mit seiner „Gottesvergiftung" geschrieben.[18] Die Fragen der Spiritualität werden indirekt in der

---

[12] Apostelgeschichte 2

[13] Evangelische Spiritualität, Übelegungen und Anstöße zu einer Neuorientierung, Hg. Kirchenkanzlei der EKD, Gütersloher Verlagshaus Gerd Mohn 1979

[14] A.a.O., 30

[15] Ebd.

[16] A.a.O. 32

[17] Z.B. Martin Greiffenhagen, Hg., Das Evangelische Pfarrhaus, Kreuz Verlag Stuttgart 1984; Richard Riess, Hg., Haus in der Zeit: Das evangelische Pfarrhaus heute, Chr. Kaiser Verlag München 1979, 2. erw. Auflage 1990; Themenheft Das evangelische Pfarrhaus, Evangelische Stimmen 12/2013

[18] Tilman Moser, Gottesvergiftung, Suhrkamp Verlag Frankfurt 1976

Diskussion der beruflichen Aufgaben der Pastorinnen und Pastoren behandelt.

In der vergangenen pastoralpsychologischen Phase beschäftigte man sich auch mit der Persönlichkeit der Pastorinnen und Pastoren im Hinblick auf ihre Fähigkeit, mit den Anforderungen aus der Gemeinde umzugehen. Mit den praktischen Gegebenheiten, wie eine Familie z.b. auf die institutionelle Umgebung der Kirche reagiert, welche Rolle den Frauen und Kindern im Pfarrhaus immer noch zugeschrieben wird, dass die Pfarrergesetze nach wie vor die Familie in die Residenzpflicht mit hinein nehmen, ... mit diesen ziemlich konkreten Problemen geht die Wissenschaft natürlich nicht um. In Folge gewähnter wirtschaftlicher Probleme werden vermehrt Pfarrstellen geteilt. Auf Teilzeitstellen kann die Beschreibung, die als gültig für den Pfarrerberuf vorgegeben wird, gar nicht zutreffen. Die ganze berufliche Hingabe einschließlich der Familie lässt sich nicht fordern, wenn der Pfarrer oder die Pfarrerin, oder der / die jeweilige Partner/in zum Lebensunterhalt einen (weiteren) Beruf ausüben muss. Auch die zeitliche Präsenz muss konkret eingegrenzt werden.

Weder als Lehr- noch als Übungsinhalt tauchte der Heilige Geist auf. Seit einiger Zeit gibt es immerhin die Idee der geistlichen Begleitung als Fortbildungsmodul. Wie die theologischen Theorien der letzten Jahrzehnte über die Pfarrerrolle, den Gemeindeaufbau, die Predigtarbeit, den Umgang mit der Macht des Geistes allein durch die tägliche Wirklichkeit eines Pfarrhauses ganz einfach hintertrieben werden, wäre zu erkunden eher notwendig. Die Praktische Theologie, und was man sonst über das Pfarrerdasein liest und hört, blendet diese ganz handfeste Realität bis auf gelegentliche Umfragen, deren Ergebnisse dann wieder in einer Dissertation verschwinden, fein säuberlich aus.

Pfarrkonvente, bei denen ja eigentlich die Praktiker sich treffen, gleichen oft ritualisierten Abwehrmaßnahmen und der gegenseitigen Bestärkung darin. In vielen Jahren praktischer Pfarramtserfahrung habe ich - außer in den kleineren Teilkonventen - fast keinen Konvent erlebt, bei dem wirklich offen über die Nöte, niederschmetternde Erfahrungen oder gar über das Zerbrechen am eigenen Amt und den Begleitumständen geredet wurde. Projektionen der Ungläubigkeit auf Gemeindemitglieder ersetzten oft den offenen Blick. Wenn jemand wirklich irgendeine kleinere Not zunächst als Versuchsballon von sich gab, kam die brüderlich mitleidig lächelnde Reaktion, das sei wohl ein Problem des Redners und seiner Familie. Man selbst könne immer im Kanzelton der Überzeugung oder doch zumindest im selbstkritisch pastoralpsychologischen Jargon alles bestens bewältigen, auch die Familie fühle sich ausgesprochen wohl dabei. Außerdem hätten wir doch schließlich einen krisensicheren Job. Und mit dem Glauben des halboffenen Amtsbruders sei es wohl auch nicht so weit her! Damit war das Thema dann beendet. Wer will schon in der nächsten pröpstlichen Beurteilung als ein von Selbstzweifeln geplagter Mensch auftreten?[19] Genau so wenig aber kam das Gespräch auf befreiende Erfahrungen oder Aufbrüche in der Kraft des Geistes. Das Positive erschien in bestimmten Programmen, die theoretisch von außen aufgepfropft wurden: Mission vor der eigenen Haustür, Jahr mit der Bibel, Münchenprogramm, um nur einige dieser Namen zu nennen. Dass Aufbrüche in der Kirche oder Gemeinde etwas mit dem Heiligen Geist zu tun haben könnten, das wäre denn doch zu weit hergeholt erschienen. Mag „der Herr", der die Sache führt, unberührt und ohne Schlaf seine Kreise ziehen, das ist noch lange kein Grund dafür, dass Pastoren so lange unberührt ihre Kreise ziehen bis alles um sie herum zerbrochen ist oder sich ganz anderen Themen zugewandt hat. An vielen Beispielen ließe sich nachweisen, dass Pastoren, die sich wirklich betreffen lassen und dies auch in die Öffentlichkeit bringen, als Störenfriede gelten. Wer seine Gemeinde durch deutliche Aussagen in Gang bringt, spaltet nach immer noch geltender kirchlicher Lesart die Gemeinde. Wer aber die Dinge so bearbeitet, dass sie keine „unnötigen" Wellen schlagen, dem wird es positiv zugerechnet, dass er nicht weiter auffällt. Produktion von Double - bind - Situationen finden sich so ausgerechnet in der Kirche!

Als Reaktion auf einen meiner Aufsätze über den Pfarrerberuf schrieb eine Autorin und Pfarrfrau: "Wer soll diese Klagen hören?" Ich müsste mich schon mit meinem Arbeitgeber - der Kirche - anlegen. Der Pastoren/innenberuf sei zwar der einzige, der immer noch als „Nur-Dienst – Beruf" verstanden werde, nichtsdestoweniger oder gerade deshalb könne niemand verstehen, dass es Menschen gibt, die diesen Beruf so auf sich nehmen.[20] Sie hat recht und dennoch weiß jeder und jede, die sich einmal mit irgendeiner Ebene einer Institution angelegt haben, dass man sich da meist nur blutige Nasen und üble Nachreden holt. Statt mit seiner Arbeit, so heißt es da, beschäftigt er sich mit Allotria wie Arbeitsstunden zählen, obwohl die Zählung von Arbeitsstunden durch die Unternehmensberatungen neuerdings fast einen theologischen Rang erhalten hat.

Allerdings zeigt selbst noch diese Reaktion, dass der Versuch einer sachgerechten Auseinandersetzung als Klagen verstanden wird. Ein anderer Kollege macht es sich da einfacher. Er spricht lieber gleich von "sich selbst beweihräuchernde(r) Larmoyanz"[21]. Die äußeren Bedingungen schaffen auf allen Seiten Unheil. Man findet Nischen und Ausreden, um sich ein „Privatleben" zu erschleichen und jederzeit auf

---

[19] Dazu: Horst Albrecht, Pastorenkonvent - wozu?, Halbernstes Memorandum zum Konvent der Pastorinnen und Pastoren des Kirchenkreises Harburg am 20. März 1985, in: Nordelbische Stimmen 1985, 132f

[20]Ingrid Pajunk, Preis der Idylle, LM 6 1993, 23

[21]Eckhard Minthe, Pastorenlarmoyanz, LM 4 1993, 28f

Nachfrage so zu tun, als habe man doch keinen Anspruch darauf. Man kann schon 'mal weg sein aus seinem Pastorat, aber man muss erklären können, warum. Wer besitzt schon den Mut, einfach alle paar Tage 'mal nicht erreichbar zu sein, weil er oder sie Schach spielen geht oder sich einfach mit seiner Familie oder mit seiner Partnerin / Partner beschäftigt. Den Mut gibt es vielleicht noch, aber dann lautet die Erklärung: Ein so anstrengender Beruf braucht auch einen Ausgleich. „Freizeit" gibt es nicht, Abschalten oder einem anderen Interesse nachgehen. Selbst das Fußballspielen muss noch im Dienst der guten Sache stehen.

Freie Zeitverfügung, die oft als eines der letzten "erfüllenden" Merkmale gerade auch von Kolleginnen und Kollegen genannt werden, bleibt ziemlich illusorisch, wenn gar keine Zeit bleibt, um irgendetwas frei einzuteilen. Wer eine Teilzeitstelle bekommen hat, muss sich ohnehin um weitere Arbeit bemühen. Er kann keine der zugeschriebenen Rollen für Gemeindepastorinnen oder Gemeindepastoren erfüllen. Wirkt der Heilige Geist dann etwa nur für die halbe Stelle?

Besonders perfide finde ich, wie wir selbst uns immer wieder stören: *„Die Mehrzahl heutiger Berufe ist leistungs- und zweckorientiert, auf spezielle Bedürfnisse ausgerichtet und deshalb durch ein hohes Maß an Spezialisierung gekennzeichnet. Im Unterschied dazu ist das Gegenüber des Pfarrers/ der Pfarrerin der ganze Mensch, der in seinem gesamten persönlichen, mitmenschlichen und gesellschaftlichen Dasein der Adressat des Evangeliums ist. Persönliche Zuwendung zum Menschen in seiner gesamten Existenz ist deshalb ein grundlegendes Merkmal pfarramtlicher Tätigkeit. "[22]*

Die Zuwendung zum Menschen ist ein Merkmal vieler Berufe von den Gesundheitsberufen angefangen über den ganzen Dienstleistungssektor hin bis zur Justiz. In dieser Formulierung, die immer noch aktuell ist, steckt das kleine Detail, dass damit der Zuwendung keinerlei Grenzen gesetzt werden. Wer in diesem Beruf seine Zeit einteilen will, geht an ihm vorbei. Schließlich kann man doch seine Person nicht einteilen!

Eine ganz unverfrorene Beschreibung liest man dagegen im Handbuch für Gefangene: „Wenn der Knastpfarrer oft "Himmelskomiker" (oder auch einfach "Komiker") genannt wird, dann liegt das daran, dass er meist sehr wenig Ahnung hat, was im Knast läuft, und ganz abgehoben seine Schau abzieht. Meist hat er dann noch so 'ne persönliche Schrulle, und keiner nimmt ihn mehr richtig ernst. Bei manchen Typen ist das richtig schade. Die sind nämlich nicht als Komiker geboren, sondern sie werden es erst mit der Zeit. So ein Pfarrer hat auf der Uni eine Menge total unnützes Zeug gelernt - und weiß Gott, was er noch alles angestellt

---

[22]Der Beruf des Pfarrers / der Pfarrerin heute, EKD- Studie vom November 1989. Daraus wird dann geschlossen, der Pfarrer, die Pfarrerin müssten selber Hilfe haben. Damit sie noch besser funktionieren können und die Diskussion um die Arbeitszeit erst recht unterbleibt? Das alles zu "pastoralpsycholgisieren" hilft nicht viel!

hat, bevor er in den Knast kam, aber von den Leuten, den Gefangenen und den sog. „Grünen", von dem ganzen Betrieb da drin, hat er keine Ahnung. Das meiste läuft an ihm vorbei, er soll nicht in alles seine Nase stecken, so langsam richtet er sich häuslich ein, ..., merkt gar nicht, was ihm so alles entgeht.... Das muss nicht so sein, dass so einer zum Komiker wird. Die anderen Bediensteten sind ihren Vorgesetzten verantwortlich. ... Der Pfarrer muss sich auch an die Vorschriften halten, sonst fliegt er raus, aber sein Background ist die Religion, die Bibel, die Kirche. Und da ist er zu packen.... Auch mancher, der schon länger im Geschäft ist, kann noch zuhören und mitdenken und Konflikte aushalten. Sie müssen nur gefordert werden - von ihrer „Gemeinde", den Gefangenen."[23] „In jedem Fall: So groß ist die Auswahl nicht. Es lohnt sich schon, sich den Pfarrer mal anzusehen, ob er einem liegt. Wenn man merkt, dass er außer frommen Sprüchen nichts draufhat, dann hat man halt Pech gehabt. Außerdem: Es gibt ja meistens zwei von der Sorte, einen evangelischen und einen katholischen. Wechselt man eben mal schnell die Konfession."[24]

Diese Beschreibung nähert sich dem „Geistlichen" von einer Seite, die weder die noch der Geistliche vermutet. Sie taxiert kühl den Nutzwert für eine bestimmte Situation. Natürlich sagt sie damit viel über die Weltsicht des Betroffenen aus, der meint, die Dinge und Menschen um sich herum benutzen zu können, ihnen in Wirklichkeit jedoch völlig ausgeliefert ist. Zu irgendeiner geistlichen Qualität oder gar zum Wirken des Heiligen Geistes findet sich hier gar kein Ansatz mehr. Die Benutzung einer kulturell gewachsenen Rolle für eigene Zwecke ist aber nicht auf Gefangene beschränkt. Vielmehr nutzen die Gemeinden und die Kirchen ihre „Geistlichen" mindestens ebenso sehr in ihrem jeweiligen Interesse. Die Definitionsmacht ist auf Gremien, Gemeindegruppen, einzelne Gemeindemitglieder oder eine nicht näher definierte Öffentlichkeit übergegangen. Darin aber liegt die Grundlage für die „Austreibung des Heiligen Geistes" aus einem Beruf, der eigentlich einmal als Wirkungsstätte oder wenigstens Vermittlungsebene und Medium dieses Geistes gedacht war.

Konkret darum geht es im nächsten Abschnitt. Dieses Betrachten von Gemeinde- und Pfarrhausrealitäten mag Ihnen als Leser etwas mühsam vorkommen. Vielleicht ärgert Sie das sogar. Wo aber soll ich sonst der Frage nachgehen, ob der Heilige Geist wirken kann, wenn nicht in der gemeindlichen „Normalen"?

Allerdings fragen Sie sich vielleicht auch, ob die Normalsituation, die ich zu Grunde lege, heute noch herrscht. Ich muss es zugeben: Ich habe

---

[23]Ratgeber für Gefangene, Verlag schwarze Seele, Hamburg, Berlin, Frankfurt am Main 1985, 21f
[24]a.a.O., 24

z.B. keine Erfahrung mit einem lesbischen oder schwulen Pfarrhaus. Noch kann ich mich in die Lage von Kollegen versetzen, die wegen sexueller Übergriffe verschiedenster Art aus ihrer Gemeinde in eine andere versetzt wurden – auch wenn ich einige kenne. Wie es sich verhält, wenn der Pastor mit Zweit- oder Drittfrau oder die Pastorin mit Zweit- oder Drittmann in der Gemeinde arbeitet, ob und welche Fragen und Fronten da entstehen, ist mir ebenso wenig zugänglich. Noch weniger oder gar nichts weiß ich über schiefe Geldgeschäfte im Kirchenbereich. Damit machte und macht ja zu Zeiten die katholische Schwester Schlagzeilen. Dass in all dem der Heilige Geist keine Regie führt, wird wohl niemand bestreiten.

Insofern mag die pure geschilderte ,Normalsituation' ein wenig langweilig sein. Dennoch glaube ich, dass auch und gerade in einer äußerlich problemlosen Lage die Erfahrung der Austreibung des Heiligen Geistes des Nachdenkens wert ist. Es sei denn, man sieht in der neueren Entwicklung zur Familienfrage und in der Akzeptanz offener Familienformen eine besondere Wirkung des Heiligen Geistes.

Wenn schließlich der eine oder die andere, der christlich getauft ist, sich dem Islam zuwendet, weil er bei uns keine machtvolle, überwältigende oder aggressiv überwältigende „Gott ist groß"- Idee mehr sehen kann, muss man damit auch umgehen. Zeigt sich da etwa der alte mächtige und machtgeladene Geist Gottes, den die Menschheit braucht? Diese Konversionen kenne ich zwar – aber als große und eindeutige Ausnahme. Deshalb kommt auch das hier nicht als ,Normalsituation' vor.

Sie müssen jetzt also mit in die kleinen Besonderheiten eines Pastorenlebens und vor allem des Bildes davon einsteigen. Die größeren Themen wie Seelsorge, Gottesdienst und Kirchenreformen bzw. Kirchenleitung folgen dann später.

Kapitel I

Der Dienst und der Heilige Geist

Vor dem Wechsel in die Gemeinde verbreitete ich aus meiner Sicht als Krankenhauspastor, der seine Aufgabe sachlich und zeitlich gut ordnen kann, auch Gemeindepastoren sollten das tun, was sie gelernt haben: Predigt, Seelsorge, Unterricht, Gruppen und theologische Arbeit. Dann saß ich wieder mitten drin und tat all das, was manchmal sogar Spaß macht, was ich aber nie gelernt habe: Kirchenvorstand, Verwaltung, Mitarbeiter einplanen und leiten, Konflikte in Grenzen halten, da und dort offiziell auftreten und - gerade noch rechtzeitig - Gottesdienste vorbereiten. Unausweichlich kommen dann noch die täglichen Geburtstagshausbesuche in der Gemeinde hinzu und die und jene "Amtshandlung"...

Ich war, das ließ sich nicht lange leugnen, aus einer rein pastoralen Tätigkeit im Krankenhaus, die in der Auseinandersetzung mit anderen Berufsgruppen geschah, in eine richtige, bisweilen chaotische Kirchengemeinde gewechselt. Listig musste ich mir meine Mehrheiten sichern und Anwürfe schon im Vorfeld abebben lassen. Das Amt sollte auch noch verteidigt werden gegen einen Amtsvorgänger, der sich immer noch als eigentlicher oder heimlicher Amtsinhaber fühlte, obwohl schon mehrere Beauftragungen „dazwischen lagen".

Ist da noch Platz für Geistliches, für den Heiligen Geist, der uns tröstet und leitet, bis der Herr wiederkommt? Geistliches hat wie Seelsorge etwas mit Offenheit, mit Zuhören, Nähe, Zuwendung, aber auch mit Anleitung zu tun. Eine seelsorgerliche Zielsetzung könnte sein, Menschen zu sich selbst kommen zu lassen und ihnen bei ihrem Weg auch mit glaubwürdigen Modellen zu helfen ... Damit Glauben und Leben zusammenfallen.

Dazu eine Erfahrung aus der Kirchengemeinde: Ich sitze in einer Frauengruppe. Die Stimmung wird so gut, dass sie alle zu sich selber kommen. Chaos bricht heraus über die „bösen Menschen", die zum Verlust ihres ehemaligen, so geliebten, Pastors geführt haben. Heftige Aggressionen bahnen sich den Weg - natürlich gegen die da oben und gegen bestimmte andere Gemeindeglieder - Tränen fließen in ohnmächtiger Wut. Schließlich sagen sie zu mir, ich könne das ja wenigstens verstehen. Ich verstehe es als Trauerarbeit! Aber: Sehen sie es auch so? Oder stehe ich nun - da winkt Sigmund Freuds Übertragung - gewissermaßen auf ihrer Seite? Wenn ich den Satz beherzige, Gemeinde müsse geistlich und seelsorgerlich geleitet werden, kann ich gut mit den Konflikten und chaotischen Verwerfungen der Gemeinde umgehen. Irgendwann aber muss auch ich meine Haltung oder Entscheidung konkret offenbaren und damit die seelsorgerliche Distanz aufgeben. Die Mitarbeiter, die durch das Urchaos der Gemeinde getroffen sind, brauchen ihrerseits seelsorgerliche Nähe und gleichzeitig einen Arbeitgeber, der sie nach Kräften schützen kann und doch gleichzeitig deutliche Anordnungen trifft, die sie unter Umständen auch verletzen können. Andererseits stellt sich auch die Frage, wie lange ich für schwächere Mitarbeiterleistungen geradestehen kann, ohne Leitungsfähigkeit oder gar geistliche Leitungsfähigkeit einzubüßen!

Entscheide ich mich, bestimmten Menschen gegenüber seelsorgerlich zu handeln, das heißt: nicht knallharte institutionell amtskirchliche Linien zu fahren, entscheide ich gleich für alle Mitarbeiterinnen und Mitarbeiter mit. Auf ihrem Rücken bzw. in ihrer Arbeitszeit geht das Ganze nieder. Sie können sich ihrerseits aus arbeitsrechtlichen Gründen nicht einfach entziehen! Bisweilen habe ich aber den Eindruck, gerade deutliche Worte und klare Entscheidungen, definierte Standpunkte meinerseits stellten die beste Leitung im geistlichen und seelsorgerlichen Sinne dar! Damit aber geschieht genau das, was Seelsorgerinnen und Seelsorger fürchten wie der Teufel das Weihwasser: Ich baue mich zum Über - Ich oder zum Hilfs – Ich auf.

Als ich einmal in der Predigt ganz deutlich ohne Schnörkel und Abstraktion die Gemeindesituation unter dem Stichwort "Leib Christi" bewertete: Gemeinde sei nicht Leib des Pastors, Leib eines Mitarbeiters, Leib einer Gruppe, gingen noch einmal ganz verschiedene Menschen in sich und meldeten privat und öffentlich zurück, mit dieser Gruppenkrämerei müsse in der Tat Schluss sein! Sie wollten sich bemühen! Offenbar kann geistliche Leitung auch gegen seelsorgerliche Distanz ausgeübt werden.

Leib Christi

Gemeinde und Seelsorge gehen nicht so zusammen, dass die Situationen des Gemeindelebens und der einzelnen gewissermaßen in die Sprechstunde kommen, obwohl es das in Einzelfällen und auch in Gruppen durchaus geben kann. Ich bin nicht Therapeut der Gemeinde, wenn ich ihr Gemeindepastor bin, sondern Teil im gruppendynamischen Prozess auch im seelsorgerlichen Selbstverständnis. Hier kommt mir das Bild vom Leib Christi beträchtlich zu Hilfe.

♦ *„Wie der Leib einer ist und doch viele Glieder hat, alle Glieder des Leibes aber, obwohl sie viele sind, doch ein Leib sind: so auch Christus. Denn wir sind durch einen Geist alle zu einem Leib getauft, wir seien Juden oder Griechen..."* (1. Kor. 12, 12f.)

Gemeinde als Leib Christi benennt und bannt die Gefahren des Institutionalismus unter dem Blickwinkel der totalen Institution. Die totale Institution besteht darin, dass alle Entscheidungsfäden schließlich in der institutionellen Spitze zusammenlaufen, wie die sich auch immer verstehen mag. Kirchengemeinde mit einem Pastor bedeutet: Seelsorge und Macht liegen in einer Hand. Es bedeutet allerdings im Umkehrschluss auch, dass die Macht in der Gemeinde nur gegen den Pastor oder die Pastorin errungen werden kann. Abschwächung findet das Gebilde nur noch in der Tatsache, dass wenige Menschen in ihren Lebensbezügen lediglich diese eine Perspektive haben!

Im Bild vom Leib Christi entdecke ich eine heilsame und seelsorgerliche Vorgabe für die Gemeinde. Auch wenn mir die konservativen und patriarchalen unterdrückenden Funktionen des Bildes in der Vergangenheit durchaus kritisch klar geworden sind. Die institutionelle Spitze heißt Christus und nicht Pastor oder Pastorin. Auch Amtsträgerinnen und Amtsträger fungieren nur als Glieder am Leib Christi in der ständigen und notwendigen Interaktion aller dieser Glieder. Der Stellvertreter Christi auf Erden ist nicht der Bischof von Rom, sondern der Heilige Geist, der uns in „Gnade und Wahrheit leiten" wird.

♦ Schon alleine die wirkliche Umsetzung dieses Gedankens in die Gemeinde hinein wäre aus meiner Sicht der Aufbruch in die Leitung der Gemeinde durch den Heiligen Geist.

Wenn nämlich der Dauerstress der ständigen Anmeldung von heimlichen oder unheimlichen Spitzenkandidaturen abebben kann, kommen unglaubliche Kräfte und Gaben zum Vorschein. Sie in Interaktion zu halten, empfinde ich als größte geistliche Herausforderung in einer glaubwürdigen Gemeinde. Die Erkenntnisse und Erfahrungen aus Seelsorge und Gruppendynamik können sich erst richtig zeigen, wenn sie aus dem therapeutischen Setting herausfinden. Was einzelnen Menschen hilft: Wahrnehmen, Zulassen, zu sich selbst Finden, Chaos aushalten, Depressionen durchstehen, Verdrängung aufarbeiten, Trauern und Neuordnen, Abschied nehmen und neu anfangen, Omnipotenzvorstellungen und Ohnmachtsgefühle erkennen, andere anders sein lassen und seinen eigenen Platz und Weg finden ...

All das passt bestens zur Gemeinde als dem Leib Christi mit der Vielfalt der verschiedenen Funktionen der Glieder und der Geschichte des Ganzen, bedarf aber der geistlichen Leitung. Durchaus möglich kann dann auch sein, dass bestimmte Glieder dieses Leibes eine Zeit lang als Hilfs-Ich fungieren oder für andere bestimmte begrenzte Entscheidungen treffen, wenn es anders nicht möglich sein sollte. Seelsorgerliche Verarbeitungsmöglichkeiten helfen bei diesem Leitungsprozess: Nicht alles und jedes geht die Pastorin oder den Pastor, diesen oder jenen Mitarbeiter oder Mitarbeiterin persönlich an. Nicht immer steht der Wert der Person auf dem Spiel. Wir sind bereits Glieder des Leibes Christi und müssen nicht immer wieder für würdig befunden werden, welche zu sein. Sogar die Unfähigkeit, hier und da richtig und angemessen zu handeln und alle zufrieden zu stellen, kann so getragen werden. Wer von Gott angenommen ist – und das sind wir als Menschen -, muss sein Leben nicht dauernd wieder neu rechtfertigen! Immer wieder finden sich neue Formen der Austreibung des Heiligen Geistes in der Kirche. Wahrscheinlich durchläuft jeder neue Ansatz auch Phasen der Versteinerung und routinemäßigen Ausführung, wo das gerade diese neuen Wege als lebendig Kennzeichnende zur Methode wird, das Leben auszutreiben. Die einst mit großer Euphorie und Notwendigkeit aufgegriffenen Wege der Demokratisierung gehören heute ebenso dazu wie die seelsorgerlich – therapeutische Orientierung. Sie haben neue Verhüllungen alter Probleme geschaffen und dienen auch dazu, den Heiligen Geist aus der Kirche auszutreiben.

Die Identifikation der Kirche mit einem Beruf

Wenn über den Beruf Pastor und Pastorin wieder häufiger nachgedacht wurde, dann geschah das auch aus dem Blickwinkel von Spezialisierung und Generalisierung[25] oder unter der Problematisierung der Fragestellung Gemeindpfarramt und Gemeindeaufbau der charismatischen Gemeindeerneuerung.

Die schon seit vielen Jahren bestehende Problematisierung der längere Zeit geradezu verpönten „Frömmigkeit" im Pfarrerdasein hat zusätzlich neue Fragestellungen eingeführt. Die Aussage von Manfred Jossuttis, „an diesem Menschen soll(e) spürbar werden, dass man auch anders leben kann als die meisten, dass man leben kann aus der Kraft von Bibellektüre, Gottesdienst und Gebet(.)", hat an Aktualität in ganz neuer Beziehung gewonnen, auch wenn man heute wie schon vor Jahren lieber von Spiritualität spricht.[26]

Die ambivalenten Aspekte des Pfarrerberufes hat Josuttis aufgerollt und ein interessantes Feld abgesteckt: *„Der protestantische Pfarrer ist eine merkwürdige Zwitterfigur. Der Ausbildung und der Amtstracht nach tritt er auf als Gelehrter. Durch die Art seiner Dienstleistungen gehört er in die Reihe der Priester. In seinem theologischen Selbstverständnis möchte er am liebsten als Prophet agieren. Und die meiste Zeit verbringt er wahrscheinlich damit, die Rollen des kirchlichen Verwaltungsbeamten und des gemeindlichen Freizeitanimateurs zu spielen."*[27]

Das theologische Selbstverständnis hat inzwischen neue Wandlungen oder Wirrungen durchgemacht. Die seelsorgerliche und die charismatische Vorstellung, begleitet oder konterkariert von einer Liturgierenaissance hatte bis in die Amtstracht (weiße Talare) die prophetischen Wellen der politischen Theologie abgelöst. Seit einiger Zeit jedoch bleibt

---

[25]Chr. Möller im Deutschen Pfarrerblatt 92/1992, 3-8
[26] Manfred Josuttis, Der Pfarrer ist anders, Aspekte einer zeitgenössischen Pastoraltheologie, Chr. Kaiser Verlag München, 1982, 191
[27] Josuttis, a.a.O., 9

der Beruf des oder der Geistlichen immer weniger definierbar. Kaum ein leitendes Bild klingt plausibel. Ein Übriges zur Auflösung des Pastoren- und Pastorinnenbildes tut die immer weiter um sich greifende oder aus Geldnot durchgesetzte Teilzeitarbeit, die, noch vor allem „weiblich" ist. Dazu passen die „amtlich" immer noch festgehaltenen Leitbilder nicht.

Das Pastorat ist nicht einfach nur eine Wohnung

Die Pastorin oder der Pastor muss als Gemeindepastor/in in einem Haus wohnen, das er /sie als Teil der Arbeitswelt ansehen muss. Wenn ihr/ihm die Arbeit gefällt, aber das Haus nicht, bleibt nur der Wechsel der Arbeit. Von diesem Haus weiß der Betroffene und die Familie ganz genau, dass es nie eine richtige „Heimat" werden kann. Wie in einer Werkswohnung, die ein ordentlicher Betrieb einem Arbeiter bietet, muss sie oder er in diesem Haus jederzeit „Inspektionen" des Kirchenvorstands über sich ergehen lassen, von höheren Stellen ganz zu schweigen. Moderne Theorien von Gemeinde fordern sogar ein „offenes Haus". Auf deutsch heißt das: Jeder soll in die Wohnung gelassen werden, wann er es gerade will.

Die Wohnung ist ein Teil der gemeindlichen Räume. Das Argument lautet: Diese Wohnung sei schließlich nicht so teuer wie es der Verkehrswert verlange, mag einmal richtig gewesen sein. Heute aber ergeben auch hier die Nebenkosten und die Mietwertversteuerung eine richtige Miete. In der Kirche erhält dieser Vorgang oft noch theologische Weihen. Im falsch verstandenen Dasein für andere in der Gesellschaft erkennen die Kirchenverwaltungen den staatlichen Zugriff auf diese Dienstwohnung an und setzen ihn selbst durch. Während also ein vergleichbarer Akademiker im mittleren Lebensalter schon einige Raten seines eigenen Hauses abgezahlt hat, muss die Pastorenfamilie eine zugewiesene Wohnung finanzieren, was Sparen fast unmöglich macht. Wer in der Dienstwohnung lebt, kann mit den staatlichen Unterstützungen für ein eigenes Haus nichts anfangen.[28]

Engagement oder nur Beruf?

Üblicherweise engagieren sich Menschen, wenn sie in ihrem Beruf eingearbeitet sind und ihren Platz erobert haben, bei öffentlichen Aufgaben. Sie lassen sich in den Gemeinderat wählen oder in andere politische Gremien, oder nehmen Funktionen in Vereinen wahr. Sie tun neben ihrer Berufstätigkeit einiges für die Gemeinschaft. Für Pastorin

---

[28]Vgl. auch die ausführlichere Darstellung in: Harald Jenner, Pastorinnen und Pastoren in Nordelbien 1892 - 1992, Hg. Verein der Pastorinnen und Pastoren in Nordelbien e.V., Karl Wachholtz Verlag Neumünster 1992, 179ff. Ebenso: Themenheft Das evangelische Pfarrhaus, Evangelische Stimmen 12/2013.

oder Pastor ist dies nicht unmöglich. Oft schieben sich aber verschiedenste Hemmnisse in den Weg. Vor allem unterliegt ein Einsatz in der Öffentlichkeit meist der kirchenamtlichen Aufsicht. Oft vermischen Pastorinnen oder Pastoren gemeinschaftliche und berufliche Tätigkeiten selbst miteinander, weil sie bei der Feuerwehr oder im Sportverein nicht aus Spaß an der Freude mitmachen, sondern damit sie gut ankommen. So wird alles auf die berufliche Situation bezogen, damit schlussendlich missbrauchsanfällig.

Immer wieder neu anfangen...Wenn sich ein Mensch in seinem Beruf entwickelt hat, hält er sich etwas darauf zugute, wenigstens in einem kleinen Teilbereich Spezialist zu sein. In der arbeitsteiligen Gesellschaft hört man auf den Rat des Spezialisten gerne, weil er notwendig ist. Pastorinnen und Pastoren können von der Struktur ihres Berufes her jedenfalls wie die Kirche ihn immer noch versteht, in keiner Weise Spezialisten werden. Falls sie ihre Pfarrstelle wechseln, sind sie wie frisch geboren und machen alle Weihen der beruflichen Sozialisation wieder neu durch. Das kann im Berufsleben drei- oder sechsmal passieren. Was vielleicht nach außen hin als Vielfalt der beruflichen Arbeit erscheinen mag, entpuppt sich häufig als die Wiederkehr des immer Gleichen. Entsprechend gering entwickelt sich das Selbstwertgefühl der meisten in diesem Beruf. Dies wird durch eine berufliche Fassade, die Amtsträger/innen vor sich selbst und vor manchen Gemeindemitgliedern aufbauen, kompensiert. (Die Diskussion über „Spezialisten und Generalisten" berücksichtigt diese Ebene nicht.)

Ein einigermaßen nachzuvollziehendes Berufsbild kann das Pfarramt nicht vorweisen. Wenn Menschen über Pastoren oder Pastorinnen sprechen, dann finden sie es schön und anerkennenswert, dass diese Menschen zuhören können, eine „fröhlich zupackende Art" haben. Sie rühmen die laute Stimme oder das polternde Gelächter. Häufig sagen sie auch, ein Kennzeichen dieses Pastors sei, dass er nicht so sei wie die Pastoren gemeinhin. Wie sie gemeinhin sind, bleibt sehr verschwommen. Weiteres Unterscheidungsmerkmal zu anderen Berufen sind: Pastorin oder Pastor werden von der Institution, von sich selbst oder der Gemeinde an der freien Meinungsäußerung gehindert. Während zu einem „aufrechten Demokraten" und erst recht zu einem „gläubigen Christen" gehört, zu seinen Meinungen zu stehen und notfalls auch die Konsequenzen dieser Meinung auf sich zu nehmen hat, wenn er sie in der Öffentlichkeit vertritt, wird dem kirchlichen Amtsträger schon per Gesetz und bei der Ordination nahe gelegt, mit „Rücksicht" auf Menschen und Gemeinde, seine Meinung nur gebrochen zu äußern. „Man muss mit der Gemeinde gnädig umgehen", hieß immer die Begründung.

Ein weiteres Merkmal des Berufes ist die Art der Vergabe der Pfarrstellen. Wer heute eine Pfarrstelle bekommen möchte, muss sich - es sei denn, er bewirbt sich auf eine Insel oder an den äußersten Rand des

Landes - einer Art von Konkurrenz stellen, die in ähnlichen Berufen nicht vorhanden ist. Eine solche Konkurrenz kann man nicht dadurch bestehen, dass man besonders qualifiziert ist. Oftmals geht es auch nicht um Berufserfahrung. Der Maßstab besteht in Kriterien wie: Ist der Bewerber, die Bewerberin „nett" und angenehm? Vermag er oder sie nachzuweisen, dass auf dem bisherigen Lebensweg möglichst wenige Konfliktzonen lagen? Welcher Glaubensrichtung gehört er oder sie an? Gefällt uns der Ehepartner(!)?

Insgesamt wird ein Pastor oder eine Pastorin nach den Gesichtspunkten ausgesucht, nach denen sich eine Gemeinde vorstellt, möglichst weitermachen zu können wie bisher oder aber möglichst wenig Konflikte zu bekommen. In Bewerbungssituationen gilt der Hinweis auf die eigenen Erfahrungen und die Beschreibung dessen, was man bisher „erfolgreich" geleistet zu haben meint, meistens eher als hochmütig, denn als förderlich. Selbstverständlich kann solche Auswahlprinzipien niemand zugeben.

Familien-Burnout?

Der enge Zusammenhang zwischen Beruf und Familie und sorgt dafür, dass Pastorenfamilien zu Zeiten zu den instabilsten Familien der ganzen deutschen Gesellschaft gehör(t)en: Nach wie vor wird selbstverständlich vorausgesetzt, dass sich die ganze Familie in den Beruf mit einbringt und bedenkenlos im Pastorat wohnt. Ehefrau oder Ehemann und Kinder werden am Telefon als Dienstboten benutzt. Man setzt bei ihnen voraus, dass sie am Sonntag gerne früh aufstehen, um Gottesdienste zu besuchen. Das klaglose Ertragen aller Umstände des Pfarramtes erscheint immer noch selbstverständlich. Eine Pfarrfrau, die sich wohnungsmäßig selbständig macht, kann ihrem Mann eine dienstliche Untersuchung einbringen. Wenn eine Pfarrfrau diese Situation nicht mehr mitzumachen gewillt ist und sich scheiden lässt, verliert der Ehemann sogar noch seine Stelle. Er verliert dadurch zwar nicht den Beruf, aber zu allem Unglück muss er in den meisten Fällen seinen Dienstort wechseln. Wer kann sich das bei einem „normalen Menschen" vorstellen? Oftmals stellen die Arbeitswelten in diesem Falle bei „normalen Menschen" sogar ein stabilisierendes Element dar. Ob das auch im umgekehrten Falle für die Ehemänner von Pastorinnen gilt, ist nicht exakt feststellbar.

Der Pastorin oder dem Pastor darf fast jeder, auch der Arbeitgeber, in jede Familienangelegenheit hineinreden. Besonders „berufene" Gemeindegruppen und -teile wähnen sich ohnehin im Besitz einer höheren Weisheit als sie ausgerechnet eine studierte Pastorin oder ein studierter Pastor besitzen. Diesen kann kein Amtsträger und keine Amtsträgerin mit Argumenten beikommen. Er oder sie muss es sogar zulassen, dass sie offensiv in den Gemeinden arbeiten. Selbst wo es um klare

Tätigkeitsmerkmale geht wie beim Halten von Reden oder Predigten, sollte eine pastorale Person in der täglichen Arbeit möglichst viele - ganz abgesehen von jeder Qualifikation - zum Mitreden bringen. Niemand hat bis heute in Betracht gezogen, ob die große Zahl an gescheiterten Pfarrersehen, die sicher nicht „leichtfertig" zu Bruch gehen, vielleicht eine Art „Familien - Burnout" widerspiegeln.

Spezialisierung?

Der Beruf der Pastorin oder des Pastors ist auch insofern problematisch, als die Kirche Spezialisierung und Arbeitsteilung zwar nicht verschlafen, aber doch unangemessen umgesetzt hat. Es gibt in der kirchlichen Berufslandschaft diverse Spezialisierungen wie Telefon- Krankenhaus-, Gefängnis- und andere Seelsorge. Die Kirche in der Arbeitswelt, Arbeitskreise Kirche und Sport, Gespräche mit Gewerkschaften, Parteien und der Wirtschaft – alle diese Dienste sind vorhanden. Statt nun daraus zusammen mit den Gemeindepfarrstellen eine funktionierende Arbeitsteilung zu schaffen, konkurrieren alle Dienste miteinander um die Gunst der Gemeindemitglieder, die sich aktiv betätigen und alle zusammen der Beschreibung E. Langes entsprechen, „mögliches Ensemble der Gefährdeten und der Opfer der Zeit" zu sein[29].

Anders wird dies nur, wenn der Pastor oder die Pastorin Kollege/in für andere Berufe in einem Arbeitsfeld wird wie z.B. in der Seelsorge in Institutionen (Krankenhaus, Gefängnis, Schule etc.) Weil auch hier kein klares Berufsbild besteht, existiert nach wie vor nur das Gemeindepastorenbild in der Öffentlichkeit: Das ist jemand, der oder die sich im Zweifel alles zutraut und in alles einmischt.

Berufserfolge und Leistung?

Die Erfolgsdefinition klingt in diesem Beruf äußerst merkwürdig. Alles schaut wie gebannt auf die Zahl der Gottesdienstbesucher. Vorlagen und Modelle, die eine Erhöhung der Gottesdienstbesucherzahl in Aussicht stellen, werden ähnlich einer Heilsbotschaft gläubig nachvollzogen. Es liegt allen jedoch ferne, bei einer Steigerung von Erfolg, bei einer Senkung von Misserfolg zu sprechen. Andererseits wird aber genau dies zum Erfolgskriterium gemacht.

Man spricht dann nicht von einer erfolgreichen Arbeit, sondern im Gegenteil davon, dass Gott den Erfolg gegeben habe - und dass er am wenigsten von der Person des Pastors abhänge. Die fundamentalistisch-pietistisch-evangelikale Richtung erweist sich in dieser Richtung als offener. Sie hat keine Scheu, den Erfolg im Gottesdienst dem starken und richtigen, den Misserfolg dem schwachen oder fehlenden Glauben des amtierenden Menschen zuzuschreiben.

---

[29]Ernst Lange, Ein anderes Gemeindebild, in: Kirche für die Welt, München 1981, 183

Der oder die eine zwingt den Heiligen Geist herein, der oder die andere verscheucht ihn eben. Verdeckte Karten steuern ausgerechnet einen Beruf, der so viel mit der Wahrheit und dem Heiligen Geist zu tun hat! Das ist nicht etwa deshalb bemerkenswert, weil es anderswo nicht der Fall wäre, sondern vielmehr deshalb, weil gerade die Kirche und der christliche Glauben von Offenheit und Annahme des Menschen sprechen.

Ganz im Gegensatz zu diesen Glaubensforderungen geraten die alltäglichen Arbeiten in der Kirche verschlossener als anderswo. In fast jedem Beruf gilt es auch als Leistung und anerkennenswert, wenn jemand in der Lage ist, seine Ziele klar zu definieren und eine angemessene Strategie zu entwickeln, um sie zu erreichen. In der Kirche dagegen scheinen „Strategien" eher hinderlich, wenn man offen von solchen spricht und nicht in der Chefetage sitzt. Das meiste Ansehen genießen Personen, die es verstehen, ähnlich wie Politiker ein wenig wolkige schöne und gute Worte zu machen - und sich (!) gleichzeitig im Hintergrund durchzusetzen.

Das entspricht immer noch bestimmten bürgerlichen Vorstellungen, die aber nahezu die gesamte Gesellschaft längst hinter sich gelassen hat. Eine solche Art von Umgang miteinander hat Horst - E. Richter in seinem Buch „Flüchten oder Standhalten"[30] beschrieben. Die Angst vor Isolation, die uns mehr beeinflusst, als wir glauben, könnte ein solches Verhalten sowohl von der einen als auch der anderen Seite erklären. Richter spricht von einer *„grotesken Paradoxie: Überdurchschnittliche Aussichten zum Erklimmen von Führungspositionen haben diejenigen, die im Grunde mehr Ängste als andere Menschen haben, sich unbefangen in Gruppen zu integrieren, in denen sie nicht eine besonders verwöhnende Beschützung genießen."[31]*

Das wird aber nur dadurch möglich, dass dieses psychische Muster in die institutionelle Art des Umgangs mit Menschen hineinpasst. In Institutionen gelten die Regeln eines manipulativen Umgangs miteinander. Es kommt nicht auf Nähe und Selbstverwirklichung in der Kommunikation an, sondern auf die Vermeidung von „Entblößung", (d.h. Isolation). In der Kirche verstärken sich solche Tendenzen dadurch, dass manche ihrer Amtsträger auch im Inhalt (im Glauben) Angstabwehr[32] und nicht Emanzipation suchen.

Das Reden von der Wirkung des Heiligen Geistes, für das die Kirche und ihre Geistlichen den Raum freihalten sollen, wird in dieser Konstellation als Abwehrhaltung missbraucht. Der Verweis auf die unverfügbare Größe verhindert den Blick auf das Vorfindliche.

---

[30]Horst- Eberhard Richter, Flüchten oder Standhalten, Rowohlt in Reinbek 1976
[31]a.a.O., 205, im Original z.t. gesperrt.
[32]Vgl. David Jordahl, die zehn Ängste der Kirche, Kreuz Verlag Stuttgart 1993

Zeit und Geist

Wenn man über die berufliche Situation weiter nachdenkt, sieht man sehr schnell: Ein Hauptproblem stellt die nicht regulierte Arbeitszeit dar. Selbst der beamtete Krankenhausarzt hat heute eine Dienstzeitregelung, die etwa der Angestellten entspricht. Wenn er mehr arbeitet, wirkt sich dies positiv auf sein Einkommen aus. Das bedeutet wenigstens einen kleinen Ausgleich für den Verlust an Zeit für die Familie oder sich selbst. Außerhalb des Dienstes können der Arzt, die Ärztin, die Lehrerin, der Lehrer, oder andere vergleichbare Berufe sich dem widmen, was er oder sie gerne tut. Auch die Familie kann also einen Stellenwert im persönlichen Leben einnehmen. Manchmal sieht man auch, dass Menschen exzessiv Hobbys betreiben.

Die Pfarrergesetze aber verlangen nach wie vor in der so genannten Residenzpflicht eine ständige Anwesenheit am Dienstort bzw. in der Dienstwohnung. Selbst wenn absehbar in der nächsten Zeit kein Dienst zu erfüllen ist, kann sich also der Mensch, der diesen Beruf ausübt, aus seinem Dienstbereich nicht - jedenfalls nicht mit gutem Gewissen - entfernen. Mir ist es in einigen Dienstjahren sogar passiert, dass Leute sich über dienstliche Abwesenheit beschwert haben.

Oftmals aber akzeptieren Gemeinde - Menschen keine angemessenen Anwesenheits- oder Bereitschaftszeiten. Am Sonntagnachmittag denkt man vielleicht als Gemeindemitglied an einen dringend notwendigen Patenschein. Wenn die Pastorin auf die Bürozeiten verweist, gibt es miese Stimmung. Der Grund für mangelnde Akzeptation liegt im Dunkeln. Nur wenige echte Notfälle landen in der Tat z.b. mitten in der Nacht beim Pastor oder bei der Pastorin.

Verursacher dieser Merkwürdigkeit scheinen die Pastorinnen und Pastoren selbst und die Arbeitgeber (Kirchen) gemeinsam zu sein. Manche können es nicht lassen, als seien sie Dienst habende Ärzte, das Telefon ins Schlafzimmer zu stellen. Selbst wenn es selten in Anspruch genommen wird, so haben sie doch damit eine ständige Mahnung der immerwährenden Dienstbereitschaft und sie zeigen es, dass sie immer gebraucht werden. In den meisten Diskussionen unter Kolleginnen und Kollegen wird auch schnell deutlich, dass nur wenige wirklich an die eigene Arbeitszeit wirklich herangehen wollen.[33]

Die Ausbreitung der Teilzeitarbeit unter Pastoren wird dieses Problem überflüssig machen, ohne dass eine intensive Diskussion über die Hintergründe stattfinden muss. Die geteilte Arbeitszeit lädt vielmehr den so Tätigen das ganze PastorInnenbild auf nur halbe oder drittel

---

[33] Vgl. dazu Martin Weimer, Die Kehrseite der Medaille, Nordelbische Stimmen 1, Januar 1995, 4-8. Er interpretiert dies als Abwehrmechanismus

Schultern. Damit wird schlechtes Gewissen erzeugt, das der Kirche die Diskussion über den Berufszuschnitt erspart.[34]

Wer ist immer im Dienst?

Pastorin und Pastor befinden sich ohnehin in einem unausweichlichen Gegensatz zu dem, was die Institution Kirche dauernd verkündet. Bischöfe versuchen in ökumenischer Eintracht der Gesellschaft nahe zu bringen, dass der Mensch eine Zeit zur Muße, zum Feiern und zum Gottesdienst unbedingt brauche. Die Weisheit Gottes, der den Tag der Ruhe geschaffen hat, gilt als Vorbild für gesellschaftliche Arbeits-zeitregelungen. Nur Amtsträger und Mitarbeiter der Kirche sind davon ausgenommen. Sie treiben für den Tag der Ruhe den größten Aufwand an Arbeit. Ausgerechnet an Wochenenden haben sie für ihre Familien noch weniger Zeit als sonst.

Am Wochenende finden nicht nur Gottesdienste, Kindergottesdienste, Gemeindefeste und Gemeindeessen, Samstagabendandachten, Hochzeiten und Ähnliches statt. Selbstverständlich sollen auch Freizeiten und eigene Fortbildung an Wochenenden stattfinden, sofern zu Haus eine Vertretung zu finden ist. Seit vielen Jahrzehnten liegen Modelle vor, wie eine Dienstbereitschaft rund um die Uhr gesichert werden kann, ohne eine einzelne Person dafür dauernd in Anspruch zu nehmen. Selbst die Nonnen und Diakonissen haben inzwischen gelernt, dass ein Mensch zwischendurch Ruhe braucht. Warum sollte dies für Pastorinnen und Pastoren nicht gelten? Erkennt man einen guten Christen etwa daran, dass er für seine Familie nichts, für alle anderen Menschen aber und für zeitliche Unordnung alles übrig hat? Wenn die Amtsinhaber nicht aufpassen, ergibt sich bei diesem Beruf bisweilen eine 80 - Stunden - Woche. Wer sonst, es sei denn, er ist krank oder macht nur durch viel Arbeit als Selbständiger den notwendigen Umsatz, würde das freiwillig auf sich nehmen?

Ein Arbeitszeitbeispiel

kann vielleicht verdeutlichen, um was es in der Gemeinde geht.

In der Zeit vom 3. Advent bis zum 2. Sonntag nach Weihnachten fielen in meiner Gemeinde diese Arbeitszeiten an:

---

[34] Martin Weimer: "Der Verlust des über Jahrhunderte hin geltenden bildungsbürgerlichen Berufsbildes wird wenig wahrgenommen und projektiv identifikatorisch in den InhaberInnen von Teilzeitstellen untergebracht. Aber auch umgekehrt habe ich massive projektive Tendenzen bei den TeilzeitpastorInnen beobachtet. Beispielsweise sind viele von einem verinnerlichten traditionellen Berufsbild geleitet, dessen Nichteinhaltung sie nicht selten projektiv den 100% PastorInnen vorwerfen, dem sie aber selbst unterworfen sind und das sie dazu motiviert, sich faktisch ausbeuten zu lassen (100% und mehr für 50% Gehalt zu arbeiten)." Aus: TeilzeitpastorInnen, Skript für den Ausschuss "Seelsorge und Beratung" des Kirchenkreises Kiel.

- 10 Gottesdienste mit 20 bis 450 Besuchern. Allein das Halten der Gottesdienste erfordert mit Anziehen und Ausziehen, Gesprächen etc. 25 Stunden. Wenn die Gottesdienste richtig vorbereitet werden, dauert das nach akademischen Vorstellungen 8 - 12 Stunden, ergibt 80 Stunden.

- 3 Trauerfeiern kamen hinzu. Die reine Ausführungszeit beträgt bei den z.T. weiten Wegen zu den Friedhöfen 2 Stunden. Die Verabredung der Termine, das Trauergespräch zusammen mit dem Weg etc. nimmt noch einmal ca. 2 Stunden in Anspruch, die Vorbereitung der Ansprache dauert ca. 3 Stunden. Häufig wird sehr gerne auch noch die Anwesenheit beim Leichenschmaus gesehen, dafür ist dann nochmals 1 Stunde vorgesehen. Also kommen für auf diese drei Trauerfeiern 24 Stunden.

- Für zwei Andachten fallen 3 Stunden an. Hinzu kommt eine KV-Sitzung (kurz, mit Vorb.) von 2 Stunden. Drei Weihnachtsfeiern mit Vorbereitung von 9 Stunden. Sprechstunden von 4 Stunden, 8 Geburtstagsbesuche von 8 Stunden.

- Büroarbeiten wie z.B. am Jahresende wichtige Briefe schreiben, Grußkarten anordnen und unterschreiben, Programme anordnen / anfertigen, Endfassung bearbeiten, Telefonate etc., alles das muss erledigt werden, 10 Stunden. Zwei Gesprächsgruppen von je 3 Stunden, das sind 6 Stunden. 5 Stunden Konfirmandenunterricht. Mit Vorbereitungen sind das zusammen 7 Stunden.

- Es ergibt sich eine Summe von 178 Stunden.

Für die am dritten Advent stattfindenden Taufen hatte ich die Vorbereitungen schon im Voraus erledigt. In diesen Wochen fielen keine Konvente, besondere Veranstaltungen, kein Basar, keine langen Sitzungen etc. an. Wenn man nun bedenkt, dass der durchschnittliche Arbeitnehmer in dieser Zeit zwölf Arbeitstage hat, entsprechend etwa 96 Stunden, könnte vielleicht entgegnet werden, die Pastorenarbeitszeit sei nicht so intensiv wie die anderer Menschen. Gerade die Vorbereitungszeiten ließen sich auch schneller abhandeln. Die Aufstellung zeigt aber, dass es sich um eher intensivere Arbeitszeiten handelt. Bei einer Aufteilung auf eine 12-tägige Arbeitszeit kämen pro Arbeitstag 14,8 Stunden zusammen, bei Umlegung auf 22 Tage pro Tag 8 Stunden täglich. Theoretisch sind alle anderen Stunden in diesen 22 Tagen darüber hinaus Bereitschaftszeiten, die mit mindestens einem Viertel anzurechnen wären. Dann kämen noch einmal 358 : 4 = 89,5 Stunden dazu. Dazu kommt noch: Ein Pastor oder eine Pastorin ernten ziemlich viel Undank, wenn er oder sie am 2. Weihnachtstag nun wirklich keine Lust mehr hat, mit irgendwelchen Leuten aus der Gemeinde, und seien sie noch so nett, ausführliche Weihnachtsbesprechungen auszutauschen oder Tauftermine zu planen.

Der Beschlagene kontert nun natürlich, die Weihnachtszeit sei auch die Hauptarbeitszeit der Pastorinnen und Pastoren. Das ist falsch. In dieser Zeit fallen keine langen Sitzungen, zusätzliche Gruppen, Veranstaltungen und Synoden an. Basare sind längst vorbei und zur Freizeit will auch (fast) keiner. Selbstverständlich war diese Frage bereits Gegenstand wissenschaftlicher Untersuchungen. Einige Belegstellen zitiert zum Beispiel Josuttis. Danach hatten Pfarrer eine Arbeitszeit zwischen 63 und 79 Stunden pro Woche[35]. Eine Unternehmensberatung kam auf 55 Stunden.[36]

Josuttis sieht aber das „Zeitproblem" in drei theologisch-psychischen Zusammenhängen:

1) In dem Unbehagen des Pfarrers an der Zeitplanung[37] - d.h. beim Prioritätensetzen muss ich ja und nein sagen, obwohl ich das große „Ja" verkünden möchte;

2) in der Unsicherheit darüber, zu welcher „Zeit" der Pfarrer eigentlich gehört[38] und

3) in der Persönlichkeitsstruktur des Terminkalender-Führenden: „er dient als Flucht vor dem eigenen Ich, als Schutz gegen andere Menschen, als Abwehr persönliches Wachstums, als Zwang zur Werkerei vor sich und der Öffentlichkeit."[39] Die Abwehrfunktion lässt sich jeweils dem schizoiden, depressiven, zwangsneurotischen und hysterischen Persönlichkeitsbild zuordnen. Die Lösung heißt schließlich:

„Er (sc. der Pfarrer) wird anderen Menschen nur helfen können, ihr Leben in der Zeit zu bestehen, wenn er sein eigenes Leben in der ihm gegebenen und begrenzten Zeit selber zu leben wagt."[40]

Die psychologisierende Auslegungsweise kommt an ihre Grenzen, wenn die tatsächliche geleistete Arbeitszeit offengelegt wird. Dies belegt auch eine Studie der Pfarrervertretung der Evangelischen Kirche in Württemberg, die allerdings von festen Stundensätzen ausgeht und offenbar keine Amtshandlungen enthält. Dennoch kommt die Studie auf 63 Stunden Wochenarbeitszeit.[41] In der Regel enthält das Pfarrerleben auch in den meisten Wochen des Jahres mindestens zwei feste Gruppenabende zu je mindestens 2 Stunden. Die Konkretion der Arbeitszeitfrage spielte sich sogar öffentlich ab. Bestatter und Angehörige forderten in Nordelbien eine längere „Öffnungszeit" der Friedhöfe. Zum Teil betrifft das zwar staatliche oder kommunale Arbeitszeiten. Teilweise

---

[35]a.a.O., 128f.
[36]Zitiert bei Walter Allgaier, Nordelbische Stimmen 8 1993,
[37]a.a.O., 130
[38]a.a.O., 133f.
[39]a.a.O., 141
[40]a.a.O., 146
[41]Bericht in der Nordelbischen Kirchenzeitung vom 11.4.1993 und in vielen anderen Zeitungen (epd-Meldung)

aber auch die Kirche. Längere Zeit geisterte das Thema durch Kirchenzeitungen, Titel:

Am Samstag bleibt die Kirche zu ...

An Samstagen finden in Kirchen und Gemeindezentren bekanntlich vielerlei Aktivitäten statt: Konfirmandenunterricht, Studientage, Seminare, Andachten und kirchliche Hochzeiten, Freizeiten und Jugendaktivitäten nicht zu vergessen. Viele, vor allem Großstädter, hätten gerne am Samstag die Konfirmationen und Taufen, besonders weil man am Sonntag ja nicht so richtig bis in die Puppen feiern kann. Verwandtschaft kann besser und von weiter her bequemer anreisen, ohne vom Jahresurlaub einen Tag zu "opfern". Wenn schließlich noch Trauerfeiern und Beerdigungen am Samstag stattfinden, fragt sich, warum die Woche überhaupt sieben Tage besitzt. Gerade eine Trauerfeier wäre es doch wohl wert, einen Urlaubstag oder einen halben zu opfern.

Die arbeitsrechtliche Frage ließe sich wohl lösen. Der durchschnittliche Mensch aber erwartet auch in der Woche Ansprechpartner in der Kirche und drum herum. Wenn die kirchlichen Mitarbeiterinnen und Mitarbeiter, Pastorinnen und Pastoren eingeschlossen, entsprechend anderen Arbeitszeitmodellen ihre Arbeit schwerpunktmäßig auf das Wochenende zwischen Freitagnachmittag und Sonntagabend verlegen sollten, müssten entsprechende Freizeiten in der Woche geschaffen werden. Vom Freitagmittag bis Sonntagabend ließen sich leicht pastorale Arbeitszeiten von 35 Stunden erzielen. Einen Mitarbeiter oder eine Mitarbeiterin im Reinigungsdienst vor allem am Wochenende und montags (zur Aufräumung des Wochenendes) einzusetzen, käme auch einem erheblich höheren Einsatz an Geld gleich. Wer wäre bereit, für Wochenenddienste tiefer in die Tasche zu greifen?

Bedeutet kirchlicher Samstagseinsatz bei fast allen kirchlichen Handlungen nicht auch eine Art Kapitulation vor dem Prioritätsanspruch der Arbeitswelt und den Verzicht, „Sand im Getriebe" zu bilden? Soll denn selbst die Trauerfeier zur „Freizeitaktivität" - ich bitte um Nachsicht für das harte Wort, aber wie soll ich das anders ausdrücken? - herabgestuft werden? Mitarbeiterinnen und Mitarbeiter aller Firmen und Behörden suchen während der Arbeitszeit Arzt und Zahnarzt auf, bekommen freie Tage für Behördengänge oder zur anderen Verfügung... Schulkinder werden zu vielerlei Anlässen aus der Schule abgemeldet und sei es, um Urlaub zu anderen als zu Ferienzeiten zu machen... Andererseits stirbt „der Mensch" auch nicht von Montag, 8.00 Uhr bis Freitag, 12.30 Uhr. Die einzige Lösung für die anstehende Frage läge in einer flexibleren Vorstellung von den Arbeitszeiten kirchlicher Mitarbeiterinnen und Mitarbeitern. Viele Berufsgruppen leisten Wochenenddienste, angefangen im Krankenhaus über die Feuerwehren bis hin zu Busfahrerinnen oder -fahrern. Sie alle werden arbeitsrechtlich mit einer entsprechenden

Dienstzeitregelung abgefangen und das geht. Warum geht es nicht in der Kirche? Kein Mensch fragt eine Krankenschwester, warum sie an einem stinknormalen Mittwoch frei hat. Beim Küster oder Pastor kommt das aber durchaus vor!

Wenn wir, die Kirchen, uns endlich entschließen könnten, wirklich professionelle Mitarbeitereinsätze als Dienstleistungsunternehmen zu planen, ließe sich manche „Bedürfnisbefriedigung" und manches Entgegenkommen organisieren. Wir müssten allerdings endlich auch wirklich zusammenarbeiten. Nicht wie jetzt: Die eine Gemeinde macht alles, weil einige nicht nein sagen können, wollen oder dürfen. Die andere Gemeinde setzt harte Zeiten, um sich abzuschirmen. Wenn echte Bedürfnisse vorliegen, könnte ein gemeinsamer Mitarbeiterstab für größere Regionen sie auch befriedigen, Flexibilität vorausgesetzt. Manche Menschen arbeiten sogar gerne am Wochenende. Dann sind sie unter Menschen und verdienen mehr Geld für weniger Arbeitszeit. Modelle für eine andere Form der Dauer - Bereitschaft liefert z.B. die Telefonseelsorge. Bezeichnenderweise aber werden hier Wochenenddienste fast nur von freiwilligen Helferinnen und Helfern geleistet - ohne Bezahlung.

Schließlich macht der/die erstaunte Mitarbeiter/in vor allem bei Kindern, aber auch bei Erwachsenen die Erfahrung, dass sie am Wochenende gar nicht kommen können, weil sie sich in der Ferienwohnung oder auf dem Campingplatz aufhalten. Eine Beschreibung kirchlicher Arbeit enthielt die Feststellung, die Gemeinde sei weithin eine Vier-Tage-Gemeinde (Montag bis Donnerstag). So lange aber Leute allen Ernstes nach der Karwoche und Ostern oder nach den Weihnachtstagen in einem Gemeindebüro anrufen und trotz täglicher Gottesdienste und Veranstaltungen, trotz Gemeindebrief und Schaukasten mit Büro- und Sprechzeiten etc., behaupten, sie könnten die Pastorin oder den Pastor nicht erreichen - darf solches als ziemlicher Nackenschlag für jede Form von Arbeitsorganisation gelten. Da kommt kein Bedürfnis mehr zum Ausdruck, sondern allenfalls mangelnde Kommunikation.

Feste Arbeitszeiten können vor allem die unter den Pastorinnen und Pastoren genießen, die in der Verwaltung arbeiten. Da geht es wie in allen Büros mit der Stechkarte zum Dienst. Auch alle Spezialisten/innen profitieren von einer überschaubaren Arbeitszeit. Krankenhäuser, Gefängnisse, Beratungsstellen etc. leben davon, dass sie die Zeit einteilen und in mehreren Schichten oder Diensten immer wieder frische Leute zur Verfügung haben. Am schlimmsten aber erwischt es die Pastoren/innen, die alleine in einer Gemeinde tätig sind. Die Pikanterie an dieser Aufteilung besteht darin, dass die Amtsträger mit fester Arbeitszeit in den Ämtern scharf über die Dauerbereitschaft und das Nur-Dienst-Dasein der anderen wachen. Die Nichtregelung der Dienstzeit führt dazu, dass in wirklich entscheidenden Momenten fast nie der oder die zuständige Pastor / in zu finden ist. Einen guten Grund, gerade nicht am Platz zu sein, hat fast jede/r. Feste Dienstzeiten mit geregelter Bereitschaft könnten das Problem schlagartig und durchsichtig lösen. Der Wunsch von Steffensky, auch mitten in der Nacht im Pfarrhaus Quartier bekommen zu können[42], kann in einem zeitlich derart beanspruchten Rahmen wohl kaum realistisch sein. Er fordert ja sogar einen "feudalistischen Umgang" mit der Zeit. Welch eine Idylle!

Die entscheidende Frage heißt aber auch hier: Warum hat trotz dieser Probleme bisher kein ernsthafter Versuch eingesetzt, die Organisationsformen des Pfarrerberufs zu ändern? Sind Pfarrer (wie sieht's mit Pfarrerinnen aus?) zum Zeitmanagement nicht in der Lage? Ist die Arbeit möglicherweise zu sehr von der Definition durch die einzelnen Tätigen abhängig? Sollten die Management - Angebote für Pfarrerinnen und Pfarrer dem vielleicht irgendwann abhelfen? Das können sie vielleicht, wenn der Beruf als Arbeit angesehen wird und nicht in seinen überholten Strukturen theologisch überhöht von oben nach unten durchgesetzt wird.[43] Kaum scheint es nachweisbar, dass diese Berufsform in der modernen Gesellschaft auf irgendeine Art der Nachfrage trifft. Die Regulierung von Angebot und Nachfrage hat sich im kirchlichen Bereich längst von den Gemeindepastorinnen und -pastoren wegentwickelt. Sie wird von Beratungsstellen, Seelsorgezentren, Krankenhaus- und Gefängnispfarrämtern, der Notfall – und Telefonseelsorge u.a. wahrgenommen. Darüber hinaus anfallende nicht aufschiebbare Wünsche nach seelsorgerlicher Begleitung z.B. der Wunsch nach einem Abendmahl, könnte in einer Großstadt wie Hamburg durch vier Dienst habende Pastoren abgedeckt werden. Die gemeindebezogenen Seelsorgaufgaben lassen sich auch in einer Dienstzeit organisatorisch ausreichend erfassen. Das beweist in ausreichendem Maß die „Notfallseelsorge". Bei diesem relativ neuen Arbeitsbereich kommt niemand auf die Idee, allen Pastorinnen und Pastoren eine Dauerbereitschaft zuzumuten. Vielmehr lassen sich Dienste von mehreren Tagen Dauer hier gut organisieren. Bisher steht jedoch auch diese Organisation quer zum übrigen Zeitmanagement. Die Bereitschaft in der Notfallseelsorge kollidiert meistens mit der nach wie vor geforderten generellen Bereitschaft.

Dem könnte man nun wieder entgegenhalten, der Pastorenberuf sei nur bis zu einem gewissen Grade organisierbar, weil er zum großen Teil auf Beziehungsarbeit beruhe: dem Anknüpfen, Durchführen und Beenden von Kontakten. Aus der Praxis lässt sich nachweisen, dass dies nur eingeschränkt der Fall ist. Die Gemeindearbeit besteht zum größten Teil

---

[42]Fulbert Steffensky, Ist das Pfarrhaus noch zu retten?, in R. Riess, Haus in der Zeit, 2. Aufl, 390ff.
[43]Die Hamburger Hauptpastoren haben sich als Gruppe zur "Arbeitssituation" des Pfarrerberufes geäußert und u.a. Kriterien für eine "gute pastorale Arbeit" aufgestellt. (Veröffentlicht z.B. in Idea spektrum 7/94 v. 16.2.94, S. 20-22.) Dabei wird allerdings das Problem der Arbeitszeit nicht diskutiert.

aus festen Terminen und nur zum kleineren Teil aus dem Aufbau von neuen Beziehungen. Die Lebensführung der meisten Menschen lässt eine unorganisierte Beziehungsaufnahme ohnehin kaum zu. Wenn organisierte Angebote zur Beratung oder Gespräch in den Gemeinden gemacht werden, treffen sie auch auf eine Nachfrage. Diese Nachfrage hängt mit dem organisierten Feld von Therapie und Beratung zusammen. Menschen im Lebensfeld der Kirchengemeinde brauchen neben therapeutischer Betreuung eine stabile nicht von Änderungsforderungen gekennzeichnete Beziehungsmöglichkeit.

Nach Soldaten- oder Gutsherrenart

Das Dienstwohnungs- und Familiendienstmodell, das auf Pastorinnen und Pastoren nach wie vor angewendet wird, hat möglicherweise zwei Vorbilder, nämlich die Soldaten und die Gutsherren.

Die Soldaten sind grundsätzlich versetzbar und werden auch häufig versetzt. Die Familie muss dann mit umziehen. Bei Pastoren wird das durch die Möglichkeit, sich zu bewerben, abgemildert. Im disziplinarischen Falle aber wird davon Gebrauch gemacht. Ziel ist bei diesem Bild die Verfügbarkeit für den Dienstherrn Kirche, der die Wohnung stellt. Mit der Dienstwohnung wird die Mobilität gesichert.

Der Gutsherr ist immer ansprechbar und zuständig für jeden und alles auf seinem „Besitz". Die Gutsfrau tut mildtätige Werke. Sowenig diese Modelle in die Zeit passen, sowenig passt auch die Ausstattung zum Modell. Die Gutsfamilie hatte Gesinde für die tägliche Kleinarbeit. Deshalb konnten sie sich den anderen Aufgaben widmen. Pastorin oder Pastor und Familie haben kein Gesinde. Sich ein solches zu leisten, wäre auch bei den gängigen Pastorengehältern nicht möglich. In vielen Fällen aber steht immer noch ein Haus von Gutshausgröße zur Verfügung, das selbstverständlich ohne Zulage geheizt, geputzt und bewirtschaftet werden soll. Leider ist es den Pastorinnen in diesem Punkt noch nicht gelungen, das Bild vom Pfarrerberuf zu ändern.

Dadurch legt sich nahe, dass das Bild vom Pfarrhaus aus der patriarchalen Gesellschaft stammt. Der Gutsherr bzw. der Familienvater bezog sein gesamtes Haus in das ein, was er tat und was auch der Familie und dem Familienbesitz nützte. Der zweite Aspekt aber fällt beim Pastor natürlich weg. Wem in seiner Familie nützt es etwas, wenn er sich einsetzt? Auch in der Modellvorstellung also ergibt sich eine belastende Ansicht des Pastorenberufs. Man könnte von feudalistischen Resten sprechen. Aus dem Gutsbesitzer aber ist inzwischen ein Dienstwohnungsinhaber geworden, der auch noch zunehmend an dieser Wohnung uninteressiert ist.

Die Leitbilder vergangener Epochen,

die sich in den Vorstellungen vom Pastorenberuf widerspiegeln, verbreiten die Unschärfe, die um diesen Beruf herum gestreut ist.

♦ Aus biblischen Vorstellungen kann sich das alles nun schon gar nicht herleiten.

♦ Jesus - ein Dienstwohnungsinhaber, ein Gutsherr, ein Soldat? Jesus mit einer Parochie?

♦ Mit solchen Lebensbildern wäre Jesus wahrscheinlich heute nicht mehr bekannt.

Pastorinnen und Pastoren, besonders in Einzelpfarrstellen, kommen mir eher vor wie Leute, die einen kleinen Handwerksbetrieb führen. Wenn nicht die ganze Familie mittut, geht ein solcher Betrieb mit wenigen Mitarbeiterinnen oder Mitarbeitern unter. Die Umstellung auf größere Betriebsformen, wie sie etwa im Kirchenkreis anzusiedeln wären, gelang bisher nur im Verwaltungsbereich. Ideen vom Teampfarramt mit mehreren Spezialisten, die alle zusammen das Pfarramt bilden, haben sich nicht durchgesetzt.[44] In der Wirklichkeit versuchen viele Pastorinnen und Pastoren einen realistischeren, persönlich verantworteten, Weg zu gehen. Konflikte aber zeigen die nach wie vor beträchtliche Wirkung gerade der unzeitgemäßen Bilder. So ist immer noch Gesprächsstoff da, wenn ein Mensch mit diesem Beruf sich um die eigenen Kinder kümmert und nicht unbegrenzt Zeit für die Gemeinde aufbringt. Immer noch kann sich das durchschnittliche Gemeindemitglied schlecht vorstellen, dass der Pastor (auch die Pastorin?) die Toilette säubert, Fußböden aufwischt oder Wäsche wäscht, obwohl Mann / Frau all das längst tun muss.

Eugen Drewermann hat für den katholischen Bereich eine psychoanalytische Deutung des Klerikers vorgenommen.[45] Sein Zentralbegriff der ontologischen Verunsicherung könnte einige der Verhaltensweisen auch evangelischer Geistlicher erklären. Insbesondere ließe sich damit nachvollziehen, warum immer noch Menschen in diesen Beruf gehen, ohne ihn gründlich zu verändern. Verschärft wird die Situation im evangelischen Bereich dadurch, dass immer weniger Familien bereit sind, die hohe Beanspruchung, die aus solchen Konstellation entsteht, mitzumachen. Ontologisch verunsicherte Menschen brauchen ein hohes Maß an narzisstischer Zufuhr und entsprechend große Vorstellungen von der eigenen Wertigkeit. Deshalb bietet sich der Glaubensinhalt der

---

[44]S. Ulf Häbek, Theologisch verantwortetes Pfarramt in der Volkskirche, Verlag Peter Lang, Frankfurt / M. 1983: "Die Bedeutung der Sonderpfarrämter für die Arbeit des Gemeindepfarrers ist deshalb relativ gering, ... Eine institutionelle Verbindung von Spezial- und Gemeindepfarramt wäre wünschenswert, ..." (336).

[45]Eugen Drewermann, Psychogramm eines Ideals, Walter Verlag Olten und Freiburg 1990

"Errettung" geradezu an, der ontologischen Verunsicherung zu widersprechen oder sie zu kompensieren. Die These Drewermanns, wonach
ein Mensch Priester wird, um der ontologischen Verunsicherung zu
wehren und sie in einer erträglichen Balance zu halten, könnte man
auch folgen, um zu erklären, weshalb viele Menschen die Bereitschaft
zeigen, auch unzeitgemäße und quälende Formen dieses Berufes auf
sich zu nehmen. Weiter ließe sich damit noch über die Thesen Horst -
Eberhard Richters hinaus nachvollziehen, warum alle Versuche der
fachlichen Kompetenzerweiterung und der Anerkennung von Fachkompetenz im hierarchischen Gefüge dieses Berufes und in der Kirche
ohne bewussten bösen Willen scheitern. Wenn eine kirchliche Hierarchie und der einzelne Pfarrstelleninhaber davon leben, dass Rivalität
und das Rivalisieren durch verstärkte Fachkompetenz sich gerade nicht
durchsetzen, weil das eher zu einer Verstärkung der ontologischen Verunsicherung führen könnte, dann kann es kein Wunder sein, wenn auf-
keimende Rivalitäten verdrängt oder abgespalten werden. Man sieht sie
dann projektiv z.b. in „bösen Welt" wirksam, erkennt sie in gesellschaftlichen Strukturen als das Böse schlechthin und lebt sie in Omni-
potenzphantasien gegenüber allen Formen von Leiden und Not in der
Welt aus.

Rivalisieren gibt es nur verschämt,

aber dadurch umso schlimmer! Dieses Verhalten schlägt sich auch in
anderen Feldern kirchlicher Arbeit nieder. So haben es z.b. Menschen,
die sich als Kandidaten für die Kirchenvorsteherwahlen aufstellen lassen, sehr schwer, sich als Rivalen zu verstehen, obwohl sie es objektiv
gesehen sein müssen. In Streitigkeiten um die richtige Auslegung des
Evangeliums und um die richtige Form der Frömmigkeit werden Menschen verunglimpft, abgewertet und für ungläubig erklärt, nur um nicht
sehen zu müssen, dass es um Machtpositionen in der Gemeinde geht.
Unversehens und „ohne, dass es jemand bemerkt", entstehen in Gemeinden dadurch regelrechte Glaubenskriege. Die Parteien fügen sich
böse oder bösartige psychische Verletzungen zu, ohne sich wirklich
eingestehen zu können, dass es nicht um Glauben, sondern vor allem
um die Macht in der Gemeinde (und damit um die Verhinderung von
eigener Isolation) geht. Während in der Politik ungeniert von Wahlnie-
derlagen gesprochen wird, traut sich in der Kirche kaum jemand, dieses
Wort in den Mund zu nehmen. Man tut dann so, als handele es sich bei
einer Wahl um objektive Kriterien von Eignung oder Nichteignung.
Wer eine höhere Stellung anstrebt, kann sich kaum so äußern, dass ihm
die Machtfülle dieses Amtes vielleicht liegen könnte, ja dass er oder sie
daraus sogar persönlichen Gewinn zu ziehen hofft.

Viel besser ist es, den Machtcharakter ganz zu verleugnen und so zu
tun, als beuge man sich widerstrebend einem „Ruf". Machtkampf und

Rivalität werden dadurch als Belastung gekennzeichnet. Das ist psychisch und psychologisch entlarvend und verschleiernd zugleich. Die Belastung entsteht aus der ontologischen Verunsicherung der Amtsträger, die es nicht zulassen kann, einen Machtkampf zu verlieren. Dadurch käme er (sie auch?) genau in die Position, die zu vermeiden das seelische Arrangement dient.

„Der Mann, die Frau (?) für alles"

Ein weiteres Problem des Pastorenberufs zeigt sich vor allem in der Stadt. Die Spezialisierung bzw. deren Mangel wurde bereits beschrieben als Unfähigkeit, verschiedene Arbeitsgebiete aufeinander zu beziehen. Hinzu kommt ein weiterer Mangel an Spezialisierung: Jeder Pastor und jede Pastorin kann grundsätzlich im gesamten Berufsbereich alle Aufgaben erledigen. Das Spektrum umfasst: Umgang mit Kleinstkindern, mit alten Menschen, religiöse Handlungen, das Zelebrieren religiöser Dienste, Reden halten, Musik machen oder verantworten, Unterricht für alle Altersgruppen, Seminararbeit mit Erwachsenen und Jugendlichen, Freizeiten, die Leitung und Anleitung von Mitarbeiterinnen und Mitarbeitern und den Vorsitz in diversen Gremien, Sammeln von Spenden, nicht zu vergessen Verwaltung und Finanzmanagement. Anders ausgedrückt: Die Arbeit richtet sich im Gesamtbild nicht auf Zielgruppen. Zielgruppen sind immer nur Untergruppen des Gesamten. Die Fähigkeiten und Fertigkeiten, die nötig sind, werden in diesem Berufstand nicht wie sonst üblich bei Leitungspersonen im Überblick, sondern konkret vorausgesetzt. Die Pastorin oder der Pastor soll also nicht nur die Leitungsfähigkeit besitzen, sondern in allen Fällen selbst in der Lage sein, mit den verschiedenen Zielgruppen umzugehen. Dass diese oft so genannte Generalistenposition eine Illusion darstellt, scheint inzwischen fast allen Beteiligten klar zu sein. Dennoch wagt niemand, sie echt und konkret aufzuheben und aus den Generalisten- Leitungspositionen zu machen. Für Mitarbeiterinnen und Mitarbeiter muss es schlicht demotivierend wirken, wenn sie nicht geleitet, sondern je nach Lust und Laune oder Fähigkeiten des/r Leiters/in unsachgemäß kritisiert, dominiert oder sogar einem Konkurrenzdruck ausgesetzt werden. Auch unter den Pastorinnen und Pastoren selbst kann nicht jeder alles. Warum soll, wer nicht predigen will oder kann, dies unbedingt tun? Wer anderen nicht zuhören kann, muss nicht unbedingt in der Seelsorge arbeiten, sondern hat vielleicht die Gabe, Tagungen oder anderes zu organisieren. Nicht jede Pastorin oder jeder Pastor kann andere anleiten oder Leitungsfunktionen ausüben. Mit dem bisherigen Modell der Generalisten setzen sich auch Kolleginnen und Kollegen einem manipulativen Druck aus, der nicht nötig wäre. Wie aus dieser Situation heraus geistliche Leitung erfolgen soll, bleibt weitgehend unklar. Bestimmte Großgemeinden in den USA zeigen beispielhafte Organisationsformen. Sie einfach zu kopieren, wäre jedoch wenig dienlich, weil sie eine andere gesellschaftliche Konstellation als die unsere zur Voraussetzung haben. Um dem Problem näher zu kommen, muss es noch nach einer anderen Seite hin analysiert werden.

Ur-Bilder

Welche Ur-Bilder stecken hinter dem PastorInnen-Berufsverständnis: Sollte dieses Berufsbild etwa als Vater- oder Mutterrolle in der jeweiligen Gemeinde verstanden sein, könnte man der Diffusion der Aufgaben und Anforderungen vielleicht etwas abgewinnen. Doch auch diese Vorstellung muss eine Illusion sein oder bleiben, solange damit ein sachlicher Vorgang beschrieben werden soll. Es kann vorkommen, dass Pastorinnen / en in eine solche Rolle geraten. Das aber geschieht völlig unabhängig von Ausbildungen oder Fertigkeiten. In gruppendynamisch zu erklärende Ränge gerät ohnehin jeder Mensch, der sich mit anderen Menschen beschäftigt. Außerdem sind alle Versuche gescheitert, die konkrete Vater- oder Mutterrolle zum "Beruf" umzugestalten. Auch bei dieser Rollenbeschreibung muss man verstärkt auf die Wirklichkeit achten. In den Städten und Dörfern scheint kaum jemand bereit, außer einigen zwanghaften und fundamentalistisch orientierten Christen, irgendeine Art Mutter- oder Vaterrolle zu akzeptieren. In solchen Rollen beschriebene Identität ist vielen Menschen ein Gräuel. Daraus lässt sich z.B. die zunehmende Abstinenz gegen kirchliche Trauerfeiern erklären. Selbst manche Kirchenmitglieder bemühen freie Redner statt des Pastors, weil der Redner nicht in die persönliche Sphäre eindringt. Er hält sich an gesellschaftliche Konventionen und verlangt keinen persönlichen wie immer gearteten Glauben. Wenn die Rede dennoch einfühlsam vorgetragen wird, sind auch viele Kirchenmitglieder sehr damit zufrieden.

Was die Akzeptanz der Rolle Pastorin oder Pastor bei den Fundamentalisten angeht, handelt es sich eher um eine verzerrte Wahrnehmung, die keine Distanz zulässt. Man müsste von der „Führer" - Gestalt sprechen, die Unterwerfung fordert oder angedient bekommt. Diese Rolle muss aber eher als die Kehrseite der Angst vor Intimität angesehen werden. Durch Auslieferung und Kontrolle wird im fundamentalistischen Bereich Scheinintimität erzeugt, die reale Konfliktsituationen verdrängt. Dieser letzten "Konfiguration" folgen die meisten Menschen, die eine Daueransprechbarkeit der pastoralen Amtsträger fordern. Vater und Mutter haben auch keinen Urlaub, keine "Freizeit" und keine Dienstzeit. Sie müssen auch - z.B. bei Krankheiten der Kinder oder im Kleinkindalter - manchmal ohne Schlaf eine Woche auskommen und das oft noch neben beruflichen und gesellschaftlichen Verpflichtungen her. Die Mutter - oder Vaterrolle aber besitzt lebensgeschichtliche Grenzen. Kinder wachsen heran und können stückweise und gleitend eigener Verantwortung zugeführt werden. Welch ein Problem, wenn das beispielsweise bei einer Behinderung eines Kindes nicht gelingt. Bei Gemeinden ist das nicht oft der Fall. Deshalb handelt es sich bei einer derartigen Rollendefinition um eine Zuschreibungshandlung, die keiner realitätsangepassten Erwachsenensicht entspringen kann, sondern wieder um das Angst lösende und Angst abwehrende psychische Schema, das der ontologischen Verunsicherung entspringt. Wie sonst sollte man sich erklären, dass Gemeindemitglieder in der Tat den Anspruch aufrechterhalten und in die Tat umsetzen, wegen der belanglosesten Dinge auch mitten in der Nacht ihren Pastor anrufen zu können (nur selten handelt es sich um Leben und Tod). Die oft geforderte und kirchlich geförderte Vorstellung vom „Hirten" reflektieren die, die sie anwenden, überhaupt nicht. Sie verzerrt lediglich das Bild vom Pastor/in als Vater oder Mutter. Hirten, die Tag und Nacht bei der Herde gewesen sind, entsprechen kaum dem Bild, das sich Leute von Pastorin oder Pastor zurechtlegen. Die Hirten standen schließlich am untersten Ende der sozialen Skala, wie wir aus den Bibelgeschichten wissen, waren als Tagelöhner „gemietet" oder Mitglieder der Patriarchenfamilie. Ein verklärtes Hirtenbild romantischer Prägung existiert erst seit 200 Jahren.

Ein typischer Burnout - Beruf

Wenn der Beruf des Pastors und der Pastorin verantwortungsvoll wahrgenommen und von den psychischen und äußeren Fesseln befreit wird, könnte er nach wie vor ein notwendiger Beruf menschlicher Gesellschaften schlechthin sein. Die Funktion, Lebenserfahrungen unter dem Aspekt der Zuwendung Gottes zu den Menschen zu betrachten, hilft, sich den Realitäten in Welt und Seele besser zu stellen und sie gerade nicht auszublenden. Insofern hat der Fundamentalismus im christlichen Glauben das richtige Thema, aber die falsche Lösung bereit. Es geht um die fundamentale Hinwendung zu dem Zentralinhalt der Rechtfertigung des Menschen durch Gott und die daraus entstehende gelassene Arbeit an den Strukturen der Realität. Der Fundamentalismus will sich die Arbeit an den Strukturen durch die Benutzung der Religion als Droge ersparen. Fundamental erneuerter Glauben aber heißt Öffnung hin zu den Mehrdeutigkeiten der Realität, die aufzuheben dem Fundamentalisten vorschwebt, die tragen oder sogar vielleicht verändern zu können, ein wirklich Glaubender glaubt. Darin wäre dann auch die Wirkung des Heiligen Geistes zu sehen, der aus mehrdeutigem Chaos Leben schafft. Ohne das Vertrauen in die Wirkung des Heiligen Geistes, der aufgrund der beschriebenen Abwehrhaltungen seine Wirkung nur schwer entfalten kann, weil ihm am Ende aus lauter Verunsicherung keiner glaubt, handelt es sich wohl eher um einen typischen Burnoutberuf: *„Die klassische problemorientierte Coping - Strategie des Ausbrenners,* *jedenfalls im Frühstadium, ist vermehrte Anstrengung; "mehr desselben"; bis zur Erschöpfung der Ressourcen. Später,..., wird dem Problem möglichst nachhaltig aus dem Weg gegangen: "Dienst nach Vorschrift", "Innere Kündigung". In beiden Fällen wäre einer solch externen "Lösung" u.u. ein Umbau des Glaubenssystems vorzuziehen.... Es gibt auch Anhaltspunkte dafür, bei Ausbrennern, ..., eine ausgeprägte Scheu zu vermuten, die es verbietet, sich anderen in seiner Hilfsbedürftigkeit zu offenbaren. Der Anspruch an sich selbst, sämtliche Probleme eigenhändig zu lösen, ist jedenfalls ein gefährlicher ..."[46]* Es bereitet wenig Schwierigkeiten, in einer solchen Beschreibung sich selbst im Beruf Pastor wiederzufinden. Der Einsatz bis zur letzten (seelischen) Kraftreserve und die volle Konzentration aller Kräfte auf den Beruf, dessen Ergebnis eher wenig abschätzbar sein kann, die fehlende Möglichkeit, einen Umbau des Glaubenssystems (der Zielsetzung) vorzunehmen, weil dem Sanktionen aus allen Richtungen folgen, schließlich die beschriebene institutionelle Rahmensituation führen dazu, sich fassadenhaft zu verhalten. Damit versucht man, eingebildeten und wirklichen unangenehmen Folgen aus dem Weg zu gehen. Die Versuche der pastoralpsychologischen Elemente der Ausbildung, solchen Prozessen durch vermehrte Selbstwahrnehmung und Stärkung der kommunikativen Kompetenz entgegenzuwirken, haben bisher wenig Wirkung gezeigt. Sie wurden eher als neuer Anreiz erfahren, sich noch weiter (ehrlicher, selbstangepasster, offener…) vorbehaltlos - ohne Abwehr und Projektion in den Beruf einzubringen. Die Rahmenbedingungen des Berufes, mit dem die Kirche immer noch identifiziert wird, sind eher ein Austreibungsprogramm für den Heiligen Geist als ein Rahmen, der geistlichem Leben den Raum freihält.

Wer ist die Gemeinde?

Was neben der Pastorin und dem Pastor noch die Kirche ausmacht, das ist die Gemeinde, die sich selbst aber nicht gerne als „die Kirche" identifizieren mag. Auch dies muss ganz konkret betrachtet werden.

Von der Gemeinde traf ich am Heiligen Abend rund 45 Prozent. Davon aber kamen einige an diesem Tag zwei- oder auch dreimal. Einige waren nicht Mitglieder der Gemeinde, sondern kamen von außerhalb. In der Realität weiß ich auch, dass von den Menschen, die am Heiligen Abend den Gottesdienst besuchten, nicht alle Kirchenmitglieder sind. So müsste der Prozentsatz eigentlich von der Wohnbevölkerung ausgehend errechnet werden. Danach sind an Heiligen Abenden rund 25% der kommunalen Gemeinde anwesend. An Sonntagen kommen rund 3%, in Ferienzeiten 1% und am 2. Weihnachtstag dann nur etwa 0,55%.

---

[46]Matthias Burisch, Das Burnout - Syndrom, Springer - Verlag Berlin u.a. 1989, 97

Die größte Ausweitung an aktiver Mitarbeit erfährt die Kirchen-gemeinde beim jährlichen Basar. Daran beteiligen sich ungefähr hundert Menschen im Alter von 5 - 80 Jahren. Die Gruppen der Gemeinde, die sich in der Woche treffen, haben zwischen 5 und 25 „Köpfe". Dann gibt es noch Konfirmanden, die ja kommen müssen. Überlaufen sind lediglich Kinderspiel- und Mutter-Kind-Gruppen. Sie verfügen über eine Warteliste. In der Kinderarbeit lassen sich viele Kinder ansprechen. Mit Geschick kommen auch ein paar hundert Menschen zum Laternenumzug zusammen. Jugendarbeit tut sich da bereits schwerer - es sei denn bei den Sommerfahrten. Konzerte ziehen nicht ausnahmslos viele Besucher an. Es müssen schon außergewöhnliche Künstler auftreten, wenn die Kirche einmal ganz voll sein soll. Sonst schafft das allenfalls noch das Adventskonzert der gemeindeeigenen Chöre. Zu Vortragsveranstaltungen, Gemeindeabenden und anderen Aktivitäten der Kirchengemeinde kommen meist dieselben Personen. Aus aktuellem Anlass sammeln sich auch mal 150 Personen zu einem Gesprächsabend. Aber das ist dann eher die Ausnahme. Die Kirchengemeinde stellt eine eher fiktive Größe einerseits und eine Kirchensteuererfassungsgröße andererseits dar. Für bestimmte Fälle des Lebens hält sie „Serviceleistungen" bereit, die gerne abgerufen und nach den Wünschen der Nachfrager gestaltet werden: Taufen, Trauungen und Beerdigungen.

Bei den Trauerfeiern scheint es in der Großstadt fast schon ein Zufall zu sein, ob die Kirche in Anspruch genommen wird oder nicht. Das hängt unter anderem vom Bekanntheitsgrad des Pastors oder der Pastorin ab, weniger von der bloßen Kirchenzugehörigkeit. Auch bei Trauungen müssen sich die Paare selbst entscheiden, ob sie kirchlichen Beistand in Anspruch nehmen möchten oder nicht. Bei Taufen scheinen die Motive nicht immer so klar zu sein. Eine Sonderkategorie stellen die Familiengottesdienste dar. Darin sind oft alle Altersgruppen vertreten, weil Familienmitglieder beteiligt sind.

Der Großteil der Menschen verhält sich gegenüber der Kirche wie die Menschen des Altertums gegenüber ihren Religionen. Religion wird als „Religion" benutzt, nicht zur täglichen Umkehr oder als Lebenshaltung. „Für den Fall, dass es da doch etwas gibt", etwas Unverrechen - Unberechenbares, sollte man sich ab und an in die Kirche begeben, sich davon überzeugen, dass der Pastor oder die Pastorin stellvertretend einigermaßen verständlich den Glauben ausübt.

Die Befragung von Menschen, die die Kirche verlassen, zeigt Folgendes: Sobald sie sich darüber klar werden, dass sie in der Tat einen bestimmten Betrag monatlich für die Kirche zu bezahlen haben, fragen sie sich nach der „Gegenleistung" oder der Inanspruchnahme. Typisch erscheint mir folgenden Äußerung einer jungen Frau: Sie habe die Kirche schon seit zehn Jahren nicht mehr von innen gesehen. Deshalb könne sie auch nicht genau beurteilen, was da vor sich gehe. Ansonsten habe sie gegen die Kirche im Prinzip nichts, allenfalls gegen bestimmte Positionen der katholischen Kirche. Infolgedessen befindet sich die Kirche in Hamburg z.b. längst nicht mehr in einer gesellschaftlichen Mehrheitsposition. Unter 30% Mitgliedschaft mit abnehmender Tendenz lassen gesellschaftliche Vorstellungen etwa von einem "Wächteramt" der Kirche nicht mehr zu. Die Kirche konkurriert mit anderen gesellschaftlichen Größen um Präsenz bei den Menschen und in den Medien. Sie gerät dabei immer weiter ins Hintertreffen, weil die Umstellung auf die Stadtsituation nach wie vor nicht gelungen ist. Seit längerer Zeit reagiert die Kirche darauf mit Reaktionsmustern wie der „Mission vor der eigenen Haustür" oder mit Offenheit für fundamentalistische Einengung.

Die Bibel für eine aussterbende Gruppe?

An den Artenschutz für aussterbende Vogelarten erinnerte die Aktion „Das Jahr mit der Bibel". Das Missionsjahr ging vorbei und Modelle des Gemeindeaufbaus wie die "Geistliche Gemeindeerneuerung" (Charismatiker) bringen eher Unruhe und Distanzierung als eine bessere Verankerung der Kirche oder des Glaubens in den Gemeinden. Anhand der Leitbilddiskussion versuchen sich Gemeinden in der Analyse ihrer Gegebenheiten und der Formulierung ihrer Ziele. Der Unterschied zur früheren „innerpastoralen" Situations- und Zielanalyse besteht bei diesen Modellen besonders darin, dass sich gemeindliche Gruppen oder Gremien damit beschäftigen.[47]

Ein wichtiger Unterschied zu den ländlichen Gebieten besteht in den Städten darin, dass viele Menschen sich ihre Gemeinde frei wählen. Dabei spielen persönliche Bindungen oder Pseudobindungen eine Rolle oder auch ein bestimmtes kirchliches Gebäude. Manche Kirchen werden wie die Heiligtümer alter Zeit zu regelrechten Wallfahrtsorten für kirchliche Amtshandlungen, vor allem Trauungen.

Die Kirchen halten nach wie vor an ihrem dörflich-bäuerlich strukturierten Gemeindebild fest. Diese Vorstellung von Gemeinde enthält die Einheit der Menschen in den wesentlichsten Lebensbereichen. Das ist nirgendwo mehr der Fall, vor allem nicht in der Großstadt. Kein Tagesrhythmus wird von Viehhaltung bestimmt. Das rechtfertigte einst den Gottesdienst am Sonntag um 10 Uhr. Da gibt es vielmehr einerseits die schulischen Zeiten der Kinder, die am Freitag zur Mittagszeit enden und dann ein langes Wochenende freigeben. Die Erwachsenen organisieren sich in zunehmend flexiblen Arbeitszeiten, die auch ins Wochenende hineinreichen. In den bürgerlichen Vororten der Städte findet darüber hinaus eine völlige Verplanung der Kinder und Jugendlichen, z.T. auch der Erwachsenen statt.

---

[47] So beispielsweise das "München-Programm".

Gemeinden haben versucht, die Gottesdienste kinderfreundlicher, die Anfangszeiten familienfreundlicher und die Predigtinhalte transparenter zu machen. All das ändert an der durchschnittlichen Gottesdienstbesucherzahl nichts. Die einzigen "vollen" Gottesdienste findet man bei sektenähnlichen Gruppierungen, seien sie liturgisch, hochkirchlich oder charismatisch - fundamentalistisch ausgerichtet. Obwohl die Gemeinden vieles tun, was ihre Mitglieder auch kennen und wissen und in Anspruch nehmen, hat die Kirche nach wie vor oder auch immer stärker ein niederschmetterndes Image. Nur selten gelingt es, dieses Image zu verbessern. Öffentliches und gemeindeöffentliches Image wirken ineinander. Die Images unterliegen zusätzlich noch der Spaltung, wie es in der Gesellschaft auch sonst häufig der Fall ist. Als Schulbeispiel kann das Vorgehen der katholischen Kirche gegen missliebige Theologen gelten. Die kath. Kirche festigt dabei jeweils ihr öffentliches Image von einer hierarchisch geordneten, sich im Besitz der Wahrheit wähnenden Kirche.[48] Bisweilen tut sie das auch ganz ungeniert ohne weitere Verschleierung. Der Text "dominus Jesus", in dem sie sich als einzige Kirche in der von Gott gestifteten apostolischen Sukzession des römischen Primats bezeichnet, kann dafür als Beispiel gelten.[49]

Das wäre theoretisch gesehen für die evangelische Kirche nicht von Belang. Praktisch aber steht die katholische Kirche in der veröffentlichten Meinung für „die Kirche" allgemein. Ein evangelischer Pastor/in bekommt in Gesprächen mit Menschen innerhalb und außerhalb der Kirchengemeinde Positionen vorgehalten, die weder in der Gemeinde noch von der evangelischen Kirche je geäußert wurden. Die Kehrseite dieser Imageverschränkung findet in der innerkirchlichen Auseinandersetzung ihren Niederschlag. Konservative Sammlungen in den ev. Kirchen stimmen z.B. in der Frage des Schwangerschaftsabbruches durchaus mit der katholischen Position überein. Die gewählten Gremien der ev. Kirchen aber vertreten solche Positionen fast nie. So polarisiert sich das Image der Kirchen in der Gesellschaft noch stärker dadurch, dass orientierungsbedürftige Menschen ein starkes Gerüst für ihre Seele brauchen und dieses verstärkt in "harten" und kompromisslosen Positionen und deren Hauptvertreter finden. Harte Positionen treten in der Öffentlichkeit stärker hervor als situationsangemessene Verhaltens- und Denkweisen. Deshalb bekommt auch die evangelische Kirche das Image des "Verschlossenen". Konkret scheinen Menschen immer noch eine Art „Denkverbot" anstelle der früheren „Moralapostelei" der

---

[48] Siehe das Vorgehen gegen Eugen Drewermann am Anfang der neunziger Jahre. Pünktlich zum Heiligen Jahr hat der Vatikan das auch theologisch erneut in der Verlautbarung "Christi" verifiziert

[49] Kongregation für die Glaubenslehre, Erklärung *Dominus Iesus,* Über die Einzigkeit und die Heilsuniversalität, Jesu Christi und der Kirche, Verlautbarungen des Apostolischen Stuhls 148 vom 6. August 2000, Herausgeber: Sekretariat der Deutschen Bischofskonferenz, S. 21.ff.

Kirchen zu erleben oder auch zu wähnen. Ihr Bild von der Kirche gibt ihnen das Gefühl, die Welt und ihre Zusammenhänge nicht vorbehaltlos wahrnehmen und durchdenken zu sollen. Massenmedien legen ihren Lesern manchmal nahe, das ganze Christentum bestehe nicht ohne Grund aus Denkverboten. Die Geschichte um die Qumrantexte („Verschlusssache Jesus") belegt das besonders schön. In den Veröffentlichungen kommt nichts zum Vorschein, was die Theologie in der Exegese nicht auch schon gesagt, gedacht oder vermutet - vielleicht auch wieder verworfen - hätte. Dennoch treten die Medien oft in der Form des Enthüllungsjournalismus in die Öffentlichkeit.

Die darin liegende Suggestion, die Kirchen wollten schon wieder genaue historische Forschung verhindern und das Nachdenken möglichst verbieten, speist sich aus der alten Hypothek, die in der Auseinandersetzung von Kirche und Moderne einst entstanden war. Im Gegensatz dazu finden sich in allen Gemeinden verstärkt Gruppen zusammen, die das Herumbasteln an, das Diskutieren über oder das Spielen von Bibeltexten als „gefährlich" ansehen. Fundamentalistische Denkverbote sind in der Tat wieder „modern".

Die liberale Tradition von Theologie und Kirche gerät dadurch von zwei Seiten in eine Klemme, die ihr fast den Atem nimmt. Vermittlung findet nicht mehr statt. Sie ist jedoch die eigentliche Aufgabe der Kirche. Es geschieht nur noch Konfrontation von vereinfachtem Aufklärungsdenken auf der einen und fundamentalistisch - magischer Religionsausübung auf der anderen Seite. Diese beiden Seiten haben fast erreicht, was sie gerne haben möchten. Sie leben nur von ihrer Projektion. Für die fundamentalistisch orientierten Gläubigen ist die Welt gottloses Heidentum. Sie ist ein zu bekehrendes Objekt. Menschen, die so denken, wie man in der Welt denkt, werden als gottlose, aber zu bekehrende Objekte gesehen. Darin bekommen sie ihre Daseinsberechtigung. Die andere Seite sieht das, was sie gerne sehen möchte: Sie sieht einen fundamentalistischen, rückwärtsgewandten, realitätsuntüchtigen und magisch kränklichen Haufen.

Dass ausgerechnet die Analyse der Situation einer Gemeinde in der Großstadt ein solches Ergebnis bringt, erschreckt dann doch. Es deutete sich aber schon längere Zeit an, dass der „aufgeklärte Stadtmensch" nur im scharfen Gegensatz noch Zugang zur Welt des Religiösen und damit vielleicht zur Welt seines Inneren bekommt. Längere Zeit hindurch konnte vor allem die evangelische Kirche aufgrund ihrer liberalen Denktraditionen dieses Gegenstück als religiöse Innenwelt nicht darstellen. Säkularisationsmüde Menschen wandten sich obskuren, fundamentalistischen und z.T. gefährlichen religiösen oder religionsähnlichen und therapeutischen Praktiken zu. Einer grenzgehenden Theologie und Kirche, die versuchte, zwischen religiös-mythologischen Grundaussagen und moderner Lebenswirklichkeit zu vermitteln, ging unversehens die Position des Mythischen verloren. Deshalb war sie nicht mehr identifizierbar. In diese Lücke konnten Fundamentalismen hineinstoßen. Fundamentalisten erklären Religion nicht, sondern vollziehen sie. Sie wissen aber ihrerseits nicht mehr, welche ungeheuren psychischen Energien in der Religion und ihren Symbolen gebunden sind und freigemacht werden können. Wenn sie nach eigenen Vorstellungen ihr Leben Jesus übergeben, liefern sie sich einer Kollaboration ihres Es mit einem religiösen Über-Ich aus. Die Vermittlungsinstanz des Ich verliert zunehmend ihre Funktion - das genaue Gegenstück zum Verlust der Vermittlungsfunktion der Kirchen in der Gesellschaft.

Aggressive Über-Ich-Anteile vermischen sich mit Triebwünschen. Triebwünsche torpedieren Über-Ich-Impulse. Weil Verhandlung nicht mehr stattfindet, tritt das Lustprinzip an die Stelle von Realitätswahrnehmung und Realitätsanpassung. Nur so kann man die große Befriedigung erklären, die manche Menschen aus der Bekehrung anderer ziehen. Da es sich aber um nicht der Realität angepasste Bekehrungen handelt, brauchen sie ähnlich Triebtätern eine immer schnellere Abfolge immer größerer Dosen der Triebbefriedigung, sich anderer Menschen zu bemächtigen. Es reicht nicht mehr das Einzelgespräch. Folgen muss die Bibelgruppe, die Mission der ganzen Gemeinde und schließlich eine Evangelisation, die es möglich macht, sich dem großen Über-Ich eines weltbekannten Evangelisten zu unterwerfen. Lange Wege der Realität scheinen da kaum erträglich. Die Woche füllt sich selbst durch religiöse Aktivitäten.

Wenn zu wenige Bekehrungen gelingen, findet man schnell die Schuldigen, die bedenkenlos zu bekämpfen sind. In den Gemeinden - und das spielt den Fundamentalisten in die Hände - lässt sich weithin der Traditionsabbruch feststellen, der von Soziologen schon länger diagnostiziert wurde: „Der festgestellte Bruch fand statt in dem kirchlich so wichtigen Bereich der traditionalen Bindungen. Von daher ist ohne dramatische Veränderung der Randbedingungen keine Rückkehr zu vormaliger Stabilität zu erwarten."[50] Und: "...aus relativ oberflächigen Ebenen kollektiver, massenmedial vermittelter Stimmungen können sich Austrittswellen entwickeln."[51].

Inzwischen ist der Traditionsabbruch zum inhaltlichen geworden: Früher wohlbekannte und zu Sprichwörtern gewordene Bibelsprüche können nicht mehr als bekannt vorausgesetzt werden. Glaubensvorstellungen und biblische Stoffe müssen von Grund auf in den elementarsten Formen vermittelt werden, weil der übliche Vermittlungsweg der

---

[50] Armin Kuphal, Abschied von der Kirche, Traditionsabbruch in der Volkskirche, Burckhardthaus-Laetare Verlag, Gelnhausen, Berlin, Stein 1979, 470
[51] a.a.O., 471

Tradition durch die Elternhäuser dem Traditionsabbruch zum Opfer gefallen ist.

Entsprechendes gilt für die religiösen Handlungen: Singen, Beten, Lesen und auch der Austausch über solche fremden Stoffe muss neu eingeübt werden. Beim durchschnittlichen Gemeindemitglied tritt an die Stelle von Geborgenheit und Wiedererkennen in der Kirche z.b. beim Gottesdienst ein Gefühl des Beklommen- und des peinlich Berührtseins. Das lässt sich allein durch einen „personalen Bezug" zur Pastorin oder zum Pastor oder auch zu anderen Menschen, die „sich mit der Kirche auskennen", ein wenig erleichtern.

◆ Der Heilige Geist kann bei diesem Modell vielleicht in der geistlichen Leitung wirksam werden, ergreift jedoch selten viele Menschen oder die ganze Einzelgemeinde auf einmal.

◆ Einige Mitglieder der Gemeinden machen das eben den mit der geistlichen Leitung beauftragten Personen zum Vorwurf. Statt für die geistliche Leitung einzustehen, favorisieren sie dann nicht selten andere Modelle.

Der Altonaer „Putsch"

Es ist lange her, aber: Der durchschnittliche Leser eines deutschen Nachrichtenmagazins staunte nicht schlecht, als er am 4. Oktober 1993 im Inhalt unter dem Stichwort Kirche zu lesen bekam, Pastoren wollten den allsonntäglichen Gottesdienst abschaffen. Dann wurde der Altonaer "Umsturzplan" vorgestellt, der vorsah, nur an einem Sonntag im Monat einen Hauptgottesdienst zu halten. Die Begründungen dieser Absicht wurden verhältnismäßig ausführlich zitiert. Ebenso die Reaktion von EKD, Hamburger Bischöfin und Kirchensprecher.

In der Ausgabe vom 8. Oktober 1993 rief das Deutsche Allgemeine Sonntagsblatt dazu auf, Beobachtungen, Mutmaßungen, Ermutigungen und Enttäuschungen zum Thema mitzuteilen, die dann auch reichlich eintrafen.

"Der Putsch ist zu Ende, bevor er begann" meldete epd Nord in den Evangelischen Informationen vom 21. Oktober. Der Altonaer Kirchenvorstand habe aus Einsicht den eigenen Plan aufgegeben, aber doch das Verdienst, an einem Tabu gerüttelt zu haben.

Die Zeit schließlich beschrieb am selben Tag das Thema als späten Sieg für Abraham, der sich mit Gott auf zehn Gerechte einigte, (wobei allerdings zehn nicht gefunden wurden, was dann selbst Gott nicht mehr von seinem Vorhaben der Vernichtung von Sodom und Gomorrha abbringen konnte.) Das Thema bringe die Kirche in eine kuriose Lage, weil sie gerade mal wieder für die Sonntagsheiligung in der Gesellschaft eintrete. „Vor allem aber entlarvt es, wie müde die kirchlichen Verkünder sind."

Was schließlich die Gemeinde selbst von sich gab, drang nur lokal in die Öffentlichkeit außer einem Bericht im Deutschen Allgemeinen Sonntagsblatt.

Ging es dem Streit wie vielen kirchlichen Streiten: Viel heiße Luft und dann geht es aus lauter Angst vor markanter inhaltlicher Auseinandersetzung doch weiter wie bisher? Wenn dem so ist, dann hat sich hier auf kleinerer Flamme etwas ereignet, was zur sattsam bekannten Verdrossenheit in der Politik führte. Nur - aus dem Staat kann man nicht austreten, aus der Kirche aber allemal.

Mit etwas Abstand lässt sich nun die Misere betrachten. Da haben zwei Kollegen und ihr Kirchenvorstand den Mut, die Gottesdienstfrage gegen den Strich zu bürsten und sich an der Nachfrage zu orientieren - und schon geht knapp unterhalb der Disziplinar - Ebene eine Art Traditionalismus auf sie nieder. Zwei Haupteinwände: Man dürfe gar nicht nach Zahlen schielen und der Gottesdienst am Sonntag sei kirchengesetzlich vorgeschrieben. Wenn die beiden es nicht schaffen, 50 und mehr Leute am Sonntag in die Kirche zu bekommen, dann seien sie schließlich und endlich unfähig, so lautete ein zerschmetternder Vorwurf.

Dabei veröffentlicht die NEK wie alle anderen auch jährlich eine niederschmetternde Gottesdienst-Statistik. Danach besuchen ca. 2,5% der Mitglieder relativ regelmäßig an einem Sonntag einen Gottesdienst. Da in Hamburg die Mitgliedschaft in manchen Wohngebieten weit unter vierzig Prozent liegt, folgt daraus, dass der ev. Sonntagsgottesdienst bei unter 1% der Einwohner der Großstadt Hamburg ankommt. Dieser Satz stimmt auch für die Gesamtbevölkerung von Hamburg und Schleswig - Holstein einigermaßen: 50.000 Besucher bei 4,3 Millionen Einwohnern.

Darf man nun in der Kirche realistisch sein und nach Zahlen fragen oder darf man es nicht? Bei Visitationen, intern und in Statistiken wird sehr wohl mit Zahlen operiert und kritisiert. Gar mancher hat die Leiter der Hierarchie in der Kirche erklommen, weil stets zum richtigen Zeitpunkt die Kirche gut besetzt war, (mancher zugegebenermaßen auch nicht). Hinterfragen und Konsequenzen ziehen - da scheint es weithin eine Fehlanzeige zu geben. Vielleicht sollte man einmal knallhart ausrechnen, welcher Aufwand beim Gottesdienst zu welchem Ergebnis führt. Wer müsste sich davor fürchten? Weder lebt unsere Kirche als Institution von Gottes Wort und der Liebe allein - siehe das Thema Kirchensteuer - noch kann der Sonntagsgottesdienst aus der Frage der Prioritäten ausgenommen werden.

Realistisch: Nehmen wir an, in einer Gemeinde mit 2000 Kirchenmitgliedern werden in einem Jahr in 70 Gottesdiensten 5000 Gottesdienstbesucher gezählt. Davon kommen am Heiligen Abend 900, zu zwei

Konfirmationen 550, zu einer Hubertusmesse 280, Erntedank 250. Ein Zehntel der Gottesdienste bringt also 40 % der Jahresbesucher. Die Gottesdienstbesucher an den anderen Sonntagen sind mit wenigen Ausnahmen stets dieselben - die Gottesdienstgruppe eben. Dagegen treffen zu 8 Trauungen rund 1000, zu 6 Trauerfeiern in der Kirche 1200 Menschen (die anderen 25 finden mit insgesamt ca. 1000 Besuchern in Friedhofskapellen statt) in der Kirche zusammen. Einen Basar besuchen ca. 1000 Leute, den Kindergottesdienst am Montag zwischen 5 und 30 Kinder. Der Laternenumzug aus der Kinderarbeit zieht immerhin 300 Leute an. Die Konzerte besuchen 80 bis 150 Gemeindemitglieder. Gruppen, Bibelstunden und Chor sprechen zusammen ungefähr 150 feste Teilnehmer an. Zu Kinderspielstuben kommen weitere 50 Kinder mit den zugehörigen Müttern. Vorträge werden nicht besonders gut angenommen. Bei besonderen Ereignissen kommen auch mal 150 zu einem Diskussionsabend.

Durch das persönliche Gespräch des Gemeindepastors bei jährlich 200 Geburtstagsbesuchen, bei 20 Zusammenkünften nach Beerdigungen und 20, 25 oder mehr Besuchen um die Konfirmation herum, schließlich Begleitung Sterbender usw. kommen sicher noch einmal über 1000 Kontakte im Jahr zustande. Alles zusammen kostet allein an Personal ca. DM 300.000 jährlich. Bau- und Instandhaltungskosten müssten über längere Zeiträume aufgerechnet werden. Es erscheint also kaum möglich, in Kirchengemeinden den Gottesdienst in einer bestimmten Form absolut und an die erste Stelle zu setzen. Wenn man es doch tut, entfallen mindestens die Hälfte aller Gebäudeaufwendungen, des Einsatzes von Kirchenmusiker, Küster und Pastor auf den Sonntagsgottesdienst.

Statt zu zetern, Diskussionsverbot und das Abblassen von Experimenten zu fordern, wäre der Kirche und den Gemeinden mehr gedient, wenn die Notwendigkeit des Gottesdienstes einschließlich dem dafür bereitgestellten Aufwand am Sonntag und am Alltag offensiv vertreten würden.

Die Planungen in Altona wollten nicht den Gottesdienst abschaffen, sondern nur die Gestaltung verändern und erneuern. Genau das versucht auch der groß angelegte, aber nicht richtig in Gang kommende Diskussionsprozess um die Erneuerte Agende. Man müsste doch in der Lage sein, beide Seiten derselben Sache zusammen zu sehen.

Ein Gottesdienst am Sonntagmorgen um zehn Uhr gründet nicht auf dem Neuen Testament. Damit ließe sich vielleicht die Zeit um 6 Uhr herum rechtfertigen. Die Zehn-Uhr-Zeit entstammt der bäuerlichen Kultur, die unsere gegenwärtige Zeiteinteilung nur noch minimal prägt. In einem erstaunlichen Maße erweisen sich z.B. unsere katholischen Schwestern und Brüder bei Gottesdienstangeboten flexibel (und vergleichsweise vielfältig). Während ein evangelischer Christenmensch fast ausschließlich am Sonntag um 10 Uhr den Gottesdienst besuchen kann, hat ein katholischer die Auswahl zwischen mehreren Terminen - oft sogar am Samstagabend.

Gottesdienst nach dem NT wäre aber auch das Gespräch mit Frustrierten, Leidenden, Flüchtlingen oder Gefangenen; die Verhandlung der Feindesliebe an der Stelle, wo sie gebraucht wird; der Umgang mit Menschen am Rande und in der Mitte der Gesellschaft. Manchmal dauert ein Traugespräch fünf Mal eine Stunde. Zur kirchlichen Trauung kommen dann 150 Menschen, während am folgenden Sonntag vielleicht 30 den Gottesdienst besuchen.

M.a.W.: Wer die real ausgetragene und nicht nur akademische Diskussion um den Gottesdienst mit Hinweis auf Tradition oder theologische Hintergründe und aus Angst vor Tabubrüchen abbricht, sollte daran gemessen werden, ob er den Einsatz auf den anderen kirchlichen Feldern mit demselben Engagement vorantreibt.

Statt weiter auf Tradition theologischer oder historischer Art zu schauen, wäre also der gewiss nicht neue Blick auf die real existierenden Verhältnisse angebracht. Die Leute kommen in die Kirche - selbst zu den unmöglichsten Zeiten wie z.b. mitten in der Nacht - auch als Nicht - Mitglieder, wenn sie dazu einen Anlass empfinden. Gottesdienste können dann auch Stunden dauern, ohne dass jemand das als zu lang oder gar ermüdend empfindet. Der allgemeine Gottesdienst am Sonntagmorgen scheint gewöhnlich kein Anlass zu sein - jedenfalls nicht im Norden.

Dagegen sprechen nicht die Besucherzahlen in einer Zentralkirche wie dem Hamburger Michel. Die besitzt schließlich ein Einzugsgebiet von mehreren Millionen Menschen. Außerdem betreiben Zentralkirchen einen immensen Aufwand an kaum zu finanzierenden Extras. Wer weiß, ob eine Kosten - Nutzen - Rechnung nicht einen höheren Aufwand pro Gottesdienstbesucher ergäbe als in einer Vorortkirche, von der umweltfeindlichen Anreise ganz zu schweigen.

Ein weiterer wichtiger Aspekt scheint mir der persönlich - pastorale: Jede Frau und jeder Mann im Pfarramt und in dessen Nähe weiß und erlebt auch, dass speziell die lutherischen Gottesdienste nicht für zehn- oder zwanzigköpfige Gruppen, sondern für große Gemeinden geeignet sind. Es zeugt möglicherweise von erheblichem Selbstwertgefühl (oder großer Glaubensstärke), wenn sich Pastorinnen oder Pastoren Sonntag für Sonntag traditionell auf die große Gemeinde vorbereiten (mit acht Stunden für die Predigtausarbeitung, Besprechung mit den Mitarbeitern etc. z.B.), obwohl der große Gottesdienst nur zu bestimmten Zeiten und Anlässen im Jahr stattfindet. Möglicherweise aber dient diese Haltung auch nur zur Abwehr des Abgrundes an Kränkung, der sich jeden Sonntag für den oder die, die sich so nach mehr Anklang sehnen, neu auftut.

Warum sollte man nicht den Mut besitzen, Kirchen mit weniger als 100 Gottesdienstbesuchern einmal einfach für einige Sonntage zu schließen und die Gottesdienste mehrerer Gemeinden zusammenzufassen - was ja an bestimmten "zweiten" Feiertagen ohnehin geschieht. Müsste man da mit Protesten oder Depressionen in der Bevölkerung rechnen? Vielleicht ließen sich dadurch nur die Befürchtungen und vor sich selbst und der Öffentlichkeit verborgenen Erfahrungen bestätigen, dass wir an bestimmten Punkten des Lebens gar nicht gebraucht werden! Solchen niederschmetternden Erfahrungen Raum zu geben, öffnet die Seele für die notwendige "Trauerarbeit". In dieser aber folgt unweigerlich der Punkt, an dem ein neues Verhältnis zur Realität möglich wird!

Ein paar freie Sonntage aber ließen sich auch anders nutzen: Wir Pastorinnen und Pastoren könnten uns dann in aller Ruhe treffen und vielleicht einmal möglicherweise mit unseren Familien gemeinsam selbst das tun, was wir den anderen so gerne angedeihen lassen: uns gegenseitig das Wort Gottes vorlesen, beten, nachdenken und die Zusage der Barmherzigkeit wirken lassen. Nur wer selbst sich in einen Gottesdienst fallen lassen kann, wird wohl auch in der Lage sein, einen solchen für andere zu halten. Die Hintergründe unbewusster Aggression und Wut auf die sonntäglich frustrierende Aufgabe setzen sich in der Gottesdienstkommunikation eher durch als das gepredigte Wort von der Barmherzigkeit.

Bei der Art, wie die Diskussion aus der Distanz gesehen verlaufen zu sein scheint, erhebt sich noch eine weitere, ganz zentrale Frage der Mitarbeiterführung, an der sich unsere Kirche irgendwann einmal nicht mehr vorbeimogeln kann: Wann endlich kann unsere Institution zulassen, dass einige von ihren Mitarbeiterinnen und Mitarbeitern nicht nur aufwachen, sondern auch ein Risiko eingehen? Es scheint fast so, als würden die zahlreichen Anzeichen der "inneren Kündigung", des "Dienstes nach Vorschrift" und des burnout unter uns lieber in Kauf genommen. Diese kann man leichter einzelnen (u.U. "glaubensschwachen") Menschen aufhalsen und sich damit heraushalten.

Die vom Sonntagsblatt aufgegriffene Diskussion kann als verschenkt gelten. Eine Auswertung der veröffentlichten Zuschriften zeigt eine klare Zweiteilung: Pastoren - Pastorinnen schrieben seltener! - neigen dazu, die zentrale Bedeutung des Gottesdienstes herauszustreichen. Auch darin bilden sich zwei Gruppen: die einen sehen eine Möglichkeit, ihre ganz besondere Art des Gottesdienstes noch einmal darzustellen. Die anderen geben einfach zu Protokoll, dass Gottesdienst das Größte und Beste in ihrem (Berufs)leben ist/war. Die so genannten Laien dagegen üben fast ausnahmslos Kritik am Gottesdienst, wie er z. Zt. praktiziert wird. Auch darin bilden sich zwei Lager: Das eher alt - pietistischen auf der einen Seite: Endlich das Wort Gottes auf die Kanzel und nicht das Herumgerede von Pastorinnen und Pastoren. Das eher missionarisch gestimmte auf der anderen: Lasst uns noch mehr gemeinsame Gottesdienste feiern mit mehr persönlicher Erfahrung von Glauben in dieser Welt. Beide aber sind sich einig darin, dass Gottesdienste lebendiger und fröhlicher werden sollten, möglichst eingerahmt von weiterer Gemeinsamkeit und Gemeinschaft. Unsere Kirche des Wortes und des Priestertums aller Gläubigen scheint in dieser Hinsicht sogar Angst vor den Laien zu haben. Die sind noch in der Lage, ohne theologische Nonsens - Sätze aus ihren Bedürfnissen direkt auf den Gottesdienst zu schließen.

Möglicherweise könnte man sogar ein Modell aus der Seelsorge übertragen. In der Seelsorge werden ehrenamtliche Mitarbeiterinnen und Mitarbeiter für Gespräche qualifiziert. Nicht immer führt das zum gewünschten Ergebnis, oft aber zu einer guten Beteiligung. Warum sollte das beim Gottesdienst weniger möglich sein? Eine noch so gute Gottedienstgruppe krankt nach ein, zwei Jahren an der nicht nachwachsenden Kompetenz. Wer will schon immer nur Stichwortgeber für Pastorinnen und Pastoren sein?

Bleibt der gesellschaftliche Aspekt des Sonntagsgottesdienstes. Er besitzt eine Signalfunktion für den Sonntag und die Kirche allgemein. Ihn abschaffen käme etwa der Abschaffung des Tarifvertrages oder -lohnes im gewerkschaftlichen Bereich gleich. Am Sonntagsgottesdienst diskutiert sowohl die Gesellschaft wie die Kirche selbst gewissermaßen das Ganze von Kirche und Religion. Wenn wir uns selbst so darstellen, als gäbe es Religion nur am Sonntag um zehn Uhr, entspricht das weder der Realität, noch der Selbst-, noch der der Fremdwahrnehmung. Warum also engen wir uns selbst in dieser Gesellschaft derart ein?

Kapitel II

Frömmigkeit oder auch nicht

In der Nordelbischen Kirchenzeitung beschwerte sich einst ein Leserbriefschreiber über die stiefmütterliche Behandlung des „Marsches für Jesus". Dieser Marsch, der am 23. Mai 1993 stattgefunden hatte, habe für seine Wirkung einen besseren Platz verdient gehabt als nur eine innere Seite. Außerdem sei der Bericht einfach nur aus einer Pressedienstmeldung übernommen worden. Dieses Beispiel mag etwas alt erscheinen. Es ist aber schlagend. Was normalerweise nur ein Kopfschütteln wert gewesen wäre oder überhaupt zu übergehen, gewinnt durch ein Schreiben des 1. Vorsitzenden des „Marsch für Jesus e.V." interessantere Dimensionen. Da schreibt Walter Heidenreich an seine „Freunde", dieser Marsch sei ein „weithin sichtbares und kraftvolles Zeichen in unserem Lande" gewesen - sowohl nach außen „klar vernehmbar", wie nach innen ein „starkes Signal".

Wer hätte schon gewusst, dass es sich beim Marsch für Jesus um einen eingetragenen Verein handelt? Den vereinseigenen Briefkopf ziert die Zeile: „In Liebe und Einheit vor Gott für unsere Nation". Darüber sieht man ein Piktogramm mit fahnenschwenkenden Gestalten. Im Vorstand steht ein „Fürbitter für Deutschland" verzeichnet, sozusagen ein Oberbischof oder jesusähnlicher Stellvertreter? Da musste sich ein schlichter Christ erst einmal an neue Begrifflichkeiten gewöhnen. Ein Bekenntnis- und Gebetsmarsch in Deutschland, wo doch das Marschieren noch nie zu den christlichen Tätigkeiten gehört hat - allenfalls in der Form von Prozessionen. Dieser Marsch war nun eine „einzigartige Demonstration unseres gemeinsamen Glaubens an Jesus Christus"... Ja, sind wir denn inzwischen soweit, dass über eine halbe Million sonntägliche Gottesdienstbesucher allein im protestantischen Bereich vor einem Zug durch Berlin, an dem 60000 Menschen teilnehmen, zurücktreten müssen? Der Hinweis auf die vielen „kleinen geistlichen Aufbrüche unter den Christen" führt den Leser dann in die richtige Richtung. Hier wirkt die geistliche Gemeindeerneuerung zusammen mit anderen so genannten charismatischen und auch evangelikalen Gruppen. Und nun kommt die theologische Überhöhung:

„Wir glauben, dass Gottes mächtiges Wirken gerade auch durch den Marsch für Jesus freigesetzt wurde.... Wir empfinden, dass dieses geistlich historische Ereignis entscheidende Nachwirkungen für das Reich Gottes in Deutschland haben wird." Warum eigentlich handelt es sich bei den Freunden nicht um die christlichen „Schwestern und Brüder"? Wer so viele Superlative andient, der muss doch etwas beabsichtigen! Und siehe da, die ganze Superlativerei dient allein dem Ziel, die Taschen der Freunde zu öffnen. Der Vorstand des Vereins nämlich ist auf

über 97.000 Mark sitzen geblieben. Die Veranstaltung verschlang immerhin 736.315,57 Mark, darunter 299.713,72 für Mieten und Materialien und 170.351,83 für Werbung. Weil alle Teilnehmer wissen, „wie gesegnet, geistlich stark und kraftvoll die Veranstaltung war", wird es sicher nicht schwer, den kleinen Unterschuss zu decken.

Wer zieht da eigentlich wen über welchen Tisch? Die Jesus-Marschierer haben keine Scheu, ihre Form der Glaubensdarbietung als „geistliches Ereignis" zu bezeichnen. Bei ihnen ist der Heilige Geist so ungefragt am Werk, dass sie mehr „Kirche" sind als andere. Junge Leute, die einmal auf charismatische Formen von Gottesdienst „abgefahren" sind, können einen üblichen Gottesdienst kaum noch ertragen. Er gibt ihnen nicht das richtige „feeling". Wer ihre Lieder hört, vernimmt Worte wie „Feuer, Kraft, Herrlichkeit, Herrschaft, Licht, Leben, König, Macht, Stärke". Das gibt es auch in den schlichten Gesangbuchliedern. Was aber völlig fehlt, das sind die Worte für den anderen Bereich des Menschlichen - für Sünde, Schwäche, Krankheit und Tod. Nicht das In-Sich-Gehen und Leiden an der zerbrechenden oder zwiespältigen Realität kann die Zielrichtung sein. Wer da mitmacht, der will sich an der Macht Gottes berauschen und aus jeder Realität hinaustragen lassen.

Theologia Gloriae ohne Anflug von Theologia Crucis...

Handelt es sich da noch um Glaubensformen, die vor dem Neuen Testament Bestand haben können? Jesus ist der Sieger: das kommt auch in den Predigten herkömmlicher Art vor. Die Vermittlung aber mit der nicht erlösten Realität und der eigenen Fehlsamkeit, in der aus der religiösen Verzückung der Glauben im Alltag werden kann, fehlt bei allen fundamentalistischen Ansätzen.

Fehler findet man im Glauben der anderen oder besser: Dass es in der Welt eine Realität gibt, liegt alleine am mangelnden Glauben und am mangelnden Gleichklang der anderen. Wenn Jesus wirklich mein Herr ist, kann mit mir nichts mehr falsch laufen. Dass es z.B. nicht meinem Urteil überlassen werden kann, ob etwas - und sei es ein Marsch für Jesus - das mächtige Wirken Gottes freisetzt, das kommt in vielen Gleichnissen Jesu zum Ausdruck. Seine Gerichtsgleichnisse sprechen davon, dass Gott das Urteil überlassen werden soll. Der evangelikale Christ neuerer Prägung und der Charismatiker scheint damit aber keine Probleme zu haben. Er weiß, wo der Geist wirkt und spürt ihn bei seinem eignen Bewegt Sein und bei seiner eigenen Bewegung. Die Rückbindung an die Bibel - das reformatorische Schriftprinzip - fällt aus. An einer anderen Stelle fällt das noch mehr auf. Das Gebet stellt neben den Siegesliedern einen wichtigen Punkt in der neueren frommen Religionsausübung dar. Ganz entgegen der Bergpredigt mit ihrem Satz:

♦ „Wenn ihr aber betet, sollt ihr nicht plappern wie die Heiden, die meinen, sie werden erhört, wenn sie viele Worte machen." (Mt 6,7).

Die „Gebetszeit" in der Gruppe wird ausgekostet bis an den Rand und sie freuen sich, dass sie alles zu Jesus bringen dürfen. Das Extrem erlebte ich einmal in einer Gruppe mit Frauen, in der ich eine Beterin nach einer halben Stunde mit „Amen" unterbrechen musste, weil sie nicht mehr vom Gebet herunterkam. Auffälligerweise handelt es sich oft um ein schlichtes Vor-sich-hin-Plappern von Alltäglichkeiten, in keiner Weise gefiltert. Vor allem aber dient das Gebet als Gesprächsersatz: Da sagt man sich die Dinge und keiner kann widersprechen. Nichts wird gefiltert und doch kommen die Formeln und der Tonfall landauf landab gleich, meist gesprochen mit gleichbleibender etwas leieriger Stimme. „Betet ohne Unterlaß!" aus 1. Thess. 5,17 scheint da eher richtungsweisend zu sein als Mt 6,7. Ganz Fromme verpacken ihre Kritik an der Predigt in Gebetssätze.

Was vor allem Menschen in die charismatisch und neu-evangelikale Richtung zieht, das scheint unter anderen jenes Feeling zu sein: Man kann Elektrisierendes spüren, man ist jenseits von Diskussion angelangt, man übernimmt Wahrheit und schließt sich an die größte Macht an, die es gibt - an Gott und den „Herrn" Jesus Christus. Auseinandersetzung mit sich selbst ist nichts weiter als Kleinglaube und kritische Bibelauslegung ein Sakrileg. Die Programme der Kirchen und Gemeinden zum Thema Frieden, Gerechtigkeit, Bewahrung der Schöpfung werden schlicht uninteressant. Das alles tritt ein, wenn alle Menschen zum Glauben kommen, zum charismatisch evangelikalen. Zwei Seiten muss nichts mehr haben. Die Wahrheit kann nur eindeutig sein.

Die Sehnsucht nach Geborgenheit in einer zerklüfteten geistig-geistlichen Welt wird hier suchtähnlich befriedigt. Nur immer neue und immer mehr Bestätigung bietet Sicherheit. Die Geistliche Gemeindeerneuerung lädt z.B. zu einem „Rüsttag" ein. Das tut sich nicht wie alle anderen Kirchen, die versuchen, alle erreichbaren Menschen anzusprechen. Sie lädt laut Programm alle ein, „die uns nahestehen". Auch das Programm muss nicht weiter aufgefächert werden. Da ist jedem schon klar, um was es geht: Um Gemeindeerneuerung eben. Sollten das die neuen Wege der christlichen Gemeinden sein:

• Einverständnis, nicht Diskussion, Diskurs, Kritik, Auseinandersetzung; Eintauchen, sich mitnehmen lassen, abheben, sich identifizieren, nicht individuell seinen Raum schaffen und ausfüllen; geführt werden und nicht selbst bestimmen...

Geht etwa das aufgeklärte selbstkritische Individuum seinem Ende entgegen? Handelt es sich um eine Form der Regression als Abwehr gegenüber gesellschaftlicher Orientierungslosigkeit, die sich hier auswirkt? Probleme ergeben sich, wenn sich die Regression aus persönlichen psychischen Gründen verfestigt. Der einzelne kann dann ohne die ihn einbindende Gruppe und ohne die Führergestalt nicht leben. Nicht die konstruktiv - kritische Mitgestaltung, sondern sich in tranceähnliche

Zustände führen zu lassen bis hin zur Ichauflösung in der Gruppe oder Masse ist das Ziel.

Manche Führergestalten gerieren sich als Einpeitscher, deren Ziel es sein muss, alle kritische Distanz und Kritikfähigkeit bei ihren Gläubigen auszumerzen, gleichzeitig aber - wie bei fundamentalistischen Gruppierungen üblich - den Feind vor allem in den Gemeinden der lauen Christen zu entdecken und gleichzeitig die Machtübernahme in diesen Gemeinden zu proben.[52] Sarkastisch überzeichnet sieht das dann so aus:

„Die doppelten Tore des himmlischen Jerusalem": Zwei mal zwölf Gebote für Charismatiker

I.

1) Höre in Deiner Ortsgemeinde nicht zu genau hin und nimm nur mit Vorsicht wahr! Alles andere lenkt Dich nur ab von deinem eigentlichen Ziel, die Gemeinde für den Geist zu öffnen.

2) Was Du wahrnimmst, ist auf jeden Fall nicht das richtige Christentum.

3) Deshalb forderst Du unbeirrt das, was Du und Deine Gruppe für richtig halten, denn es ist geistgeleitet!

4) Gib nie zu, dass auch Nichtcharismatiker in der Bibel lesen. Wenn sie nämlich lesen, dann tun sie das ohne den Geist! Wenn Sie schon behaupten, in der Bibel zu lesen, dann müssen sie zumindest Deine Ausgabe der Bibel haben und mit Dir die gleichen Fragen stellen wie Du!

5) Alle Veranstaltungen, Gruppen oder Kreise, die Du nicht besuchst, sind keine Gemeindeveranstaltungen!

6) Gemeinde ist nur dort, wo Du und Deine Gruppe führend inhaltlich, personell oder als Veranstalter beteiligt ist.

7) Wenn es dem Evangelium dient, kannst Du ruhig zwischendurch auch einmal die Unwahrheit sagen. Es heißt ja schließlich schon im Evangelium: Seid listig wie die Schlangen...

8) Egal was Dir geschieht: Rede, rede, rede, wann auch immer Du in Deiner Ortsgemeinde auftrittst. Deine Redezeit ist Zeit für Gottes Geistesgaben. Wenn Du andere zu viel reden lässt, finden sie noch Gefallen an ihrem allzu menschlichen Geschwätz. Schaffe dem Geist Raum durch Dein Reden!

9) Vor allem die Hauptamtlichen musst Du zu gewinnen trachten. Wenn Sie spröde sind oder sich nicht gewinnen lassen, ist es Deine Pflicht, solange auf die Gemeinde einwirken, bis sie glaubt, dass ihre Hauptamtlichen gar keine Christen sind.

10) Behaupte stets: Was ein Hauptamtlicher betet oder auch sonst spricht, ist zu dünn und vor allem nicht geistgeleitet.

11) Denke daran, dass Dein charismatischer Führer natürlich nur durch Zufall ein Hauptamtlicher in dieser Kirche ist. Gott kennt seltsame Wege seines Geistes in der Welt.

---

[52] Inzwischen hat diese Denk- und Lebensart sich in der Politik breitgemacht. Da sind Männer wie Trump oder die deutsche AfD zu nennen. Anders verhält es sich beim Präsidenten Erdogan in der Türkei. Der ist in der Tat ein religiöser Fundmanetalist mit entsprechendem politischem Verhalten.

12) Stelle Dich überall, wo du in den Gemeinden auftauchst, als großzügigen Geber dar. Bewege dadurch auch andere, ihrerseits durch schlechtes Gewissen zu großzügigen Gebern für Deine Projekte zu werden.

II.

1) Wenn der Gemeindepastor, der nicht zufällig Dein charismatischer Führer ist, eine Taufe, Trauung etc. hält, solltest du nach Möglichkeit im Umfeld dieses Ereignisses den richtigen Glauben ansprechen und das richtige Angebot bekannt machen.

2) Alles, was andere tun, wird sich ohnehin als unchristlich erweisen.

3) Sage allen Menschen, die in der und um die Kirche herum etwas tun, dass sie eine geistliche Verantwortung vor Gott haben, die ihnen später vorgehalten werden wird!

4) Sprich nie leichtfertig von der Vergebung der Sünden, besonders nicht den gewöhnlichen Kirchenchristen gegenüber. Du selbst bist durch Deine Geistleitung ohnehin der Sünde gestorben. Vergebung gibt es nur für die, die sich euch anschließen.!

5) Erinnere alle, die Du siehst, und alle, zu denen du sprichst, daran: Wer krank ist, hat nicht genug gebetet. Sein Glaube ist zu gering, sonst würde der Herr ihn heilen.

6) Sollte Deine Gemeinde in Deinem Wohnort einen Besuchsdienst aufmachen, ist Folgendes zu beachten: Geh zu den Vorbereitungsabenden! Suche das Konzept der heute meist psychologisch ausgerichteten Vorbereitung zu zerstören. Versuche, die Besuchsgruppe dahin zu bringen, dass sie missionarisch tätig wird. Dann wird es sich um einen richtigen Besuchsdienst handeln.

7) Wann immer die Gelegenheit besteht, suche in den Gemeinden vor Ort, Deine charismatischen Brüder und Schwestern unterzubringen: Im Kirchenvorstand, beim Bibellesen, in der Kinderarbeit (sehr wichtig!!).

8) Wenn Du gefragt wirst nach Deiner Gruppe, dann gilt: Wir tun nichts anderes als alle glaubenden Christen. Wir arbeiten nicht mit diesem oder jenem radikalen Fundamentalisten zusammen. (Selbst wenn er in der Nähe auftritt, so haben wir nichts damit zu tun. Wir informieren uns nur.)

9) Laß dich von der Warnung Jesu, beim Gebet nicht zu plappern wie die Heiden, nicht verunsichern. Du bist ja kein Heide! Auch die Szene mit dem Pharisäer sollte Dich nicht verdrießen. Für dich gilt nicht die Warnung, sich beim Beten nicht zu überheben. Bete deshalb stets öffentlich und für alles, was es in dieser Welt gibt. Da Gebet des Pharisäers kann nicht gut gehen, weil er ein schlechter Mensch war. Für Dich gilt: "Das Gebet des Gerechten vermag viel, wenn es ernstlich ist!"

10) Ignoriere so gut wie möglich Kirchenvorstandsbeschlüsse und jeden vom Kirchenvorstand herbeigeführten Konsens! Sofern du aber selbst einen Kirchenvorstandsbeschlss durchgesetzt hast, verteidige ihn mit Zähnen und Klauen. Man muss das Reich Gottes festhalten, wenn es einmal da ist!

11) Singe nur Lob- und Preislieder. Und singe sie so lange, bis Du richtig in Stimmung bist! Gott will gelobt und gepriesen werden! Was interessieren ihn die Klagen der Menschen!

12) Stelle, wohin du auch kommst, den Sieg Gottes über das Böse und die Bösen heraus! (Und denke daran: Du bist auf der Siegerseite!!!)

♦ Diese selbstverliebte, spalterische und spaltende Form des „Geistlichen" kann ich nur als der Versuch der Knebelung des Heiligen Geistes bezeichnen.

Die Volkskirche

Gemeinde erscheint auch noch ganz anders. Wenn ein Angehöriger im höheren Lebensalter gestorben ist, gibt es die "volkskirchliche Beerdigung". In manchen sozialen Schichten in einem relativ eingespielten sozialen Umfeld gestaltet sich das zu einem großen Moment im Familienleben. Die Sitte, zur Trauerfeier, zur Beisetzung und auch anschließend zum gemeinsamen Essen zu gehen - in der Verwandtschaft, Nachbarschaft und Bekanntschaft - gehört zum Ritus der Überwindung des Todes. Eine Familie fühlt sich aufgehoben, wenn viele oder möglichst alle Nachbarn mitkommen. Man scheut sich auch nicht, den Nachbarn und Freunden etwas Gutes zu bieten. Ein gutes Essen und gute Getränke dienen der Würde des Toten. In dieser Gemeinschaft, wie äußerlich sie auch immer erscheinen mag, spürt der Mensch die Geborgenheit, die wir Pastoren immer als Vorschein des Reiches Gottes verkünden.

Die Trauergemeinde, ist eine gute Zuhörerschaft. Während bei längeren Predigten die Gemeindemitglieder sichtbar unruhig zu werden beginnen, verfolgen alle bei einer Trauerfeier jedes Wort von Anfang bis Ende. Das tun sie selbst dann, wenn es 25 Minuten dauert, sonst für eine Predigt eine unzumutbare Länge. Wie es ein älterer Kollege einmal ausdrückte: Bei solchen Gelegenheiten werden oft lebenslange Beziehungen geschaffen. Erklären lässt sich das nur durch die existentielle Situation der Betroffenen. Mitten in ihrem Leid und Gefühlschaos erfahren sie Wertschätzung und Aufmerksamkeit. Gleichzeitig versichert sich eine Dorfgemeinschaft oder eine soziale Gruppe ihrer Wertschätzung. Psychoanalytisch gesehen dient dieses Verhalten der Angstabwehr. Der bedrohliche Identitätsverlust, der durch das Sterben eines Familienmitgliedes hervorgerufen wird, kann auf diese Weise aufgehalten werden. Der Tod ist ja nur die Spitze des auch sonst drohenden Identitätsverlustes im Leben.

In den Städten verschwinden solche Gemeinden immer mehr. An den Stadträndern mit alten Dorfkernen gibt es sie noch. In dieser Form von Gemeinde findet sich eine ganze Menge Nachdenklichkeit und Glauben. Es dominiert praktische Rechtschaffenheit mit einem guten Schuß Selbstrechtfertigung des Menschen, der versucht, für seine Familie und seine Nachbarn Gutes zu tun, indem er sein Leben führt. Das oft zu beobachtende etwas rüde Gruppenverhalten stellt den Rest eines Überlebensmechanismus dar. Neuzugänge und Ausreißversuche bedrohen den Zusammenhalt der Gruppe. Das Evangelium von der Zerschlagung der alten - natürlichen - und der Herstellung neuer - der Glaubens - Bindungen, erscheint dieser Gemeinde fremd. Aber bei genügend Vertrauen ist auch diese Gemeinde einer „Gardinen-predigt" gegenüber durchaus offen. Was sie nur nicht leiden kann, ist ein selbstentsagendes, abgehärmtes, weltabgewandtes und dabei noch „unechtes" auf dem Präsentierteller getragenes Christentum. Das erinnert sie allzusehr an überkandideltes, bedrohliches Sektiererdasein und gar nicht an den Heiligen Geist. Es scheint ein menschengemäßes Verhalten zu sein, der Religion in zyklischen Abläufen gegenüberzutreten. Das stellvertretende Element im Priesterbild hat hier seinen Platz. Das Stellvertretende des Priesters erklärt auch die Gesamthaltung des durchschnittlichen Gemeindemitgliedes zur Kirche. Dafür hat man eben den Pastor oder die Pastorin, um stellvertetend Glauben und Zweifel "formulieren und bewältigen zu lassen". Über diese Identifikationsform gelingt Glauben auch für den Menschen, der sich nicht damit beschäftigen kann oder will.

Mit einem Kirchenvorstand oder -gemeinderat und der demokratischen Verfassung der Kirchen kann sich dieser Gedankengang nicht recht anfreunden. Nicht etwa, weil die Menschen etwas gegen Demokratie hätten. Sondern aufgrund dessen, dass sie Kirche immer noch mit der pastoralen Person identifizieren. Darüber hinaus hat es sicher auch damit zu tun, dass man sich normalerweise Gedanken über das Funktionieren einer solchen Institution nicht macht. Damit steht die Kirchengemeinde der weltlichen Gemeinde in nichts nach. Wenn man sich einmal die aktive Beteiligung und Kenntnis innerhalb der Parteien ist, denen Menschen mit voller Absicht beitreten müssen, dann scheint mir die kirchliche Wirklichkeit nicht sehr weit von der allgemeinen Wirklichkeit entfernt zu sein.

Darin liegt jedoch auch das Problem der Kirche. Die Selbstverständlichkeit, mit der ein "Dorfbewohner" "zur Kirche gehört", weil diese zu seiner Lebensumwelt Dorf gehört, entfällt immer weiter mit der zunehmenden Mobilität und der zunehmenden Auflösung der Lebensgemeinschaft Dorf. Die Forschungen über den Kirchenaustritt haben denn auch ergeben: Bei Änderung der sozialen Situation, bei der Lockerung familiärer Bindungen und bei Wohnortwechsel schwindet die Bereitschaft zur selbstverständlichen Kirchenmitgliedschaft. Bei einem kleineren Anlaß bereits verstärkt sich dann die Frage, ob dieses Geld sinnvoll ausgegeben sei oder vielleicht doch nicht. Die Kirchen haben deshalb das Problem, aus der selbstverständlich plausiblen eine gewünscht aktive Mitgliedschaft zu machen. Manche Theologen und Kirchenführer sehen die Zeit gekommen, aus der Volkskirche eine Bekenntniskirche zu machen. Die Bekenntniskirche aber hat den Nachteil, alle, die das Bekenntnis nicht hundertprozentig unterschreiben und auch hundertprozentig weitergeben, im Grunde nicht zu ihren Mitgliedern zählen zu können. Sie traut dem Heiligen Geist die Kirchenleitung vielleicht noch weniger zu als die herkömmliche konventionelle Wohnortgemeinde, weil sie seine Wirkungen nicht nur verkünden, sondern auch noch beweisen und kontrollieren möchte.

Richtungsgemeinden

Ein anderer Vorschlag lautet, man solle in den bestehenden Kirchen so genannte Richtungsgemeinden "zulassen" (schon das Wort!). Die jeweiligen Richtungsgemeinden könnten die Menschen sammeln, die einen bestimmten Schwerpunkt in ihrem Glauben setzen wollen.[53] Sie verkennen dabei, dass es solche Regelungen bereits gibt. Einerseits decken die Personalgemeinden dieses ab. Andererseits bilden sich gerade in den Großstädten durch die kurzen Wege Schwerpunkte heraus. Menschen suchen sich ihren Pastor oder ihre Pastorin nach ihren Glaubens- oder anderen Vorstellungen. Die Frage aber, ob man auf die Parochie verzichten kann, stellt sich nun erst recht. Die Parochie ist ja nicht nur eine Bindung an einen Pastor oder eine Pastorin. Sie ist Verwaltungseinheit, gewachsene Struktur und Zuständigkeitsbereich. Der Gedanke der Richtungsgemeinde geht von der Voraussetzung aus, alle Kirchenmitglieder wollten von sich aus aktiv am kirchlichen Leben teilnehmen. Die Parochialgemeinde ist im Stande, auch nach den Menschen zu schauen, sie aufzusuchen und ihnen ein Angebot an Gespräch, Seelsorge oder anderer Betreuung zu machen, die durch das Netz anderer Institutionen fallen. Nur in einem relativ überschaubaren Bereich, für den sich eine überschaubare Zahl von Menschen zuständig fühlt, kann „Gemeinde" als Idee und als Praxis ansatzweise verwirklichen. Richtungsgemeinde bedeutet: Es fühlen sich nur Menschen zugehörig, die zur selben Richtung gehören oder sich gehörig fühlen. Etwa 95% der heutigen Kirchenmitglieder wären von solchen Richtungsgemeinden ausgeschlossen und könnten von ihnen nicht erfasst werden. Wenn aber nur wenige Richtungsgemeinden offiziell eingerichtet würden, hätte das zwei Folgen: Die Auseinandersetzung - mal quälend, mal fruchtbar - zwischen verschiedenen Richtungen auch in einer Kirchengemeinde entfällt. Die Gemeinden werden um einen Teil ihrer Selbstvergewisserung und Fortentwicklung gebracht. Die Richtungsgemeinden - vor allem die, die einen strengeren und inbrünstigeren Zugang zum Glauben bevorzugen - verlieren ihre Bodenhaftung ganz. Aus ihnen wird ein Konventikel, der alles Gegensätzliche ausschließt.

Umfassen doch strenge Richtungsgemeinden selten mehr als einige hundert Personen. Möglicherweise könnte man in einer Großstadt mit einer Richtungsgemeinde 1000 Personen zusammenbekommen. Kirchensteuern aus dieser Größenordnung ließen die Gemeinde ziemlich darben. Dafür wären wahrscheinlich die Kollekten höher als im Durchschnitt. Mit der Aufhebung der Parochialgemeinde ginge der letzte Rest einer „ortsnahen Versorgung" verloren. Die Repräsentanz des Heiligen Geistes käme in die Kontrolle der „Rechtgläubigen". Im Interesse der Gemeinden als Kirche wäre es dagegen sogar sinnvoll, die Funktionen,

---

[53]Reinhard Steffen, Richtungsgemeinden, Gemeindeerneuerung Nr. 44, 2/92, 13-16

die aus den Gemeinden ausgewandert sind, wieder anzugliedern. Es handelt sich um Spezialistenfunktionen vor allem in der Diakonie, Seelsorge in Heimen und Krankenhäusern, Telefonseelsorge u.a.. So nur könnten bestimmte Problemfelder der Kirche in Angriff genommen werden:

1. Die Kirchengemeinde könnte aus ihrem Image der Freizeitbeschäftigung für Menschen, die sonst absolut nichts finden, heraustreten. Das würde den Glauben und das Drumherum wirklichkeitsnäher und glaubwürdiger machen.

2. Es hätte gleichzeitig den Effekt, jeweils neue narzisstisch religiöse Wellen in der Kirche zu entschärfen. Solange nämlich die Vertreter dieser Richtungen nur reden müssen, um verunsicherte und suchende Menschen zu gewinnen, haben sie es allzu leicht.

3. Da wird der in der Phraseologie wohl geübte und missionarisch versierte Redner entscheiden müssen, ob er in der Lage ist, einem chronisch kranken Menschen einmal wöchentlich eine Stunde zuzuhören. Wie dem charismatisch geprägten ergeht es auch dem/der tiefenpsychologisch ausgebildeten Seelsorger/in und allen anderen.

4. In der Situation entscheidet sich, was Phrase, was Glauben ist. Die Phrase hat noch nie die Wirkung des Heiligen Geistes ersetzt.

Die fundamentalistischen Ausprägungen müssen als Gegenteil dieser Glaubensform verstanden werden. Fundamentalismus - sei er biblizistisch oder charismatisch oder evangelikal - stellt einen Abwehrmechanismus gegen die Komplexität des Daseins dar. Er kennzeichnet Angst vor Offenheit und sich öffnenden Strukturen innen und außen. Da der Fundamentalismus alles aus einem Guss erklären und bewegen kann, kommt er den Wünschen vieler Menschen nach Eindeutigkeit sehr nahe. Eindeutigkeit aber gibt es nur um den Preis der Einlinigkeit. Da jedoch die Erfahrungen der Menschen sehr verschieden sind, ebenso ihre Ausdrucksweise, kann es Eindeutigkeit nur um den Preis der Führerschaft eines einzelnen Menschen geben. Einzelne aber können kaum innerhalb ihrer Person Eindeutigkeit herstellen. Deshalb identifiziert sich dann die ganze Gemeinde mit den Abwehrformen eines Einzelnen. Das wieder führt zur Gesprächsunfähigkeit und zur Austreibung des Heiligen Geistes.

Die Richtungsgemeinde ist keine Lösung der Probleme der Volkskirche. Da lobe ich mir doch die schlichte normale, mal feiernde, mal streitende Ortsgemeinde, in der es oftmals dann doch noch gelingt, miteinander auszukommen und die Versöhnung wenigstens wie durch einen „dunklen Spiegel" zu erhaschen. Wahrscheinlich hält sie den Platz des Heiligen Geistes mehr frei, als sie sich selbst eingestehen und zutrauen kann. Die protestantische Selbstkritikbereitschaft des „wir sind allzumal Sünder und mangeln des Ruhmes, den wir bei Gott haben sollen" traut jedoch dem Heiligen Geist trotz aller Bekenntnisse zu wenig über den Weg. Das macht sie für das Gefühl und Bild „geistlicher Austrocknung" so anfällig.

Jetzt folgt ein Blick auf einen besonderen Seelsorgebereich, in dem es rechtgläubige Ideen eher light gibt.

„Alphakurs"

In den Gefängnissen gibt es überall hauptamtliche Seelsorge mit und ohne ehrenamtliche Mitarbeit. Am Sonntag finden regelmäßig Gottesdienste statt, die unterschiedlich, aber relativ gut besucht werden. Seelsorge ist täglich vor Ort und wird häufig in Anspruch genommen. Bibelstunden oder Glaubensgespräche, auch Gespräche über Religionsgrenzen hinweg finden überall statt. Manche Gefängnisse haben Chöre, in denen auch „fromme" Lieder gesungen werden. Wozu also brauchen wir einen Alphakurs? Wenn sich jemand im Gefängnis von innen oder außen beteiligen möchte, findet er oder sie überall Möglichkeiten der Mitwirkung. Bei dieser Mitwirkung muss man sich jedoch mit den Vorstellungen derer, die diese Mitwirkung anbieten, auseinandersetzen. Das kann die Auswahl, die Vorbereitung zum Einsatz und die Abklärung der Ziele betreffen oder auch mal ganz schlicht, ob die „gegenseitige Chemie" stimmt.

Beim Einsatz eines Alphakurses brauche ich scheinbar keine Klärung, denn da ist alles geklärt: Das Programm, das Setting, die Inhalte und die Formen. Die Materialien sind beim Alphazentrum zu bestellen. Die Inhalte werden bei einer Vorbereitung eingeübt. Geklärt ist auch, dass er Erfolg haben wird (Frucht bringt) und dass die beste Einfallspforte in die Gefängnisse die Gefängnisgeistlichen sind. Eindeutig scheint zu sein, dass hier Leute einfach nur Mission treiben wollen. Der Erfolg gibt ihnen recht: „Im Jahr 1996 liefen in nur acht britischen Gefängnissen Alpha Kurse. Heute gibt es in über 125 der insgesamt 158 britischen Justizvollzugsanstalten eine Alphakurs. Mehr als 7.000 Strafgefangene haben bereits an einem Alpha Kurs teilgenommen. Der Kurs breitet sich über die ganze Welt aus und wird in Gefängnissen vieler Länder gut angenommen. ... Es ist unser Gebet, dass durch Alpha noch viele Menschen von Gott verändert werden, Strafentlassene erfolgreich wieder in die Gesellschaft eingegliedert werden und die Zahl der Wiederholungstäter sinkt."[54] Gleich danach folgt der Hinweis auf das Buch des Gründers von Alpha, das die fünfzehn Kurseinheiten enthält. Der Kurs selbst wird als „einfach gehalten und unaufdringlich gestaltet" sowie als „sehr effektives Werkzeug, um Tausenden von Gefängnisinsassen, ..., die Aussagen Christi nahe zu bringen" beschrieben.[55]

---

[54] Alpha in Gefängnissen, Leiterheft, 2004 alpha Österreich, 5.
[55] A.a.O., 6.

Assoziationen

Wenn ich das lese, bekomme ich gleich ziemlich eindeutige Assoziationen:

Ich dachte bisher immer, dass nicht „Alpha" die Menschen verändert, sondern der Glaube an Gott.

Die Aussagen Christi stehen in der Bibel und sind durchaus sehr einfach gehalten (in Gleichnissen, Sätzen oder Geschichten).

Wer durch einen Kurs von 12 Einheiten die Zahl der Wiederholungstäter senken kann, sollte am Ende vielleicht als großer Wundertäter und Guru dastehen?! Außerdem müsste man ihm sämtliche Gefängnisse der Welt anvertrauen. Die Richter sollten Straftäter zu einem Alphakurs verurteilen.

Nichts gegen Leute, die es verstehen, sich zu vermarkten. Tun wir alle auf irgendeine Weise. Wer aber seinen Kurs über das Evangelium nahezu an dessen Stelle setzt,.... na ja.

Die Botschaft

Nun soll man sich nicht durch verwurstete Assoziationen davon abhalten lassen, die Botschaft zu hören und zu verstehen. Das tun Gefängnisseelsorger-Innen schließlich jeden Tag. Selbstverständlich hat Alpha eine eigene Antwort auf die Frage: Warum ist „Alpha in Gefängnissen" notwendig? Sie lautet:

„Im September 2000 saßen 65.285 Männer und Frauen in britischen Justizvollzugsanstalten ein.

Die Zahl der Insassen britischer Gefängnisse steigt monatlich um 71 Personen.

Im Durchschnitt nehmen weniger als 0,5% aller Strafgefangenen an christlichen Aktivitäten innerhalb der Gefängnisse teil.

Etwa 80% aller jugendlichen Häftlinge werden innerhalb von zwei Jahren nach ihrer Entlassung wieder straffällig und erneut inhaftiert.

Es gibt 158 Haftanstalten in Großbritannien.

Im Jahr 1998 wurden in acht britischen Gefängnissen Alpha Kurse durchgeführt.

Im November 2000 wurden in 125 britischen Gefängnissen Alpha Kurse durchgeführt.

,Alpha in Gefängnissen' wurde im Dezember 1994 als Reaktion auf Anfragen von Strafgefangenen, die ihr Leben ändern wollten, initiiert. Gefängnisse sind nicht selten Orte der Hoffnungslosigkeit oder Depression oder, wie es ein Strafentlassener einmal formulierte: ,Gefängnisse haben so etwas Endgültiges an sich und vermitteln dir ein Gefühl der

Hoffnungslosigkeit. Was Gott dir anbietet, und zwar durch Alpha, das ist Hoffnung.'"[56]

In England gibt es bereits ein Alpha Büro, das sich zum Ziel gesetzt hat, Alpha in allen Gefängnissen der Welt einzuführen.[57]

Die Aufzählung der Gründe für Alpha in Gefängnissen stellt Alpha als die Rettung der Gefangenen dar. Die Gefängnisseelsorge ist ineffektiv, die Leute werden wieder rückfällig; alle sollen gerettet werden, da Gott durch Alpha sein Angebot macht. Wie viele Männer im Gefängnis sitzen, spielt allerdings bei den Begründungen keine Rolle, sondern dient der Ansage über die enorme Größe der Alpha – Aufgabe nach dem Motto: ‚Es gibt 6 Milliarden Menschen auf der Erde. Alpha ist immer erfolgreicher...' Der Hinweis auf die „Anfrage" von Gefangenen klingt wie der Hilferuf der tschechischen Sozialisten an die Sowjetunion. Bleibt als Grund lediglich die Feststellung der Unergiebigkeit der Gefängnisseelsorge. Leider rutsche ich schon wieder in meine Assoziationen.

Gebet = Bombe?

Beim weiteren Durchblättern der Broschüre fällt mir ein Satz in die Augen, der mich völlig aus der Fassung bringt. Um die Effektivität der Alpha – Methode zu kennzeichnen, wird ein Autor so zitiert: „Evangelisation ohne Gebet ist wie eine Bombe ohne Zünder, und Gebet ohne Evangelisation ist wie ein Zünder ohne Bombe."[58] Welch eine Aggressivität im Zusammenhang mit dem Gebet! Es ist bekannt, dass Religion menschliche Gemütszustände ausdrückt und bindet. Dass aber mit dem Gebet eine derartige Gewaltphantasie psychisch verbunden wird, muss die Problematik von Allmacht und Religion berühren. Aus fundamentalistischen Szenarien ist bekannt, dass sich Gläubige hier direkt mit der Allmacht Gottes kurzschließen. Das tun sie unbewusst und damit umso wirksamer. Von ihrem Handeln hängt dann die Rettung der Welt oder die Wirksamkeit Gottes in der Welt ab.

Die Zeugen

Beeindruckend ist die Zahl der Zeugen für die „gute Sache": Sie reicht vom Ratsvorsitzenden der EKD über den Präsidenten des päpstlichen Rates zur Förderung der Einheit der Christen bis zum Erzbischof von New York. Darunter sind Bischöfe und Evangelisten und bemerkenswert viele geistliche Gemeindeerneuerer.[59] Beeindruckend. Aber wozu? Spricht der Inhalt nicht für sich selbst? Alpha ist doch „dynamisch,

---

[56] A.a.O. 7.
[57] A.a.O. 8.
[58] A.a.O. 30.
[59] Alpha Update, Ausgabe Dezember 2005, 8,9.

ganzheitlich, freundlich, systematisch, praktisch und einfach".[60] Genau hier steckt der Wurm drin. Das Leben ist eben nicht so, wie der Alpha Kurs hier beschrieben wird. Es ist eher fragmentarisch, unsystematisch, unübersichtlich, ab und zu auch unfreundlich und ziemlich unpraktisch. Diese Eigenschaften taugen allenfalls für Hochglanzbroschüren. Hinter der Hochglanzbroschüre steckt dann aber ein ziemlich dürftiger Inhalt, wie einer der mir vorliegenden Vortragtexte zeigt. ‚Warum starb Jesus?' ist eine Zusammenstellung von Zitaten und sich wiederholenden Formulierungen. Sie erklärt nicht, sondern deklamiert eher. Sie endet mit der Aufforderung, das Angebot Jesu anzunehmen. Das dazugehörige Gebet bittet um Vergebung der Sünden und um die Erfüllung mit dem Heiligen Geist. Warum soll man da nicht gleich das Neue Testament selbst nehmen und dort die Geschichte mit der Kreuzigung lesen? ...oder mit eigenen Worten formulieren, warum Jesus am Kreuz gestorben ist und wie wir an seine Auferstehung glauben?

Das „Update"

Im Update sind zwei „Zeugnisse" abgedruckt. Kathrin Knodel schildert darin, dass sie meinte, ihr Leben im Griff zu haben. Doch es kamen Krankheit, Scheidung und das übliche. Sie fand nach langem Zögern zu Alpha und kam schließlich bei Gott an. Der Effekt: „Viele verschüttete Baustellen werden wieder aufgerissen, um sie richtig zu bearbeiten, viele geschlossene Türen immer weiter geöffnet. Aber ich merke auch, wie viel Ordnung in mein Leben kommt, wie viel Freiheit, wie viel Leichtigkeit und Ruhe und vor allem, um wie viel bunter und spannender mein Leben geworden ist."[61] Es ist erfreulich, dass Alpha hier der Katalysator für eine Neuorientierung eines Individuums geworden ist. Das ist jedoch nichts „Alphatypisches". Gabi Vogt sagt: „Meine Sorgen und Nöte übergebe ich Jesus, ich spreche mit ihm und lerne, auf Gottes Stimme zu hören. Jesus und Gott sind nicht nur im Gottesdienst bei mir, sondern täglich bei meiner Arbeit, in meiner Freizeit, beim Sport."[62] Auch hier findet sich nichts Alphatypisches, sondern das, was jeder Christ mehr oder weniger glaubt. In dieser Formulierung aber kommt es seit Jahrzehnten aus der evangelikalen Richtung.

Ich gebe zu, ich hätte auch gerne mehr Gottesdienstbesucher in der JVA gehabt. Dafür arbeitete ich auch tagtäglich. In einer Gesellschaft, wo gewöhnliche Männer selten in die Kirche gehen, finde ich zwischen fünf und zwanzig Prozent Gottesdienstteilnahme ganz annehmbar. An Gruppen nahmen bis zu fünfundzwanzig weitere Männer teil. Einzelgespräche beantragten bis zu dreißig Männer in der Woche, von Angehörigen ganz zu schweigen. Bis zu zehn Männer hatte ich in engerer

---

[60] Alpha Update, 5.
[61] A.a.O., 1.
[62] A.a.O., 10.

seelsorgerlicher Betreuung. Natürlich kommt eine Menge an Angst, Depression, Verzweiflung, Suchtdruck und Not zusammen, wo Männer verurteilt und eingesperrt sind. Warum aber müssen die Betroffenen Gottes Wort durch Alpha gefiltert bekommen? Einen Kurs über Grundfragen des Glaubens kann jede Pastorin oder jeder Pastor selbst gestalten. Das hat er oder sie ja schließlich gelernt. Jeder Gottesdienst ist u.a. Teil davon. Kaffeetrinken und Gruppengespräche anregen, das können wir auch selbst.

Aus der Homepage:

„Der Alphakurs ist eine angenehm neue Möglichkeit, sich mit dem christlichen Glauben auseinanderzusetzen. Er ist für Menschen unserer Zeit gedacht, fundiert und gleichzeitig locker und unkonventionell. Alpha ist offen, jeder kann teilnehmen." Ich kenne interessantere und neuere Möglichkeiten, mit dem Glauben ins Gespräch zu kommen. Die heißen Bibliodrama, Bibelteilen oder anders. Die hier reklamierten Eigenschaften treffen inzwischen auf nahezu jeden Gottesdienst zu. Da wird nichts mehr konventionell tabuisiert und die Menschen begegnen einander offen.

„Die Inhalte beruhen auf einer Reihe von Themen, die die grundsätzlichen Fragen und Inhalte des christlichen Glaubens ansprechen. Dabei werden die Grundlagen thematisiert, die alle Christen gemeinsam haben. Der Kurs erstreckt sich in der Regel über einen Zeitraum von 10 Wochen." Der Anspruch, überkonfessionell zu sein, wird sehr herausgestrichen. In Wirklichkeit hat der Alphakurs aber doch das klare Gepräge evangelischer Freikirchen. Sollen sie doch selbst verantwortlich Seelsorge im Gefängnis betreiben bzw. sich für entsprechende Pfarrstellen etc. interessieren. Warum sträuben sie sich gegen das „Eingliedern" in die gewöhnlich evangelische oder katholische Seelsorge? Ach ja, man klemmt sich nicht mit „Erfolglosen" zusammen! (Nur 0,5 % der Gefangenen nehmen angeblich die Gefängnisseelsorge wahr.)

Vermarktung versus Begegnung

Alphakurse sind nichts Böses und nichts Gutes. Da hat ein kluger und auch ein wenig gerissener Kollege sich schlau vermarktet und Menschen dazu bewogen, sich ‚alphamäßig' zu organisieren. All seine Schriften werden über Alpha gut vertrieben. Er hat ein label geschaffen, das seine ziemlich harmlosen Texte um die Welt trägt. Zudem formuliert er den Anspruch der weltweiten Verbreitung, der aus unserer Sicht nicht dem Alphakurs, sondern dem Evangelium zukommt. Damit fällt er ins Ideologische. Die Weltherrschaft ist sonst nur das Ziel von echten Fundamentalisten. Dennoch alle Achtung! Inhaltlich und methodisch sind wir alle meiner Meinung nach besser drauf. Beim Vermarkten könnten wir einiges von dem Kollegen lernen, nämlich: entschlossener die eigene Marke zu formulieren und zu präsentieren. Allerdings sind uns die Hände da schon gebunden, weil wir nicht unsere Methode, sondern den Glauben in den Mittelpunkt stellen und diesen nicht in zwölf Themenabenden, sondern in täglichen Begegnungen durchbuchstabieren.

Pietistische Kritik

Bisher hat mich der Alphakurs gar nicht zum theologischen Nachdenken oder Sezieren herausgefordert. Den Anstoß dazu ergab erst ein wenig Fremdlektüre. Eine pietistische Kritik des Alphakurses aus der Schweiz spricht u.a. folgende Themen an:

a) die biblische Fundierung ist schwach[63],

b) charismatische Irrlehren zum Thema Heiliger Geist[64],

c) Verführung ist eine Taktik des Teufels[65],

a) Der Alphakurs enthält zu wenig Belehrung über das Wesen Christi und Gottes[66]. Die grundsätzliche Verdorbenheit des Menschen wird nicht beachtet. Der Alphakurs ruft die Sünder nicht zur Umkehr und Buße auf[67]. Das „Ein-für-alle-Mal" der Heilstat Jesu am Kreuz wird nicht genug betont[68]. Schließlich fehle der Hinweis auf die ewige Verdammnis, zumindest sei er zu schwach ausgeprägt[69]. Durch die Betonung des Nicht – Konfrontativen falle eine wichtige Aufgabe des Heiligen Geistes weg, nämlich die Unterscheidung der Geister.

b) Die pietistische Sicht fürchtet stark buchstabengebunden, dass der Alphakurs zu viele andere Quellen öffnet als die Heilige Schrift. Vor allem fürchtet sich der Pietist vor unkommentierten und unzensierten „starken Gefühlen", die mit dem Wirken des Heiligen Geistes gleichgesetzt werden. Nur Menschen, die sich zu Gott durch Jesus Christus bekehrt haben, können mit dem Heiligen Geist erfüllt sein. Durch die Taufe wohnt der Heilige Geist bereits in den Getauften. Die Wirksamkeit des Heiligen Geistes ist eine Folge des Gehorsams gegen Gott. Daraus folgt, dass der Umgang des Alphakurses mit dem Heiligen Geist diesen zu sehr an den Alphakurs bindet. Der Heilige Geist wirkt, wo er will und nicht dort, wo der Alphakurs ihn platzieren will. Der Alphakurs

---

[63] Tschui, Patrick, Der Alphakurs. Alphalive – eine neuer Weg zum Menschen von heute?, 5. korr. Aufl. 2001. 15ff..

[64] A.a.O., 11ff..

[65] A.a.O., 24f.

[66] A.a.O., 17.

[67] A.a.O., 18.

[68] A.a.O. 18f..

[69] A.a.O. 20.

ist durch seine Überbetonung der gefühlsorientierten Wirkungen des Heiligen Geistes als charismatisch zu kennzeichnen.

c) Aus den genannten Gründen muss der Alphakurs kritisch unter dem teuflischen Aspekt der „Verführung" gesehen werden.

Als Fazit erklärt diese Studie, der Alphakurs gründe sich auf die Bedürfnisse von Menschen statt auf die Verkündigung der Heilstaten Gottes.[70] Der Alphakurs wird aus theologischen Gründen abgelehnt, nach Inhalt und Methode. Andere wirklich theologische Kritik habe ich bisher nicht gelesen. Die pietistische Sicht stellt ihrerseits nur eine mögliche theologische Interpretation des Evangeliums dar. Das macht ihre Kritik nicht wertlos, stellt sie jedoch in ein Licht der Auseinandersetzung der einen mit der anderen partikularen Meinung.

Viel wichtiger als die theologische Kritik finde ich den Hinweis des Autors auf die Motivationsgründe der Benutzung: er funktioniert, er ist zeitgemäß, und nicht-konfrontativ.[71] Abgesehen von der pietistischen Idee, dass alles, was Spaß macht, vom Teufel sei, war das auch mein Eindruck. Es ist halt ein smarter Kursus, der niemand wehtut. Daher kann er auch „smart" die charismatische Glaubensvorstellung einführen. Leider habe ich in der Psychiatrieseelsorge vermehrt Erfahrungen mit nach der Geisterfahrung „entgleisten" Personen machen müssen. Auch in mehreren Hamburger Gemeinden spielten die charismatischen Mitchristen keine freundliche Rolle im Sinne des „Nicht-Konfrontativ". Im Gegenteil spaltete ihr Auftreten die Gemeinden bis hin zum Glaubenskrieg. Hartes Programm hinter smarter Fassade.

Die ökumenische Ausrichtung des Alphakurses kann ihm theologisch nicht zum Vorwurf gemacht werden. Theologisch ist jedoch zu bedenken, ob man die Erfahrung des Heiligen Geistes an eine bestimmte Form binden kann, so dass sie vielleicht durch ein „Heilig-Geist-Wochenende" hervorrufbar ist. Wenn jedoch der Heilige Geist die Gestalt Gottes ist, die nach der Himmelfahrt Christi und vor seiner Wiederkunft lebendig macht, dann kann er auch durch eine bestimmte Methode erlebt werden. Nicht richtig ist es jedoch, ihn an bestimmte Methoden und / oder körperliche Symptome (Wärme, Kribbeln im Bauch, in den Füssen, Lichterfahrung etc.) zu binden.

Andere Kritik

Die Zeitschrift Notabene aus Zürich fasst einige Perspektiven zum Alphakurs zusammen.[72] In einem Interview mit einer Doktorandin, die den Alphakurs untersucht, kommt u.a. zur Sprache: „Mit seiner Ausrichtung auf „Basics" und seinem Anspruch, universal und global

---

[70] A.a.O., 20ff..
[71] A.a.O., 3f..
[72] Notabene, Notizen aus der Züricher Landeskirche, Nr. 5 Dez. 2004.

anwendbar zu sein, vermeidet das Kursprogramm Reizthemen oder konfessionelle Streitpunkte generell. Reduktionen und ein gewisser Simplizismus werden in Kauf genommen, um gleichzeitig inklusiv zu bleiben, d.h. in den verschiedenen Settings möglichst wenig Anstoss zu erregen."[73] Positiv könnte man auch von „Elementarisierung" einerseits und von der Schaffung einer Wohlfühlatmosphäre andererseits sprechen. Beides hält jedoch die Kursplaner nicht davon ab, das Ziel der völligen Umkehrung des Lebens von Individuen anzustreben. Man schafft die anstößigen Teile des Glaubens aus dem Weg, um sein Ziel mit einer guten Atmosphäre dennoch zu erreichen.

Das Interview fasst auch weitere Kritik zusammen: „Skeptiker argumentieren dazu von zwei Seiten: die Konservativen üben Kritik an den kulturellen Konzessionen des Kurs, der sich nur noch billig am Slogan „what feels good, do it" orientiere und dabei „evangelikale" Konstanten preisgebe. Die Liberalen bemängeln ein zu simples Programm und eine einseitige Fokussierung auf das Individuum als Ort des göttlichen Wirkens und Erfahrens."[74]

Ralph Kunz weist darauf hin, dass Alpha kein Theologie-, sondern ein Glaubenskurs ist. Es werde in diesem Kurs Glauben gelernt und nicht über ihn diskutiert. Da die Inhalte normiert seien wie bei McDonalds die Hamburger, hänge es entscheidend von der Leitung ab, ob zum Fundamentalismus oder zum Glauben angestoßen werde.[75] „Das Label ist geschützt! Dieses fast magische Vertrauen in das Material und das Rezept finde ich alles andere als geistlich. Es zeugt vielmehr von einem großen Misstrauen der Kursmacher in die Denkfähigkeit und Kreativität der Theologen und Theologinnen, die dieses Material getreulich anzuwenden haben. Vor allem verschleiert es das, wovon letztlich der Erfolg der Alphalivekurse abhängt: die geistliche Reife, persönliche Authentizität und intellektuelle Ausstrahlung der Kursleiterinnen."[76] Der Autor empfiehlt, einen eigenen Kursus zu entwerfen, der mehr Inhalte, auch sozialethischer Art enthält.

Nach der Ansicht dieser beiden wohlwollenden Kritiker kommen die Folgen des Glaubens im eigenen Verhalten zu kurz. Er zielt auf Erlebnis und fördert das Vertrauen in dieses Erlebnis, lehrt aber nicht, wie sich ein Christ in der Welt verhalten sollte. Der Verzicht darauf ermöglicht m.E. auch erst die ökumenische Ausrichtung und die Orientierung am Erlebnis. Der Streit und die Auseinandersetzung fangen nun mal erst bei konkreten Umsetzungen an, dabei wie man „Nichtgläubigen" begegnet, wie Macht verteilt wird, wie Strukturen entwickelt werden, in welcher Weise man dem Nächsten und den Feind lieben kann etc..

---

[73] Interview mit Eva Baumann- Neuhaus, A.a.O., 7.
[74] Ebd..
[75] Kunz, Ralph, Mit Vorsicht zu genießen, Notabene, 8f..
[76] Ebd..

Letztlich bleibt wohl ein gewisses Misstrauens in einen Kursus, dessen Vertreiber eine eigene Schule aus ihrem Kursus machen und in all ihren Attributen für ihren eigenen Kursus die smarte Form betonen, am Ende aber ziemlich eindeutig in die charismatische Richtung marschieren.

Erfahrung von Kollegen

Die Kollegen aus dem Freiburger Gefängnis haben Erfahrung mit Alphakursen. Fernmündlich habe ich das Konzept so geschildert bekommen, dass die beiden den Kursus ausdrücklich unter ihre „Aufsicht" gestellt haben, ihn also gegenüber der Justizvollzugsanstalt verantworten. Gottesdienste im Rahmen des Kurses werden von den Kollegen gehalten. Sie organisieren – wie üblich – die leiblichen Genüsse, weil Externe nichts einbringen dürfen. Das gottesdienstliche Leben hat sich durch die Kurse etwas „gebessert", weil die Kursteilnehmer zum Beispiel richtig mitsingen. Wenn man allerdings den zugehörigen Bericht liest, überrascht die Überschrift: „Gott öffnet die Gefängnistüren (für Alpha-Kurse). 2. Kurs in Freiburg gestartet, 1. Kurs in Landshut läuft..." Die Öffnung der Gefängnistüren wird gewöhnlich in der christlichen Tradition anders verstanden, als dass ein Glaubenskurs dort Zutritt bekommt. Aber sei's drum. Jeder auf dieser Welt ist gezwungen, sich irgendwie zu motivieren.

Fazit

Ich gebe zu, mein Kommentar fällt teilweise etwas sarkastisch aus. Auch ich muss mich auch irgendwie definieren. Wir brauchen keinen Alphakurs. Wir können selbst arbeiten und tun das auch. Wir sollten – wenn jemand sich das zutraut oder anstrebt – lieber MitarbeiterInnen für die täglich praktizierte Seelsorge zu gewinnen versuchen. Ein Problem ist dabei immer wieder, dass sich für Mitarbeit in der Seelsorge vor allem Menschen interessieren, die eher zum evangelikalen als zum aufgeklärten Christsein neigen. Ein Problem ist auch, dass ‚unsere' Gefangenen zu denen gehören, die durch eine schöne und einfach strukturierte Werbefläche massiv zu beeindrucken, um nicht zu sagen: leicht verführbar, sind. Das ist unter anderem ein Teil ihres Problems mit dem Leben, an dem wir täglich arbeiten. Vom uns anvertrauten „Subjekt" bzw. Individuum aus gesehen, arbeitet Seelsorge in Gefängnissen somit eher gegen evangelikale Vereinfachung und versucht, die Verführbarkeit verringern zu helfen. Seelsorgerlich wäre die Veranstaltung daher kontraindiziert.

Der Kurs schadet nicht im eigentlichen Sinne. Alle Leute, die bereit sind, in ein Gefängnis zu gehen und dort wohlmeinend Gefangenen zu begegnen, sollte man hereinlassen.

Wenn diejenigen, die einen Alphakurs durchführen wollen, sich mit der Verführbarkeit von Menschen in schwierigen Lebenssituationen auseinandersetzen können und wollen, sind sie in die Seelsorge einzubinden. Wenn sie dagegen eher ideologisch nur auf den Transport ihres Kurses ausgerichtet sind, damit dieser in die ganze Welt kommt, dann würde ich sie nicht in die Seelsorge hereinnehmen und auch der JVA empfehlen, den Kurs nicht zu genehmigen. Ein Gefängnis ist nicht dazu da, Menschen ideologisch auf Vordermann zu bringen. Im Gegenteil ist die Auseinandersetzung mit allzu einfachen Welterklärungen und Realitätswahrnehmungen das Ziel.

Evangelischer Kirchentag unter Beobachtung

Der Evangelische Kirchentag produziert stetig zumindest die kritische Beobachtung von eher evangelikaler Seite. Den Unterton bildet dabei der Verdacht, hier seien Ungläubige oder zumindest Halbgläubige am Werk. Sie enthalten angeblich den meist über 100.000 Teilnehmern die „frohe Botschaft" vor und füttern sie mit Leere.

Wer schon mal auf einem evangelischen Kirchentag war, hat vier Tage Hochform evangelischer Glaubenszuversicht ge- und den Unterschied zum oft eher tristen Glaubensalltag erlebt. Viele kehren beflügelt – mit ein wenig Heiligem Geist - in ihre Heimatgemeinde zurück. Das ist eine Folge der auf Kirchentagen wegfallenden Alltagsrollen von sozialer Position und anderen Kommunikationsroutinen oder –hindernissen. Vieles lässt sich natürlich zu Hause nicht umsetzen, weil es Nähe und Fülle braucht und weil zu Hause die soziale Position wieder dominiert. Nähe gibt es vielleicht zu Zeiten, aber Fülle längst nicht mehr – außer zu Weihnachten. Und da geht es eher routiniert zu, weil die JahresbesucherInnen keine Änderungen ertragen. Sie wollen es haben wie immer... Im Laufe der Jahre aber gibt es dann doch Feierabendmahle oder lebendig gestaltete Gottesdienste und anderes.

Trotzdem freut man sich immer wieder auf die unkonventionelle Begegnung beim Kirchentag, wo jeder sein Steckenpferd reiten darf. Die „Vielfalt der Kinder Gottes" könnte das Motto heißen. Dass dann aber immer wieder Menschen ausgegrenzt werden, regt vor allem deren Gefolgsleute auf. Auch beim Treffen der evangelischen Christen gibt es Positionen von Mitmenschen, die man beim besten Willen nicht öffentlich teilen kann. Das sind besonders solche, die der Offenheit des Horizonts diametral widersprechen. Als Beispiel konnte 2017 die AfD fungieren. Denn diese betrachtet nicht alle Menschen als Kinder Gottes. Die Religion der Feindesliebe kann die Position dieser Partei kaum bei ihren Veranstaltungen dulden. Dass es sich um eine eher terroristisch gestimmte Hass-, Gesinnungs- oder gar Glaubensparteilichkeit handelt, macht folgendes Zitat deutlich: „Wir werden Freund und Feind ein Beispiel unserer Unbeugsamkeit, unserer unverstellten Vaterlandsliebe und unseres Zusammenhalts geben", heißt es in einem Aufruf der

‚Patriotischen Plattform', eines Zusammenschlusses rechter AfD-Politiker."[77]

Schon die Einteilung der Menschen in Freund und Feind schockt geradezu und widerspricht dem Christlichen. Sie hat aber Methode. Carl Schmitt, juristischer Vordenker der Hitlerdiktatur, hat sie einst als „das Politische" definiert.[78] Die ‚Unbeugsamkeit' zeigt, dass es hier nicht um einen Beitrag zum politischen Geschehen in der Demokratie geht, sondern um eine Art von Widerstand gegen vermutete Feinde. Ein solches Denkmuster, um nicht Wahn zu sagen, hält auch den Islamismus am Laufen. Die Folgen sind bekannt und gefürchtet und wie aller Wahn auch schwer zu bekämpfen. Dass sich trotzdem jemand ums Gespräch bemüht, zeigt die Bandbreite des Evangelischen und vor allem den Kirchentagsansatz des Dialoges.[79]

Auch wenn sich viele unter den Kirchentag subsumieren können, so gibt es doch immer unzufriedene, denen er nicht genug Glauben bietet. Denken können, was man will und andere als Mit-Menschen anerkennen, halten sie nicht für christlich. So schreibt Christian Schwark in idea, dem Nachrichtenmagazin „aus der evangelischen Welt", im Kirchentag könne man die kirchliche Leere wiederentdecken. „Für das, was hier geboten wird, brauchen wir keine Kirche." Daher plädiert er für eine neue Reformation.[80] Wie die aussehen soll, wird ein paar Seiten später klar.

Das entscheidende Moment des Glaubens sei das Sprechen über das Gericht Gottes. Denn das entscheidet darüber, wie es mit uns in der Ewigkeit weiter geht. Im Gericht können wir nur bestehen, wenn wir an die Heilstat Jesu am Kreuz glauben. Diese Heilstat können wir uns nicht verdienen, etwa durch gutes Handeln.[81] So weit, so vermeintlich evangelisch. Nur wird auf dieser eher frommen Seite übersehen, dass Gott „den Menschen" liebt und nicht versprochen hat: ‚Wenn du glaubst, liebe ich dich.' Wenn schon Gottes Liebe, dann ist sie eben evangelisch bedingungslos. Niemand muss oder kann sich hier rechtfertigen – auch nicht durch seinen Glauben. Die oft als Konkretion herangezogene Elternliebe ist ja angeblich auch bedingungslos. Nebenbei gesagt: Mit der

---

[77] http://www.spiegel.de/politik/deutschland/afd-meuthen-nimmt-an-veranstaltung-von-afd-rechten-teil-a-1095115.html

[78] Carl Schmitt, Der Begriff des Politischen.: Text von 1932 mit einem Vorwort und drei Corollarien, Berlin, Duncker & Humblodt, 9. Auflage 2015, 26.

[79] http://www.tagesspiegel.de/politik/kirchentag-und-afd-mit-dem-feind-auf-dem-podium/19852506.html. http://www.spiegel.de/panorama/gesellschaft/afd-politikerin-anette-schultner-auf-kirchentag-christen-als-feigenblatt-a-1149276.html. Begründung: http://www.swr.de/swraktuell/bedford-strohm-zur-afd-beim-evangelischen-kirchentag-es-geht-hier-nicht-um-eine-bestimmte-partei/-/id=396/did=19601820/nid=396/g3to4v. Oder: Kirchenpräsident Schad: Kirche spricht mit der AfD, idea spektrum Nr. 20, 17. Mai 2017, 32.

[80] Idea spektrum, Nr. 20, 17.5. 2017, 3.

[81] Christian Schwark, idea spektrum Nr. 20, 22ff.

Elternliebe ist es manchmal auch nicht so weit her, dass alle unterschreiben könnten, sie sei bedingungslos. Das Beispiel aber zeigt, Elternliebe – wenn sie denn gelebt wird – ist in der Tat einfach mit der eigenen Existenz vorhanden.

Wenn ich Jesus richtig verstehen kann, dann sagt sein Auftritt in Nazareth und anderswo, der Mensch könne sich vorstellen, dass Gottes Liebe einfach da ist, ob er nun gut oder böse, fromm oder nicht, korrekt oder inkorrekt, angepasst oder sonst was ist. Weil er damit alle eingefahrenen Systeme von Staat und Religion oder umgekehrt, in Frage stellte, wurde er für diese Art von Glauben von seinen – damals die Gesellschaft dominierenden - Mitmenschen ans Kreuz genagelt. Die nicht dominierenden machten offenbar gerne mit. Dieser Foltertod war die Quittung dafür, dass er menschliche Macht über Mitmenschen nicht anerkannt hat – auch nicht die religiöse.

Das Gericht findet täglich statt. Wir brauchen auf kein Gottesgericht zu warten, um evangelisch zu sein. Jede Vorstellung vom Gericht Gottes ist irdische Machtausübung über die Mitmenschen. Das „sola fide" bezieht sich auf die Bedingungslosigkeit der göttlichen Liebe. Jesus Christus ist, wie gesagt, für diesen Glauben mit dem Tod bestraft worden. Die Mitmenschen haben ihn geopfert und glaubten, Gott damit einen Gefallen zu erweisen. Aber Gott hat, wenn man so will, dieses Denken durchkreuzt, indem er Jesus auferstehen ließ und keine Rache übte. Nicht einmal eine der schlimmsten menschlichen Handlungen, die vorsätzliche und aus eigener Sicht gerechtfertigte, aus rechtlicher Sicht bestrafenswerte, aus moralischer Sicht verabscheuungswürdige, Tötung eines Mitmenschen, bewirkt den Ausfall der göttlichen Liebe. Warum fällt es manchen Menschen, die angeblich besonders fest an Gott glauben, so schwer, gerade den Gedanken der Liebe Gottes zu verstehen?

Es fällt ihnen schwer, weil sie damit die Macht über ihre Mitmenschen verlieren. Daher können manche auch nicht ertragen, dass bei einem Kirchentag Menschen die Regie führen. Diese Menschen haben nun auch auf dem Kirchentag einen (evangelikalen) „Christustag" eingerichtet, der ihnen ermöglicht, ihre besondere Glaubensrichtung ungehindert vorzutragen. Während sie gleichzeitig kritisieren, dass der Kirchentag mit Prominenz (z.B. Bundeskanzlerin Angela Merkel und Ex-Präsident Barak Obama) arbeitet[82], verkünden sie stolz, dass sie selbst auf Prominenz in Gestalt eines Bundesministers zählen können.[83] Ja, es ist nicht leicht, konsequent evangelisch zu sein!

Selbstverständlich sind Kirchentage eine sehr offene Form des Zusammentreffens evangelischer Christen. Ich denke aber, dass gerade das überzeugender sein kann als alle Arten von religiösen Vorschriften, die

---

[82] idea spektrum Nr. 20/2017, 16
[83] idea spektrum Nr. 20/2017, 32.

sogar noch auf Gerichtsdrohungen, den Entzug ewigen Lebens oder höllisches Leiden gestützt werden. Jürgen Moltmann hat es auf eine Formel gebracht: „Religion ist Terror oder Glaube!"[84] Beide Formen gehen manchmal ungehemmt ineinander über. Manchen reicht es nicht, den eigenen Glauben zu pflegen. Sie müssen andere unter Dauerkritik halten, um sich zu rechtfertigen. Sie produzieren Lehre, während andere angeblich Leere organisieren. Wer dagegen Jesus zuhört, findet weder Lehre noch Leere, sondern Glauben – und muss sich eben nicht rechtfertigen.

---

[84] Jürgen Moltmann, Das Ende als Anfang, Zeitzeichen 12/2001, 43.

Kapitel III

Kindertaufe und Konfirmation

Die Taufe von Kindern

Das Urbild der Taufe ist die Taufe Jesu im Jordan. „Und es begab sich zu der Zeit, dass Jesus aus Nazareth in Galiläa kam und ließ sich taufen von Johannes im Jordan. Und alsbald, als er aus dem Wasser stieg, sah er, dass sich der Himmel auftat und der Geist wie eine Taube herabkam auf ihn. Und da geschah eine Stimme vom Himmel: Du bist mein lieber Sohn, an dir habe ich Wohlgefallen." (Markus 1, 9-11, Lukas 3, 21f.; Matthäus 3,13-17) Das Hauptelement dieser Taufe ist die Übergabe des Geistes Gottes an Jesus in Gestalt einer Taube. Für einige Theologen ist hier auch der Ort, an dem Jesus zu Gottes Sohn wird, im Sinne einer Adoption. Daher kommt dann auch die weitere Bedeutung vom getauften Gotteskind. Die Gotteskindschaft durch die Taufe ist damit als Geistbegabung zu verstehen. Die Geschichte ist so knapp erzählt, dass daraus nicht hervorgeht, ob Jesus nach seinem Glauben als Grund für die Taufe gefragt wurde.

Niemand hat angenommen, Jesus hätte seinen Glauben vor der Taufe durch ein Bekenntnis darlegen müssen. Wenn das so gewesen wäre, dann hätte sich Jesus zur Bußpredigt und zur Vergebung der Sünden bekannt. „So war Johannes in der Wüste, taufte und predigte die Taufe der Buße zur Vergebung der Sünden. Und es ging zu ihm hinaus das ganze judäische Land und alle Leute von Jerusalem und ließen sich von ihm taufen im Jordan und bekannten ihre Sünden. Und Johannes trug ein Gewand aus Kamelhaaren und einen ledernen Gürtel um seine Lenden und aß Heuschrecken und wilden Honig." (Markus 1,4-6) Beim Evangelisten Matthäus lautet die Predigt so: „Da ging zu ihm hinaus Jerusalem und ganz Judäa und das ganze Land am Jordan und ließen sich taufen von ihm im Jordan und bekannten ihre Sünden. Als er nun viele Pharisäer und Sadduzäer sah zu seiner Taufe kommen, sprach er zu ihnen: Ihr Otterngezücht, wer hat euch gewiss gemacht, dass ihr dem künftigen Zorn entrinnen werdet? Seht zu, bringt rechtschaffene Frucht der Buße!" (Matthäus 3, 5-8) Hier werden die Gegner Jesu heftig angegangen. So heftige Gegnerschaften stehen bei unseren Taufen nicht mehr zur Debatte. Aber der Täufling wird immerhin den Klauen des Teufels entrissen und unter Gottes Geist gestellt.

In einem Gespräch erläuterte mir ein Elternpaar, die Kirche sei ein sehr merkwürdiger Verein und sie hätten nicht die Absicht, einzutreten. Kirchensteuer wollten sie nicht bezahlen. Sie erläuterten mir weiter, bei der

Taufe gehe es ihnen gar nicht um den Glauben, sondern um die öffentliche Verpflichtung der Paten. Wenn man sich so mit Freunden auf die Unterstützung der Kinder unterhalte, sei das nicht bindend genug. So hatte der Taufwunsch der beiden weder mit der Kirche noch mit dem Glauben etwas zu tun. Taufgrund wäre die öffentliche Verpflichtung ihrer Freunde zum eventuellen Beistand für die eigenen Kinder.

Man müsste fragen, ob nicht hinter dem Wunsch nach festerer Bindung von Paten ein religiöses Moment stecken könnte. Sicher gäbe es da mit psychoanalytischen Methoden durchaus einen Zugang. Die Verpflichtung von anderen könnte durch einen schlichten Vertrag vereinbart werden. Wenn aber der Vertrag in der Kirche und vor Gott geschlossen wird, verspricht er „fester und beständiger" zu sein. Auch so ließe sich eine religiöse Bedeutung konstruieren. Die beiden haben einen heute häufiger beschrittenen Weg nicht gewählt: Ein Elternteil tritt für eine gewisse Zeit in die Kirche ein, später aber wieder aus. Hier tritt eine deutliche Spaltung zu Tage zwischen religiösen Bedürfnissen, die sich mit familiären Bedürfnissen überschneiden, und der Mitgliedschaft in einer Institution, die Geld kostet.[85]

Wir Kirchenmenschen bieten unsererseits die Taufe als Gnadenmittel an. Gott tut bei der Taufe alles, der Mensch nichts. Wortreiche Erklärungen in kleinen Büchern machen das den Taufeltern klar. Nur deshalb können überhaupt Kinder und Säuglinge getauft werden. Dabei kommt der Kirche in ihrem Glauben die eigene Existenz als Institution quer. Wenn es sich nämlich um ein reines Gnadenmittel handelt, kann es der Kirche und der Pastorin oder dem Pastor völlig gleichgültig sein, in welcher Umgebung oder sozialen Situation ein Säugling oder Kleinkind getauft wird. Wenn dadurch dieses Kind - wie es in der Agende heißt - dem Reich des Bösen entrissen wird, geht das über alle Äußerlichkeiten hinaus.

Die Institution traut diesem ihrem Gnadenmittel nicht. Sie verpflichtet Eltern und Paten, den Glauben an das Kind weiterzugeben und Mitglied ihrer „irdischen" Institution zu sein. Das Kind wird also nicht durch die Taufe dem Reich des Bösen entrissen, wenn man die Realität der kirchlichen Handlung betrachtet, sondern dadurch, dass die Eltern und Paten Kirchenmitglieder sind. Eine gerne benutzte Erklärung der Taufe lautet, aus dem Menschenkind werde in der Taufe ein Gotteskind. Die Eltern bekommen es als Mandatsträger zurück. Ihre Aufgabe ist es also, gewissermaßen an Gottes Statt die „Bewahrung" des Kindes durchzuführen. Das Kind wird zu einer eigenständigen Person. In Wirklichkeit allerdings weiß auch die Kirche ganz genau: Im irdischen Treiben wird ein Kind kaum anders werden können, als seine Eltern - durch

---

[85] Siehe auch: Nicola Wilbrand-Donzelli, t-online.de, Kindstaufe, Veraltetes Relikt, fröhliches Familienfest oder echte Glaubenssache? 13.05.2016, 12:18 Uhr.

Vererbung der genetischen Merkmale und durch Erziehung. Es gibt Möglichkeiten von anderen Einflüssen in den verschiedenen Altersstufen eines Kindes. Dazu können auch die kirchlichen Angebote gehören.

Wäre aber der Glaube der Kirche auch Maßstab ihres Handelns, dann müssten alle Kinder getauft werden, deren Eltern oder andere Angehörige die Taufe wünschen. Wer weiß, ob sich nicht auch durch den Wunsch der Eltern nach Taufe eben die Wirkmächtigkeit Gottes und seines Heiligen Geistes ausdrückt. Würde sie andererseits sehr streng Glauben und Taufe aneinanderbinden, könnte sie eigentlich nur noch Erwachsene taufen.

In der Realität einer Volkskirche ist die Taufe eines Kindes eine der Möglichkeiten, mit Familien überhaupt im Sinne geistlicher Fragen in Berührung zu kommen. Da ohnehin nach der Geburt eines Kindes in allen Kulturen und Gesellschaften dieser Erde Riten ausgeführt werden, wäre es ziemlich dämlich, wenn die Kirche die Möglichkeit, die dieser allgemeinmenschliche Ritus anbietet, aufgäbe. Es gibt kein kirchliches Fest und keinen kirchlichen Ritus, der nicht auf überkommenen Riten zu Jahres- und Lebenszyklen beruht. Alle großen Feste sind vorgeprägt durch den Zugang des Menschen zu den Erfahrungen von Geburt, Neuanfang und Tod, Fruchtbarkeit, Wachstum, Werden und Vergehen.

Vor allem die evangelische Kirche hat sich längere Zeit hindurch den Luxus geleistet, genau diese Verbindungen zum „allgemein Menschlichen" nicht nur zu ignorieren, sondern sie sogar aktiv auszublenden. Theologisch hat dazu vor allen Karl Barth beigetragen, indem er die so genannte natürliche Theologie ablehnte. Um natürliche Theologie handelt es sich auch nicht, wenn natürliche Krisen- und Wendepunkte des Lebens besprochen und gedeutet werden.

Mit einer allgemein missionarischen Haltung erreicht die Kirche vor allem ontologisch verunsicherte Menschen. Mit der „Begleitung in den Knotenpunkten" des alltäglichen Lebens sind alle Menschen ansprechbar. Die Austrittsbewegung ist so groß, dass alle Mittel ergriffen werden müssen, als Kirche überhaupt noch Zugang zu finden. Da die kirchliche Handlung den Schwerpunkt nicht auf die Eltern, sondern auf das Patenamt legt, muss die durch Mitgliedschaft abgesicherte Patenschaft auch bei der Kindertaufe genügen. Nur die Paten werden ja in ein Amt eingesetzt. Eltern von kleinen Kindern verhalten sich im Punkt Kirchensteuer und -mitgliedschaft einfach nur konform. Möglicherweise bringt die Taufe sie über diese Konformität, nicht Mitglied zu sein, hinaus. Wer diesen Gedankengang nicht mitvollziehen möchte, sollte jede Kindertaufe ablehnen. Wer garantiert schon dafür, dass Eltern oder Paten ihr „Amt" auch wirklich wahrnehmen und das Kind auf die Taufe aufmerksam machen. Wenn Eltern ihr Kind taufen lassen wollen, sollten wir das auch vollziehen.

♦ Es ist dann Sache der Gemeinde, die Kinder in geeigneter Form in ihre Arbeit einzubeziehen.

♦ Es ist eine Sache des Glaubens und der geistlichen Leitung, über die Wirkung des Heiligen Geistes nicht nur zu reden, sondern auf sie zu vertrauen.

Über den Glauben hinaus

Über die Glaubenssache hinaus umranken die Taufe ein paar Vorstellungen vom Heiligen Geist, die bei näherer Betrachtung etwas merkwürdig anmuten. Im Kirchengemeinderat waren sich alle einig, dass das Fotografieren während des Taufgeschehens zu unterlassen sei. Warum? Die Begründungen reichten von: Der Heilige Geist werde gestört und um seine Wirkung gebracht, wenn Blitzlichter aufleuchteten bis zur Erziehungsmaßnahme, die Taufgäste seien nicht bei der Sache, wenn da einige mit dem Fotoapparat oder dem smartphone herumhantierten. Mein Einwand, dass die Menschen heute die Welt vorwiegend durch touchscreens oder durch Fotolinsen sehen, woraus die Konsequenz folge, dass der Eindruck durch Fotografieren verstärkt werden könne, stach nicht. Ein besonders eifriger Vertreter des Fotografieverbots wurde eines Tages auch Großvater und trug Sorge darum, dass der Enkel möglichst schnell getauft würde. So bestellte er den Termin und sorgte dafür, dass auch das Taufgespräch mit „seinen Kindern" zeitig stattfand.

Vor dem Gottesdienst zog er dann eine kleine Flasche aus der Jacke. Vor Aufregung noch ein Flachmann? Nein, das war Jordanwasser, extra für seine Enkel mitgebracht. Auch das ist wohl eine Art, den Heiligen Geist herbei zu zwingen. Er schüttete ein paar Tropfen in die Schale mit dem Taufwasser: „Der Rest bleibt für weitere Enkel! Sie haben doch sicher nichts dagegen!" „Wenn das Wasser verunreinigt ist, dann kennen wir jetzt den Grund." „Das ist Jordanwasser!" antwortete der Großvater und Kirchenvorsteher, seines Zeichens ein Arzt. Ich sah keinen Grund, neues Wasser einfüllen zu lassen, war aber doch etwas verwundert über den „festen Glauben" meines ansonsten verantwortlich lebenden Gemeindemitglieds.

Während der Taufe war ich plötzlich etwas irritiert, weil da sichtlich ein Mann hinter dem Altar am Boden lag. Ich hatte nicht mitbekommen, dass es sich um den Vater des Täuflings handelte. Nun gut, als der Blitz aufleuchtete, wusste ich Bescheid. Er wollte die beste Position zum „Festhalten" des Taufaktes haben. Da musste er dann aber doch auch meiner Meinung nach sich wieder zur Taufgesellschaft begeben. Der Großvater entschuldigte sich später höflich für dieses „Missgeschick", vertrat aber danach offiziell die Ansicht, auch und gerade in der Kirche müsse fotografieren erlaubt sein. Der Heilige Geist würde sich durch einen menschengemachten Blitz doch wohl nicht stören lassen.

Bei dieser Geschichte kann man den Unterschied zwischen Dogmatik und Praxis, aber auch zwischen Glauben und stoffgebundenem Dafürhalten leicht erkennen. Nach lutherischer Überzeugung ist das Wasser ein beliebiger, aber notwendiger, traditionsreicher und brauchbarer, Stoff (Material), um das Geistliche verständlich zu machen – wenn das Wort Gottes hinzukommt.

Warum gerade die evangelische Seite sich mit Bildern so schwer tut, während die katholischen Christen alles, was sich in der Kirche befindet, wegfotografieren, in der Kathedrale von Santiago de Compostela sogar den heiligen Moment des Weihräucherns mit tausenden Kameras gleichzeitig festhalten, das kann niemand erklären. Es sei denn, man gehe auf das Bilderverbot des zweiten Gebotes zurück, das vom Reformator Huldrych Zwingli nahezu fundamentalistisch verstanden und umgesetzt, von der katholischen Tradition jedoch großzügig übergangen wurde. Ohne Bild kann der Papst als Vertreter Christi nicht zugänglich gemacht werden. Ohne Bild kann man auch die Heiligen nicht „transportieren". Glauben aber kann man ohne Bild.

Das nachgeholte Versprechen

Konfirmation, das ist ein nachgeholtes Taufversprechen. Wer im Kleinkindalter getauft wurde, kann kaum selbst gefragt werden, ob er oder sie das auch will. Daher werden Jugendliche unterrichtet, damit sie wissen, zu was sie ja sagen. Diesen Unterricht gibt es in vielen verschiedenen Formen, sozusagen jede(r) Pastor(in) nach seiner Facon! Wenn es nicht allzu sehr an Schule erinnert, gefällt er sogar den Jugendlichen ebenso wie den Unterrichtenden. Aber es ist auch manche Mühe damit verbunden, wenn z.B. vor allem die männlichen Konfirmanden etwas zu eindeutig darauf hinweisen, dass sie das Ganze eben nur wegen der Geschenke mitmachen. Vielleicht ist es in der Tat zu viel verlangt, dass vierzehnjährige den vollen Umfang einer Glaubensentscheidung begreifen sollen. Viele Erwachsene haben damit ihre Schwierigkeiten. Sie verstehen bisweilen etwas unter dem Glauben wie „Werte, Normen, Moral" etc. Erst durch das islamistische Dauerfeuer kommt ihnen wieder so etwas wie eine Ahnung von „Nächstenliebe" in den Sinn, der ihnen dann beim Thema Migration sofort wieder entschwindet. Auch ich selbst habe als „Konfirmator" oft an Werte gedacht, wie die folgende Predigt beweist.

Liebe Konfirmandinnen, liebe Konfirmanden!

Wenn ich eine Predigt halte, habe ich jedes Mal Eure Worte im Ohr: 1) Kurz muss sie sein! Und: 2) Sie soll nicht zu lang sein!

Ich muss sagen, darin unterscheidet Ihr Euch überhaupt nicht von den meisten Menschen, die nichts langweiliger finden als eine Predigt. Und manche von Euch haben sich sogar bemüht, herauszufinden, in welcher

Kirche der Umgebung die Predigten am kürzesten sind. Das ist bemerkenswert. Denn um das herauszubekommen, muss man sich die Predigten ja wirklich anhören.

Wir sind nun 1 1/2 Jahre darum bemüht gewesen, ein wenig über den christlichen Glauben zu lernen. Am besten sind mir die Zehn Gebote in Erinnerung oder genauer gesagt, wie Ihr sie aufgenommen habt. Manche, dachtet Ihr, seien ja ganz nützlich. Aber so altmodisches Zeug wie Vater und Mutter ehren oder den Feiertag heiligen oder nicht ehebrechen - wer hält sich denn von den Erwachsenen schon daran und wieso sollte das dann irgendwann für uns gelten?

Irgendwann einmal hat ein älterer Mann aus unserer Gemeinde gesagt, dass es so viel Kriminalität gibt und Gewalt und Kriege und Rauschgifte, das liegt daran, dass die Leute sich nicht an die Gebote halten. Und das war in einer großen Versammlung. Einige haben gelacht, einige waren sauer und einige haben gesagt, lass ihn doch reden. Jeder soll seine Meinung sagen dürfen.

Warum halten sich denn die Menschen nicht an die Gebote? Sind sie so unsinnig?

Das erste: Ich bin der Herr, dein Gott, du sollst keine anderen Götter neben mir haben! Macht es wirklich so viel Spaß, gar keinen zu haben, den man so richtig verehren kann? Oder müssen es gleich dreihundert sein? Manchmal haben wir doch alle Sehnsucht nach etwas ganz Vollkommenem. Viele zusammen können das nicht sein. Und Menschen sind meistens nicht so vollkommen.

Das dritte: Du sollst den Feiertag heiligen. Selbst die Gewerkschaften verteidigen nicht nur einen Tag der Arbeitsruhe, sondern zwei. Und wenn Leute am Wochenende arbeiten müssen, dann bekommen sie, wenn sie für Lohn oder Gehalt arbeiten, meistens dafür einen Ausgleich. Ihr selbst freut euch auf jedes Wochenende. Gott war schon vor vielen Jahrtausenden eine Art Gewerkschaft für die Menschen. Im Gebot wurde ausdrücklich festgelegt, dass auch die Sklaven und die Fremden einen Tag der Ruhe haben sollen. Schaden kann es nichts, wenn man am Wochenende auch mal darüber nachdenkt, wozu man eigentlich auf dieser Welt ist und was man mal Gutes tun könnte!

Das fünfte: Du sollst nicht töten. Natürlich wird es überall gebrochen. Und doch weiß jeder, der es bricht, dass er gegen ein elementares Grundrecht des anderen auf Leben verstößt. Gott hat schon gleich gesagt, dass der andere leben soll, genau wie du!

Das sechste Gebot: Du sollst nicht ehebrechen! Natürlich wird auch dagegen oft verstoßen. Aber bringt das immer Glück? Ich glaube, dass auch hier jeder weiß, was er tut und wie viel Elend er oder sie anrichtet. Es ist schlimm, wenn sich Menschen gerade in der Liebe nicht vertrauen können. Und viele verzweifeln daran. Deshalb ist auch dieses Gebot ganz modern.

Das achte, du sollst nicht falsch Zeugnis reden. Na ja, die kleine Notlüge kann lebenswichtig sein oder doch das gute Verhältnis zu den Eltern erhalten. Doch was im Kleinen anfängt, setzt sich im Großen fort. Und schon weiß niemand mehr, wem er glauben soll. Dann gehen die Menschen nicht zur Wahl, weil sie niemand mehr vertrauen. Darauf können wieder die Radikalen und Scharfmacher laut werden, dass es so nicht weitergeht. Und schon geht es allen schlechter.

Und schließlich neun und zehn: Du sollst nicht begehren, was deinem nächsten gehört. Manche kriegen ganz elegant das, was der Nächste zum Leben braucht. Da reicht ein wenig wirtschaftliche Macht oder ein kleiner Stoß mit dem Ellbogen. Wenn ich danach trachte, was der andere hat, kann ich ja schließlich nicht darauf achten, selber rechtschaffen zu sein. Das, was der andere hat und wie er ist, zu achten, bringt gute Beziehungen. Noch besser wird es, wenn ich mit Martin Luther sage, dass ich dem anderen helfen soll, sein Gut zu bewahren.

Gott war schon immer ein Freund der Menschen, das zeigen die Gebote. Die meisten merken es nur im Eifer des Gefechts nicht. Jesus Christus hat uns das noch einmal deutlich eingetrichtert. Weil die Leute ihm im Blick auf die Realität nicht glauben wollten, wurde er einfach hingerichtet.

Wenn man heute so in der Welt herumschaut, könnte man schon meinen, dass die Menschen einen Freund, der ihnen den guten Weg zeigt, gebrauchen könnten. Wenn Ihr nachher "Ja, mit Gottes Hilfe" sagt, dann sagt Ihr damit: Wir glauben daran, dass Gott es mit den Menschen gut meint. Deshalb sollten wir es auch miteinander gut meinen, mindestens so gut, wie es die Gebote vorschlagen. Sie sagen nur das Selbstverständliche, wie Menschen miteinander umgehen, die es miteinander gut meinen. Jesus hat die Gebote zusammengefasst: Liebe Gott und deinen Nächsten wie dich selbst. Geh davon aus, dass der Nächste auch ein Mensch ist, den Gott liebt.

Ich weiß, wie schwer das fallen kann. Gerade deshalb verträgt der Glauben und das Christsein keine Gewalt - auch keine mit Worten! Das Gebot der Nächstenliebe hilft uns zu leben. Es gibt die Möglichkeit, immer wieder neu anzufangen und auch den anderen immer neu anfangen zu lassen.

Kurz soll die Predigt sein und nicht zu lang. Kurz scheint mir der Weg zum Glauben. Keine Umwege machen, mitmachen - auch noch nach dem Ja - Sagen heute. Wir brauchen Leute und gerade junge Leute, die es gut mit den anderen Menschen meinen und immer wieder unbekümmert damit anfangen.

Nichts ist langweiliger, als wenn die Jungen immer nur die Alten nach-machen, besonders darin, wo die sich selbst nicht so ganz wohl fühlen. Es gibt noch viele gute Worte über andere zu machen, noch viel Neues am Glauben zu entdecken und viel Platz für die Phantasie, wie die Schöpfung bewahrt, Frieden hergestellt und die Mitmenschen geliebt werden können. Keine Umwege machen - Gott hat allen Ärgernissen zum Trotz Freude an den Menschen. Niemand hat uns das besser ge-zeigt als Jesus. Und niemand kann das besser weitererzählen als Ihr!

Was nicht vorkam...

Was in der Predigt nicht vorkommt: die Gebote 2 (kein Bild machen), 4 (Eltern ehren) und 7 (stehlen). Das 7. Gebot machte den Konfirmand-Innen keinen Eindruck, denn es ist selbstverständlich, dass man Steh-len nicht erlauben kann. Warum es dann trotzdem passiert, das wollten sie mit mir nicht erörtern.

Das 4. Gebot kann Jugendliche so richtig abschrecken. Sollte ich ihnen etwa beibringen, dass die Elternehrung aber zu den Grundausrüstungen eines psychisch ausgeglichenen Lebens gehört? Eltern sind für vier-zehnjährige so was von uncool, jedenfalls in der öffentlichen Äußerung und im Bekenntnis dazu. Es gehört schon eine ganze Menge Mut dazu, dass ein(e) Jugendliche(r) gegen diese Meinung im Unterricht oder auch im allgemeinen Umgang angeht. Im Privaten jedoch scheinen mir alle ihre Eltern sehr wohl zu ehren – schwierigste Einzelfälle ausge-nommen. In diesen Zwiespalt in Unterrichtsform hineinzugehen gelingt nur in besonders geistgeleiteten Situationen mit besonderer Vorsicht und am ehesten in kleinen Gruppen oder gar im Einzelgespräch.

Das 2. Gebot war mir selbst immer ein wenig unheimlich. Denn erstens kritisiert der Protestant damit die katholische Schwester. Zweitens rührt es an den innerprotestantischen Spalt lutherisch und reformiert. Drittens hat das islamische Bilderverbot – aus der Bibel übernommen – als Be-gründung für Terror ohnegleichen durch die Islamisten gedient. Die Be-leidigung durch die Darstellung Mohameds z.B. als Karikatur müsste man aus unserer Sicht als Verstoß gegen das 2. Gebot verstehen. Das passt nicht, weil Mohamed als Mensch verstanden wird und auch selbst keine anderen Ansprüche angemeldet hat. Dass manche meinen, man müsse Menschen umbringen, weil sie ein Bild von Mohamed karikie-ren, damit gegen auch ihrer Meinung nach mit dem 2. gegen das 5. Ge-bot verstoßen, und sich dennoch gerechtfertigt glauben, dachte ich kei-nem Jugendlichen in Unterrichtsform näher bringen zu können. So wird im Koran aus dem 5. Gebot, das auch noch als Gebot des Mose zitiert wird, nahezu das Gegenteil: ein Tötungsgebot für Gläubige. „Wenn ei-ner jemanden tötet (...), soll es so sein, als ob er alle Menschen getötet hätte. Und wenn einer jemanden am Leben erhält, soll es so sein, als ob er alle Menschen am Leben erhalten hätte". (Koran 5,32) Diese Gebot wird gerne benutzt, um zu erklären, der Koran verbiete das Töten. Moses Vorschriften an die Kinder Israels enthalten im Zitat aber die Einschränkung: „ohne das er einen Mord begangen oder auf der Erde Unheil gestiftet hat". Danach wäre es gerechtfertigt, Mörder und Unheilstifter zu töten, aber keine anderen Menschen. Dann aber folgt der nächste Satz aus der Sure fünf: „Der Lohn derjenigen, die Krieg führen gegen Allah und seinen Gesandten und sich bemühen, auf der Erde Unheil zu stiften, ist indessen (der), dass sie allesamt getötet oder gekreuzigt werden, oder dass ihnen Hände und Füße wechselseitig abgehackt werden, oder dass sie aus dem Land verbannt werden. Das ist für sie eine Schande im Diesseits, und im Jenseits gibt es für sie gewaltige Strafen,…" (Koran 5,33) Das geht zu tief in die Untergründe von Religion überhaupt. Damit hätte man nur falsche Akzente gesetzt, weil Jugendliche dadurch auch zu faszinieren sind. Dennoch müsste die Auseinandersetzung damit heute im Unterricht zum Standardinventar gehören.

Am Ende sind die Gebote aber im Orientierungsalter der Pubertät wichtige Merksätze für die eigene Lebensweise in der Gesellschaft, die diese Jugendlichen bald gestalten werden. Dennoch werden sie – die den Grundtenor aller Strafgesetze der Welt anklingen lassen – auch als moralische Bevormundung nicht von Jugendlichen, sondern von Erwachsenen erlebt. Denn in den beiden letzten Geboten ist vom Begehren die Rede. Dass ich nicht begehren soll, was meinem Mitmenschen gehört, und überhaupt nicht begehren soll, spricht genau gegen unsere Lebensart im Kapitalismus, der vom Begehren lebt. Wer veranlasst das allzeit nötige Wirtschaftswachstum, wenn nicht das Begehren nach Waren, die andere auch schon haben? In seiner kritischen Apologie des Christentums sieht René Girard das Verbot des Begehrens als Grundgebot jeder menschlichen Gesellschaft. „Der Gesetzgeber, der das Begehren nach den Gütern des Nächsten verbietet, setzt alles daran, das Problem Nummer eins jeder menschlichen Gemeinschaft zu lösen: die innergesellschaftliche Gewalt. … Gehören die von uns begehrten Objekte stets dem Nächsten, dann ist es offenkundig der Nächste, der sie begehrenswert erscheinen lässt. Bei der Ausformulierung des Verbots muss folglich der Nächste an die Stelle der Objekte treten, und tatsächlich tut er das im letzten Satzglied, das nicht mehr einzeln aufgelistete Objekte verbietet, sondern *alles,* was dem Nächsten gehört. … Der Nächste ist das Vorbild unserer Begehrens."[86] Im Neuen Testament liest Girard bei Jesus, dass dieser nie etwas verbietet, sondern im Sinne der Nachahmung und des Vorbilds redet und mahnt. Das sei die Konsequenz aus dem zehnten Gebot, um seine Zuhörer vom Rivalisieren abzuhalten.[87]

---

[86] Rene Girard, Ich sah den Satan vom Himmel fallen wie einen Blitz. Eine kritische Apologie des Christentums, Verlag der Weltreligionen, Frankfurt am Main und Leipzig, 1. Auflage 2008, 23f.

[87] A.a.O., 28f.

Das Ziel ist es, Gott nachzuahmen und ihm ähnlich zu werden: „Darum sollt ihr vollkommen sein, wie euer himmlischer Vater vollkommen ist" (Matthäus 5, 48), lautet die Begründung für die Feindesliebe. Jesus verkündet deshalb kein neues Gesetz, das zu befolgen mit Lob, das zu brechen mit Strafe belegt wird. Vielmehr verkündet er das Reich Gottes, in dem allein das Vorbild Gottes die Richtung weist, der Menschen freiwillig folgen können. Gebote sind bei der Nachahmung Gottes nicht nötig, denn sie sind in der Nachahmung aufgehoben. Als Gerüst bleiben sie nützlich, weil es mit der steten Nachfolge im Leben nicht immer klappt, wo sich das Begehren ab und zu doch wieder meldet.

In die christliche Lebensweise hinein zu finden, dafür legt die Konfirmation nur einen weiteren Grund. Die Kirche hofft dann, dass Konfirmierte auf diesem Grund weiterbauen. Leider aber scheint die Konfirmation manchmal auch der Beginn des Abschieds vom Glauben zu sein. Denn nach diesem Ereignis kommen viele andere wichtige Dinge, die die ganze Aufmerksamkeit verlangen.

Bleibt noch eine Frage: Wenn junge Menschen nein sagen oder ihre Taufe nicht bestätigen, was dann? Hatte die Taufe keine Wirkung? Wenn sie wie oben beschrieben, eine selbsttätige Wirkung entfalten sollte, warum ist diese nicht eingetreten? Da wären wir wieder bei den Erscheinungsformen dessen, was die Mitarbeitenden in den Kirchen tun oder lassen. Ob sie dem Heiligen Geist vertrauen oder ihn knebeln oder gar eine „Moral-, Sitten- oder sonstige Lehre" daraus machen.

Kapitel IV

Ehe in Deutschland

Gottes Segen kommt dazu

Die kirchliche Herkunft unserer Form der lebenslangen Ehe zwischen Mann und Frau ist unumstritten. Ihre alte Tradition ist die neuzeitliche Ehe eher nicht. Im Alten Testament gab es kein Standesamt und keine staatliche Stelle, die Ehen registrierte. Ihre alte Tradition ist die Ehe aber trotzdem. Denn ihr Urbild sind Adam und Eva, die Gott füreinander geschaffen hat, nach der einen Schöpfungsgeschichte sofort, nach der anderen, als er sah, dass Adam alleine war und zu dem Schluss kam, das sei nicht gut. Aber mit der Aufwertung eines staatlichen Ordnungselements „Ehe" hat diese alte Geschichte wohl eher nichts zu tun. Natürlich gab es die Ehe zwischen Mann und Frau in allen Kulturen in irgendeiner Rechtsform. Sie wurde nicht von der Erzählung im Alten Testament erfunden. Zumindest in Deutschland, aber auch anderswo, hat der Staat das kirchliche Ehemodell erst vor kurzem (19. Jahrhundert) als standesamtliche Ehe übernommen und einschließlich der romantischen Liebesidee des 18./19. Jahrhunderts sowie der lebenslangen Verpflichtung für alle verbindlich gemacht. So wurde das Beispiel von Adam um Eva ein staatliches Gesetz.

Seit vielen Jahren erleben wir die allmähliche Abkehr von diesem Modell: *Ehe ist die generative, lebenslange Gemeinschaft eines Mannes und einer Frau.* Dieses Modell wurde von manchen auf die generative Funktion beschränkt gedacht. Gemeinschaft war ihnen nicht vorrangig wichtig. Vor allem diente die Ehe zur Kontrolle von Sexualität. Das neue Modell heißt: *Hier wird gegenseitige Verantwortung gelebt.* So ist im Wesentlichen auch die Position der Ev. Kirche in Deutschland: „Protestantische Theologie unterstützt das Leitbild der an Gerechtigkeit orientierten Familie, die in verlässlicher und verbindlicher Partnerschaft verantwortlich gelebt wird." Und gleich im nächsten Satz heißt es: „Familien sind sinnstiftender Lebensraum und Orte verlässlicher Sorge."[88] Da ist die Sexualität ganz draußen.

Was mir an dieser Position unklar bleibt: Findet Sinnstiftung ohne Ehe und Familie nicht statt? Was ist mit „Singles"? Müssen die ohne Sinnstiftung leben? Warum gilt das jeweils nur für einen Partner oder

---

[88] Zwischen Autonomie und Angewiesenheit: Familie als verlässliche Gemeinschaft stärken. Eine Orientierungshilfe des Rates der Evangelischen Kirche in Deutschland, 2013, 1. (https://www.ekd.de/22584. htm)

Partnerin und Kinder? Warum können dann nicht mehrere Menschen heiraten und eine Gruppenehe bilden? Da könnten Heteros, Schwule, Lesben, Queere und Transsexuelle sich zusammenfinden. Warum muss man überhaupt in dieser Frage von Individuen ausgehen? Und schließlich: an Gerechtigkeit orientiert? Was ist an einer Familie gerecht? Die einen bleiben lebenslang verbunden, andere zerstreiten sich oder gehen auseinander und gründen neue. Wieder andere bilden zusammen mit der alten Familie neue. Die einen müssen jeden Euro dreimal umdrehen, die anderen machen sich über Geld keine Gedanken, weil sie es haben.

Eine weitere Entwicklung gibt auch zu denken. Seit vierzig und mehr Jahren galt die Ehe als die Hochform der Spießbürgerlichkeit. Warum wollen jetzt alle leben wie die Spießbürger, auch die, deren Lebensstil und sexuelle Ausrichtung eigentlich das Ziel hatte, möglichst ohne einen Ballaststoff Ehe durch Leben zu gehen? Hatte doch die Evangelische Kirche im Jahre 2013 erst einen Rückgang von Eheschließungen festgestellt und von Attraktivitätsrückgang bei der Ehe gesprochen. Dass nun geradezu euphorisch eine neue Zeitrechnung ausgerufen wird, weil Schwule und Lesben auch unter das Ehejoch gebracht werden, scheint eigentlich anachronistisch.

„Der sinkenden Attraktivität der Ehe entspricht auch ein Rückgang kirchlicher Eheschließungen. Ließen sich 1990 von den ca. 500.000 Ehepaaren noch 100.000 evangelisch und 110.000 Paare katholisch trauen, waren dies 2003 von den nur noch 380.000 Eheschließungen 56.000 evangelische und 50.000 katholische Trauungen. Das ist eine Abnahme von 14% der kirchlichen Trauungen in nur 13 Jahren."[89] Meiner Rechnung nach bedeutet das einen Rückgang bei Eheschließungen um ca.15%, aber um 44% im evangelischen und ca. 55% im katholischen Bereich. Eher geht es bei diesen Zahlen um die sinkende Attraktivität der Kirche.

Der Bundestag hat nach einem taktischen Manöver aller Seiten am 30. Juni 2017 die Ehe für alle beschlossen. Unter dem Motto „Liebe gewinnt" traten besonders die Grünen dazu an. Aus der SPD hörte man: „Sieg für die Liebe". Dass die Liebe nun ein staatlicher Vertrag sein soll, der auch Nicht-Heteros dazu zwingt, bei einem Ende der Liebe eine teure Scheidung mit Trennungszeiten, späterem Versorgungsausgleich und möglicherweise Unterhaltszahlungen in Kauf zu nehmen, ist zumindest interessant. Ich hätte mir vorstellen können, dass in Zukunft gerade für die Heteros, also die herkömmliche Form, das alles in einer Modifikation der staatlichen Ehe entbehrlich wird, weil Erziehungszeiten anerkannt und auch weibliche Rentenansprüche dem Armutsrisiko entkommen sind. Dann würde eine Scheidung durch Abmeldung der

---

[82] A.a.O., 2., Nr 7.

Ehe beim Standesamt ausreichen und müsste keine teuren Verfahrenskosten provozieren. Alles andere ließe sich einfach vertraglich lösen. Die grüne Aussage, hier gehe es um die Liebe, ist zumindest gewagt. Um die Liebe geht es bei der Liebe. Beim staatlichen Eheinstitut geht es häufiger um Taktik. Es wird zur Steuererleichterung, Nachwuchssicherung, Ordnung, gegenseitiger Verpflichtung zum treu Sein, aus Konvention, aus finanziellen und wirtschaftlichen Gründen, manchmal sogar zur Einbürgerung eingesetzt. Dass in der kirchlichen Trauung und beim Standesamt die Liebe als Grund für eine Eheschließung gewertet wird, könnte man als gut gemeinte Illusion oder gar als Legende bezeichnen. Liebe mag der Anlass sein, aber nicht der Grund für diese staatliche Ordnungsaufgabe, der die Kirchen ihren Segen hinterher verabreichen.

Dass nun alle Nicht-Heteros sich in diese Ordnung einfügen dürfen, hat ebenso nichts mit Liebe zu tun. Es geht ihnen um die Gleichberechtigung und die Aufhebung einer staatlichen Diskriminierung bei der Verpartnerung. Auf dem historischen Hintergrund der Kriminalisierung von Homosexualität kann man das nachvollziehen. Lieben aber durfte man auch bisher, wen man wollte. Es gab halt nur gesellschaftliche Konsequenzen, wenn man den oder die falsche liebte. Die so genannte Ehe für alle schützt davor rein rechtlich. Im täglichen Umgang hält vielerorts eine Art Diskriminierung dennoch an. Sie wirkt besonders auch innerfamiliär und in den Medien. Die Gründe dafür sind legendär: zu alt, zu jung, falsche Religion, falsche Herkunft, falsches Geschlecht, falsche Staatsbürgerschaft, falsche Bildungsstufe, falsche politische Ausrichtung, falsches Aussehen ....

Sinnvoller Weise hätte man die Ehe endlich entrümpeln sollen, statt dieses Regulierungsinstrument nun auch noch ohne Reform auf eine weitere Gruppe auszudehnen. Dass es nicht für alle Versionen der Liebe gilt, ist auch eindeutig, da es lediglich die staatliche Ehe mit ihrem romantischen Liebesideal auf homosexuelle Menschen ausdehnt. Nun diskriminiert der Staat eben die, die mehrere Menschen lieben oder sich schon klar darüber sind, dass lebenslänglich für sie nicht in Frage kommt, und das sind laut Scheidungsstatistik viele. Das gängige Modell verpflichtet „Singles" allein aufgrund dieses Merkmals zu höheren Steuern. Die Kirchen werden sich ähnlich verhalten. Auch sie werden keine Gruppen- oder Zeitehe segnen wollen, obwohl das als Konsequenz aus der Orientierung am Individuum folgen müsste. Also: keine Zeitenwende, nur ein Schachzug im politischen Deutschland.

Kirchlich – theologische Taktik

Was kann das für das kirchliche Eheverständnis bedeuten? Eigentlich ist es für die Kirche gleichgültig, was der Staat als Ehe ansieht. Die Kirchen haben aber stets ihre Interpretation auf das Eherecht angesetzt.

Mit dem Beschluss geht das in Zukunft nicht mehr für beide großen Kirchen. Im Zuge der erwähnten Bundestagsentscheidung äußerten sich beide. Der Berliner kath. Bischof Heiner Koch legt im Namen der Deutschen Bischofskonferenz Wert auf das bisherige katholische Verständnis der Ehe und kritisiert die Entscheidung. „Es stimmt nachdenklich, wie grundlegende Überzeugungen im Eheverständnis aufgegeben werden mit dem Hinweis auf notwendige Flexibilität, veränderte Zeiten und populäre Stimmungen. Es ist traurig, dass das Rechtsinstitut Ehe in das Räderwerk politischen Taktierens geraten ist. Das hat die Ehe nicht verdient. … Gleichzeitig erinnere ich daran, dass der sakramentale Charakter unseres Eheverständnisses von der heutigen Entscheidung im Deutschen Bundestag unberührt bleibt."[90] Die katholische Seite erkennt demnach eine klare Kluft zwischen ihrem und dem staatlichen Verständnis von Ehe. Sie sieht keinen Grund, das zu ändern.

Der EKD-Ratsvorsitzende Heinrich Bedford-Strohm dagegen glaubte das derzeitige evangelische Eheverständnis bestätigt und sorgte sich um die Sieger und Verlierer der Bundestagsabstimmung. Er schrieb bei Facebook: „Ich wünsche mir, dass jetzt weder Triumphgefühle auf der einen Seite noch Bitterkeit auf der anderen Seite den Ton angeben." Er wünsche sich vielmehr, dass ein neues Bewusstsein entstehe „für das wunderbare Angebot der Ehe, in lebenslanger Treue und Verbindlichkeit miteinander leben zu dürfen".[91] Ein staatliches Gesetz ist also ein ‚wunderbares Angebot'. Dass der Staat Menschen verschiedenen oder gleichen Geschlechts in eine bestimmte Gesetzesform presst, um die damit garantierten Vorteile gegenüber Unverheirateten erhalten zu können, scheint insoweit dem evangelischen Eheverständnis nahe zu kommen. Die Kirche wird vielleicht in Zukunft Menschen jeden Geschlechts die Ehe nahelegen oder sie gar von ihnen verlangen, damit sie bei ihr beschäftigt werden können. Und sie wird weiter behaupten, es sei eine Gabe Gottes, heiraten zu dürfen. Sie lässt dabei z.B. die Vielzahl von Paaren aus dem Blick, die unverheiratet zusammen leben und trotzdem eine Familie mit Kindern bilden.[92] Diese bekommen auch keinen speziellen, sondern nur den allgemeinen kirchlichen Segen, obwohl sie als Heteros zumindest dem Beispiel Adams und Evas folgen. Denn die Kirchen haben sich dem staatlichen Eherecht untergeordnet und segnen ausschließlich Paare, die nach diesem Recht verheiratet sind.

Gleichgeschlechtliche Paare haben allerdings in der Bibel kein ‚Urbild', also als Paar keine „Schöpfungswürde". Sie profitieren in diesem Falle von einer modernen theologischen Interpretation, nach der der

---

[90] Erzbischof Koch zur Entscheidung im Deutschen Bundestag für die „Ehe für alle", Pressemitteilungen der Deutschen Bischofskonferenz am 30.06.2017.
[91] https://www.ekd.de/EKD-Ehe-fuer-alle-Abstimmung-Bundestag-24425.htm.
[92] Siehe z.B. Violetta Simon, Die Ehe für alle ist nicht genug, Süddeutsche Zeitung vom 1. Juli 2017, http://www.sueddeutsche. de/leben/ partnerschaft-die-ehe-fuer-alle-ist-nicht-genug -1.3567043.

Kern eines paarweisen Zusammenseins nicht etwa ein „Schöpfungsauftrag" zur Gemeinschaft oder zur Fortpflanzung sei oder eben eine Schöpfung Gottes, der „den Menschen" in zwei Geschlechtern erschuf, sondern die Verlässlichkeit und Gegenseitigkeit einer freiwilligen Verpflichtung der beiden Partner wie immer sie sich zusammensetzen. Theologisch wird das mit dem Interpretationsergebnis der gesamten Bibel begründet. Dort gäbe es vielfältige Formen des Zusammenlebens, deren Quintessenz die Verlässlichkeit sei - so auch zwischen den Generationen. Schließlich laufe alles auf die große Familie der Kinder Gottes hinaus, die die natürlichen Bindungen ablöse.[93] Ich halte das insgesamt für eine gewagte Interpretation. Die Ausrichtung auf die Familie der Glaubenden natürlich ausgenommen. Die ist biblische Botschaft. Diese Familie überwindet natürliche oder andere Familien in einem großen Ganzen.

Es gibt viele Beziehungen im Leben, wie sie auch im Alten und Neuen Testament zum Ausdruck kommen. Die Verbindung Gottes zum auserwählten Volk Israel wird beispielsweise mit einer Ehe verglichen. Zu dieser Geschichte gehört auch der Betrug des Volkes an Gott, einer untreuen Ehefrau vergleichbar, der auch so benannt wird (Hosea 1). Um im Bild zu bleiben: Der Ehemann (Gott) ist zuverlässig, die Ehefrau (das Volk) aber nicht. Er reagiert darauf keineswegs mit Liebe, sondern mit ausgewachsenen Drohungen der Vernichtung. Dass da die patriarchalische Vorstellung Pate steht, dass Gott der entscheidende Faktor ist, wird wohl nicht in Frage gestellt.

Wie Abraham mit seiner Sarah und deren Sklavin umgeht, nämlich mit der Sklavin Hagar auf Wunsch seiner Frau Sarah ein Kind zu zeugen und beide dann auch auf Sarahs Wunsch buchstäblich in die Wüste zu schicken (1.Mose 16 und 21), ist auch nicht etwa, wie es bei der EKD anklingt, als nette Patchworkfamilie misszuverstehen. Oder wie Jakob die erste Frau aufgezwungen wird, damit er deren Schwester, seine eigentliche Liebe, als zweite heiraten kann und so auch noch weiter Untertanendienste beim Schwiegerpapa leisten muss, ist auch nicht gerade ein Vorbild an Zuverlässigkeit in den Beziehungen der Generationen. (1.Mose 29) Schließlich: Beim „Hohen Lied" ist von einer Ehe nicht die Rede. Aber wohl schwärmt eine Frau in den höchsten Tönen von ihren „Freund" und umgekehrt!

Oder Jesus: Er hat bei seinen Worten über die Ehe keinen Deut an andere ähnliche Beziehungen gedacht und keinesfalls an gleichgeschlechtliche. Dabei bezog er sich ausdrücklich auf Adam und Eva: „Was Gott zusammengefügt hat, soll der Mensch nicht scheiden!" (Matth. 19, 6) Und: „Wer eine Frau ansieht, ihrer zu begehren, der bricht die Ehe." (Matth5, 28) Das deutet nicht auf Paare hin, die nicht

---

93 EKD, Zwischen Autonomie und Angewiesenheit, 54-71.

Mann und Frau sind. Der Satz ist auf Männer bezogen, nicht auf beide Geschlechter und schon gar nicht auf Männer und Frauen untereinander. Schließlich sagt der Epheserbrief in Kapitel 5: „Ihr Frauen, ordnet euch euren Männern unter", allerdings um den Preis der männlichen Liebe. Trotzdem ist der Mann das Haupt. (Eph. 5, 21-33) Von einer ‚irgendwie' gearteten Verlässlichkeit ist hier nirgendwo die Rede, sondern immer nur im Bezug auf die Beziehung zwischen Mann und Frau. Alle sonst noch genannten Beziehungen werden als selbstverständliche und normale Lebenserfahrung mit genannt und bearbeitet. Die verklärende Deutung der EKD lautet aber: „Klar ist jedenfalls: Im Mittelpunkt der biblischen Familiengeschichten steht weniger die persönliche Liebesbeziehung oder das individuelle Glück als der Erhalt und das Wachstum der Familie und ihres Besitzes und das Miteinander der Generationen."[94] Was da allerdings an die moderne Beziehung von Homos und Heteros in Gerechtigkeit und Verlässlichkeit erinnern soll, ist mir schleierhaft. Denn in den heutigen Partnerschaften geht es in allen nur denkbaren Fällen im Wesentlichen und propagierten Verständnis um nichts anderes als das individuelle Glück. Dass es dann manchmal anders kommt, daran kann man offensichtlich kaum etwas ändern ….

Die Ehe wird aber im biblischen Zusammenhang stets als besondere unauflösliche Bindung gesehen, die bereits in der / durch die Schöpfung angelegt ist. In dieser wird im Gegensatz zur Interpretation der EKD keine Hierarchie in der Mann – Frau Beziehung ausgedrückt, sondern eben die Gleichheit beider: In der ersten Schöpfungsgeschichte schafft Gott die Gattung Mensch als Mann und Frau. Eine ihrer Aufgaben ist die „Vermehrung". In der zweiten wird die Frau mit dem Wort „Hilfe" bezeichnet, aber als eine die ihm gleich ist. Romantisch ist diese Geschichte zudem. Denn Adam wacht aus dem Schlaf auf und sie ist da, er erkennt sich in ihr wieder – wie eine Liebe auf den ersten Blick. Daraus eine patriarchale Stimmung lesen zu wollen, finde ich grotesk. Das haben frühere Generationen getan. Auch die Bezeichnung Gefährtin bringt Gleichheit zum Ausdruck. Gerade in diesen Aussagen des Alten Testaments kommt wenig kulturelle Prägung zum Ausdruck.

Eine theologische Begründung für die gleichgeschlechtliche Ehe aber lautet so: „Deutet man die biblischen Aussagen, in denen Homosexualität als Sünde gekennzeichnet wird (3. Mose 18,22; 20,13; Röm 1,26-27), als zeitlos gültig, kann man zu der Meinung kommen, eine homosexuelle Partnerschaft sei mit einer heterosexuellen keinesfalls vergleichbar. Allerdings gibt es auch biblische Texte, die von zärtlichen Beziehungen zwischen Männern sprechen. Fragt man jenseits dieser einzelnen Textstellen nach dem, was menschliche Beziehung in Gottes Schöpfung ausmacht, dann ist zu konstatieren: Der Mensch wird von Anfang an als Wesen beschrieben, das zur Gemeinschaft bestimmt ist

---

[94] EKD, Zwischen Autonomie und Angewiesenheit, 57.

(1. Mose 2,18). Durch das biblische Zeugnis hindurch klingt als „Grundton" vor allem der Ruf nach einem verlässlichen, liebevollen und verantwortlichen Miteinander, nach einer Treue, die der Treue Gottes entspricht. Liest man die Bibel von dieser Grundüberzeugung her, dann sind gleichgeschlechtliche Partnerschaften, in denen sich Menschen zu einem verbindlichen und verantwortlichen Miteinander verpflichten, auch in theologischer Sicht als gleichwertig anzuerkennen."[95] Das kann man getrost als eigenwillige Interpretation bezeichnen. Das heißt doch: Weil es unter uns Menschen wesensmäßig Gemeinschaft gibt, die auf Verlässlichkeit und Treue hinausläuft, kann man die homosexuelle Lebensweise anerkennen und sie der Ehe zwischen Mann und Frau gleichstellen. Die Sündenvorstellungen, die aus der Bibel kommen, sind zeitbedingt. Der Bibel werden diese Interpretationen nicht gerecht. Theologisch sind sie gar nicht. Sie versuchen, einem Trend der Zeit einen theologischen Segen zu geben.

Dagegen müsste auch die ev. Kirche ehrlich feststellen: Wir haben bisher ein Ehebild geprägt, an das sich niemand mehr gebunden fühlt. Warum sollen wir es uns mit den Menschen unserer Zeit durch Beharren auf alten Vorstellungen verderben? Homosexuelle Mitmenschen sind in der Tat Mitmenschen und darum geht es eigentlich. Wir können das spezielle Eheverständnis – Ehe als Gottes „Stiftung" oder „Natur", Bibel hin oder her - gerne opfern, wenn wir das unter dem Primat der Nächstenliebe tun. Denn auf diese läuft die biblische Botschaft insgesamt hinaus.

Als prägende gesellschaftliche Gestalt fällt die evangelische Kirche auf diese Weise nicht aus. Sie bringt ihre Botschaft, die Nächstenliebe, zur Geltung. Mancher wird wohl einwenden, dass auf diese Weise die Kirche eindeutig den Trends in der Gesellschaft nachläuft, statt sie zu prägen. Damit ließe sich alles rechtfertigen – auch Polygamie oder Waffeneinsatz. Dieser Einwand ist falsch. Die Nächstenliebe ist durchaus eine Richtschnur, die nicht alles zulässt. Wenn die Kirche bereit ist, ein exklusives Eheverständnis zugunsten der Nächstenliebe aufzugeben, muss sie das ehrlich sagen und nicht ihre Mitglieder mit so genannten theologischen Argumenten hinters Licht führen. Die Mitglieder werden das verstehen.

Der Segen Gottes

Wenn die Kirche ihren Segen nach der Eheschließung bei einer kirchlichen Trauung zuspricht, trägt sie den Ballast der Geschichte und diese Unklarheit im Gepäck. Bei einer Trauung von zwei Männern oder zwei Frauen wäre es nicht möglich, auf die Schöpfungsgeschichte zurückzugreifen. Die Worte von der Liebe, die das größte ist, sind aber immer

---

[95] EKD, Zwischen Autonomie und Angewiesenheit, 66.

verwendbar. Die könnten sogar bei einer Gruppenehe oder Polyamorie oder einem Mann mit mehreren Frauen oder einer Frau mit mehreren Männern gesagt werden.

Nun aber bleiben Glaube, Hoffnung, Liebe. Die Liebe aber ist die größte unter ihnen. 1. Kor. 13, 13

Bei einer Hochzeitspredigt geht es beim Reden und beim Zuhören immer um alle Erfahrungen, die wir heute mit unseren engsten Beziehungen erleben. Wir kommen aus Beziehungen heraus, aus unseren Familien, in denen wir geboren wurden, die uns Prägungen mitgaben, aus Freundeskreisen und Berufen... und gehen in Beziehungen hinein, die wir aussuchen oder die sich uns überraschend auftun. Aus einem plötzlichen oder allmählichen Anfang wird dann das, was die Bibel so beschreibt: "Ein Mann wird Vater und Mutter verlassen und wird an seiner Frau hängen und die zwei werden ein Fleisch sein." In ihren alten Geschichten haben die Menschen schon versucht, die Urgewalt von Liebe und Sexualität in Worte zu fassen. Bis in unsere Tage hinein tragen alle, die sich lieben, zu einer Fortsetzung dieser Geschichten bei. Liebe ist so uralt und so neu, immer wieder so gewaltig und gleichzeitig so zerbrechlich.

Was ist das überhaupt, dass sich zwei Menschen, eine Frau und ein Mann finden, und beschließen, zusammen durch dieses Leben zu gehen? Na ja, wissen schon kleinere zu berichten, das ist die Liebe. Wenn wir jetzt unter uns eine kleine Umfrage veranstalten würden, dann käme sicher einiges Interessante heraus über die Liebe und die Erfahrungen damit. Und vielleicht schon wieder anderes, als wenn wir das vor einem Jahr besprochen hätten.

Wenn man sich aber fragt: Ja warum ist es denn eigentlich dazu gekommen, dass gerade wir beide uns lieb gewonnen haben? findet man oft keine richtige und 100%ige Antwort. Ich weiß nicht, ob jemand von Ihnen auch noch manchmal ältere Schlager anhört. Mir geht manchmal so einer im Kopf herum: "Kommt die Liebe, stell keine Fragen, was draus wird, kann niemand dir sagen. Und wirst du sie einmal erleben, wird es keine Frage mehr geben!" Das klingt ein bisschen platt und einfach, fast ein wenig peinlich. Aber es stimmt. Liebe, das ist ein Zustand, ein Anfang, irgendetwas, wo man nicht mehr fragt: Warum so und nicht anders? Die Liebe kommt, fällt einem in den Schoß und man weiß nicht recht, wie einem geschieht. Da ist ein Mensch, der einfach mit dir zusammen sein möchte. Er oder sie kann sogar die und jene kleinere oder größere Macke ertragen. ...womit ich nicht gesagt habe, dass hier jemand unter uns solche besitzt! Man fühlt sich geborgen, erfrischt, angezogen, eingewickelt, wie neu, wenn man sich trifft!

Im Alten Testament gibt es die ganz alte Geschichte, die uns erklärt, was Liebe ist: Gott hatte einen Menschen aus Ton hergestellt und ihm den Atem des Lebens in die Nase geblasen. Dieser Mensch aber war alleine und offensichtlich ein Mann. Gott suchte jemand, der um ihn sein könnte, damit er nicht so alleine sein müsse. Die Tiere eigneten sich offenbar nicht, obwohl sie gute Hausgenossen sein können. Da fiel dem lieben Gott die beste Idee der ganzen Schöpfung ein: Er versenkte den Menschen in Tiefschlaf und entnahm ihm eine Rippe. Daraus formte er fast das gleiche wie den Menschen. Als der Mensch aufwachte, war er gar nicht mehr wie üblich nach dem Mittagsschlaf ein wenig müde. Da er nämlich das neue Geschöpf sah, rief er hellwach: Die ist doch wie ich! Die passt doch zu mir! Man wird sie die Frau vom Menschen nennen.

Liebe: man erkennt sich plötzlich in einem Gegenüber, dieser Frau, diesem Mann wieder, obwohl man vielleicht noch gar nichts voneinander weiß oder obwohl man sich schon lange kennt. Was uns Menschen sonst so trennt, fällt weg. Das Gefühl des Angezogenseins kommt einfach. Die Bibel hat dazu gesagt: Das ist, weil Gott die beiden füreinander geschaffen hat. Denn erklären kann man es sich immer noch nicht.

Trotzdem ist es noch ein weiter Weg vom ersten Kennenlernen bis zum Traualtar. Manchmal nämlich geht die Liebe auch einfach wieder, wie sie gekommen ist. Und vor wenigen Jahren war es gar nicht so schick, über Liebe zu sprechen. Da war man cool und es gab ein bisschen Sex oder auch ein bisschen mehr davon. So taten jedenfalls viele nach außen hin. Vor allem aber haben viele über die Schwierigkeiten in der Liebe und in den Beziehungen geredet und geschrieben. Alle Zeitschriften besitzen Seiten, auf denen Menschen nach Rat fragen, weil ihre Beziehung nicht so läuft, wie sie es sich vorgestellt haben. Wenn man sich so umhört, dann scheint es, als ob die Liebe zwischen Mann und Frau auch andere Phasen durchmachen muss. Eine ganze Generation junger Menschen hat sogar gesagt: Heiraten - nie! Wer will sich denn so festbinden? Das hat ihnen aber nicht geholfen. Sie mussten trotzdem ihre Beziehungen gestalten.

Und für uns heute fragt sich: Kann man sich denn, wie es nachher bei der Trauung geschieht, Liebe versprechen? Ein Gefühl versprechen, das einem in den Schoß fällt? Kann ich denn statt "ich liebe dich" auch sagen: "Ich verspreche dir, dich zu lieben?" Kann ich denn wissen, was da alles noch kommt?

Ihr habt euch den Trauspruch ausgesucht: Nun aber bleiben Glaube, Hoffnung, Liebe, diese drei. Die Liebe aber ist die größte unter ihnen (1. Kor. 13, 13).

Die Fortsetzung lautet: Die Liebe ist langmütig und freundlich, sie hofft alles, sie glaubt alles, sie duldet alles und erträgt alles.

Die Liebe ist mehr als Anziehung, weil er so geschickt und zielstrebig und sie so reizvoll und schön anzusehen ist. Die Liebe macht uns geduldig und freundlich. Nicht mehr das eigene Gefühl steht dann im

Vordergrund, sondern der andere. Die Liebe glaubt alles, hofft alles, duldet alles und erträgt alles. Das ist eine fast zu schöne Beschreibung für Liebe.

Man könnte einen modernen Vergleich finden: In der Liebe wird der andere unbegrenzt kreditwürdig. Und das verspreche ich ihm, ihr auch ganz öffentlich bei der Trauung. Das Versprechen enthält keine Sicherheiten, wie bei Krediten üblich. Es heißt ja nicht: Ich verspreche dir, dich zu lieben, weil du so schön bist, oder so klug oder so geschickt oder so untertänig.

Viele unter den erfahrenen Paaren werden sich sagen: schön und gut, aber nicht richtig. Denn im Laufe des Zusammenlebens stellt sich dann heraus, dass man doch bestimmte Bedingungen in sich trägt und sich nicht immer so verhält, wie es der Liebe entspricht.

Deshalb versprechen wir uns die Liebe vor Gott. Gott verspricht seinerseits, die Beziehung zu segnen und zu schützen, wenn wir uns vornehmen, geduldig, liebevoll und treu miteinander zu leben. Sein Segen ist wie ein sanfter Wind, der ein Boot mit Segel noch weiterbringt, auch wenn wir gar keine Kräfte mehr hätten, es selber zu schaffen. Der Segen verspricht, alles, was wir anfangen, zu einem guten Ende zu bringen. Denn es kommt schon mal vor, dass die Liebe zwar geduldig und freundlich ist, wir aber nicht. Dann hilft es, sich zu erinnern, dass alles, was wir dennoch in der Liebe tun, weiterführt.

Die Liebe aber ist die größte unter ihnen. Was Euch beide zusammenhält, das geht über Euch auch hinaus. Unser aller Leben lebt von Glaube und Hoffnung und Liebe. Wehe, wenn sie abhanden kommen und die Menschen persönlich oder alle zusammen ins Chaos stürzen. Die Liebe kann gute und böse Tage ertragen und sie ist das große Versprechen, das Ihr beide einander gebt.

Zuerst aber ist die Liebe stark wie der Tod, wie es im Alten Testament heißt. Sie trägt wie auf Flügeln weit hinaus in die Tage des Lebens. Das kann sie, weil sie das Größte ist, was es unter uns Menschen gibt. Und genau das zu hoffen und wünschen sind wir heute hier, genau das soll Euch beide beflügeln und ins Glück führen, das Gott segnet."

Das zeigt, dass am Ende die Wahrnehmung aller Umstände einer Hochzeit sehr auf die lebenslange Einehe von Mann und Frau geprägt ist. Daher musste es ja die vielen Diskussionen über die Ehe geben. Darum strebten die Betreiber der „Ehe für alle" danach, die Ehe auch für sich gültig zu machen, weil sie an diesem großen Traditionsstrom teilhaben wollen. Es stand nicht zur Debatte, die Worte „Partnerschaft" oder „Lebensgefährten" für alle zu nutzen, was ja auch möglich gewesen wäre. Dann wäre die Umsetzung schwierig geworden, da die Ehe im Artikel 6 Grundgesetz ausdrücklich geschützt wird, eine Partnerschaft aber nicht. Es ging also bei der „Ehe für alle" um die Anwendung einer bestehenden Denk- und Rechtstradition auf homosexuelle Partnerschaften. Interessant, dass die Ehetradition des Christentums und ihre verschiedenen Wandlungen eine derart große Anziehungskraft ausüben kann, dass sie selbst die einst unüberwindbar scheinende Kluft zwischen Hetero- und Homosexualität überbrückt und homosexuelle Paare stolz darauf sind, sich Ehepaar nennen zu dürfen. Es kommt in Zukunft darauf an, ob die Pastorinnen oder Pastoren der ev. Kirchen diese Wandlung mitmachen werden oder ob die Diskriminierung nun bei denen stattfinden wird, die diese Wandlung nicht mitmachen wollen. Werden sie ihre Ablehnung des Segnens einer homosexuellen Ehe künftig überhaupt zu äußern wagen?

Das große Wort aus dem Anlass, dass zwei Menschen sich das Ja-Wort gegeben haben, klingt immer etwas künstlich. Das wird es weiter tun. Auch wenn die Hetero – Ehe in Zukunft ihren einst hervorragenden Platz nun teilen muss, werden wir erleben, dass gleichgeschlechtliche Paare als die Vorzeigepaare gelten werden. Sie können sich dem herrschenden Bild vom jederzeit für die Arbeitswelt bereitstehenden Menschen besser fügen. Sie müssen keine Schwangschafts-Extras bekommen. Sie stehen beide ununterbrochen im Erwerbsleben, was den Aufstieg erleichtert und die Rente für beide Partner sichert. Also entstehen keine wirtschaftlichen Abhängigkeiten, die einen der Partner möglicherweise benachteiligen. Dass sie zusammen keinen Nachwuchs zeugen können, dem kann zumindest bei weiblichen Ehen durch die medizinische Zunft abgeholfen werden. Bei männlichen Ehen kann man dem dadurch vorbeugen, dass einer der Männer sich vorher heterosexuell betätigt, um dann den so entstandenen Nachwuchs in die Ehe einzubringen. Das geht allerdings auch durch Samenspenden, da die Politik die Voraussetzungen dafür geschaffen hat, dass die Samenspender registriert werden müssen, damit die Kinder wissen, wer die beiden Erzeuger sind. Irgendwann wollen diese Kinder zu ihrem leiblichen Vater. Die Mutter ist ihnen wohl in den meisten Fällen bekannt.

So kommen wir endlich dahin, dass Sexualität und Fortpflanzung ihre mühevolle, manchmal Ärger und Unlust produzierende Einheit überwinden und beide getrennt voneinander ein kontrolliertes Dasein führen. Da tun sich interessante Welten auf, die bisher als sicher geltende anthropologische Erkenntnisse ebenso wie Glaubenswelten auf-lösen werden. Insbesondere stehen eben dafür nach Ulrich Beck die Auswirkungen der Reproduktionsmedizin, die u.a. Elternschaft und den Umgang mit Leben ganz neu kosmopolitisch definieren, als Neben-Folge technischen Fortschritts, nicht als politisches Programm.[96] Das politische Programm wurde jedenfalls in Deutschland mit der „Ehe für alle" bereits entsprechend ausgerichtet.

---

[96] Ulrich Beck, Die Metamorphose der Welt, Suhrkamp Verlag, Berlin 2017.

Ob die Kirche/n dann überhaupt noch nach Gottes Segen für die Eheschließung gefragt wird/werden? Wenn es keine Abhängigkeit wirtschaftlicher Art mehr gibt, werden in Zukunft auch die Absicherungen und Vorbeugungen, zu denen die kirchliche Eheschließung gehört, nicht mehr als notwendig empfunden werden. Dann bleibt allenfalls noch der Festcharakter einer kirchlichen Trauung übrig, über den sich schon Pastorengenerationen beschwert haben, manchmal mit den Worten: „Wir sind doch keine Zeremonienmeister für private Wunscherfüllung." Dabei wird eine kirchliche Trauung stets nach den Wünschen der Brautleute gestaltet. Das wird auch bei Gleichgeschlechtlichen nicht anders sein. Insofern ist die Kirche durch ihren Pastor doch eine Art Zeremonienmeister bis auf die Zentralinhalte, die sich nicht ändern.

Es sei denn, die Idee, die da und dort schon umgesetzt wird, breitet sich weiter aus: Die kirchliche „Trennungsfeier". Da werden die Partner mit Gottes Segen in die nicht mehr gemeinsame Zukunft geschickt. Damit ist Gottes Segen für alle Lebenslagen sichergestellt und vom alten Ehebild endgültig entkoppelt.

Die Kirche trennt dann endgültig die Moral vom Segen, die Ethik von Lebensrealität und Bewertung. In einem Sinne wäre das konsequent evangelisch: Auch im Evangelium werden Ethik und Moral von Gottes Segen getrennt, „denn er lässt seine Sonne aufgehen über die Bösen und Guten, und er lässt regnen über Gerechte und Ungerechte." (Matth. 5, 45) Der besondere Stand des Mann/Frau-Paares kann in der Bewertung dahinter in der Tat verschwinden, wenn erst die generative Funktion von der Medizin ausgeübt und kontrolliert wird. Die Heiligung der Familie als heterosexuelle Lebensgemeinschaft mit Kindern und Folgegenerationen kann so in Zukunft unterbleiben. Warum sollte man dann um irgendwelche Wünsche des Zusammenlebens von zwei Menschen so ein Trara machen wie bisher – mit Hochzeit und so? Ein Zusammenleben kommt mal zu Stande, mal endet es. Es bildet keinen ruhenden Pool im Leben noch verpflichtet es Menschen, sich um Dauer zu bemühen. Exklusivität entsteht dabei nicht mehr. Ob Menschen das auf Dauer aushalten?

Es gibt Paare, die mit Heirat oder ohne 40, 50 oder 60 Jahre und mehr zusammenhalten. Das bedeutet doch auch, dass um die Ehe viel zu viel Trara gemacht wird. Sie ist nur eine alt gediente gesellschaftliche Form, die alles in Sachen Sexualität und Zeugung überschaubar machte und leichter zu verwalten erlaubte. Jetzt, wo Sexualität außerhalb gesellschaftlicher Kontrollversuche und endgültig ohne die Drohung mit Nachwuchs stattfindet und so ihre geheimnisvollen, geradezu mystischen Anmutungen verliert, braucht es auch ihre Entschärfung durch Rituale nicht mehr. Sie entwickelt sich wie die Religion zur reinen Privatsache. Und da kann jeder handeln wie er will, es sei denn, er missachtet andere in ihrer Würde.

Wenn ich jetzt die Situation an mir vorbeiziehen lasse, in der ich einst die kirchliche Ehetradition kennen lernen durfte, dann war damals die unerschütterliche und theologisch begründete Linie eine andere. Weil ich die Absicht hatte, eine geschiedene Frau zu heiraten, sollte ich mir eine juristische Beratung über die Berufsaussichten als Pastor suchen (1972). Da war dann kein Hindernis im Kirchenrecht zu finden. Ansprachen von höherer Warte gab es aber ungefragt und völlig gratis. Auch das private „gläubige" Umfeld hatte einiges an Ehetradition beizutragen. So meinte eine Diakonisse aus der näheren Bekanntschaft: ‚Dekan hätte er sicher werden können, aber so natürlich nicht.' Als nächstes wurden wir zur kirchlichen Trauung gezwungen, weil man ohne diese kein Pastorat bewohnen könne (1975). Die erste Gemeinde konnte sich nicht vorstellen, dass die Pfarrfrau zur Arbeit geht statt denen, die den Pastor aufsuchen wollten, die Haustür zu öffnen (1975). Eine Hamburger Gemeinde dachte noch 1990 ebenso. Ein schöner Segen war das! Soll all das jetzt auf alle Ehepaare nach neuem Recht übertragen werden? Sollen auch alle ihre Stellen bei einer Trennung verlieren sowie bei Bewerbungen benachteiligt werden? Ich glaube kaum, dass sich ein gleichgeschlechtlicher Partner so etwas überhaupt vortragen lassen wird.

Soviel zum in Zukunft entbehrlichen Segen Gottes, der Eheleuten speziell zugesprochen wird. Tut's dann nicht der allsonntägliche Segen im Gottesdienst, den alle bekommen – und das nicht nur einmal im Leben!

Kapitel V

Semper reformanda

Immer wieder tauchen in der Kirche verschärfte Reformfragen und – bemühungen auf. Die Reformfragen in Nordelbien wurden durch das Stichwort „burnout" neu gestellt und auf eine diskussionswürdige intern-öffentliche Ebene gebracht. Aber diese Ebene kam (zu) spät und vermischte auf problematische Weise Einschätzungen aus der damaligen Reformepisode und persönliche Reaktion von Hauptamtlichen. Sogar die Nordkirchenphase drohte als neue burnout – Begründung herhalten zu müssen. Ein Problem war das Gemeinte lange ohne Reformbeilage. Haben doch immer die Folgegenerationen die „Alten" als ‚innerlich verabschiedet', unflexibel (also ausgebrannt) und dazu leider mit Macht gesegnet erlebt. Auch die inflationäre Ehescheidungsrate in PastorInnenehen war schon lange vor der Entdeckung von burnout eingetreten, obwohl sie gegebenenfalls dessen Folge sein dürfte. Dazu kommt als weitere unglückliche Vermischung die mit der Institutionalisierung bzw. Festigung diverser beraterisch – supervisionsartiger älterer und neuerer Ansätze.

Die Neu - Entdeckung des burnout im Zusammenhang mit Reformvorhaben muss zumindest dem Verdacht (siehe den „Verdacht" in der systemischen Seelsorge) interessengeleiteter Selbstempfehlung unterzogen werden. Verdächtig (nur in diesem Sinne) ist daran vor allem, dass dies die elegante Position aller „Beratung" teilt: Man scheint als Berater selbst keine Position zu haben und entgeht damit dem machtgeladenen Diskurs, den man verlieren oder gewinnen kann. In Wirklichkeit geht es natürlich auch um die Position der BeraterInnen in der Institution. Da kann man mächtig verlieren oder gewinnen, zumal es in Zukunft bei der praktischen Umsetzung vermehrt Stellen geben dürfte, die dem Erkennen und Begleiten von praktisch Tätigen dienen sollen.

Die als burnout bezeichneten Auswirkungen scheinen vor allem die zu betreffen, die Objekte der Reform sind. Ihre Position als Reformempfänger lässt sich nur schwer durch so genannte Konsultationen verschleiern. Die Position der PastorInnen ist dabei noch vorteilhaft. Andere werden einfach durch Kündigung weggestrichen. Für PastorInnen gewinnt schon die Erkenntnis, dass sie nicht die Leitung der Gesamtkirche innehaben, zumindest narzisstisch kränkende Qualität. Denn die Leitenden tun alles, um nicht als solche erkannt zu werden oder gar zu zeigen, dass und wie sie Macht genießen. (Früher hieß die verschleiernde Formel „Dienstgemeinschaft", heute Personalentwicklung und spirituelle Begleitung.) Da sich solches Erkennen auf die Dauer nicht vermeiden lässt, folgt daraus Verwirrung über die eigene Position, was nicht gerade die Motivation für die Arbeit hebt. In derartiger Situation liegt trotz und wegen pastoralpsychologischer und seelsorgerlicher Bemühungen und Einsichten die Pathologisierung der Betroffenen als „Symptomträger" nahe. (Diagnosen spiegeln Herrschaftsverhältnisse.) So lange in der Kirche nicht offen um verschiedene Konzepte konkurriert wird, was Wahrnehmung von Differenz und Ähnlichkeit ermöglicht, lässt sich das auch kaum vermeiden. Vor dem offenen Austragen verschiedener Meinungen im Strukturgemenge der Institution mit entsprechender Über- und Unterordnung aufgrund von Sieg oder Niederlage herrscht geradezu panische Angst. Eigentlich haben wir Traditionen aus der Bibel und seit Jahrzehnten die Praxis der Supervision, nach denen wir tüchtiger werden, die Realität nicht nur auszuhalten, sondern sogar zu „tragen", also zu gestalten. Hinzu kommen Organisations- und Personalentwicklung, die nach ihrem Selbstverständnis machtförmige Prozesse abfedern und verträglich umzusetzen helfen. Wie kommt also das burnout da hinein? Es handelt sich offenbar um die Folie, um das Design, auf dessen Hintergrund oder in dessen Gestalt die heutige Auseinandersetzung mit dem Amt von PastorInnen stattfindet. Die Nordkirchenvereinbarungen kündigten neue Reformschritte an, die auf dieser Folie und unter den Erfahrungen der letzten Reformen zu betrachten sind.

Fragen die eigene Sache betreffend, sollte man möglichst auch aus Fremdperspektive betrachten. Dazu eine Szene aus dem pastoralen Alltag: „Jetzt geht das bei Euch auch schon los! Da wird jetzt wohl gestrichen, dass die Fetzen fliegen! Der Kirche geht's offenbar auch nicht anders als dem Staat!" Vor einigen Jahren war die Botschaft auch im säkularen Bereich angekommen und wird seither selten schadenfroh, bisweilen eher mit etwas Mitleid kommentiert. „Was macht die Kirche nun, streicht sie die Pastoren weg?" Solche Kommentare erleben Berufschristen dort, wo sie allein auf weiter Flur ihre Institution vertreten. Bewegende Elemente der Reform wie Verringerung der Zahl der Kirchenkreise oder gar die Errichtung neuer „Dienststrukturen" kamen in dieser Alltagswelt nicht an, kaum auch die „Nordkirche".

Nach langer Dienstzeit weiß man: Es handelt sich bei Reformvorhaben um einen Dauerversuch mit wechselnden Inhalten und wechselnden Machtanteilen. Es klingt nach der inzwischen altmodisch erscheinenden „institutionalisierten Dauerreflektion" der sechziger Jahre. In jenen sechziger und siebziger Jahren ging es um die Ausweitung und Professionalisierung verschiedener Tätigkeiten zusätzlich zu den herkömmlichen Gemeindeämtern (Stichworte Humanwissenschaften, Pastoralpsychologie), um die Durchsetzung und Akzeptation von Frauen in den Ämtern der Kirche und um eine Idee von Demokratisierung: Letzteres schlug sich in der nordelbischen Verfassung dadurch nieder, dass nun die Vorstände die Gemeindeleitung übernehmen mussten (sollten, durften). Immerhin stand eine Idee pastoraler Arbeit dahinter: Die Pastorenkirche sollte von der Gemeindekirche überwunden werden. Wie wenig daraus wurde, kann in der jetzigen Phase der Reform betrachtet werden. Die Belastung der PastorInnen scheint gewachsen zu sein, obwohl ihnen die Alleinverantwortung (jedenfalls theoretisch) abgenommen wurde.

Schon Ende der siebziger Jahre folgten Sparmaßnahmen an der Stelle, die am ehesten Kontinuität und die oft einzige Anerkennung im Beruf symbolisiert: Die großzügige „Durchstufung nach A 15" für PastorInnen in den letzten Dienstalterstufen entfiel. Der Hilfsgeistliche (12 Monate) wurde zum Pastor z.A. (36-60 Monate mit enthaltener Gehaltskürzung).Viel folgenreicher aber war eine andere nachfolgende Sparmaßnahme: Man konnte nach einem Theologiestudium nicht einfach mehr in den Kirchen Arbeit finden. Ein Theolog(Inn)enberg wurde ausgebremst, der dadurch entstanden war, dass Theologie zu Zeiten eines der wenigen Studienfächer ohne numerus clausus gewesen ist.[97] Die Verunsicherung daraus ist nicht zu unterschätzen. Es hing nicht mehr vom eigenen Willen oder Glauben ab, „dem Herrn dienen zu dürfen", sondern etwa von dem (bekanntlich bedenklichen Voraussagewert) einer Prüfungsleistung.

Andererseits begann die Mitgliedschaft merklicher zu schwinden. Jährlich rieselte rund ein Prozent weg. Irgendwie wurde das zur Kenntnis genommen oder auch nicht. Die Interpretationskunst evangelischer Prägung half auch hier weiter. Die EKD interpretierte z.b. Austrittszahlen von 2015 als Stabilisierung im Sinne dessen, dass die volkskirchliche Anbindung durch die Taufe und Konfirmation nach wie vor gelinge. Mittlerweile aber macht der Anteil der Mitglieder der ev. Kirchen in Deutschland gerade noch ca. 26,9% der Wohnbevölkerung aus.[98] Da kann man kaum noch von einer Volkskirche sprechen, wohl eher von einer großen Minderheit. Wenn diese dann immer noch ein „Wächteramt", um diesen alten Ausdruck zu gebrauchen, in der Gesellschaft beansprucht, wird sie nicht auf sehr viel Gegenliebe treffen. Sie kann es unter demokratischen Verhältnissen mangels Mehrheit einfach nicht umsetzen.

Jahre mit der Bibel, das missionarische Jahr und die Auseinandersetzung mit der charismatischen Bewegung gingen ins Land. Ob PfarrerInnen verbeamtet sein müssen und ob die Kirche sich an den Tarif des

---

[97] Die Ergebnisse dieser Einsparungen könnten sich summieren, wie F.W. Graf sie auflistet: Die „Denkfleißigen" gehen nach einem Theologiestudium nicht in den kirchlichen Dienst und beeinträchtigen nicht nur die in der Theologie sichtbare Leistungsfähigkeit in der Mitarbeit an der Deutung der Welt nachhaltig. (Die Nordelbische vom 2. 3. 2008)
[98] Broschüre „Zahlen und Fakten zum kirchlichen Leben", 2017.

öffentlichen Dienstes anschließen muss, wurde heftig bewegt, aber nicht geändert. Dann kam die große Zeit der Servicefirmen mit ihren Beratungen und kosteten einige Kirchensteuern – ohne Spareffekt. Gespart wurde dagegen weiter parallel und verzögert zum öffentlichen Dienst an Gehältern und Pensionen. Da das nicht reichte, kam die Zeit der (Stellen-) Streichungen, die fortan Reform genannt wurden. Viele gestandene Frauen und Männer arbeiteten an dieser Neuformierung der Institution. Daher standen sie der wirklichen Praxis nicht zur Verfügung. Eine durchaus kritische Situation für die Gesamtkirche, wenn wahrscheinlich zehn oder mehr Prozent Haupt- und Ehrenamtlicher und nahezu alle Leitungspersonen durch eine Neuformierung für den eigentlichen Dienst ausfallen. Das hätte in der delikaten Lage der Religionen und des Christentums in der Welt und in Nordelbien ungewollte Folgen provozieren können. Die äußerlich beendeten Reformen machen jetzt folgenden Eindruck:

Das Sparen

betraf und betrifft irgendwie alle und auch wieder nicht. Folge: Identifikationsverluste. In den Kirchengemeinden wurden jede Menge Pfarrstellen eingespart. Zwar sind die Gemeindebezirke pro Pfarrstelle noch nicht überall so groß wie ehemals in Altenkrempe mit 4800 Gemeindemitgliedern oder mit 3500, die ich als Hilfsgeistlicher in Hohenwestedt zu betreuen hatte. Aber groß werden sie schon und unpersönlicher. Im Jahr 2007 ist die Gemeindegliederzahl pro Pfarrstelle allerdings wieder gesenkt worden. Im Wesentlichen werden GemeindepastorInnen mit ihren Gemeinden genug Phantasie aufbringen, diese Lage zu bewältigen. Dass mit Streichungen aber die „fremde Heimat Kirche" den ferner stehenden Menschen näher zu bringen sei, darf bezweifelt werden. (Wieweit Großgemeinden dieses Vorhaben bewältigen, darauf kann man nur gespannt warten.)

PastorInnen können nicht entlassen werden. Die Pfarrstellen zur besonderen Verwendung werden jedoch meist als eine Art Demütigung empfunden, was nicht gerade die Identifikation mit der Kirche erhöht. Genau so hart oder härter als die PastorInnen trifft es die MitarbeiterInnen z.B. an der Orgel oder im Küsterdienst. Auch da kann mit gutem Willen einiges ehrenamtlich erledigt werden. Wie die Folgen sein können, wird bei einem Blick über die Grenzen zu den außer im Pfarrdienst nahezu ausschließlich ehrenamtlich betriebenen protestantischen Gemeinden deutlich. Die „vorderste Front", von der die Kirche lebt, wurde und wird löchriger. Auch hier droht Identifikationsverschleiß.

Die Reform der Kirchenkreise zielt anscheinend vor allem auf die Posten der Verwaltungsleute. Nach zwanzig und mehr Jahren der externen und internen Organisationsberatung ist es kein Wunder, dass die sonstigen Leitungsebenen und eben die Organisationsberatung bis auf

Einschnitte im Kirchenamt nicht nur ungeschoren blieben, sondern sogar neu aufgebaut worden sind und werden.[99] Der Großkirchenkreis braucht offenbar mehr als oder zumindest gleich viele Pröpste wie die bisherigen kleineren zusammen, ergänzt um Personalentwicklungsstellen und spirituelle Begleitung. Doch genau das ist aus staatlichen Sparbemühungen unter dem Primat der Organisationsentwicklung bereits bekannt. Die Dienstleistung wird verringert, die Leitung zusätzlich auf Kosten herkömmlicher Verwaltungsdienste vermehrt. Das Ergebnis sind im Staat verbitterte BürgerInnen, die mehr Steuern zahlen. Doch wie vermehrt man beim stetigen Versickern von KirchensteuerzahlerInnen das Geld?

Dienste...

Die Kürzung der Dienste und Werke – jedenfalls der unselbständigen – fiel mindestens so eklatant aus wie die in den Gemeinden. So wurde die Krankenhausseelsorge um ein Drittel verkleinert[100], obwohl sie doch alle für so wichtig halten. Dabei muss man wissen, dass Krankenhausseelsorge auch in den besten Zeiten nie den Anspruch der wirklichen Betreuung aller PatientInnen befriedigen konnte. Für Kreiskrankenhäuser mit zweihundert Betten, durch die jedes Jahr über fünftausend PatientInnen gehen, gab es allenfalls eine halbe Pfarrstelle. Bei zehnminütiger Beschäftigung mit jedem Patienten wäre diese bereits überfordert gewesen. Nun, nach der Kürzung, reicht es für exemplarische Arbeit aus – mehr aber auch wirklich nicht. Exemplarische Arbeit kann mehr Früchte tragen als eine parochiale Deckungstätigkeit. Da jedoch keine inhaltlichen Klärungen erfolgt sind, könnte diese Folge rein zufällig entstanden sein. Das wäre für eine derart umfangreiche jahrelange Operation ein mageres Ergebnis. Andere Dienste, darunter die Gefängnisseelsorge wurden ebenso prozentual gekürzt. Niemand - auch nicht die hier Beschäftigten - stellte ernsthaft die Frage, ob es vielleicht ein Zeichen wäre, sie ganz aufzugeben oder völlig neue exemplarische Ansätze mit ganz anderem Zuschnitt zu wählen. Manchmal ist das „Nicht – mehr – Dabei – Sein" ein deutlicheres Zeichen als die Kürzung. Ein vom Dezernat initiiertes Gespräch unter allen Seelsorgediensten hätte bei entsprechender Fortsetzung inhaltliche Perspektiven definieren können, welche aus dem fortdauernden Reduktionszwang wirklich übergreifende inhaltliche Schwerpunkte über die geplanten allgemeinen hinaus entwickeln.

---

[99] Thomas, Günther, 10 Klippen auf dem Reformkurs der Evangelischen Kirche in Deutschland, Ev. Theologie 67. Jg., Heft 5, 361-387. Thomas weist auf das Matthäusprinzip hin: „Wer hat, dem wird gegeben,...", nach dem durch die gleiche Maßnahme die Habenichtse verlieren und die Besitzenden gewinnen. (368).

[100] Ursprünglich war sogar eine Schrumpfung auf die Hälfte geplant.

Ein interessantes übergreifendes Kennzeichen der Beratungen über Kürzungen war, dass die Mitarbeitenden selbst Vorschläge machen durften, wie sie sich am besten wegkürzen lassen. Allerdings firmierte diese „Mitarbeit" unter dem Stichwort der demokratischen Beteiligung. Wenn die Kostenfaktoren sich selbst wegstreichen, glaubt die Leitung, negativer Bewertung zu entkommen. Leitungen werden aber doch unter anderem für das unbeliebte Streichen gewählt und mit der entsprechenden Macht ausgestattet. Bei allen Streichungen konnte dann aber eine neue verwaltungsähnliche Leitungsstruktur für Dienste entstehen, welche die Zielvorstellungen der Kirchenleitung umsetzen soll. Hier steht die Frage im Raum, welche Machtausstattung ihr konkret zugedacht wurde und wie das Zusammenwirken mit den praktisch Tätigen aussieht. Die inzwischen entstandenen Gesetze sehen eher sperrig aus. Ob damit die Praxis verbessert werden kann oder eher weniger Zeit für die Praxis bleiben wird, ist nach wie vor unklar. Vielleicht konsumierten die neu geschaffenen Leitungsstellen die finanziellen Einsparungen auf der Arbeitsebene.

Entwicklung von Personal

Immer wieder ist im Reformzusammenhang von Personalentwicklung (PE) zu hören und zu lesen. In zweiundvierzig Dienst- und Beobachtungsjahren habe ich eine solche noch nicht bemerkt. (Einmal allerdings wurde ich zum Gespräch zitiert, weil sich die obere Verwaltung über mich beschwert hatte: Ich war mit einer zugewiesenen Wohnung ganz und gar nicht zufrieden. Mehrmals habe ich mit eher weniger Ergebnis den Kontakt gesucht, um eine neue geeignete Stelle zu finden. Einmal musste ich antanzen, um eine Versetzung in den Wartestand entgegenzunehmen.) Durch die Ausschreibungs- und Besetzungspraxis ist PE in Nordelbien auch gar nicht möglich gewesen. Da schrieb beispielsweise eine Hamburger Hauptkirche eine/n Hauptpastor/in aus mit einem Anforderungsprofil, das in Deutschland damals evtl. der Ratsvorsitzende des Rates der EKD erfüllte. Dann aber wurden vom Vorstand ganz schlichte Kolleginnen bzw. Kollegen mit der Aufgabe betraut. Gemeindepfarrstellen werden ebenso mit großem Aufwand ausgeschrieben, wo doch ein paar Hinweise auf Gemeindegröße und Ort reichen würden.[101] Die Nordkirche ist nicht so groß, dass nicht alle alles kennen. Der Beruf des Gemeindepastors/der Gemeindepastorin muss nicht jedes Mal neu erfunden werden. Schließlich wählen die Kirchenvorstände ihre PastorInnen aus – wo soll bei diesem Vorgang Personalentwicklung stattfinden? Selten kommen der richtige Mensch und die passende Stelle zusammen, weil das Personal gar nicht nach Vorstellungen seiner Personalabteilung geführt werden kann. Vielleicht ändert sich das in Zukunft

---

[101] Die Praxis in der Wirtschaft scheint inzwischen ähnlich zu sein: http://www.spiegel.de/karriere/stellenanzeigen-so-viel-stuss-steht-in-ausschreibungen-a-1170443.html.

durch die Kirchenkreisstellen für Personalentwicklung und die Erweiterung durch die Nordkirche. In den vergrößerten Kirchenkreisen könnte die Personalplanung vielleicht mehrere Beschlusebenen aushebeln. (Das war aber sicher nicht beabsichtigt...!) Für dezentrale kleinräumige Vorstandsstrukturen war die PE wohl nicht erfunden worden, sondern für durchregierte Großbetriebe oder zentral geleitete Institutionen. (Was man allerdings von MitarbeiterInnen großer Firmen hört, stimmt nicht gerade zuversichtlich in Sachen PE.) An der Entwicklung ehemals pröpstlicher Aufgabengebiete durch die Zuordnung von Personalentwicklung und spiritueller Begleitung wird ein Berufsbild von PastorInnen ohne weitere Diskussion entwickelt, nach dem die GemeindepastorInnen nur noch die untere Ebene einer Institution sind und nicht mehr geistliche Zentralfiguren ihrer Gemeinden. Sollte der durchregierte Großbetrieb doch das Leitbild sein?

Auch dort, wo Personalentwicklung mit Nachdruck betrieben wird, gelingt es eher selten, die „richtigen" Personen auf die „richtigen" Stellen zu bring. Richtige Stellen gibt es nämlich ebenso wenig wie richtige Personen. Sitzen die vermeintlich richtigen erst auf den richtigen Posten, entwickeln sie meist das, was sie im Vorstellungsgespräch und der vorangehenden Coachingzone gut zu verbergen wussten. (Ohne coaching kann man sich kaum noch bewerben.) Niemand weiß schließlich, wie BewerberInnen für Leitung auf den Neid der Mitarbeitenden reagieren. Niemand weiß auch, wie ein guter Ersteindruck sich beim dritten und hundertsten Hinsehen in einer Gemeinde entwickelt. So mancher begeistert gefeierte Ersteindruck wurde nach einem halben Jahr vor die Tür gesetzt, während sich mit Hängen und Würgen gewählte Personen als wahre Perlen entpuppen können. Personalentwicklung kann als neues Wort für gefällige Auswahl und freundschaftliche Förderung stehen. Auch mit der Ehrlichkeit hapert es ziemlich, was jede Personalentwicklung durchkreuzt: Niemand gibt zu und muss das aufgrund fehlender Personalgespräche auch gar nicht, dass ihm die Arbeit als „Frontschwein" nicht zusagt, er gerne Macht ausüben möchte und sich daher von Anfang an um ein Amt in der Leitung bemüht. Umgekehrt plaudert niemand gerne aus, dass ihm die Arbeit mit Menschen in einer Gemeinde oder anderswo Freude macht. Dann wird nämlich vermutet, dass er oder sie eigentlich nichts kann oder vielleicht ein Vereinsmeier sein könnte.

Was nützt ein schönes Leitbild, wenn keiner das in die Tat umsetzt, sondern als Ergebnis nur eine Stellenvermehrung in der Personalentwicklung zu Lasten der Stellenentwicklung in der direkten „Kundenebene" herauskommt? Da allerdings entsteht für ‚nichtleitendes Basispersonal' der Eindruck, Arbeit mit Menschen sei eigentlich überflüssig, so lange nur die Leitbilder richtig und die Arbeitsplätze für die Leitungspositionen gesichert sind. Das nicht ganz ernst gemeinte Bonmot aus staatlichen Verwaltungen und Betrieben stimmt auch hier: ‚Wir brauchen keine Menschen, um die wir uns kümmern und für die wir etwas entscheiden (tun oder lassen) sollen; wir haben mit uns selbst genug zu tun.' In diesem Zusammenhang hat im übrigen ‚Basispersonal' jenen gemäßigt positiven (theoretischen) Unterton aus den Siebzigern endgültig verloren. Basis heißt hier einfach das, was in der unübersichtlichen Welt im Dreck wühlt.[102]

Andererseits entwickeln sich aus diesem Ergebnis eventuell irgendwann Erfahrungen, nach denen die Kirche eben nicht als Großbetrieb geführt werden kann, sondern eine völlig eigenständige und inhaltsorientierte Struktur und Leitungskultur braucht. Auch in unserer Kirche herrscht(e) ein merkwürdiger Glaube an das Wunschdenken von Unternehmensberatungen, als gäbe es ‚todsichere' Rezepte für erfolgreiches Management. Dass das nicht der Fall sein kann, zeigen die Wellenbewegungen von Firmen in der öffentlichen Wahrnehmung – heute Modellunternehmen mit Extrembörse, morgen ‚Loserfirma' mit riesigem Wertverlust. Dass auch hier wie überall eine multiperspektivische Komplexität mit multifaktoriellen Entstehungsgeschichten von Erfolg oder Misserfolg herrscht, wurde von einem Managment-Experten beschrieben.[103] Daher wäre die richtige Austauschrichtung zwischen der Institution des Glaubens und den Unternehmensberatungen die Beratung der Unternehmensberatungen über die Unterschiede zwischen Glauben und Wunschdenken.

Inhaltliche Gesichtspunkte

Bei der Reformkürzung oder Kürzungsreform wurden wenige inhaltliche Gesichtspunkte **sichtbar**, nach denen gekürzt oder gefördert wird. Es soll nicht bestritten werden, dass sich die Gremien inhaltliche Gesichtspunkte erarbeitet haben! Manche Papiere zeigten sogar den Primat des Inhalts. Am Ende kam heraus, dass der Inhalt sogar dominiert hat und die finanzielle Misere für eine erhebliche inhaltliche Veränderung genutzt wurde. Als inhaltlich möchte ich folgende Fragen verstehen:

Wie ist das Pastorenbild zu entwickeln,

was ist eine Gemeinde,

hat das mit dem Neuen Testament etwas zu tun?

Ist das überkommene Dienstwohnungsmodell mit möglichen Alternativen wirklich abgewogen worden?

---

[102] Thomas formuliert das in seinen „10 Klippen" im Abschnitt 7. Klippe (377-379) mit der Forderung, von Qualitätsstandards auf Resourcenorientierung umzusteuern und dadurch die Achtung vor der intrinsischen Motivation der Pfarrerschaft zu steigern statt sie auf Qualitätsmängel festzulegen.

[103] Rosenzweig, Phil, Der Halo Effekt. Wie Manager sich täuschen lassen, Gabal Verlag, Offenbach 2008.

Wer hat gewagt, öffentlich zu äußern, dass der Beruf PastorIn eventuell von den äußeren Bedingungen mehr als notwendig dominiert wird? Wie wird das Verhältnis von Haupt- und Ehrenamt weiterentwickelt? Braucht man PröpstInnen und BischöfInnen oder wie könnte man auf protestantisch Leitungsfragen anders lösen? Wie sind gegenseitige Beratung und Hilfe zu organisieren? Wie selbständig können (Orts-) Gemeinden sein und wie schafft man Repräsentanz und Präsenz im überörtlichen Sinne ohne hierarchische Struktur? Oder müsste vielleicht die Leitungsstruktur hierarchischer mit direkten Durchgriffsmöglichkeiten gestaltet werden?

Die Frage, wie der Ort der Kirche in der globalen Welt zu gestalten ist, wurde durch kluge ÖkumenetheologInnen nachhaltig öffentlich gestellt, ohne dass daraus Konsequenzen für die Reform erkennbar wären.

Sich allmählich abzeichnende neue Strukturen deuten darauf hin, dass jedenfalls das Gemeindepfarramt in seiner Funktionsfülle und Eigenständigkeit die besten Zeiten hinter sich hat, obwohl es das einzige Amt der Kirche ist, das diese jederzeit und immer identifizierbar gehalten hat. Das Ergebnis der Reform ist tendenziell ein „Mehr" an kirchlicher Institution und ein weniger an Aufbau der Kirche aus den Lebenswelten in deren je unterschiedlichen Konstruktion.

Immer wieder das Thema Wahlrecht

Immerhin wurde auch einmal das Wahlrecht ins Kalkül gezogen. Ein Zustand müsste beendet werden: Dass MitarbeiterInnen durch Sitz im Kirchengemeinderat oder –vorstand ihre eigenen Vorgesetzten sein können. Das wäre aber wieder nur eine halbe Reform. Dasselbe sollte auch für die Gemeindegeistlichen gelten. Warum sollen sie sich im Vorstand betätigen, wenn dafür andere Leute zur Verfügung stehen? Die Verquickung von Politik und Dienst am selben Ort in einer Person hat noch nie zu guten Ergebnissen geführt. Dann entsteht allerdings ein Problem in der Mitarbeiterführung. Wenn GemeindepastorInnen nicht im Vorstand vertreten sind, bedarf es einer neuen Struktur von Dienstvorgesetzten. Bisher konnte die Mitarbeiterverantwortung in den Gemeinden über den Vorstand problemlos durch die PastorInnen wahrgenommen werden. Die ‚halbe Reform' auf diesem Gebiet blieb nur eine Idee, die noch vor ihrer politischen Durchsetzung wieder kassiert wurde. Wann kommt die Urwahl für alle Synoden?

Restrukturierung von Nähe

Man kann entweder arbeiten und sich darin dauernd selbst restrukturieren oder in der großen Reform tätig sein. Aktive PastorInnen arbeiten in einem dauernden inneren Restrukturierungsprozess, den sie mit ihren

Arbeitsfeldern abstimmen. Vielleicht wäre der nächste notwendige Schritt der, dass die leitenden Organe sich daran erinnern, dass immer noch sehr viele – ja eigentlich alle - in unserer Kirche Kraft, Phantasie und Mut einsetzen, sich um ihre Mitmenschen kümmern und von dem Wunsch durchdrungen sind, das Leben schaffende Evangelium in das Wort und in die Tat umzusetzen.[104] Solche Nähe ist das Pfund der Kirche. Nähe kann schon restrukturiert werden. Die Struktur dient dazu, das Nahesein, das Mittendrin bleiben, möglich zu machen. Sie ist nur ein Mittel, kein Zweck. Diente sie sich nur selbst, wäre das so was Ähnliches wie ihr Ende. Ein solches Gefühl beschleicht allerdings viele KollegInnen, wie man im Gespräch untereinander hören kann.

Das ist alles natürlich nicht so ernst gemeint wie geschrieben. Institutionen besitzen ein zähes Leben mit autopoietischer Fortschreibung. Irgendwann mittendrin kommt denn auch der nächste (schon wieder leicht abschwingende) Aufschwung.... Um die fundamentalen Inhalte kümmern sich derweil andere. Jedenfalls tun in Sachen Religion die fremdgesteuerten (jungen) Männer mit den Bomben im Auto oder um den Bauch alles dafür, dass sich auch der letzte noch fragt, was Religion eigentlich ist und was wir eigentlich für eine Religion haben. Welche Gefahr das in der globalen, offenen Welt für alle Religionen darstellt, als Hort der Aggression und rückwärtsgewandten Denkstruktur subsumiert zu werden, ist uns viel zu wenig bewusst. Die Atheistenfraktion hat das auf ihre Weise begriffen und haut einen Bestseller nach dem anderen heraus.[105] Was sie damit bewirkt, bleibt allerdings auch ziemlich fraglich!

Revolution oder Reform?

Reformen werden wahrscheinlich in ihrer Wirkung immer überschätzt. Im Wesentlichen bleiben die Systeme bestehen, zumal die Selbsterhaltung eines ihrer Kennzeichen ist. Im Reformverfahren wird das meiste doch wieder irgendwie verwässert. Reform heißt ja auch „Wiederformierung". Vor Revolutionen haben alle große Angst. Ein georgischer Abschiebungshäftling sagte einmal: ‚Ich komme in den Westen, weil es bei Euch nicht so ist wie bei uns: In der Revolution löst immer nur eine Bande die andere ab. Der Rest bleibt gleich.' Ob er damit bei genauer Betrachtung nicht auch für uns Recht hätte, womit sich seine irreguläre Migration als unnütz erweist? Revolution wäre bei uns schon die

---

[104] „Ein Aufbruch ist auch möglich, wenn die hohen Erwartungen an Mitarbeiterinnen und Mitarbeiter verbunden werden mit Vertrauen, mit einer Würdigung von Freiräumen und einer generellen Unterstellung hoher Motivation." Thomas a.a.O., 387.

[105] Z.B.: Richard Dawkins, Der Gotteswahn, Ullstein Buchverlage, Berlin 2007, Original: The God Delusion, Bantam Press, London 2006. Christopher Hitchens, Der Herr ist kein Hirte. Wie Religion die Welt vergiftet, Karl Blessing Verlag, München 2007. Original: God Is Not Great. How Religion Poisons Everyting, Twelve, Hachette Book Group, USA 2007.

Vorstellung einer wirklich evangelisch – lutherischen Kirche, die fremdbestimmte und traditionsorientierte Restelemente überwindet und in diesem Sinne dem „semper reformanda" Rechnung trägt. Da hatten wir bei der Gestaltung der Nordkirche die letzte Chance. Auch wenn realistisch zu sehen ist, dass es sich lediglich um einen ökonomisch begründeten Zusammenschluss handelte, der nicht theologisch und kirchlich überhöht werden sollte, wäre es doch schön gewesen, wenn ein plötzlicher Reformwind inhaltlich tätig geworden wäre.

1 Geistliche Leitungspositionen werden nicht anders dotiert als normale Pfarrstellen und lediglich auf fünf Jahre reihum besetzt. Der vermehrte Aufwand kann über eine Aufwendungspauschale organisiert werden.

2 Wir brauchen keine gegenläufige Struktur von geistlicher Unabhängigkeit der ‚einfachen' PastorInnen und geistlicher Leitung durch besser positionierte, bezahlte und als eigene Kaste betrachtete ‚Managerpastoren'. Eine funktionale Strukturierung wäre eher von Vorteil.

3 Personalentwicklung im Segment PastorInnen wäre sinnvoll, wenn sie ‚aus einer Hand' betrieben werden könnte und nicht jeder Kirchenkreis seine eigenen Ansätze betreibt. Das bedeutete aber die Abschaffung eines Teils der „Machtfunktion" der entsprechenden Vorstände, die dann konsequenter Weise ihre PastorInnen nicht mehr selbst wählen könnten. (Leider setzt das eine (inner-)institutionell erheblich gestärkte Kirche voraus.)

4 Die organisatorische Gemeindeleitung liegt in der Hand von Menschen, die nicht gleichzeitig als Pastorinnen oder Pastoren in der Gemeinde tätig sind.

5 Kirchlicher „Service" wie Taufe, Trauung und Beerdigung werden für alle NachfragerInnen erbracht, aber für Nichtmitglieder berechnet.

6 Das Priestertum aller Gläubigen wird ernst genommen und nicht heimlich in Priester – Laiengegensätzen gedacht. Die ‚Basis' ist der Ort der Kirche. Basis kann aber jede Bezugsgröße bilden, auch die parochial definierte.[106]

7 Gottesdienst als Veranstaltung und Gottesdienst als „Dienst" werden nicht immer wieder auseinanderdividiert und gegeneinander ausgespielt. (Im Neuen Testament steht offenbar der Dienst im Zentrum, nicht die Veranstaltung.) Das bestimmt auch das Verhältnis zur Medienpräsenz. Der Dienst kann als Dienst an der Gesellschaft und als Dienst an Individuen oder als Mischung von beidem verstanden werden. Mediale Aufmerksamkeit als gesellschaftliche Präsenz kann dem öffentlichen Charakter des Evangeliums entsprechen, lebt aber nur mit

---

[106] Dies ist eine andere Differenzierung als die von Thomas vorgeschlagene, wobei jedoch die Ortsgemeinde die Bezugsgröße bleibt. (A.a.O., 1. Klippe, 363-367)

der Unterfütterung durch ungeteilte Aufmerksamkeit für das Individuum in all seinen Dimensionen oder Perspektiven.[107]

8 Supervision und geistliche Betreuung sind gegenseitige kollegiale Leistungen, keine Herrschaftsinstrumente.

9 Daraus entsteht auch das angemessene Verhältnis von Ortsgemeinde und Spezialisierung.

Dass die Chance im Norden so schnell vorbei ging, wer hätte das gedacht? Ganz so schlecht sieht die bisherige Idee des Zusammenschlusses m.E. trotzdem gar nicht aus. Vor allem schienen die Unternehmensberatungen und ihre Wunschlisten diesmal außen vor zu bleiben. Aus einer Vorentscheidung für den Standort Lübeck und später Schwerin wurde sogar „Leitungsmut" erkennbar.[108]

Leider lassen sich auch schon wieder die Sollbruchstellen definieren, die einer inneren Einheit entgegenstehen: Pfarrstellen sind wegen des Einkommensgefälles noch immer nicht für alle zugänglich. Lokale Empfindlichkeiten führen zu Strukturen. Es sei daran erinnert, dass eben das auch in Nordelbien einst empfindliche Störungen hervorgerufen hat. Jahrzehnte herrschten Ressentiments zwischen ‚Stadt' und ‚Land'. Hamburg konnte sich lange nicht vorstellen, kirchlich von der Provinz regiert zu werden, obwohl die stärkere Mitgliedschaft und damit die Kirchensteuern aus der Provinz kamen. Landkirchenkreisen waren Ideen aus dem „entkirchlichten" Hamburg ziemlich verdächtig, so etwa die Trauung von Paaren mit nur einem Kirchenmitglied. Zwischen den kommenden Partnern zeichnet sich die Sollbruchstelle der immer noch erheblichen Gehaltsunterschiede und der ebenso erheblichen Differenzen in den Mitgliedschaftsstrukturen (= Ertragskraft der Kirchensteuer, Diasporasituation) ab.

Dass aber Gemeinden sich nur wegen der größeren Gesamtkirche neu definieren müssen, war eine eher absurde Befürchtung. Ebenso wird weder das Bleiben wie man ist noch das dauernde Umsteuern dazu führen, dass nicht immer wieder individuell erlebtes, erlittenes und gestaltetes Leiden in dieser Arbeit auch oder besonders bei denen entsteht, die ihre Hauptamtlichen sind. Die Kirche wird auch durch Reformen und Zusammenschlüsse kein Heilsinstrument, sondern bleibt eine mehrteilige Großorganisation, die kein machtleerer Raum ist und sich dauernd restrukturieren muss. Das Haupt ist Christus: Also munter drauf los, auch wenn die Nordkirche es wieder nicht zum Reich Gottes gebracht hat.

---

[107] Dazu die Bemerkungen zur „Selbstbanalisierung" von Thomas, (6. Klippe, a.a.O. 375 – 377, zus.fassend 377. 2. Absatz.)
[108] Inzwischen ist anders entschieden. Schwerin ist der Sitz des Landesbischofs. Das ändert nicht die beabsichtigte Aussage.

Nach der Reform ist vor der Reform. Wer heute verliert, sollte sich neu organisieren, um beim nächsten Spiel wieder dabei zu sein. Wer dazu ein wenig länger braucht oder durch tiefere Täler wandern muss, sollte nicht gleich pathologisiert und zum Symptomträger a la „ausgebrannt" ernannt werden. Es darf auch hier mal Häme und Lustlosigkeit zum Ausdruck gebracht werden. Cui bono, wenn die Hälfte aller PastorInnen wegen Reformdruck als ‚gefährdet' gelten? Ein Schelm, wer dabei an „das Eichhörnchen" denkt[109].

Ein wenig Satire...

Da wir meist ‚der Welt die Schleppe hinterhertragen', kommt vielleicht die Sparidee des Outsourcing in der Globalisierung auch noch zu uns: Die Nordkirche lässt die Kirchenbücher in Kasachstan beim Stundenlohn von 0,2 Euro führen. Die Telefonzentrale wird von einem Callcenter in der Dominikanischen Republik rund um die Uhr präsent gehalten. („Sie sind mit der Kirche Ihres Glaubens verbunden. Bei Suizidgefahr wählen Sie bitte die 1, bei einem Terminwunsch die 2, bei einem Trauerfall die 5; wenn Sie über ihren Glauben sprechen wollen, wählen Sie bitte die 7, die Angebote Ihrer Kirche können Sie unter der 9 abhören....") Irreguläre MigrantInnen putzen als Gegenleistung für Kirchenasyl die Kirchen umsonst. Predigten werden von einer kleinen Theologencrew in einer der aufstrebenden afrikanischen und lateinamerikanischen Kirchen preiswert und nicht verbeamtet erarbeitet und von PrädikantInnen in der Nordkirche sonntags umgesetzt. Damit wäre die Kollekte höher als die Ausgaben. Seelsorge machen Ehrenamtliche ganz umsonst. Sie werden von international besetzten Hauptamtlichenteams vor Ort ausgebildet. Kirchenkreiseigene BegleiterInnen und PersonalentwicklerInnen können dadurch wieder eingespart werden. So kann die Zahl der teuren PastorInnen auf rund ein Drittel der heutigen fallen.

Kurzer Schluss

Die Nordkirche hat wenig inhaltlich oder organisatorisch Neues auf den Weg gebracht. Immerhin hat der Kirchenvorstand seinen Namen abgelegt und heißt jetzt Kirchengemeinderat. Sonst geht es weiter wie immer. Dass die Neuorganisation des Bischofswesens mit dem Landesbischof in Schwerin einen Sinn macht, ist jedenfalls bisher nicht erkennbar.

---

[109] „Was ist das: Es ist klein, braun und hat einen langen buschigen Schwanz?" fragt der Lehrer. Fritzchen antwortet: „Ich würde sagen, es ist ein Eichhörnchen. Aber wie ich den Laden hier kenne, ist es das liebe Jesulein."

Kapitel VI

Seelsorge in der Gemeinde

Umgang mit Sterben und Tod

Der Alltag einer Kirchengemeinde kennt auch seelsorgerliche Situationen. Am auffallendsten und intensivsten ragt die Sterbebegleitung heraus bzw. die Seelsorge mit Sterbenden und Trauernden. Beides lässt sich gewiss auch rituell abhandeln. Man kann durch ein Abendmahl die Aufgabe des Gemeindepfarrers als erledigt ansehen. Es ist auch durchaus möglich, das Gespräch mit Hinterbliebenen und Trauernden ausschließlich zur Vorbereitung der Trauerfeier zu benutzen. In der Situation selbst ereignet sich jedoch der Heilige Geist, der unser Tröster ist – oder auch nicht. Zuerst erzähle ich zwei Szenen aus dem Alltag, dann etwas ausführlichere Geschichten.

„Wir konnten das nicht über uns bringen", sagten Sohn und Schwiegertochter beim Vorbereitungsgespräch für die Beerdigung ihrer Mutter. „Sie wollte anonym beigesetzt werden. Dann wissen wir als Kinder doch gar nicht, wo wir sie in Zukunft auf dem Friedhof finden können!" Der Schreck über dieses Ansinnen war ihnen noch deutlich anzusehen. Sie waren froh darüber, dass ich das nachvollziehen konnte. Ich sagte ihnen, ich hätte mich ebenso entschieden.

Frau und Herr Z saßen in meinem Büro. Wir sprachen über die Mutter von Frau Z, die im psychiatrischen Krankenhaus gestorben war. Zuerst erzählte Frau Z dies und das aus dem Leben ihrer Mutter. Und dass sie immer wieder von Nahe- und Fernerstehenden ermahnt worden war, sie müsse besonders für ihre Mutter da sein, denn die Mutter sei krank. Es kam nun zum Vorschein, welche Last das für das heranwachsende Mädchen war, immer auf die Krankheit Rücksicht nehmen zu sollen. Schließlich platzte es aus ihr heraus: „So eine Scheiße! Ich konnte das nie ertragen und kann es immer noch nicht. Immer die Krankheit als Lebensmittelpunkt. So eine Scheiße!" Herr Z schaute mich ängstlich an. Ich bewegte ihn mit der Hand, nichts zu unternehmen, sondern seine Frau ausreden zu lassen. Nachdem sie das herausgeschrien hatte, sackte Frau Z in sich zusammen, nur für eine oder zwei Minuten. Dann erhob sie den Blick und sagte: „Das hat mir gut getan, einmal so etwas sagen zu können!" Ihr Mann atmete erleichtert durch. Die Beerdigung war danach sehr ehrlich und trotzdem „feierlich".

Familie M

Frau F bat mich, nach Familie M zu schauen. Sie hätten Pech mit Geld gehabt und schämten sich dafür. Es kam dann irgendwie doch nicht zu einem Gespräch oder Besuch. Frau M wusste, wie man Menschen vom eigenen Haus fernhält und sich sprach sehr zurückhaltend über ihre Lage mit der Pflege ihres Mannes. Auch der Sohn hielt sich sehr bedeckt. Dazu kam, dass der Sohn sich mit seiner Baufirma um einen Auftrag bei uns bemühte. Da ist etwas Abstand besser – wegen der damals schon beginnenden Korruptionsdebatte. Schließlich lautete die Kunde, es ginge mit Herrn M wohl zu Ende. Frau M legte ihre Bedenken beiseite und fragte nach einem Abendmahl für ihren kranken Mann.

Das Haus sah von außen relativ „wohlhabend" aus – wegen seiner Größe und seines Baustils. Hinter der Eingangstür sah ich, warum Frau M niemanden einlud. Es war innen nicht fertig. Die Dämmung stand in Rollen an der Wand, der nackte Stein bildete die Außenwände, die Trennungswände zur Bildung von Zimmern waren nicht vorhanden. Mittendrin stand ein Bett mit einem bewegungslos liegenden Mann. Ich überlegte mir, ob er wohl schon tot sei. In der Lage und weil Frau M sich endlich überwunden hatte, mich zu holen, wollte ich keine Diskussionen über Leben oder Tod anfangen und zelebrierte mit Frau M, Sohn M und ihrem zumindest sterbenden Mann und Vater das Abendmahl. Herrn M strichen wir Wein auf die Lippen. Als es vorbei war, war uns allen klar, er ist tot. Wir beteten alle drei für ihn und für uns. Frau M war erleichtert. Ihr war das Abendmahl so wichtig, dass sie ihre Scham überwinden konnte. Dass ihr Mann sterben würde, war ihr schon lange klar. Daher hatte sie schon Abschied genommen. Sie litt nicht unter dem sonst üblichen Schockzustand. Der Sohn stand irgendwie daneben und brauchte in seiner ungewissen Lebenslage Zuwendung, die er von beiden, seiner Mutter und mir, bekam.

Bei Familie M war eher nicht der Tod oder das Sterben das Problem, sondern das Leben vorher – und danach. Das Leben danach nahm Frau M sichtlich sofort in die Hand, indem sie noch zu einer Tasse Kaffee einlud. Es waren zwar keine Zwischenwände im Haus aber es gab einen Herd, eine Spüle und eine Waschmaschine. So funktionierte alles ganz gut ohne die „übliche Ordnung". „Jetzt muss ich mich um die Beerdigung kümmern", sagte Frau M zum Schluss. „Ja", war meine Antwort, „ich weiß schon mal Bescheid." Bei der Trauerfeier gab es keine Besonderheiten. Die Nachbarn wurden selbstverständlich zur Kaffeetafel eingeladen. Familie gab es außer dem Sohn nicht. Es herrschte ein allgemeiner „das Leben geht weiter" – Ton. Nur Frau M wirkte etwas ruhiger als jemals zuvor.

Herr Q und seine Frau

Die Ehefrau eines Mannes im vorgerückten Alter lud mich dringend zu einem Gespräch mit demselben. Er müsse in nächster Zeit sterben und brauche Seelsorge. Als ich dort ankam, gab es zunächst etwas small talk. Dann bat Herr Q seine Frau hinaus und erzählte mir, er könne ihr nicht mehr trauen. Sie versuche, ihn zu vergiften. Aber er sei noch in der Lage, die entsprechenden Tabletten auszusortieren, wenn er seine täglichen Dosen von ihr bekomme. In mir tauchte bei diesem Bekenntnis eine ziemliche Beklemmung auf, die ich auch äußerte. Wir könnten doch nicht hier sitzen und solche Sachen besprechen, während seine Frau im Nebenzimmer sitze. Nein, um Gottes willen, sie dürfe nie erfahren, dass er das weiß. Wie er mit ihr zusammen weiterleben wolle, wenn ein derartigen Verdacht von seiner Seite zwischen ihnen steht? Er brauche sie unbedingt an seiner Seite. Das mit dem Vergiften sei nun mal sein Schicksal. Da war mir klar, dass er über sein Sterben redete. Es wäre ein Fehler gewesen, ihm klarmachen zu wollen, dass seine Frau ihn garantiert nicht vergiftet, sondern dass dieser Gedanke seine Art ist, sich mit dem Sterben auseinanderzusetzen. Und in der Tat, nach dem Geheim-Gespräch trat eine gute Atmosphäre beim gemeinsamen Kaffeetrinken ein. Ich erkundigte mich bei Frau Q, ob ihr Mann denn viele Tabletten essen müsse. Sie antwortete, sie müsse ihm diese zuteilen, da er immer wieder welche weggelassen und vertauscht habe. Sie haben das gemeinsam mit dem Arzt besprochen. Gute Atmosphäre, ja. Aber ich hatte auch den Eindruck, dass sie sehr gut „wusste", was für ihren Mann das Beste war. Dann lernte ich noch die erwachsenen Töchter aus erster Ehe von Herrn Q kennen. Auch sie „wussten" ziemlich genau, was ihm gut tut. Ein Sterbender und drei „besorgte" Frauen! Die Vergiftungstheorie behielt ich zunächst für mich. Von Jesus oder Gott war nicht mehr viel die Rede.

Bei einem späteren Besuch hatte ich das Gefühl, Frau Q wolle mir nun auch etwas unter vier Augen erzählen. Sie deutete an, dass ihr Mann so merkwürdige Gedanken habe und erzählte dann ihrerseits, dass er wohl denke, sie wolle ihm nicht nur Gutes… Ich brauchte mein Geheimnis also nicht zu lüften. Auf diese Weise behielt ich das Vertrauen von beiden. Als er dann gestorben war, sollte ich eine Aussegnung durchführen. Bei dieser Gelegenheit strich die älteste Tochter Herrn Q übers Haar und sagte: „Jetzt ist er allmählich richtig tot!" Nach der Aussegnung beredeten wir die Trauerfeier. Durch die vorherige Begleitung kannte ich die Lebenslinien von Herrn Q bereits. Sie mussten mir daher nicht alles neu erzählen. Die Anspannung war von Frau und Töchtern sichtlich abgefallen.

Eine durchschnittliche Trauerfeier ohne vorherige Sterbebegleitung versucht, an Stelle der Vertrautheit durch bekannte Rituale wie vertraute Lieder, Texte und durch die Predigt, die labile seelische Situation von Trauernden zu stabilisieren. Manchmal gelingt es, manchmal nicht. Ein Beispiel:

Die Mutter Agnes

Von Ihrer lieben Mutter und Großmutter, der Urgroßmutter von Norman und Fabian, Agnes, müssen wir heute miteinander Abschied

*nehmen. Ihre letzten Lebensjahre waren von der Krankheit gekenn-
zeichnet, mit der sie sich auseinandersetzen und abfinden, die sie an-
nehmen musste. Nicht alle Tage dieser Krankheit haben ihr gefallen.
Besonders schwer wurde ihr der Abschied aus dem eigenen Haus. Noch
oft hat sie gehofft, es könne vielleicht doch wieder gehen. Doch dann
die Schmerzen, die Angst, das Wissen um die geringe Kraft des eigenen
Körpers..., die Knappheit der Luft, die Zeiten im Krankenhaus und im
Heim...*

*Sie hatte immer Zuspruch, Hilfe, Trost und Begleitung durch Sie, ihre
Familie, aber auch durch treue Freundinnen, die immer wieder nach
ihr schauten und bei ihr waren. An manchen Tagen haderte sie mit ihrer
Krankheit, an anderen aber trug sie, was sie tragen musste. Lebhaft
erzählen, das konnte Agnes. Sie konnte aber auch zuhören und sich um
andere wirklich bemühen und war hilfsbereit und gütig. In den letzten
Zeiten hat Agnes einen Glauben gefunden, der ihr half, sich selbst und
andere im Gebet in die Hand Gottes zu geben.*

*Agnes wurde 1913 in B im Kreis Celle geboren - in einem richtigen
Dorf. Der Vater stellte als Schreiner Möbel und Särge her, die Mutter
betrieb die Landwirtschaft. Eine Schwester und ein Bruder wuchsen mit
ihr zusammen auf. Von diesem Leben in der Kindheit unter so ganz anderen Bedingungen, als wir sie heute haben, hat sie auch gerne erzählt,
obwohl das Leben damals immer unter den Vorzeichen der knappen
Mittel zum Leben stand. A. v. S. arbeitete nach der Schulzeit zu Hause.
Das größte Ereignis im Dorfe war dann auch gleich ein Entscheiden-
des. Sie lernte den Lehrer E. v. S. kennen. 1932 feierten die beiden
Hochzeit in B. Dann aber ging es in die große Welt, nach Hamburg.*

*1936 wurde E. v. S. Lehrer in der Schule am Walde. Die Familie wohnte
von da an in D. Schon vor dem Krieg begannen die Planungen für das
eigene Haus, das dann aber erst nach dem Krieg verwirklicht werden
konnte. Agnes brachte ihre vier Kinder Helga, Gerhard, Gunhild und
Harald zur Welt. Den Krieg mussten sie mit ihren damals drei Kindern
alleine durchstehen. Der Ehemann war Soldat und kam erst 1946 zurück. Sie arbeitete nicht nur in zwei Gärten, um das fürs Leben notwendige Gemüse zu ziehen, sondern konnte auch durch Schneidern und
Handarbeiten die Kinder bekleiden. Später war sie sehr dankbar, dass
aus ihren Kindern "etwas Ordentliches" geworden ist, wie sie sich ausdrückte.*

*Der Bau des eigenen Hauses war mit viel Arbeit und Aufwand, ja ei-
gentlich Opfern, verbunden. Man machte ja fast alles selbst. Und es
wurde mit allem drum und dran zur Familienheimat. Nicht nur der Gar-
ten bestimmte neben den vielen Pflichten als Mutter das Leben von Agnes, sondern auch die Imkerei ihres Ehemannes. Von der vielen Arbeit,
aber auch von den vielen zufriedenen Stammkunden erzählte sie gerne.
Und man kann sich leicht vorstellen, dass es bei über fünfzig*

Bienenvölkern neben viel Freude auch manche Last mit diesem Nebenberuf gab.

In den fünfziger Jahren fuhr die ganze Familie nach Neuwerk ins Schullandheim in die Ferien. Dort betreuten die Eltern Feriengruppen und das war ja doch ganz interessant auch für die eigenen Kinder.

Ein besonderes Ereignis stellten auch für Agnes die Treffen des Lehrerkontaktkreises aus dem Lehrerseminar dar. Einmal jährlich trafen sich die ehemaligen Lehrerstudenten mit ihren Familien. Bis in die Witwenzeit hinein hielten diese Kontakte.

Agnes wurde Großmutter von Manfred, Jörg, Petra, Margitta, Sophie und Isabel und sogar Urgroßmutter von Norman und Fabian.

Vor vielen Jahren starb E. v. S. Dies war ein schwerer Einschnitt im Leben seiner Frau. Und doch hatte sie danach gute Jahre. Sie fand Kontakt zum Basarkreis in der Kirche, wo sie in guter und bleibender Erinnerung ist. Da konnte man ihre Fertigkeiten im Handarbeiten gut gebrauchen und sie hat sie auch gerne zur Verfügung gestellt. Aber es wurde zunehmend schwerer für sie. Eine große Herzoperation hatte die Folge, dass Agnes eigentlich nur noch in ihrem Hause sein konnte. Oder wie eine ihrer Freundinnen gesagt hat, es begann das Leben in kleinen Schritten. Sie hing sehr an ihrem Haus und war sehr erfreut, dass dieses Haus, als sie selbst es nicht mehr bewohnen konnte, in der Familie bleiben konnte.

So sind Lebensgeschichten verbunden mit äußeren Daten, aber vielmehr mit inneren Ansichten, Lebenserfahrungen und Lebensschritten. Abschied zu nehmen von seiner Mutter, das bedeutet auch, sich der eigenen Lebensurspünge bewusster zu werden und die Vergänglichkeit an sich selbst zu spüren. Agnes ist von ihrem Leiden in den letzten Wochen und Monaten erlöst. Es bleiben ihre Lebensbilder, die zum eigenen Leben gehören und darin unverlierbar verknüpft sind.

Dankbar zu sein für sie, die Mutter, Großmutter und Urgroßmutter, die Nachbarin und Freundin, für gemeinsame Zeit, ohne die wir Menschen nicht leben können, dankbar aber auch zu sein, dass es möglich war, sie zu besuchen und auch an den schwereren Tagen teilzunehmen, das hilft, Trauer zu tragen und mit dem Sterben zu leben.

Mütter gehen uns nicht nur im Leben voraus, sondern auch im Sterben. Wir aber leben angesichts des Todes und werden uns der Endlichkeit der eigenen Zeit schmerzlich bewusst. Mit dem Tode fallen Lasten von uns, aber er prägt uns auch den Stempel der Vergänglichkeit auf.

Was nach dem Tode kommt, wissen wir nicht. Wir glauben aber an die unendliche Barmherzigkeit Gottes, der uns aufnimmt. Das Psalmwort heißt: „Mein Vater und meine Mutter verlassen mich, aber der Herr nimmt mich auf."

Darin kommt die alte Hoffnung zum Vorschein, dass wir im Tode ganz ähnlich wie bei der Geburt von einem strahlenden Gesicht empfangen werden, das die große Liebe Gottes ausstrahlt, die Liebe, die von aller Erdenschwere befreit, unendlich wirken kann. Wir wissen alle, dass dieses Bild von der Liebe Gottes auch ein Bild unseres Lebens ist. Denn anders als in Bildern können wir von Gott nicht reden. Und doch gibt es Hoffnung und Leben über den Tod hinaus. Die Liebe Gottes, die uns nach unserem Glauben im Leben und im Sterben umfasst, befreit uns nicht von der harten und schmerzlichen Wirklichkeit des Todes. Diese Wirklichkeit, die ihre Zeichen schon in den Krankheiten und darin, dass wir oft nicht entscheidend helfen können, vorausschickt, beschwert und bringt alle Lebenskräfte ins Wanken. Deshalb vergewissern wir uns auch heute, da wir an Ihrer Seite Abschied von Agnes nehmen, dessen, der das wahre Leben ist.

„Mein Vater und meine Mutter verlassen mich, aber der Herr nimmt mich auf." Bilder vom Leben mitten im Tod.

Agnes ist in der umfassenden Liebe Gottes geborgen. Sie hat Leben gegeben, hat sich gegeben, hat ihr Leben gelebt. Ihren Tod anzunehmen und für alle Tage dankbar zu werden - für die guten und für die schwierigeren - das hilft, sie loszulassen und doch zu behalten.

Der Tod als kirchliche Aufgabe

Inwiefern stellt der Umgang mit dem Tod eigentlich noch ein wirklich akzeptiertes Feld kirchlicher Arbeit dar? Mindestens in den Großstädten muss diese Frage längst gestellt werden. Sterben und Sterbebegleitung erwarb sich öffentliche Aufmerksamkeit, die Beerdigung aber nicht. Hier und da wurde geargwöhnt, vor allem die „Redner" machten den Pastorinnen und Pastoren Konkurrenz. Dadurch ginge die kirchliche Beteiligung zurück. Die Kirche käme unter Konkurrenzdruck, weil Redner leichter zu handhaben seien. Sie erforderten eine einmalige Zahlung bei der Trauerfeier und ließen sich leicht unter den Unkosten verbuchen. Wer einen Pastor bemühe, müsse dagegen als Kirchenmitglied möglicherweise lebenslang Kirchensteuern zahlen.

Neben den Trauerfeiern mit anschließender anonymer Beisetzung findet immer häufiger eine Beerdigung, Einäscherung, Beisetzung ohne jede Feierlichkeit statt. Das Unternehmen bekommt den Auftrag, den gestorbenen Menschen zu entsorgen. Selbstverständlich verläuft das alles nach Recht und Gesetz. Die Friedhöfe verwalten die Bestattungen genau. Die Orte sind wieder auffindbar. Nach Auskunft eines meiner Beerdigungsunternehmer fielen zu Zeiten bis 30 % aller Beisetzungen ohne Trauerfeiern an.[110] Der Konkurrenzdruck entsteht also nicht durch eine Entkirchlichung des Ritus Beerdigung. Er entsteht durch eine völlige Enthaltung von jeder Art der Trauerfeier. Dabei können - nach vorläufiger Beobachtung - zwei Gruppen unterschieden werden:

Die Gruppe, um die kein Mensch trauert. Diese Menschen besitzen entweder keine näheren Angehörigen, vor allem keine Kinder und Enkel. Bisweilen sind die Angehörigen selber alt oder krank und können sich nicht kümmern. Zu dieser Gruppe gehören auch Menschen, deren „Ausscheiden aus der Gesellschaft" durch verschiedene Formen des sozialen Todes längst vor ihrem biologischen Tod stattfand: Psychisch kranke Menschen, wiederholt rückfällige Straftäter und Menschen mit Lebensformen, die weit außerhalb der gesellschaftlichen Norm liegen.

Die Gruppe, deren Familien oder Angehörigen Mühen, Aufwand und Kosten einer Trauerfeier und der Grabpflege scheuen. Hierher gehören auch Menschen, die dem Traditionsabbruch soweit anheimgefallen sind, dass sie sich eine irgendwie geartete Form öffentlichen Abschieds von einem Toten nicht mehr vorstellen können.

Im Gegensatz dazu wird in Dörfern und dorfähnlichen Stadtrandgebieten nach wie vor in vielen Fällen die große Trauerfeier mit bis zu 500 Menschen hingebungsvoll zelebriert, die ganz großen Zeremonien für Menschen des öffentlichen Lebens seien einmal ausgenommen. Das Verschwinden der Trauerfeiern aber erhält Begleitung durch ein anderes Phänomen. In vielen eher großstädtischen Gebieten kommt die Nachricht vom Tode eines Gemeindemitgliedes gar nicht mehr in der Kirche an. Der Datenschutz sorgt dafür, dass ein öffentliches Datum, nämlich das Ausschieden eines Menschen aus dem Leben, geschützt wird. Vor wem? Abgesehen davon, dass der Tote nach dem deutschen Recht eine Sache und keine Person mehr ist, zeigt diese Form von Datenschutz gegenüber der Kirchengemeinde die Konterkarierung der Datenschutzbestimmungen. Hier wird der Tote zu Tode geschützt. Außer den direkten Nachbarn scheint viele Menschen überhaupt niemand mehr zu kennen. Deshalb spielen Daten gerade hier eine große Rolle. Sie sollen Menschen schützen, aber nicht aus der Gesellschaft entfernen. Die evangelischen Trauerfeiern finden ihre Ausrichtung nicht an dem Toten, sondern an der Begleitung der Hinterbliebenen. Wenn aber niemand den Menschen kennt der gestorben ist, wenn niemand irgendeine Form von Beziehung zu ihm besitzt, wer soll dann bei einer Trauerfeier begleitet werden? Wenn die Gebete nicht der Zurüstung des Toten auf die jenseitige Welt dienen, finden sie ja keinen Adressaten.

---

[110] Johann Hinrich Claussen schätzt den Anteil 2018 auf über 50 Prozent: http://www.spiegel.de/panorama/gesellschaft/bestattungen-wie-traurig-es-ist-wenn-niemand-mehr-trauert-a-1199423.html.

Während es sich in der dörflichen Gemeinschaft immerhin noch gehört hat, dass die nächsten Nachbarn den Ritus mit vollziehen, und sich dadurch auch selber auf Situationen dieser Art, besonders den Umgang mit dem einsamen Tod, vorbereiten, nehmen solche traditionalen Bindungen zunehmend ab und das besonders in großen Menschenansammlungen. Bei terroristischen Ereignissen oder Großunfällen nimmt die öffentliche Trauerbekundung extreme Formen an. Da überwiegt der Eindruck, dass eher die eigene Bedrohung zum Ausdruck kommt, als dass die individuellen Opfer betrauert werden.

Um es noch etwas zuzuspitzen: Einige Menschen bereiten ihren Tieren schönere und länger bestehende Gräber als dies für relativ viele Menschen vorgesehen ist. Der Mensch begräbt das, wozu er eine Beziehung hat. Sollten wir religiöser Weise darauf reflektieren, „dass unsere Namen im Himmel geschrieben sind"? Auf den Listen der Friedhöfe jedenfalls sind sie geschrieben, wenn auch unter Verschluss, weil anonym beigesetzt, aber immerhin doch geschrieben. Oder sollten wir den Einbruch der Realität in das Leben des Menschen konstatieren. Wer weiß denn etwas von den vielen Menschen, die irgendwann einmal gelebt haben, außer durch Zeugnisse einzelner herausragender kriegerischer, wissenschaftlicher oder künstlerischer Gestalten? Oder wäre die Konsequenz eine ganz andere:

Daran, wie eine Gesellschaft mit ihren Toten umgeht, kann man erkennen, was schon jetzt, aber vor allem in Zukunft auf die Lebenden zukommt. Der Mensch wird zum Entsorgungsproblem. Die Lebendentsorgung erfolgt im Auftrage der Gesellschaft in den Einrichtungen, die dafür geschaffen wurden. Die Totentsorgung ebenso. Wenn dem toten Menschen keinerlei Form von ehrfürchtiger und ehrerbietiger Achtung entgegengebracht wird, warum sollte dies Lebenden widerfahren? Wen sollte es schließlich interessieren, ob ein Mensch gut, schlecht, mittelmäßig geachtet oder gehasst lebt? Die Massengräber aus den Kriegen überall auf der Welt, erschüttern die Menschheit so sehr, weil dahinter Grausamkeit gegen die Lebenden verborgen liegt. Den Toten wird es nicht stören, ob er in einem Sarg, in einer Urne oder in einem Massengrab beigesetzt ist.

Der Lebende allerdings erlebt daran die völlige Aufhebung der individuellen Lebensgeschichte und die Vernichtung der Persönlichkeit des Menschen. Selbst die Mörder der psychisch Kranken haben im Jahre 1942 noch darauf gesehen, dass die Morde vertuscht wurden und eine - wenn auch erfundene - Todesursache bescheinigt wurde. Die Angehörigen bekamen sogar Beileidsbriefe mit den zugehörigen Urnen zugeschickt. Von einem Krankenhaus wird berichtet, es habe einen „Klappsarg" besessen. Wenn die Trauergäste sich vom Grab entfernt hatten, wurde die Leiche durch einen Klappboden ins Grab geworfen. Der Sarg konnte dann wieder benutzt werden.

Der Umgang mit den Toten sagt viel über den Zustand der Lebenden aus. Das Verhalten schillert dabei von Schuldgefühl über Aggression, die prächtige Darstellung von Nichtigkeit, Lüge, Wiedersehensfabeln, Darstellung großer Trauer nach außen hin, religiöser Normalität, religiöser Inbrunst, christlicher Freude (Heimgang), Leere und versteinerter Ritualisierung. Die völlig emotionslose Entsorgung des Körpers hat es wahrscheinlich in der Geschichte noch nicht gegeben. Feinde wurden wenigstens zerstückelt oder den Geiern vorgeworfen. Jedenfalls aber ging der Tod mit Furcht und Zittern und Emotionen einher. Allenfalls die Berichte des Alten und Neuen Testamentes über die Entrückung von Menschen könnte man sich als einen Vorgang des Verschwindens vorstellen, der ohne eine ritualisierte Form des Abschieds vor sich ging. Bezeichnend aber bleibt dabei, dass gerade die entrückten Menschen in der Phantasie ihrer Mitmenschen eine große Rolle spielten und in der Geschichte erhalten blieben.

Menschliche Kulturen besaßen aber immer ein Verhältnis zu den Toten. Friedhöfe werden mit Mauern versehen, nicht nur nach außen, sondern auch nach innen. Steinzeitgräber wurden von Bandkreisen eingefasst. Das Gedenken der Toten nahm jeweils bestimmte Tage, Zeiten oder Festlichkeiten in Anspruch. Die Milliardenzahlen lebender Menschen überschreiten allerdings die religiösen und philosophischen Phantasien aller Zeiten. Ein Kabarettist äußerte in einer Talkshow die Ansicht, es habe noch nie so viele lebende Menschen gegeben wie zur Zeit und die Zahl der Lebenden übersteige zum ersten Mal die Zahl der Toten. Und jemand anders äußerte sarkastisch, bei so vielen Menschen sei es wohl kaum möglich, dass es noch große Persönlichkeiten gebe. Die Seelenmasse der Menschen sei durch die Vielzahl gewissermaßen verdünnt.

Hat vielleicht der Mensch den Menschen über? Wo doch auch besonders der lebende nicht aber der tote Mensch für die Umwelt Erde ein großes Problem darstellt und deshalb bedrohlich wirken muss. Leichter zu bearbeiten scheint da die moderne Oberfläche: Den Toten fehlt ebenso wie dem schwer Leidenden das, was den modernen Menschen in seinem Sein auszeichnet: die Mobilität. Dass der Mensch nicht immer da hinkommen kann, wo er hin möchte, das führt der Leidende und erst recht der Tote dem Lebenden drastisch vor. Der Tote fährt bezeichnenderweise nicht mehr selber mit dem Auto, sondern wird gefahren. Derart immobil kann er nichts als einen bedrohlichen Eindruck hinterlassen. Deshalb muss man ihn der fachgerechten Entsorgung anheimgeben. Diese erweist sich wieder als wunderbar mobil. In der Großstadt wird der Tote häufiger über größere Strecken transportiert. Selbst seinen Trauerfeiertermin muss er mobil erreichen. Welch schwerer Weg für die Überlebenden, in Ruhe oder Stille einige Minuten hinter einem Sarg gehen zu müssen - der einzige Weg, auf dem ein Mensch unserer Zeit weder seinen Walkman, noch seinen Fernseher, noch sein

Autoradio bei sich hat, noch ein smartphone bedient, noch eine Art der Unterhaltung. So kehrt er total sich selbst ausgeliefert - also immobil, auf den Boden des Lebens zurück. Dennoch oder gerade darum bleibt es erstaunlich, dass viele Menschen nach einer Trauerfeier nichts lieber tun, als sich in aller Ruhe in einem Gasthaus zu versammeln, um bei einem Imbiss miteinander zu reden und sich auszutauschen. Kaum eine andere Zusammenkunft von Menschen ist so wenig fremdbestimmt (durch Musik, Darbietungen etc.) wie gerade diese. Fast hat man das Gefühl, sie seien froh, der drohenden Immobilität des Todes entronnen zu sein.

Alle Predigtteile bei einer Trauerfeier, die über die Lebensbeschreibung des Toten hinausgehen, scheinen auf die meisten Trauergäste allenfalls gefühlsmäßig zu wirken. Mag auch der Pastor/in so schön von ewiger Heimat und Vollendung träumen, von Erlösung oder Neubeginn. Sie oder er bleiben mit ihrem Traum alleine. Hauptsache, sie haben es den Trauernden „nicht so furchtbar schwer gemacht". Die Angst vor der Immobilität des Todes ist groß genug, da brauchen wir doch nicht auch noch auf neue Welten und andere Gefühle eingeschworen werden. Merkwürdigerweise verharren Trauergäste in dieser Angst vor der Immobilität des Todes in völliger Immobilität auf ihren Plätzen. Gerade die besonders mobilen Großstädter sind kaum zum Singen oder Beten zu bewegen. Den meisten Betroffenen leuchtet es auch längst nicht mehr ein, warum jemand Kirchenmitglied sein soll, nur um irgendwann einmal von einem Pastor/in eine Grabrede gehalten zu bekommen. Sie fassen diese Handlung als Dienstleistung im besten Sinne auf. Selbstverständlich ist sie wie alle Dienstleistungen ihren Preis wert.

Vielleicht tun die Kirchen in Deutschland besser dran, in Zukunft Trauerfeiern zu berechnen und nur Kirchenmitgliedern die Zahlung zu erlassen. Damit könnten zwei Probleme behoben werden: Es wäre ohne weiteres möglich, auch Nichtmitglieder bzw. deren Angehörige seelsorgerlich und bei der Beisetzung zu betreuen und zu begleiten. Die Bedingungen wären geklärt. Heute kommt es lediglich darauf an, ob ein Pastor/in ja oder nein sagen kann, und ob Angehörige in dieser schwierigen Lage fähig sind, verbindlich oder fordernd aufzutreten. Das zweite mit der Gebühr zu lösende Problem wäre die Rechtfertigung gegenüber den Mitgliedern. Sie bezahlen schließlich mit ihrer Kirchensteuer die Infrastruktur der Kirchen. Wenn kirchliche Mitarbeiter / innen für Nichtmitglieder tätig werden, lässt sich dies mit einer Gebühr besser begründen. Das Widerstreben gegen die direkte Honorierung einer Rede bzw. seelsorgerlichen Betreuung bei Pastor / innen kann sich legen. Ein Gehalt ist schließlich auch nichts anderes. Es wird nur monatlich ausgezahlt. Auch ein Musiker findet nichts dabei, für einen Einsatz von ca. 12 Minuten plus 18 bis 25 Minuten Bereitschaft je nach Fahrweg und Umständen 70 - 130 Euro zu kassieren. Voraussetzung für diesen Einsatz ist seine Kunstfertigkeit, die er auf eigene Rechnung erhalten muss. Pastoren / innen haben bei einer Trauerfeier einen wesentlich höheren Zeiteinsatz (Gespräch, Wege, Organisation, Ausarbeitung einer Predigt, Halten der Trauerfeier.) Das entspräche einem Musikereinsatz, bei dem der Musiker die Musik selbst mit persönlichem Bezug komponiert. Freiberuflich müsste eine Trauerfeier mindestens 500 Euro und mehr erbringen. Wenn Pastoren / innen weiter Kirchenbeamten bleiben, geht das Geld an die Kirchenkasse. Der Arbeitgeber Kirche sorgt dann dafür, dass der Arbeitsanfall der frei finanzierten Trauerfeiern gleichmäßig verteilt wird. Man könnte die Trauerfeiern aber auch aus dem Beamtengehalt herausrechnen und den Pastoren /innen bei einem durchschnittlichen Gehaltsabschlag gewissermaßen einen freiberuflichen Anteil im Beruf verschaffen. Trauerfeiern für Mitglieder zahlt die Kirchenkasse. Trauerfeiern für Nichtmitglieder rechnet Pastor / in selbst ab. Die Institution Kirche braucht eine derartige Erweiterung von Handlungsspielräumen, um in unserer Gesellschaft bestehen zu können.

Vielleicht aber zeigt die jetzige Situation auch, wie sehr die Gesellschaft, in der der Einzelne als Individuum die Hauptrolle spielt, an die Grenze gekommen ist. Der nicht eingebundene Einzelne empfindet sich zwar als frei von jeder sozialen Kontrolle. Er wird aber auch von sozialer Zuwendung freigestellt. Wohl gab es in der Geschichte noch keine Zeit, in der das Begräbnis des einzelnen derart geregelt vonstatten ging wie in den letzten hundert Jahren. Der sich selbst für unverlierbar haltende Einzelne aber errichtete sich große Grabmale. In einer Gesellschaft, in der der Einzelne in der Sippe lebt, reicht für das Unverlierbar - Werden das Weiterleben als Sippe, die wieder im Oberhaupt ihre Identität findet. Gewinnt aber der Mensch seine Bedeutung aus sich als Individuum, muss er / sie auch einzeln bestattet und betrauert werden.

Bei der Trauerfeier moderner Prägung handelt es sich um einen Restbestand öffentlicher Übergangsriten. Meist fehlt aber dem Ritus inzwischen - deshalb Restbestand - die Öffentlichkeit. Nur in wenigen Fällen findet die Trauerfeier und der Gang zum Grab wirklich öffentlich statt. Dazu trugen auch die Kirchen, die nach außen hin so großen Wert auf den Bestattungsritus legen, kräftig bei. Fast alle Friedhöfe besitzen Friedhofskapellen. Der öffentliche Ort aber wäre die Kirche. Dort wird getauft, konfirmiert und getraut, aber nur noch in selteneren Fällen die Trauerfeier gehalten. Die Friedhöfe verschwanden aus der unmittelbaren Wohnumgebung. Die Nähe der Toten zu den Lebenden hat in der Geschichte des Abendlandes oft gewechselt. Öffentliche Formen der Trauerfeier aber scheinen in allen Kulturen stattgefunden zu haben.

Was also soll man daraus schließen, dass Trauerfeiern für immer mehr Menschen einfach entfallen können? Sollte dies ein Zeichen dafür sein, dass unsere Gesellschaft immer weiter zu einer 1/2 oder 2/3 -

Gesellschaft auseinander fällt? Das eine Drittel, das sozial am Rande steht, kann sich die Trauerfeier gar nicht mehr leisten. Die bürgerliche Existenz plant dagegen auch hier vor: Die Kosten für die etwas größere Kaffeetafel bei der Trauerfeiern werden angespart. Bei der Trauerfeier erneuert sich das Bündnis der rechtschaffenen Bürgerlichkeit. Trauerfeiern bleiben gesellschaftliche Ereignisse ersten Ranges vor allem für die ältere bürgerliche Generation. Dies aber kann nur stattfinden, wenn der Gestorbene in diesem Sinne Gesellschaftsmitglied war.

Vielleicht begleitet das Entfallen der Trauerfeier einfach nur als fast unbemerktes Zeichen den Untergang der bürgerlichen Welt. Dann zeigen die Schwierigkeiten im Umgang mit der Trauerfeier seitens der Kirchen lediglich den fortschreitenden Untergang der bürgerlich liierten Kirche. Gerade das aber ist Herausforderung genug, um neue Formen der Betreuung und Begleitung bei Sterbenden und bei Hinterbliebenen anzubieten. Beistand bei der Bewältigung bedrohlicher Lebenssituationen braucht Nähe zu den Menschen. Die können nur Menschen herstellen, keine Institutionen. Ob die Trauerfeiern noch ein akzeptiertes Feld kirchlicher Arbeit darstellen, mag sich als unsinnige Frage erweisen. Ob die Menschen, die im Sinne Jesu Nächstenliebe zum Beruf und zum Lebensinhalt erkoren haben, anderen Menschen über bürgerlich geformte Riten hinaus nahe sein können, das entwickelt sich mehr zur Existenzfrage christlicher Kirche überhaupt. Nahe sein aber können sie nur, wenn sie auf die Wirksamkeit des Heiligen Geistes vertrauen, der notwendigerweise unvollkommene Worte und Riten zu Leben schaffenden erweitert.

Alltägliche Seelsorgesituationen

Geheimnis

Frau B aus dem Altennachmittag meldet sich förmlich zum Gespräch. Sie wirkt zuerst sichtlich mitgenommen und beginnt, von ihrer Familiensituation zu erzählen. Das hörte sich nicht so erfreulich an, die Missverständnisse mit Tochter und Schwiegersohn, die aber im selben Haus wohnen. Die Enkelkinder sind dadurch gegen sie aufgebracht. Die Wohnsituation lässt sich aus wirtschaftlichen Gründen nicht ändern. Sie möchte dort aber keine Hilfe haben. Sie nimmt es so, wie es ist. Schließlich zieht sie einen verschlossenen Briefumschlag aus der Tasche. "Wenn ich gestorben bin, sollten Sie ihn öffnen und bis dahin sicher aufbewahren! Bitte." Ich fragte noch, ob der Brief in den Safe muss. Das verneinte sie. Frau B war danach zugewandter, wenn sie in den Altenkreis kam. Sie kam aber nie auf das Thema zurück. Als ich die Gemeinde wechselte, musste ich ihr den Brief leider zurückgeben. Er blieb also zunächst ungelesen. Man muss als Seelsorger einfach nur mal

Geheimnisse aushalten und "aufbewahren". Und die Klappe halten können.

Diebstahl

Mit lauter Stimme beschuldigte jemand Frau C im Seniorenkreis: "Die da"! "Die hat gestohlen." Da war ihr aber die Aufmerksamkeit sicher! Ich versuchte, den Sachverhalt aufzuklären. "Ich habe gesehen, wie sie Geld aus der Kaffeekasse genommen hat." Der Vorwurf traf eine Außenseiterin, eine alleinstehende Frau, die auch über dreißig Jahre nach ihrer Vertreibung aus Ostpreußen noch als Flüchtling bezeichnet wurde. Ich hörte mir an, dass sie immer schon als merkwürdig betrachtet wurde, und versuchte es mit einer Hypothese. Es sei doch auch möglich, dass Frau C nur Geld gewechselt habe. Das mache ich auch manchmal bei der Kollekte. Ich lege zwanzig Euro hinein und nehme zehn wieder heraus. "Die hat gestohlen!" Darauf beharrte besonders eine sehr schwerhörige Teilnehmerin, die mit durchdringend lauter Stimme sprach. Gut, das Problem war nicht aufzuklären. Weder gab Frau C zu, Geld aus der Kasse genommen zu haben, noch waren die anderen zu bewegen, von ihrem Vorwurf abzulassen. Aber sie hatten sich zum Ende der Veranstaltung dann doch wieder heruntergefahren.

Da der Altennachmittag abwechslungsweise von meinem Kollegen und mir betreut wurde, kam beim nächsten Termin alles wieder hoch. Mein Kollege war offenbar bereit, "die Sache zu untersuchen" und machte dadurch alles noch schlimmer. Die Beschuldigung wurde konserviert bis ich schließlich vier Wochen später meinerseits einfach eine fehlende fiktive Gabe in die Kaffeekasse legte und den Damen das Versprechen abnahm, Frau C wieder in die Gemeinschaft aufzunehmen. Das funktionierte – jedenfalls nach außen.

Die Folge war, dass Frau C sich zum Gespräch anmeldete. Sie erzählte, dass sie als Flüchtling missachtet werde und hier eigentlich keinen Platz habe. Das sei nicht nur beim Altentreff so, sondern überall. Und sie habe Krebs, könne nicht schlafen und habe böse Träume. Ich ermunterte sie, doch ihre bösen Träume zu erzählen. Nach einigem Zögern fing C stockend an. Im Traum sah sie einen toten Soldaten, der plötzlich als Skelett aus dem Grab aufstand und mit "Heil Hitler" salutierte. Sie habe sich noch antworten hören: "Das gehört sich nicht!" Dann sei sie aufgeschreckt und habe geglaubt, ihre letzte Stunde habe geschlagen.

Danach war Schweigen. Der Traum sei sicher ein Zeichen, dass sie sich mit dem Thema Tod beschäftige und ihre alten Erfahrungen aus der Zeit der Flucht lebendig werden. Das wirke natürlich bedrohlich, versuchte ich, das Gespräch weiter zu führen. Ob ich das denn normal finde, dass in ihrem Traum "Heil Hitler" vorkommt. Das müsse doch ein Zeichen sein. Da versuchte ich es mit der Erklärung, dass im Traum das Ich nicht Herr über die Inhalte sei, sondern dass da alles kommen kann, was erlebt und damit gespeichert ist. Sie blieb aber überzeugt, dass das ein Hinweis auf ihren baldigen Tod sei. Nach diesem ersten und einzigen ausführlichen Gespräch bedankte sie sich herzlich, weil sie mir das erzählen konnte und ich auch wirklich zugehört habe. Anderen Menschen könne man mit so etwas ja nicht kommen. Obwohl sie überzeugt war, dass sie im Altentreff eigentlich nicht willkommen war, kam sie regelmäßig dorthin und wirkte etwas weniger angespannt als vorher. In der Tat starb Frau C nach einem Jahr.

Mal nach Opa schauen

Aus hunderten Kilometern Entfernung kommt ein Anruf einer besorgten Dame – einer besorgten Tochter, wie sich herausstellte. Ihr Vater wohne in meiner Gemeinde. Sie könne derzeit selber nicht herkommen, mache sich aber große Sorgen. Bei Ihrem Vater gäbe es offenbar Probleme. Was für Probleme sagte sie nicht. Da ich nicht nachfragte, erfuhr ich es auch nicht. Ich war bereit, Opa aufzusuchen. Da ich ihn noch nicht kannte, war ich für diesen „Auftrag" ganz dankbar.

Opa öffnete die Tür und ließ mich herein, als ich mich vorgestellt hatte. Es war gar nicht so einfach, zwischen zweimeterfünfzig hohen Zeitungsstapeln, an der Küche vorbei, in der noch ein Huhn und allerhand Undefinierbares in der Pfanne vertrocknete, mit ihm zum Wohnzimmer zu kommen. Dort war immerhin ein Stuhl für mich und ein Sessel für ihn. „Wenn sie der Pastor sind, dann ist ja alles in Ordnung. Soso, meine Tochter hat sie geschickt ....". Wir unterhielten uns über meine Ziegen und das Dorf. Dann berichtete er, wie sie seine Freundin weggeholt haben. „Die kamen mit dem Krankenwagen. Sie war gar nicht krank. Ich bestand darauf, mitzufahren. Unterwegs hatte ich das Gefühl, die wollten gar nicht ins Krankenhaus, sondern ganz wo anders hin. Sofort anhalten, habe ich gerufen. Das nützte aber nichts. Und dann landeten wir in Schleswig. So eine Frechheit! Und da ist sie dann auch gestorben. Stellen Sie sich das mal vor!" Schleswig war und ist der Standort der zuständigen Psychiatrischen Klinik. Opa war ganz klar und deutlich in seinen Worten. Ich fragte, ob er sich sorge, dass es ihm ähnlich gehen könnte. Oder ob er sonstige Hilfe gebrauchen könne. Nein sagte er, er komme gut zurecht. Trotzdem musste ich noch fragen, ob ihm jemand beim Putzen helfe. Die letzte Putzfrau sei nicht mehr gekommen. Mein Eindruck war, er werde es irgendwie schaffen, in seiner Wohnung allein zu überleben. „Ich werde mit Ihrer Tochter telefonieren." „Die hat ja keine Zeit!"

Das Telefonat mit der Tochter verlief dann ganz freundlich, obwohl sie gehört hatte, dass ich mit ihm über meine Ziegen und anderes gesprochen habe. Ich schilderte ihr meinen Eindruck, dass ihr Vater doch irgendwie zurechtkomme, obwohl es für Außenstehende etwas schwierig sei, das so zu akzeptieren. Man habe von einer Wohnung eine andere, meist gutbürgerliche, Vorstellung. Gefährlich könne es m.E. schon mal werden, wenn das viele Papier im Haus in Brand gerate. Ich wüsste aber nicht, wer das mit ihrem Vater ausfechten solle, ohne dass es zu unschönen Szenen komme. Ich jedenfalls könne ab und an bei ihm reinschauen. Der ärztliche Dienst sei doch ohnehin beteiligt.

Da kam ihre wahre Absicht heraus: „Die machen doch auch nichts." Ich war also ihre letzte Hoffnung, den Vater zu überzeugen, dass mit ihm etwas gemacht werden muss. Da musste ich sie leider enttäuschen. Ich schlug ihr vor, selbst mal nach ihrem Vater zu schauen. Dann beendeten wir das Gespräch. Vier Wochen später trafen wir uns zur Beerdigung. Zwei Tage war er vorher im Krankenhaus, weil es in der Tat in der Wohnung ein Feuer gegeben hatte. Seine Tochter hatte ihn nicht besucht. Zur Beerdigung aber war sie zur Stelle und machte kein vorwurfsvolles Gesicht, sondern bedankte sich für alles!

Psychisch krank

Frau D lernte ich nie persönlich kennen. Eines Tages hatte ich einen Anruf. Sie stellte sich als Frau D aus einem ca. 20 Kilometer entfernten Stadtteil vor. Sie habe in der Zeitung gelesen, dass ich Erfahrung in der Psychiatrie habe. Sie wolle gerne mit mir reden. Dann folgte eine lange Krankengeschichte. Irgendwann war diese zu Ende. Frau D wollte die Zusicherung, dass ich nichts dagegen habe, wenn sie mich anruft. Ich sagte zu. Eine volle Stunde war vergangen. Antworten konnte ich so gut wie nichts. Es war eine Geschichte voll mangelnder Fähigkeit, das eigene Leben zu führen. Dreimal hatte ich daraufhin nicht endende Anrufe auf dem Anrufbeantworter. Zwei Mal reichte der Speicher nicht aus. Der Anruf brach nach jeweils einer Stunde ab. Danach erreichte mich Frau D mal wieder direkt. Sie begann sofort weiter zu reden, wo die letzte Aufzeichnung geendet hatte, als hätte sie ihren Schlusssatz genau notiert. Bei den Inhalten kam ich nicht mit. Zwischendurch versuchte ich mehrmals, Frau D auf Empfang für eine kurze Botschaft meinerseits zu bringen. Das war aussichtslos. Als sie dann endlich einmal eine Pause machte, erklärte ich ihr, sie möge nicht endlos auf meinen Anrufbeantworter sprechen. Es sei besser, ihre Lebenserfahrungen direkt zu besprechen. Außerdem fragte ich mich, ob nicht vielleicht jemand in einer für sie erreichbaren Nähe für sie Ansprechpartner sein könne. Ihre Antwort: "Sie haben also auch keine Zeit!" "Doch, aber die muss ich leider einteilen. Vielleicht können wir einen Termin fürs nächste Gespräch machen. Dann erreichen sie mich direkt!" Wir verabredeten einen Termin. Zu diesem aber meldete sich niemand.

Sucht

Herr E kam stets am Freitag zwischen fünf und acht. Zuerst wollte er reden und wirkte ziemlich agitiert. Er redete dann allgemeines Zeug und erzählte dies und das. Nach rund einer halben Stunde begann ich darauf hinzusteuern, was eigentlich seine Botschaft sei solle. „Aha", antwortete er, „Sie haben also auch keine Zeit!" „Zeit habe ich, wenn es notwendig ist. Aber ich verstehe nicht, was an dem, was sie mir erzählen, irgendeine Not ausdrückt." „So sind sie, die Pastoren!" „Ja!" „Ich bin drogenabhängig und brauche Geld!" „Und da kommen Sie zu mir? Für Drogen habe ich kein Geld. Das müssen Sie sich anders beschaffen." „Soll ich vielleicht einbrechen?" „Das wäre aber kriminell und von mir nicht unterstützt." „Woher soll ich das nötige Geld bekommen?" „Lassen sie sich zur Therapie einweisen!" „Da war ich schon ein paar Mal." Ich wollte ihn loswerden und sagte dann: „Ich kann Ihnen fünf Euro für etwas Essbares geben, aber nichts für Drogen." Er willigte ein und verschwand mit fünf Euro in der Tasche. Jede Woche kam er wieder. Das zeigte mir, dass ich die falsche Methode gewählt hatte, ihn los zu werden. Erst als ich mich aufraffte, ihm gar nichts zu geben, schimpfte er heftig auf die Kirche und besonders auf mein unchristliches Verhalten, um dann für immer zu verschwinden.

Reingelegt

Ein besonders bedürftiger Mensch fragte dann und wann nach Geld. Ich fragte, ob ich etwas tun könne, ihm in einer schwierigen Situation zu helfen. Nein. Er kommt schon durch, braucht nur ab und zu ein wenig Geld. Aha – seelsorgerliche Absicht aufgelaufen. Herr F hatte sich ebenfalls den Freitag als Tag der Geldnot ausgesucht. Er kannte die kirchlichen Gebräuche offenbar. Am Freitagnachmittag hat ein Pastor oder eine Pastorin wegen stattfindender Hochzeiten bisweilen wenig Zeit für anderes. Deshalb verspricht es Erfolg, dann zu erscheinen. Denn dann neigen auch seelsorgerlich geübte Menschen dazu, ganz schnell zu handeln, um den Besucher loszuwerden. Jemand fünf oder zehn Euro in die Hand zu drücken, geht auf jeden Fall schneller, als ein Gespräch zu führen. Nein sagen zwischen zwei öffentlichen Terminen ist nicht jedermanns Sache. Eines Freitags sah ich Herrn F durchs Haus huschen. Ich war aber nicht sehr aufmerksam, sondern vergaß ihn schnell – bis meine Frau ihre Handtasche vermisste. Da fiel es mir wieder ein. Und es passte ja wie die Faust aufs Auge. Nur wusste natürlich niemand, wo Herr F zu finden wäre.

Nachts klingelte um 1 Uhr das Telefon. Es meldete sich Herr F. Ich erkannte die Stimme sofort. Er habe den Geldbeutel meiner Frau am Hauptbahnhof – also gut zwanzig Kilometer entfernt vom Gemeindehaus - im Mülleiner gefunden. Ich fragte ihn, wo wir uns zur Übergabe treffen können. Er nannte die Adresse einer kirchlichen Unterkunft. Dorthin fuhren wir und trafen Herrn F in Begleitung eines Betreuers. Er rückte frohgemut den Geldbeutel heraus und hoffte auf eine Belohnung. Stattdessen beschuldigte ich ihn des Diebstahls, da ich ihn am Tag vorher in unserem Gemeindehaus genau dort habe herumlaufen sehen, wo die Handtasche meiner Frau lag.

Da hatte ich aber den Falschen erwischt. Der kirchliche Betreuer fand es unerhört, den ehrlichen Finder zu beschuldigen. Ich war natürlich nicht bereit, auf die Ehrlicher-Finder-Geschichte einzugehen und kündigte trotz der Empörung des Kirchenmannes eine Anzeige an. F sagte ich, er brauche sich bei mir nicht mehr sehen zu lassen. Dass er neben seiner Unterkunft und Betreuung auch noch Geld in Pastoraten organisiere, sei eine Unverschämtheit. Das soll er doch seinem Betreuer hier alles mal genau beichten. Der wurde noch empörter und es fehlte nicht viel, dass er solches Verhalten meinerseits für einen Pastor unwürdig fand und mir die berufliche Qualifikation zusammen mit der Voraussetzung des christlichen Glaubens abgesprochen hätte. - Die Anzeige verlief natürlich im Sande. Die Polizei bedauerte, aber meine Beobachtung sei nicht nachweisbar.

Nicht jeder, der sich in ein Pastorat begibt und dort um irgendeine Hilfe bittet, hat Gutes im Sinn. Auch er sucht das, was er als vorteilhaft empfindet und weiß oft um interne Anforderungen, die man benutzen kann, um naive Seelsorger zum - wenn auch kleinen - eigenen Vorteil reinzulegen. Wie sich das auf die Seelsorgebereitschaft auswirkt, kann sich jeder vorstellen. Hereingelegt zu werden, fördert jedenfalls genau das Misstrauen, das man in der Seelsorge gar nicht brauchen kann.

Einbruch

Keine kirchliche Ebene interessierten schließlich mehrere Einbrüche auf dem Kirchengelände. Zuerst war das Küsterhaus an der Reihe. Es wurde bis hin zur Gefriertruhe ausgeräumt. Ich weiß nicht, ob ich genug Empathie hatte, um meinem Küster irgendwie beizustehen. Er fragte sich immer wieder, ob er vielleicht wusste, wer es gewesen war. Und wir redeten einige Male über die Unfassbarkeit dieses Vorgangs. Schließlich war es irgendwie bewältigt. Dennoch war es ein fremder Vorgang.

Dann kam das Pastorat dran. Da war nichts mehr fremd. Da hätten wir selbst mal Seelsorge gebraucht. Wir suchten sie aber nicht. Viele schöne und wertvolle, meist geerbte, Einzelstücke besonders von der Seite meiner Frau waren weg. Eine Fensterscheibe ließ sich sofort reparieren. Man merkte, die Einbrecher hatten sich Zeit gelassen und sogar auf dem Sofa noch eine Flasche Wein halb ausgetrunken stehen lassen. Die Sparbücher unserer Kinder waren verschwunden. Ihre aufbewahrten Kleinkinderlocken und Milchzähne lagen im Klo. Es folgte eine große Gutachterei über den Wert unserer Habe. Viele Gemeindemitglieder bedauerten uns. Einbruch war ein großes Thema in den folgenden Tagen und Wochen. Ich nahm das Thema im Gemeindebrief auf. Normaler Weise – so die Theorie – bricht niemand in ein Pastorat ein. Denn Pastoren sind die letzte Anlaufstation für Süchtige und andere bedürftige Menschen. Die beschädigt man nicht.

Die Polizei hatte übrigens die Theorie, es handle sich um eine Beziehungstat. War das etwa die Retourkutsche für meine Weigerung, irgendeinen Süchtigen im Gemeindehaus wohnen zu lassen, weil er zu Hause Angst hatte? Ich hatte ihn auf seine Ärztin und die Klinik verwiesen. Das Gemeindehaus ist für solche Fälle kein Wohnort. Ein Obdachloser kam vorbei und behauptete, er wisse, wer das gewesen ist. Sachdienlich war seine Aussage für die Ermittlungen nicht. Nach ein paar Wochen kam die Einstellung des Verfahrens. Die Versicherung glich eine Art Grundbetrag der Schäden aus.

Dieses Ereignis hätte der Aufarbeitung bedurft. Aber wir haben sie innerfamiliär geleistet. Beim nächsten Einbruch kannten wir das Prozedere schon. Die Entscheidung, diese Umgebung zu verlassen, war bereits nach dem ersten Einbruch ohne große Worte gefallen. Als beim zweiten auch noch meine Geige gestohlen war, die Versicherung Andeutungen machte, wir könnten die Einbrüche selbst in Auftrag gegeben haben, war emotional ganz Schluss mit der inneren Bereitschaft, an diesem Ort weiter zu wohnen. Dass in diesem Fall Seelsorge geholfen hätte, bezweifle ich nicht. Nur, sie hätte angeboten werden müssen. Von uns aus kamen wir nicht auf die Idee, irgendjemand um Unterstützung zu bitten.

Diese Einbrüche beeinflussten, aus der Rückschau gesehen, sowohl den Fortgang meiner beruflichen Tätigkeit als auch unserer familiären Lebensweise entscheidend. Von daher weiß ich heute: Opfer von Straftaten sollten in jedem Fall Angebote der Betreuung und Begleitung bekommen. Sonst drohen die Erfahrungen aus solchen Situationen sozusagen unreflektiert und übermäßig das Kommando zu übernehmen. Um Betreuung anzubieten, muss aber reflektierte Erfahrung auf Betreuerseite vorliegen. Die gab es nicht. Es herrscht bis heute weit gehend Ratlosigkeit auf diesem Gebiet.

Niemand hat z. B. nach den Folgen für die pastorale Arbeit in dem Zusammenhang gefragt. Dem ersten Bittsteller, der nach dem zweiten Einbruch an meiner Tür stand, sagte ich: "Ich habe heute keine Aufmerksamkeit übrig. Ich habe mit mir und uns selbst zu tun nach zwei Einbrüchen. Es gibt erst mal gar nichts." Erstaunlicher Weise kam danach ein gutes halbes Jahr lang niemand mit irgendwelchen Bitten um Zuwendungen aller Art. Das wirft ein Licht auf die Kommunikationswege unter denen, die Pastorate aufsuchen, um vor allem kleine materielle Zuwendungen zu bekommen. Es müsste auch die dienstliche Seite interessieren. Denn es berührt die Seelsorgetätigkeit enorm, wenn ein Hauptamtlicher alle als potentielle Einbrecher sieht.

Beziehungsprobleme

Herrn H kannte ich aus der Gemeindearbeit und als netten Lehrer. Er wirkte stets zurückgenommen, als wolle er auf keinen Fall bemerkt werden. Es gab im Dorf irgendwelche, für mich nicht nachvollziehbare, Gerüchte über diese „Familie". Dabei haben seine Frau und er keine Kinder. Also hätte es eigentlich auch keine Gerüchte über die „Familie" H geben dürfen. Irgendwann lernte ich auch Frau H kennen. Auch sie wirkte auf mich so, als wolle sie gar nicht so richtig kennen gelernt werden. Nach einigen zufälligen Begegnungen im Dorf fragte sie, ob wir mal reden könnten. Der Termin fand bei ihr zu Hause statt. Frau H erzählte dann dies und das – und dass es ihr nicht so richtig gut geht. Ihr Mann sei ausgezogen und das Problem sei ziemlich groß hier in dem kleinen Ort, wo man sich kennt. Sie sei mit jemand anders zusammen, aber dessen Frau wolle nicht weichen. Sie könne sich mit ihrem „Neuen" nirgendwo zeigen. Die Schilderung und Frau H wirkten irgendwie ausweglos. Der „Neue" war der fünfundzwanzig Jahre ältere Dorfarzt. Ob ich ihr zum guten Gewissen verhelfen soll, war meine Frage. Nein. Sie wisse um die Problematik und könne trotzdem nicht loslassen. Ihr Mann sei ohnehin schon ausgezogen und wohne in einer eigenen Wohnung. Da konnte ich nur noch antworten, sie müsse sehen, was sie selber wolle. Wir Pastoren hätten nicht mehr die Idee, dass eine Scheidung auf jeden Fall vermieden werden müsse. Aber es gehe schließlich um ihre Mitmenschen, nicht nur ihren Mann, sondern auch um die Ehefrau des Arztes und seine Kinder. Frau H nickte und gab das Gefühl wider, es sei nicht einfach, was da passiert sei. Wenn sie Gesprächsbedarf habe, könne sie sich bei mir melden, war meine Antwort. Sie wünschte mir Freude an meiner angeblich unkonventionellen Arbeit. Frau H wird Richtung und Klarheit selbst finden, war meine Überzeugung. Und so blieb das unser einziges längeres Gespräch. Die „Krise" blieb laut Dorftratsch in der Schwebe. Herr H aber wirkte bald mit neuer Partnerin durchaus wieder fröhlicher.

In der Geschichte von Frau K war es ähnlich, aber dramatischer. Da gab es Aufforderungen von verschiedener Seite, dort müsse mal „nachgeschaut" werden. Die Frau habe trotz ihrer zwei Kinder einen Suizidversuch hinter sich. Nun gehörte „Nachschauen" eigentlich nicht zu meinem Selbstverständnis. Deshalb besuchte ich Frau K einfach im Krankenhaus. Es ging ihr nach dem Suizidversuch nicht gut. Sie lud mich ein, mir ihre Geschichte zu erzählen. Aber am liebsten zu Hause. Sie schämte sich wegen ihres Suizidversuch, vor allem wegen der Vorstellung, dass jetzt bei ihrer Rückkehr alle auf sie mit Fingern zeigen würden. Nach dem Gespräch war mir klar, warum eine meiner Konfirmandinnen stets blass, angestrengt und um Fassung bemüht war. Sie war K's Tochter und versorgte sich und ihren jüngeren Bruder zu Hause. Eigentlich war das in dem Alter zu viel der Verantwortung.

Wieder zu Hause erzählte mir Frau K von sich und ihrem Mann. Dieser war eines Tages schlicht von zu Hause zu seiner neuen Freundin gezogen. Er machte keine Anstalten, sich nach seiner bisherigen Familie zu sehnen. Als Höhepunkt der Aussichtslosigkeit zeigte sie mir einen Brief meines Vorgängers an ihn mit der Aufforderung, zu seiner Ehefrau und seinen Kindern zurückzukehren. Ich assoziierte zu diesem Brief eine göttliche Strafe für ‚Sünder seiner Art'. Dass das natürlich nichts bringt, musste Frau K ganz schnell lernen. Wir redeten dann darüber, dass sie nun die Verantwortung für zwei Kinder alleine tragen und ihr Ex-Mann das (hoffentlich) finanziell abfedern werde. Sie sagte, der Suizid sei natürlich kein Ausweg. Sie wolle in Zukunft ihre Kinder nicht mehr so heftig erschrecken. Um das Gerede der Nachbarn werde sie sich nicht mehr kümmern. Die sollen doch ihre eigenen Verhältnisse klären. Darin bestärkte ich Frau K. Und es ging danach ganz gut. Die Konfirmandin war immer noch blass, aber etwas fröhlicher. Beim Konfirmationsbesuch fand ich eine fröhlich feiernde kleine Familie mit Großeltern und anderen Verwandten vor. Der Ex-Mann wurde mit keinem Wort erwähnt. Die Selbstheilungskräfte waren offenbar erfolgreich – oder war es ein bisschen Gottvertrauen? Wozu braucht man schon so einen alten Sack! Schade für den Mann, dass auch der Pastor so denkt.

Der Aussichtslose

Am Telefon ein sehr empörter (so schien es mir) Mann: Ich bringe mich und meine Familie um, wenn Sie und die Kirche mir nicht helfen können. Warum? Alles ist kaputt, und nun werden wir auch noch aus der Wohnung geworfen. Wir haben nichts mehr. Ich ließ mir Namen und Adresse geben und auch den Vermieter.

Der Gemeindepastor kann überall klopfen. Er braucht keinen Titel und keine Helfer. Der Vermieter war zu Hause und auch ohne wenn und aber zum Gespräch bereit. „Da kommt halt die Miete nicht und es besteht auch keine Aussicht! Wenn es eine Aussicht gäbe, dann ließe sich da schon etwas machen." „Was heißt Aussicht?" „Na ja, wenn zum Beispiel eine Monatsmiete eingehen würde, dann ...." „Gut, ich werde mit dem Mieter reden. Bitte halten Sie noch ein paar Tage still."

Dann suchte ich den Mieter auf. So etwas hatte ich bis dahin noch nicht und auch später nicht mehr gesehen. Seine Wohnung bestand aus mehreren Zimmern, in denen sich aber nichts befand außer einer Holzbank, auf der wir uns zum Gespräch niedersetzten. Er wiederholte: Wenn ich ihm nicht helfen kann, dann bringt er sich und seine Frau und beide große Kinder um. Ich fragte, ob er so lebt, wie das hier aussieht, und überlegte mir, ob man so überhaupt leben kann. Er bestätigte, diese Bank sei alles Mobiliar, aber ein paar Stricke könne er sich besorgen. Keine Arbeit, kein Einkommen, völlig aussichtslos. Er wirkte auf mich immer noch wie beim ersten Eindruck empört und jetzt beim direkten Gespräch auch aggressiv. Ich hatte ein wenig Angst vor ihm. Was soll man da tun? Neben der Angst griff die Aussichtslosigkeit auf mich über. Ich erinnerte mich aber an eine kirchliche Möglichkeit, in finanziellen Notlagen zu helfen. Den Verantwortlichen kannte ich persönlich. So sagte ich dem Mieter, dass ich mir da etwas vorstellen könne. So lange solle er bitte durchhalten. Das versprach er. Die finanzielle Unterstützung ließ sich tatsächlich in Höhe von drei Monatsmieten als Darlehen organisieren. Nun musste ich den Mieter noch in die Kreisstadt bringen bzw. ihm die Mittel zur An- und Rückreise zur Verfügung stellen. Das war ein kleineres Problem. Der Kollege von der finanziellen Unterstützung teilte mir noch mit, dass er da sehr schlechte Rückzahlungsaussichten sehe. Aber daran sollte diese Hilfe nicht scheitern.

So konnte der Aussichtlose in der Wohnung bleiben und rappelte sich irgendwie wieder auf. Erweiterter Selbstmord wurde überflüssig. Aber: War diese Abfolge von Aktionen meine Aufgabe? Warum hat sich kein Sozialamt darum gekümmert? Hätte ich ihn weiterleiten müssen? War Angst ein guter Ratgeber für mich? Hat der Aussichtslose Angst als Vehikel benutzt? Gab es andere Möglichkeiten? Brauchte ich gar das non-plus-ultra: Supervsion? Auf jeden Fall war das schon wieder keine eindeutige Seelsorgeaktion, sondern eher eine Art Notfallbetreuung. Wo aber blieben die zuständigen Betreuer? Ein wenig ratlos und ein wenig beeindruckt machte ich da weiter, wo die nächsten Herausforderungen warteten.

Ratlosigkeit herrschte m.E. auch sonst in vielen Bereichen der Seelsorge. Von heiligem Geist ist nur wenig zu spüren! Wer wollte auch Einbrüche, andere Straftaten und deren Bewältigung - ausgeflippte, sich angeblich selbst verwirklichende, Männer oder Frauen - die Not von alten Menschen miteinander im „Ranking" des Lebens - einen, der die Lebensgrundlage materiell verliert - ausgerechnet mit ihm in Verbindung bringen? Diese Ratlosigkeit ist aber nicht (nur) den SeelsorgerInnen und ihrem Weltverständnis geschuldet, sondern auch Ergebnis der Wandlung in Weltkonstruktionen allgemein.

Ein wenig Beseeltheit eines Heiligen Geistes könnte auch hier helfen: Freude, Güte, Freundlichkeit, Geduld, Friede und Demut. Bisweilen aber muss auch so genannter Klartext geredet werden, wenn es die Betroffenen oder Betreffenden selbst nicht (mehr) können. Nicht an allem, was einem im Leben so dazwischen kommt, ist man selber schuld. An manchem aber doch. Da hilft Jammern am allerwenigsten und manchmal doch. Das Gebet ist so ein Ort, wo Jammern ausdrücklich erlaubt ist, um den Blick und die Seele zu befreien für einen neuen Weg.

Wenn man sich vorstellt, dass Gott das ganze Gejammer der Menschen anhören und es auch noch für sich behalten muss, dann kann er oder sie keine menschenähnliche Ausstattung haben. Sonst würde er eines Tages den ganzen Mist als große Lawine zurückgeben vielleicht mit den Worten: „Macht doch Euern Scheiß selber! Ich will nichts mehr davon hören." Wären wir dann etwa beleidigt oder empört, dass er seine Aufgabe als Tasche des Jammers oder gar der Vorwürfe: „Wie kannst Du in Deiner Allmacht und Liebe…?" nicht vertragsgemäß erfüllt? Bei dieser ‚Sachlage' hilft dann manchmal das eigene Üben und Nachdenken.

Notfall

Der Einsatz in der Notfallseelsorge bewirkt eine Aktualisierung. Die Einsatzdienste rufen den jeweils diensthabenden Seelsorger an, sobald sie alarmiert sind. Mit den eigenen Gemeindemitgliedern hat das nur selten zu tun. Der Dienst betrifft oft das gesamte Stadtgebiet oder ganze Landkreise und wird „nebenbei" erledigt, also neben den eigentlichen Gemeinde- oder sonstigen Dienstaufgaben. Der oder die Seelsorgerin teilt also einen Notfalleinsatz ganz konkret. Dazu können Unfälle ebenso gehören wie Folgen von Straftaten verschiedenster Art oder Selbsttötungen. Bei jeder Meldung von schlimmen Ereignissen gehört inzwischen die Beteiligung von Seelsorgern zur Berichterstattung in allen Medien.

Die Selbsttötung einer psychisch kranken Frau sollte dem Partner in einer größeren Stadt mitgeteilt werden. Ich bekam die Adresse über die Einsatzzentrale und machte mich auf den Weg. Eine Polizistin wartete mit ihrem Kollegen am Einsatzort auf mich. Wir besprachen, dass sie die Nachricht überbringen soll. Der Mann öffnete die Tür. Nach dem Eintreten ergab sich bereits eine etwas gespannte Stimmung. Als er dann die Nachricht gehört hatte, fragte er mit Tränen in den Augen: „Warum hat sie das getan?" Diese Frage konnten wir nicht beantworten. Die Polizistin legte den Arm um seine Schulter und ließ ihn nicht mehr los. Auf mich wirkte das ein wenig wie gekünstelte Nähe. Da sie das nun einmal so gemacht hatte, blieb mir nicht viel übrig als zu fragen, ob wir jemand informieren sollten, der ihm ein wenig zur Seite stehen könnte. Der Betroffene rief selber dort an. Nach zehn Minuten waren seine Freunde da. Dass der Tod durch einen Sprung von einem Hochhaus eingetreten war, das hatte uns die Leitstelle der Stadt, in der es passiert war, mitgeteilt. Da erhob sich wieder die Frage: „Warum konnte sie dorthin kommen? Sie war doch in einem psychiatrischen Krankenhaus!" Etwas bedenklich schien mir diese Information, da wir uns jetzt in einer Wohnung im siebten Stockwerk eines Hochhauses befanden. Das behielt ich jedoch für mich. Dann aber übernahmen die Freunde das Gespräch, nachdem sie ihm einen Kaffee gekocht hatten. Weiteres geschah nicht.

Ein weiterer Einsatz betraf ein Einbruchsopfer. Ich wurde von einem Einsatzfahrzeug der Johanniter abgeholt. Der Fahrer meinte, man müsse trotz wenig Verkehr mit Sirene und Blaulicht fahren und tat es auch. Ich hatte eine Karte in der Hand zum Navigieren. Navis waren damals noch unüblich. Die Wohnung lag im vierten Stock, die Inhaberin war über achtzig Jahre alt und wirkte gebrechlich. Zwei Polizisten waren noch mit der Spurensuche beschäftigt. Also stand dem Einbruchopfer eine Armada von vier Einsatzkräften gegenüber. Ein Gespräch war kaum möglich. Zudem kam jetzt noch ein Fünfter dazu, der Mann von der Kripo. Nach dem Ausdruck des Bedauerns versuchte ich das Gespräch dennoch zu beginnen. Es sei schlimm und es fehle vor allem Geld, das sie ihm Kleiderschrank versteckt hatte. Da erschien nun auch noch ein Enkel der Betroffenen auf der Bildfläche. Was immer es war, der Kollege im Notfalleinsatz nahm nach der Vorstellung des Enkels „Witterung auf". Er sagte zu mir: „Ich geht mit dem mal in die Küche." Dazu flüsterte er mir ins Ohr: „Ich muss den mal isolieren, ich glaube, der war's." Dadurch konnte ich nun ein ruhiges Gespräch mit dem Einbruchsoper führen: über Enttäuschung von der Welt, über das Gefühl nach glücklicher Heimkehr so etwas vorzufinden. Das mit dem Geld sei halb so schlimm. Und ihrem Enkel gehe es nicht gut, er sei drogensüchtig, mache aber eine Therapie. Aber unsicher fühle sie sich nicht. Inzwischen hatte der Kollege einen Kaffee aufgebrüht, während er „den Jungen" in der Küche ,isoliert' hatte. Wir tranken zusammen und „der Junge" wurde erst mal von den Polizisten weggeschickt. „Man kann ja (noch) nichts nachweisen", hieß der Kommentar meines Kollegen, „aber wahrscheinlich ist es schon." Dann tranken wir zusammen Kaffee. Die Dame hatte ihre Fassung wiedergewonnen, bot uns Kekse an und wurde von den Spurensicherern darauf hingewiesen, dass es besser wäre, ein neues Schloss einbauen zu lassen. „Solange das alte funktioniert", mach ich das nicht", antwortete sie. „Ich bin ja jetzt wieder zu Hause!" Das war das Signal, dass Frau F, den Namen wussten wir jetzt, eher nicht mit einer traumatischen Störung zu rechnen hatte, sondern im Stande war, trotz Einbruch wieder in ihr Leben einzutauchen. Wir erklärten ihr, dass sie dennoch damit rechnen müsse, dass sie sich dann und wann unsicher fühle. Daher ließen wir unsere Kontaktdaten zurück, die sie gerne benutzen solle, wenn es nötig sei. Ich glaube, Frau F war froh, als sie das Männergewusel in ihrer Wohnung hinter sich hatte. Sie bedankte sich und geleitete uns hinaus.

Offen war noch die Frage, warum der Kollege so heftig auf den Enkel reagiert hatte. „Dem sah man doch die Sucht auf den ersten Blick an! Der nutzte die Gelegenheit, dass Oma ausgeflogen war, um an das nötige Geld zu kommen!" Da gab es keine Diskussion mehr. „Der Kriminaler sah das auch so." Na dann ….

Ausführlich: Die Zurückweisung des Anspruchs, ein Mensch zu sein[111]

Vorbemerkung

MigrantInnen spielen in der Seelsorge eine zunehmende Rolle. Ihre Geschichten spiegeln das, was man extremes Patchwork nennen könnte. Viele werden nicht aufgenommen und sind daher auch nicht in ihrem oder auch in unserem Leben angekommen, obwohl sie jahre- bis jahrzehntelang in Europa unterwegs waren. Für ein Verständnis der Betroffenen bedarf es einer umfangreichen (Selbst-)Re-flektion, aber auch eines zumindest rudimentären Verständnisses für juristische Argumentation. Und es zeigt sich, dass dieses „Randthema" mitten in die Fragen des Glaubens hineinführt. Was ist der Mensch? Kann er sich der Liebe Gottes gewiss sein? Hängt das vielleicht doch von seiner Position in dieser Welt ab? Welcher Geist leitet das Denken und Handeln?

In der Abschiebungshaft befinden sich zu neunzig Prozent Männer aus vielen Ländern der Erde. Abschiebungshaft ist keine Strafhaft und keine Untersuchungshaft, selbst wenn sie in Gefängnissen für Strafgefangene vollzogen wird. Abzuschiebende verurteilte Straftäter werden aus der Strafhaft heraus abgeschoben und sind unter der Seelsorge in Gefängnissen zu verorten. Im Folgenden geht es nicht um Abschiebung nach einem rechtskräftigen Strafurteil, sondern ausschließlich um Abschiebung wegen formaler Aufenthaltsbeendigung. Die beiden Szenen sind verfremdete ‚Fälle' aus Begegnungen mit Tausenden von Betroffenen im Laufe der Jahre seit 1993.

Erste Szene aus der Abschiebungshaft

Vorinformation

Der Gefangene (Herr L.) wird kurz nach seinem Haftantritt mit einer aus Bettlaken zurechtgemachten ‚Strangulierungseinheit' angetroffen. Diese war durch Knoten sehr stabil und mehrere Meter lang. Bei der Befragung sagt er, er wolle sich umbringen, wenn er nach England zurückkehren müsse. Herr L. kommt aus dem Irak. Das „Ereignis" wird nach der ersten Reaktion innerhalb der Mitarbeiterschaft (Entfernen des Strickes, Gespräch mit der innerinstitutionellen Sozialarbeit) zunächst dem Arzt und später auch dem Seelsorger vorgetragen. Der Arzt muss entscheiden, ob es sich um eine ‚ernste Suizidgefahr' handelt und ob der Abschiebungshäftling beobachtet werden muss. Das Ergebnis ist die Unterbringung in einer besonders geschützten Zelle, in der es keine zum Suizid geeigneten Gegenstände gibt. Herr L. wird zudem

---

[111] Bereits veröffentlicht unter dem Titel „Zwei Szenen aus dem gelobten Land", Wege zum Menschen 1/61 (2009), 48-64.

mindestens innerhalb jeder halben Stunde einmal aufgesucht (so genannte Beobachtung). Seelsorge soll sich dann auch noch weiter ‚kümmern' und Gespräche führen.

Erstes Gespräch

Herr L. zeigt sich als sehr gesprächsbereiter Mann. Er ist erfreut, auf englisch über seine Situation zu sprechen. Diese ist folgende: Herr L. hat den Irak schon vor achtzehn Jahren verlassen. Er lebte in verschiedenen Ländern vor allem Südeuropas – jeweils mehrere Jahre, bis er dann durch die Mafia gegen eine beträchtliche Summe geschleppt nach England kam. Dort stellte er einen Asylantrag. Dieser wurde abgelehnt und mit einer Ausreisepflicht rechtskräftig abgeschlossen. Die Ausreisepflicht legt dem Betroffenen auf, das Land zu verlassen, ob er es kann oder nicht. Er kann es beispielsweise nicht, wenn er keinen gültigen Ausweis seines Herkunftslandes mit einem gültigen Visum besitzt. Daraus folgt für jemand ohne Aufenthaltserlaubnis die Streichung aller Unterstützung, der Wohngelegenheit und jeglicher Sicherheit. Offenbar konnte oder wollte England ihn aus demselben Grunde nicht abschieben, aus dem er nicht ausreisen konnte. Drei Monate lebte er obdachlos in England und verließ das Land dann illegal. Die Reise sollte wohl nach Skandinavien führen und endete in einer deutschen Abschiebungshaft. Die Polizei hat ihm bei der Verhaftung fast zweitausend Euro abgenommen. (Das ist eine im Gesetz festgelegte Sicherheitsleistung des Betroffenen für die von ihm verursachten Kosten für Transport, Haft, Begleitung u.ä.. Es gilt das Verursacherprinzip.) Was ein christlicher Pastor ist, weiß Herr L. In England hat er Erfahrungen mit religiösen Problemen gemacht, weil wegen der Anschläge seine eigene Religion Imageprobleme aufweist. Innerhalb seiner Religion hat ihm niemand geholfen. In den christlichen Gemeinden hat er aber auch keine Hilfe gefunden, als er obdachlos herumirrte.

Herr L. bedankt sich höflich für die Aufmerksamkeit und sagt noch, er müsse sich natürlich nicht umbringen. Es wäre schon besser, sich wenigstens unter den anderen Abschiebungshäftlingen zu bewegen, als alleine den ganzen Tag in der Zelle zu sitzen. Nach England aber wolle er nicht zurück. (Das betont er auch dann wieder, als seine ‚Beobachtung' überprüft wird.) Es ist auch schon klar, dass es keine andere Möglichkeit geben wird, als ihn nach England zurückzubringen. Dieser Vorgang ist in den Schengen- und Dublinvereinbarungen geregelt. (Herr L. gibt auch in den Tagen danach seine Ankündigung des Suizids bei Rückführung nach England nicht auf, obwohl alles andere gut verläuft. Eine Woche nach der Ankündigung schließlich tritt er gegen die Zellentür, dass diese Risse bekommt. Daraufhin wird er in eine Justizvollzugsanstalt verlegt.)

Problematisierung

Das erste Gespräch hinterlässt einen zwiespältigen Eindruck. Es ist weniger die Suizidgefahr, die hängen bleibt, als vielmehr die äußerliche Frage, wie ein mehrere Monate obdachlos lebender abgelehnter Asylbewerber rund zweitausend Euro zusammenbringt und sie mit auf eine vorhersehbar schwierige Reise nimmt. Warum das so trotz seiner erheblichen Erfahrung mit irregulärer Migration geschieht. Allerdings kommt auch sofort die Assoziation, dass es gar keine anderen Möglichkeiten für ihn gibt. Er kann als obdachloser irregulärer Migrant gewiss sein Geld nicht auf einer Bank einzahlen. Vielleicht lässt sich der kompromisslose Hinweis auf Suizid bei Rückführung nach Großbritannien auch so interpretieren, dass es sich wie in solchen Zusammenhängen häufiger um einen illegalen Geldtransport handelt. Wenn die Aufgabe nicht ausgeführt wird, drohen ziemlich üble Unannehmlichkeiten durch die Auftraggeber, vielleicht durch eine Mafia. So bleibt zunächst das unangenehme Gefühl einer unausweichlichen Zwangslage ohne Lösungschance, wie auch immer diese entstanden sein mag. Es kommt jedoch kein Gefühl der Hilflosigkeit auf. Eher schon schiebt sich die das Gefühl ‚unangenehm' in den Vordergrund, ein Gefühl, als Seelsorger gezwungen zu werden.

Auch der angedeutete Rest der Migrationsgeschichte fällt aus dem Rahmen. „Wir" sind in Europa und anderswo unterwegs und machen ganz andere Erfahrungen. Mag sein, dass bei dem einen oder anderen Urlaubsziel auch eine Mafia mitspielt, ohne dass wir es merken. Hier dagegen bleibt alles im Dunkeln. Wie kann man achtzehn Jahre auf Reisen sein, ohne einen Platz zum Bleiben, ohne eine Position im Leben, ohne regelmäßig durch Arbeit oder anders Geld zu verdienen oder zumindest in eine Familie eingebunden überleben zu können? Gibt es einen gefühlsmäßigen Zugang zu dieser Lebensweise und wie kann man an ihr aus Erzählungen teilnehmen? Ja, kann ein an europäische Sicherheiten gewohnter Mensch überhaupt ein völlig anders verlaufendes Lebenskonzept verstehen oder gerät er in die Falle der Vorstellung vom „armen Flüchtling"[112]? Schließlich: Was versteht Herr L. unter unserer Anteilnahme und Besorgnis um sein Leben? Kommt ihm vielleicht

---

[112] So ein „armer Flüchtling" erzählte herzzerreißend von seiner Familie und dass er alleine in Abschiebungshaft sei für alle, Frau und fünf Kinder. Auch Kirchenasyl habe er hinter sich. Der ehemals Kirchenasyl gewährende Kollege war sehr besorgt um ihn. Es stellte sich aber dann heraus, dass der Abschiebungsgefangene wegen schwerer Aggression gegen Frau und Kinder zu einer langen Haftstrafe verurteilt worden war. Die Familie musste zu ihrem Schutz vor dem Familienvater in einem anderen Bundesland versteckt werden. Dass dieser dennoch ein „armer Flüchtling" sein kann, sei unbestritten. Es könnten auch Traumatisierungen neben kulturell angemaßten Herrschaftsverhältnissen oder einfach einer aggressiven Grundstimmung Ursache des Gewaltverhältnisses in der Familie gewesen sein. Dennoch zeigt das Beispiel, dass idealisierende Betrachtungen nicht hilfreich sind.

heuchlerisch vor, dass wir Anteil nehmen wollen, aber seine Lage nicht ändern können?

Zweites Gespräch

In einem zweiten Gespräch konfrontiere ich Herrn L. mit meinem Eindruck, dass er eher Druck ausüben, als sich selbst umbringen will. Er entgegnet darauf, er könne verstehen, dass wir alle nette Leute sind, die ihm nichts antun wollen. Aber in England sei es so unangenehm, dass er dort nicht mehr hingehen wolle. Dort kenne er Leute, die mit englischen Frauen verheiratet sind, viele Kinder haben und dennoch kein Aufenthaltsrecht erreichen können. Ob er vor noch anderen Dingen Angst habe? Nein, er wollte nach Finnland, um dort eine Frau zu heiraten. Allein dieses Arrangement habe zweitausend Euro gekostet. Und dann wird er in Deutschland festgenommen.... Geld sei früher auch nie ein Problem gewesen. Sein Vater war ein reicher Mann. Aber jetzt ist er tot und alles Geld ist verbraucht. Das Gespräch endet damit, dass Herr L. anscheinend versteht, dass ihm seine Selbstmorddrohung nur Probleme bereitet. Er scheint diesem Gedankengang folgen zu können und bedankt sich für das Gespräch. Dann erklärt er noch, dass er kein Frühstück bekommen habe. Der Grund dafür ist leicht zu finden und mitzuteilen. Damit scheint Herr L. ein wenig beruhigt zu sein. In einer Nachbereitung des Gespräches auf der Abteilung ergibt sich, dass auch seine Ausreise aus England alles andere als unproblematisch war. Er hatte sich unter einem Lastwagen festbinden lassen.

Weitere Reflektion

Das zweite Gespräch scheint zu ergeben, dass Herr L. offener wird und seine wirklich dramatische Situation zu beschreiben bereit ist. Er spricht sogar über seine Herkunftsfamilie und den wahren Reisegrund. Arrangierte Heiraten zur Einwanderung gehören zum Programm der „betreuten Ein- oder Weiterreise" durch Schleuser. Auch damit lässt sich gut Geld verdienen, das irreguläre Migranten wie auch immer auftreiben. Der Hinweis, dass sein Vater reich gewesen sei, das Geld aber jetzt aufgebraucht, könnte einen weiteren Hinweis auf die Druckkulisse beisteuern. Wenn dieses Geld der letzte Strohhalm war, oder vielleicht doch ein so genanntes Darlehen, sind alle Reserven verbraucht. War es ein Darlehen, muss es – wo auch immer er sich befindet – hart und bitter an die Geldgeber zurückgezahlt werden. Wer möchte so scheitern?

Ungefragt zur Seelsorge

Herr L. hat nach Seelsorge nicht gefragt. Der Impuls, mit ihm zu sprechen, kommt aus der institutionellen Einbindung der Gefängnisseelsorge in die Abschiebungshaft und folgt der Systemlogik, dass bei Suizidgefahr auch SeelsorgerInnen einzubinden sind. Andere Dienste sind ebenfalls zuständig. Daher erfolgt auch ein relativ zügiger Austausch über die Situation, weil in der Notfallsituation die Schweigepflicht innerinstitutionell, aber nicht innerberuflich aufzufassen ist. Das seelsorgerliche Beichtgeheimnis mit besonderer unverbrüchlicher Schweigepflicht könnte hier eine Rolle spielen, wenn der Betroffene darauf bestünde. Im Übrigen wäre die Schweigepflicht analog zu Gefängnissen anderer Art anzuwenden.[113] Seelsorge wird somit in einer innerinstitutionellen Fachlichkeit als ein Dienst unter anderen tätig. Theoretisch könnte ein Betroffener das Gesprächsangebot ablehnen. Das geschieht im praktischen Umgang nie. Durch seelsorgerliche Akte entstehen fast ausschließlich ungefragte Begegnungen bis in den ehrenamtlichen Bereich hinein. Abschiebungshäftlinge könnten von sich aus aufgrund ihrer Situation auch gar keine Gesprächswünsche äußern. Sie kennen am Ort niemand und müssten sich in den wenigen Wochen Aufenthalt diese Kenntnis erst erwerben. Anders verhält es sich bei „Fachdiensten" anderer Art. Fragen nach Rechtsanwälten, amnesty international oder auch Flüchtlingsräten können neutral gestellt und neutral vermittelt werden. Dabei spielt die Religion keine Rolle.

Zielsetzung des Gesprächs

Die Institution verbindet mit der Betreuung von Abschiebungshäftlingen in derartigen Situationen ein klares Ziel. Sie sollen vom Suizid abgehalten werden und den reibungslosen Vollzug wieder herstellen. Ein individuelles Interesse an den Betroffenen ist damit nur insoweit verbunden, als es hilft, die Suizidabsicht zu verstehen, einzuschätzen und den Versuch zu verhindern. Bei einer durchschnittlichen Aufenthaltsdauer in der Abschiebungshaft von vier Wochen wäre alles andere aus institutioneller Sicht vermutlich auch stark überzogen. Die Institution sieht darauf, möglichst wenige „besondere Vorkommnisse"[114] erleben, berichten und dokumentieren zu müssen. Zudem entwickelt sich ein Suizidversuch, vor allem aber ein vollendeter Suizid in einer Hafteinrichtung durch die Medien zum politischen Problem. Regelmäßig wird unterstellt, die Anstalt habe den Menschen geradezu in den Suizid getrieben, obwohl sie ihn doch nur bewachen und gesund „vorhalten" sollte. Dabei kommen Überwachungsvorstellungen zum Ausdruck, die absurd anmuten und sonst im Sinne der Freiheit des Individuums entrüstet abgelehnt werden. (Andererseits zählen auch die ideologischen Gegner-

---

[113] Ziemer, Jürgen, Seelsorgelehre, Göttingen: Vandenhoeck & Ruprecht, 2000, 192ff.; Seelsorge in Justizvollzugsanstalten, Empfehlungen des Rates der Evangelischen Kirche in Deutschland, Gütersloh: Gütersloher Verlagshaus Gerd Mohn, 1979, 19. Kirchenrechtlich: als Beispiel: §§ 41 f. des Pfarrergesetzes der Vereinigten Evangelisch-Lutherischen Kirche Deutschlands. Ausführlich dazu: Seelsorgerliche Verschwiegenheit, Reader Gefängnisseelsorge, hg. von Lösch, Manfred, Selbstverlag der Evangelischen Konferenz für Gefängnisseelsorge in Deutschland, Heft 2, 2. Auflage 2000. darin auch Schäfer, Otto, Theologische Aspekte der seelsorgerlichen Verschwiegenheit, 8-11. und überblicksartig Lies, Joachim, Seelsorgerliche Verschwiegenheit im Bereich der Gefängnisseelsorge – Möglichkeiten und Grenzen, 13-18.

[114] Besondere Vorkommnisse sind Ereignisse in den Vollzugsanstalten, über die den Aufsichtsbehörden berichtet werden muss. Dazu gehören auch Suizidversuche.

Innen aller Abschiebungsvorgänge penibel die Suizide in Abschiebungshaft auf, um diese als unmenschlich vorzuführen.)

Wenn darüber hinaus noch individuelles Interesse an den Häftlingen vorliegt, entsteht dies aus der sozialen sowie Verfahrensberatung oder aus einzelnen sich persönlicher einfärbenden Beziehungen während der Haft und besonders auch in der Seelsorge. Ehrenamtliche Gruppen dagegen kommen mit der Vorstellung, man könne den Abschiebungshäftlingen durch menschliche Begegnung ihr Schicksal erleichtern oder zumindest in der Stresssituation Abschiebungshaft Mitmenschlichkeit leben. Wenn ausdrücklich die Abschiebungshaft bekämpfende Gruppen den Zugang erhalten, kümmern sie sich vorwiegend um die ‚Fehler' und weniger um die Menschen.

Im Gespräch sind sodann weitere Punkte von Bedeutung. Spielt etwa der Suizid oder seine Ankündigung dieselbe Rolle wie in „westlichen" Verhältnissen? Was bringt Herr L. mit seiner Suizidandrohung zum Ausdruck? Bekannt ist jedenfalls, dass Suizid außer im Heiligen Krieg islamistischer Vorstellung im Islam auch in schwierigsten Lebenslagen streng verboten ist. Es wäre zu vermuten, dass dieser kulturelle Hintergrund Herrn L. bestimmt. Wenn er dennoch mit einem Suizid droht, kann man daraus den Versuch entnehmen, in deutlichst möglicher Weise gegen eine Rückführung nach England zu protestieren. Für diesen Protest ist die Hafteinrichtung der falsche Adressat. Die Zuständigkeit für die Rückführungen liegt bei den Institutionen, die die Haft beantragen und ist außerdem europarechtlich geregelt. Dass diese Regelung zu absurden Härten und unmenschlichen Folgen führt[115], könnte Herrn L. bekannt sein. Wenn er es wüsste, wäre die Drohung Ausdruck von Angst vor der Rückkehr. Diese Angst müsste nicht den aufnehmenden Staat betreffen, sondern könnte sich auch auf Leute beziehen, in deren Auftrag er Geld mitgenommen oder von denen er es geliehen hat. Vor denen wollen westliche Staaten sich gerade schützen. Insofern wäre es logisch, wenn er durch Rückführung in ein anderes Land Todesangst entstünde.

Weiter könnte die Drohung auf „mitmenschliche Schwäche" abzielen oder in dem Wissen geschehen, dass in Europa Suizide in Abschiebungshafteinrichtungen nach Möglichkeit vermieden werden sollen. Die Konstruktion des Herrn L. wäre dann eine ganz raffinierte. Er würde hoffen, dass die von Humanität ergriffenen Bediensteten aus Angst vor der Entblößung – dem Verlieren des humanen Gesichts - durch einen Suizid ihre Gesetze nicht anwenden. Dass ein Suizid durchgeführt würde, um Deutschland oder Europa einen solchen Gesichts-

---

[115] Hagenmaier, Martin, Abschiebungshaft und irreguläre Migration, Neue Kriminalpolitik 18. Jg., Heft 4/2006, 143-146, Holland und zurück, Zeitzeichen 11/2007, 60-62.

verlust beizubringen, erscheint eher unwahrscheinlich auch bei einer Orientierung der Strategie am Horizont der Unendlichkeit.

Wer schließlich achtzehn Jahre lang unter den genannten Bedingungen quer durch Europa gereist ist, wird durch ein paar Tage Abschiebungshaft und den Verlust von knapp zweitausend Euro eher nicht so schwer betroffen sein, dass er in Suizidnöte käme – vielleicht gar aus dem Grund der Perspektivverengung. Die lange irreguläre Wanderung zeugt vielmehr von einem erheblichen Durchhaltevermögen auch unter schwierigsten Verhältnissen.

Somit wird deutlich, dass zunächst alles andere als eine individuelle psychologisch orientierte Konstruktion das Bild dieses Einsatzes bestimmt. Die rechtlichen, kulturellen und globalen Umgebungsvariablen oder die ‚Umwelt' der Situation erschweren die individuelle Einschätzung und Einfühlung. Die Möglichkeiten der Notfallseelsorge hinsichtlich einer Ersthilfe nach (Re-)Traumatisierung durch die Verhaftung und Abschiebungshaft könnten einen Ansatz bieten. Dann wäre das eigentliche Ereignis nicht die Drohung mit Suizid, sondern die Inhaftierung nach dem endlich gelungenen Absetzen aus England. Die Suizidankündigung könnte dann als eine Stressreaktion nach traumatisch erlebter Einwirkung verstanden und mit dem Ziel der Spannungsreduktion und ‚Erdung' besprochen werden. Schwierigkeiten lägen allerdings im Fortdauern der traumatischen Einwirkung. Für ein solches Verständnis scheint jedoch die genaue Beschreibung der Bedingungen durch Herrn L. (Suizid bei Rücküberführung nach England) unangemessen. Eine Stress- oder Traumatisierungslage müsste eher unspezifische Ankündigungen hervorbringen.

Denkbar ist letztlich auch eine psychische Erkrankung, die durch die Inhaftierung wieder ausgelöst wird und so zu Suizidgedanken führt. Bei einer derart konkreten Drohung mit Bedingungen erscheint das weniger zutreffend zu sein.

Mögliche Gesprächsziele

Das erste seelsorgerliche Gespräch mit Herrn L. kann lediglich diese Ziele verfolgen: Erstens spricht Herr L. mit jemand, der seine Suizidandrohungen ernst nimmt, seine schwierige Lage erkennt und versucht, seine Gründe wahrzunehmen. Dieser Gesprächspartner ist im Gegensatz zu den anderen nicht allein an der Verhinderung eines Suizidversuchs interessiert, sondern an der Lage und den Konstruktionen dieses Menschen. Dass sich das in einer verqueren interkulturellen und politischen Lage abspielt, gehört zu den Umgebungsvariablen, die sich die seelsorgerliche Seite bewusst machen muss. Ebenso die mögliche Traumatisierungssituation oder - in anderen Fällen – eine psychische Krankheit. Zu rechnen ist jedoch auch damit, dass Herr L. seine Drohung ganz bewusst einsetzt, um die Personen in seinem Umkreis zu beeindrucken, damit sie sich für ihn einsetzen. Zur Beruhigung trägt jeweils bei, wenn dem Betroffenen auch die rechtliche Lage und die „Schengen – Umstände" in Europa (vielleicht erneut) sachlich geschildert werden. Wenn sich beim Gespräch ergeben sollte, dass weniger die Suizidhandlung als vielmehr die aussichtslose Lage oder konkrete Angst gemeint sein sollte, bedeutet das nicht, dass ein Suizidversuch unterbleiben wird. Die Narzissmustheorie zum Suizid hält die Beendigung eines unerträglichen Zustandes für das Motiv, nicht irgendeine Sehnsucht nach dem Tod, oder gar Aggressionsumkehr.[116] Ersteres wäre hier vielleicht doch gegeben. Der Austausch mit den anderen Beteiligten ist unerlässlich, um nicht verschiedenste Signale auf Herrn L. niedergehen zu lassen.

Seelsorge in der Abschiebungshaft

In dem geschilderten Fall kommen die Probleme von Abschiebungshaft und seelsorgerlicher Betreuung darin zur Sprache.

Arbeit in einer Institution

Wenn Seelsorge in einer Zwangs - Institution stattfindet, nimmt sie an einigen der Zielsetzungen dieser Institution teil. Sich dessen bewusst zu sein, gehört zu den Grundvoraussetzungen dieser Arbeit. Im gegebenen Fall ist das ein Beitrag zur Abschätzung der Suizidgefahr und möglichst deren Abwendung. Findet die Abschiebungshaft wiederum innerhalb einer Strafhaftabteilung statt, treten die Zielsetzungen der Gefängnisumgebung noch hinzu, obwohl die Abschiebungsgefangenen diesem Regime eigentlich nicht unterworfen sind. In der „normalen" Seelsorgesituation kommt tendenziell die Arbeit der Seelsorge nach einem Ereignis zum Tragen. Dann finden Gespräche mit Bediensteten oder Hinterbliebenen statt. Im Falle eines Suizidversuchs ist der oder die Überlebende zu betreuen. Hier dient dagegen der Einsatz bereits der Vorbeugung aus institutionellen Gründen. Das ist auch in der Straf- und Untersuchungshaft der Fall und unterscheidet die Haftarten nicht. Es erklärt im Gegenteil, dass auch hier Haft stattfindet und es somit gleichgültig ist, aus welchen Gründen jemand inhaftiert wurde.[117]

Sprache

Herr L. spricht fließend Englisch. In vielen anderen Fällen gleicht die Verständigung einem Akt des Redens mit „Händen und Füßen". Dennoch scheinen die Ergebnisse mit nur sehr geringen Sprachkenntnissen auf beiden Seiten ganz passabel auszufallen. Das lässt sich überprüfen,

---

[116] Die verschiedenen Suizidtheorien sind hier nicht zu diskutieren. Berechtigt ist auch heute noch die Warnung, die H.K. Rose 1982 anhand der damaligen Favoriten unter den Theorien formulierte: Die Kenntnis der Suizidtheorien, seien sie medizinischer, psychoanalytischer, selbstanalytischer oder lerntheoretischer Provenienz ist nützlich, solange man nicht davon ausgeht, dass der Kranke in seinem individuellen Problem .... erschöpfend begriffen werden kann." H. K. Rose, Zum psychotherapeutischen Umgang mit suizidal Depressiven, in H. Helmchen u.a., Hg., Psychotherapie in der Psychiatrie, Springer Verlag Berlin, Heidelberg, New York 1982, 200.

[117] Das trifft im Übrigen auch für die in die Psychiatrie eingewiesenen PatientInnen zu.

indem man Abschiebungshäftlinge nach einem Gespräch bittet, die schriftlichen Unterlagen zu zeigen. Das tun sie meistens sehr gerne. Dann stellt sich heraus, dass genau diese Geschichte im gerade stattgefundenen Gespräch erzählt wurde. Meistens gibt es auch Mithäftlinge, die ein wenig übersetzen können, wenn das Verstehen zu schwierig wird. Gefühle verschiedener Art sind eher ohne viele Sprachkenntnisse zu verstehen, unterliegen jedoch oft sehr verschiedener Interpretation. Für Sprachen, die bei uns nur wenige kennen, wie Arabisch, Russisch, Chinesisch, Vietnamesisch oder Mongolisch, gilt dasselbe.

Interkulturelles Miss- oder Nichtverstehen

Im Fall von Herrn L. entstehen Missverständnisse nicht aus den verschiedenen Herkunftskulturen. Manchmal ist das jedoch schon der Fall. Das betrifft den Umgang mit Essen oder der Konstruktion von Männlichkeit. Auch beim Ja- und Nein-Sagen scheint es solche Unterschiede zu geben. Selbst Abschiebungshäftlinge aus Arabien beschweren sich inzwischen darüber, dass die Botschaften ihnen sagen, sie würden dann eine Antwort schicken, wenn sie nicht Ja sagen wollen. Dann aber kommt keine Antwort. Im mühsamen Verständnisvorgang ließ sich erheben, dass ein arabischer Mann oder auch ein Amt die Würde des anderen dadurch wahrt, dass sie ihm das Nein weder ins Gesicht noch irgendwie anders sagen. Dass dieses dann Nein bedeutet, muss er schon selbst merken. Die persönlichen Einfärbungen der jeweiligen kulturellen Kommunikationsstrukturen machen auch diesen Interpretationsvorgang mehrschichtig. Dazu kommt, dass viele der irregulären Migranten noch dem Kommunikationsmodell des Person-Vertrauens unterliegen, während in Europa weitgehend ein Systemvertrauen herrscht. Kann dort ‚der Chef' oder eine mächtige Person offenbar irgendetwas entscheiden, ohne dass der Betroffene die Regeln dieses Vorgangs verstehen muss, so kann man hier eher auf die Regeln vertrauen, die von Entscheidern nach Kompetenz durchsichtig angewendet werden müssen. Für personenvertrauende Menschen sieht das so aus, als ob niemand etwas entscheiden kann, weil jeder ja nur tut, was die Regeln vorschreiben. Sie neigen aber dazu, Menschen, denen sie vertrauen, alles zuzutrauen oder zuzumuten, selbst die Kategorie des Wunder – Tuns.

Mehrschichtiger Interpretationsprozess

Seelsorgerlicher Umgang mit Abschiebungshäftlingen geschieht in einem mehrschichtigen / mehrperspektivischen Interpretationsprozess, bei dem Institution und bürokratisches Europa, deutsches Verwaltungsbzw. Rechtsverständnis, die traumatische Haftsituation, der religiöse und kulturelle Hintergrund und das Geschehen der irregulären Migration je eine „Schicht" / Perspektive darstellen. Die Häftlinge bringen ihre ‚einfache' Perspektive zur Geltung. Sie wollen einfach nur ihre Position in der Welt verbessern und ihr Recht als Mensch in Anspruch nehmen. Auf sie wirkt die Vielzahl der Perspektiven, unter denen ihre

Migration irregulär wird, wie eine schlichte Zurückweisung ihres Anspruches, Mensch zu sein. Da ihnen die Chance des Menschlichen nicht gegeben ist, verschaffen sie sich scheinbare Chancen an den Regeln vorbei durch falsche Pässe und Visa, geschleuste Reisen und schlecht angelegtes Geld. Schon die Regelverletzung bringt ihr Vorhaben zu Fall. Die Verschleuderung ihrer oder ihrer Familie letzter Ressourcen verkleinert die Chancen auf eine annehmbare Position in dieser Welt.

Zweite Szene: Abschiebungshaft in drei Instanzen

Für das Verständnis der Abschiebungshaftprobleme von Betroffenen ist auch die rechtliche Vorgeschichte bis zur Verhaftung unerlässlich. Erst aus ihr wird deutlich, in welch direkter Verbindung die rechtliche Beurteilung zum psychischen Zustand steht. Abschiebungshaft ist *die* Zwangsmaßnahme des Staates, um Abschiebungen sicherzustellen. Sie wird nach § 62 II 1 Nr.1 – 5 Aufenthaltsgesetz (AufenthG). Besonders erbost die Gegner dieser Zwangsmaßnahme die Nr. 5 der Haftgründe. Danach wird sie angeordnet bei „begründetem Verdacht", dass der Betroffene sich der Abschiebung entziehen will. Hier muss das Gericht aus dem Vorverhalten des Betroffenen erheben und beurteilen, ob ein Verdacht begründet sein kann. Dabei geht es nicht um die Gründe für die Einreise, sondern allein um die Ausreisepflicht bzw. die Durchführung der Abschiebung. Zur Erläuterung der problematischen Kommunikationslage soll ein Beispiel dienen.

Die Anwendung dieser Rechtsvorschrift wurde im Fall eines serbisch-montenegrinischen Staatsangehörigen in Urteilen den Amtsgerichts Neumünster (2 XIVB 5/06), des Landegerichts Kiel (19 T 11/06) und des Oberlandesgerichts in Schleswig (2W 93/06) behandelt. Der erstinstanzlichen Bejahung des begründeten Verdachts durch das Amtsgericht folgte die Aufhebung durch das Landegericht und die erneute Bejahung durch das Oberlandesgericht. Dabei stützen beide Beschwerdeinstanzen ihr Urteil auch auf § 62 II 1 Nr. 2 AufenthG. Im Strafrecht wäre dieses Vorgehen eventuell als rechtsfehlerhaft einzuschätzen. Im nicht weniger folgenreichen Verwaltungsverfahren (Freiheitsentzug) spielt das aber offenbar keine Rolle. SeelsorgerInnen interessieren dabei die psychischen Bewegungen, mit denen Betroffene in Haft solchen Urteilen folgen. Dabei muss man wissen, dass es in dieser Haft nicht einmal um die Hauptsache Abschiebung geht, sondern nur um den verwaltungstechnischen Weg ihrer Durchsetzung. Dennoch setzen die Betroffenen auf jede Entscheidung eine neue Hoffnung. Ein Gang durch drei Instanzen gelingt mangels Geld zur Bezahlung von Anwälten nur wenigen. Dennoch werden hier die Themen aller Abschiebungshäftlinge behandelt.

Der Sachverhalt

Ein knapp dreißigjähriger Mann (Herr Y.) reiste aus Serbien – Montenegro mittels eines Schleppers nach Deutschland ein und stellte einen Asylantrag. Dieser wurde innerhalb weniger Wochen abgelehnt. Die Ablehnung war mit der Ausreisefrist von einem Monat verbunden. Der Asylbewerber beschritt den Rechtsweg, der mit Urteil des Verwaltungsgerichts rechtskräftig negativ abgeschlossen wurde. Der Ausreisepflicht kam er bisher nicht nach. Einen Termin zur Abschiebung ließ er durch Abwesenheit verstreichen. Er entschuldigte sich allerdings dafür durch den Hinweis, er habe seine Schwester in einem anderen Bundesland besucht. Das trug ihm den Vorwurf der Verletzung der Residenzpflicht ein, obwohl dem Ausländeramt, wie er behauptete, die Anschrift seiner Schwester bekannt gewesen sei und er sie schon mehrmals vorher mit Erlaubnis besucht hatte. Als ihm bei einem Besprechungstermin die Vorführung bei Gericht zum Erwirken eines Abschiebungshaftbeschlusses in Aussicht gestellt wurde, lief er spontan weg, wurde aber nach kurzer Zeit gefasst und in Abschiebungshaft gebracht. Bei dem Vortrag des Asylbewerbers spielte die Tatsache eine Rolle, dass er in medizinischer Behandlung sei und daher gar nicht untertauchen könne. Er beteuerte auch, er werde nach Abschluss der Behandlungen freiwillig ausreisen.

Die Rechtsprechung

Amtsgericht

Beim Amtsgericht reichten die dargestellten Fakten für die begründete Vermutung aus, der Betroffene werde sich der Abschiebung entziehen. Das Gericht hebt auf das Gesamtverhalten des Migranten ab: „Aufgrund des Gesamtverhaltens des Betroffenen in der Vergangenheit bestehen konkrete Anhaltspunkte dafür, dass er sich der Abschiebung entziehen wird. Der Betroffene hat sich mehrfach gegen seine Residenzpflicht sowie gegen die räumliche Beschränkung in seiner Aufenthaltsgestattung bzw. Duldung. verstoßen. Er wurde darüber hinaus durch die Ausländerbehörde zur Fahndung ausgeschrieben. Er hat damit gezeigt, dass er über eine Möglichkeit verfügt unterzutauchen, ohne dass die zuständige Ausländerbehörde über seinen Aufenthaltsort informiert wird. Aus dem Gesamtverhalten ergibt sich, dass der Betroffene, der mittellos ist, versucht, sich mit ungesetzlichen Mitteln illegal in der Bundesrepublik aufzuhalten und er die Verständigung der Ausländerbehörde bewusst unterlässt, um eine Abschiebung zu erschweren bzw. zu vereiteln. Hierfür spricht auch seine mangelnde Rechtstreue, die in verschiedenen Straftaten, die er begangen hat, zum Ausdruck kommt." (N.B.: Bei den Straftaten handelt es sich um Diebstähle.) Zudem sei die Beteuerung, freiwillig ausreisen zu wollen, nicht glaubhaft, besonders auch weil die Bezahlung eines Schleppers nahe lege, dass eine Ausreise nicht beabsichtigt ist.

Landgericht

Diese Argumentation wird durch das Landgericht zurückgewiesen. Das Landgericht führt zunächst zu § 62 II 1 Nr. 2 AufenthG aus, dass dieser Haftgrund nicht zutreffe, da der Betroffene nach seinen Verwandtenbesuchen stets wieder nach Neumünster zurückgekehrt sei und von dem geplanten Abschiebungstermin durch Ortsabwesenheit keine Kenntnis hatte. Es handle sich somit nicht um den Wechsel des Aufenthaltsortes, um die Abschiebung zu verhindern. Das Amtsgericht hatte diesen Haftgrund jedoch gar nicht angewandt.

Das Landgericht wendet sich auch gegen den Haftgrund § 62 II 1 Nr. 5 AufenthG, indem es das Verhalten des Betroffenen anders interpretiert und die Indizien anders gewichtet. „Der Umstand, dass der Betroffene am 29.03.2006 dem Beteiligten gegenüber erklärt hat, er wolle aus gesundheitlichen Gründen nicht freiwillig ausreisen, reicht als Verdachtsmoment nicht aus. Hinzukommen muss vielmehr die Absicht, die Abschiebung zu verhindern oder ihr sonst zu entgehen (vgl. Renner, § 62 AufenthG, Rz. 19). Hinreichende Anhaltspunkte, die eine solche Absicht nahe legen, sind indessen nicht ersichtlich. Dass der Betroffene zunächst geflüchtet ist, als ihm am ... mitgeteilt wurde, dass er dem Haftrichter vorgeführt werden solle, genügt insoweit nicht, denn es besteht ein erheblicher Unterschied, ob ein Ausländer in Haft genommen oder aber in sein Heimatland abgeschoben werden soll Auch der Umstand, dass der Betroffene mittellos und - wie die meisten Flüchtlinge - mit einem Schlepper in die Bundesrepublik eingereist ist, stellt für sich genommen keinen ausreichenden Haftgrund dar. Schließlich kann auch daraus, dass der Betroffene mehrere Diebstähle begangen hat, nicht allgemein auf eine „mangelnde Rechtstreue" geschlossen werden, die es nahe legt, dass er sich ebenfalls einer Abschiebung entziehen werde."

Das Landgericht würdigt die einzelnen Anhaltspunkte getrennt und verwirft die „Gesamtschau" als unzulässig. Denn aus den einzelnen Anhaltspunkten im Verhalten des Betroffenen sei keine eindeutige Absicht zu erkennen, der Abschiebung zu entgehen. Die Vorinstanz hat nach Meinung des Landgerichts die einzelnen Tatsachen unzulässigerweise zu einer Gesamtschau vermischt.

Oberlandesgericht

Dem widerspricht das Oberlandesgericht und stellt in einer eigenen Entscheidung die Abschiebungshaft im Sinne des Amtsgerichts wieder her. Dabei geht das Oberlandesgericht ebenfalls davon aus, dass das Amtsgericht die Abschiebungshaft nach § 62 II 1 Nr. 2 und 5 AufenthG verhängt hat. Das Oberlandesgericht findet einen Widerspruch in den Aussagen des Betroffenen, den es zum Zentrum seiner Argumentation macht. Danach hat der Betroffene falsche Angaben zu seinem Aufenthalt außerhalb Neumünsters gemacht und dies auch eingeräumt. Das OLG sieht darin, dass diese Tatsache durch die Vorinstanz nicht gewürdigt wird, einen Rechtsfehler. „Auch in der Anhörung des Betroffenen vor dem Amtsgericht Neumünster war noch von einem Besuch bei seinem Onkel die Rede (...). Diesem offenkundigen Widerspruch im Vorbringen des Betroffenen ist das Landgericht nicht nachgegangen.

Eine Aufklärung wäre jedoch erforderlich gewesen, da durch diesen wechselnden Vortrag der Schlussfolgerung des Landgerichts, der Betroffene habe seinen jeweiligen Aufenthaltsort auf Nachfrage der Ausländerbehörde nicht zu verschleiern versucht, die Grundlage entzogen wird. Im Rechtsbeschwerdeverfahren, nachdem ihm durch die Beteiligte seine abweichende Darstellung ... vorgehalten worden ist, hat der Betroffene im übrigen auch tatsächlich eingeräumt, der Ausländerbehörde gegenüber bewusst falsche Angaben über seinen Aufenthaltsort gemacht zu haben. Er hat ferner bestätigt, dass die Behörde von ihm nicht über die neue Anschrift seiner Schwester informiert worden ist."

Im Übrigen habe das Landgericht versäumt, eine Gesamtschau der Anhaltspunkte zur Vereitelung der Abschiebung vorzunehmen. Dazu verursache die Unterscheidung einer Flucht vor dem Gerichtstermin und des Untertauchens vor der beabsichtigten Abschiebung bereits für sich Bedenken. In der Gesamtschau sei mit den vorgebrachten Anhaltspunkten der „begründete Verdacht" in ausreichendem Maße gegeben.

Ergebnis

Die drei Instanzen entscheiden mit drei verschiedenen Begründungen jeweils unterschiedlich. Sie zeigen damit, wie sehr die Verhängung von Abschiebungshaft nach § 62 II 1 Nr. 5 AufenthG von einer mehr oder weniger geneigten Interpretation abhängt.

Die beiden Beschwerdeinstanzen fügen der Begründung der Erstinstanz § 62 II 1 Nr. 2 AufenthG hinzu. Damit wird deutlich, dass der Haftgrund nach Nr. 5 summarisch auch Nr. 2 enthalten kann, ohne dass dies ausdrücklich erwähnt wird. Korrekterweise hatten die Beschwerdeinstanzen nicht über einen Haftgrund zu befinden, der beim Haftbeschluss des Amtsgerichts gar nicht in Ansatz gebracht worden war.

Alle Entscheidungen gehen davon aus, dass die Ausreisepflicht rechtsverbindlich feststeht.

Wirkung auf Betroffene und Seelsorger

Herr Y. brachte in den Gesprächen immer wieder seine ärztliche Behandlung als Grund dafür vor, dass er noch in Deutschland bleiben wolle. Er könne in seinem Land nicht behandelt werden und werde vielleicht nicht lange überleben. Er sprach so gut deutsch, dass es keine Verständnisschwierigkeiten gab. Als Gefühl schwebte eine Art Hilflosigkeit im Raum. Ob wir wollen oder nicht, der Zugang zu Ressourcen ist durch Nationalitäten begrenzt. Den Zugang dennoch zu erringen gehört zu den Gründen gerade auch für irreguläre Migration. Bei dieser Form der Migration fehlen dann aber alle Voraussetzungen für das

Überleben und erst recht für medizinische Behandlungen, die auch für deutsche Staatsbürger durch Mitgliedschaften oder soziale Zuständigkeiten geregelt sind. Es schmerzt die Erfahrung, dass ‚Mensch' nicht einfach ‚Mensch' ist. Dennoch müssen sich die Gesprächspartner klar machen, dass die Abschiebungshaft nur eine Folge und keine Ursache ist. Der Grund liegt in der Begrenzung der Freizügigkeit durch Gesetze und in der Erzwingung von Freizügigkeit durch irreguläre Migration. Für Herrn Y. macht das alles keinen Unterschied. Die Haft ist für ihn eine endgültige Ablehnung und Zurückweisung, während alles andere vorher eher folgenloses Papier darstellte. Er hatte sich vorgestellt, durch ein wenig Hin- und Herreisen könnte er den Abschiebungsversuchen entgehen. Die Vorstellung vom Leben im Herkunftsland ist schlimmer als das unsichere Leben in Irregularität. Herr Y. hat auch Geld für einen Reisehelfer (Schlepper) ausgegeben. Die Kosten gleichen einem oder mehreren Jahreseinkommen im Herkunftsland. Er hat somit alle Hoffnung auf die irreguläre Tour nach Deutschland gesetzt. Die Abschiebung würde nicht nur die Hoffnung real zunichtemachen. Im Herkunftsland drohen ihm zudem schlechtere Verhältnisse als vorher, weil er dann als gescheitert angesehen wird und sich wohl auch selbst so sehen würde. Das Untertauchen kann daher als verzweifelter Versuch gewertet werden, seine Lebenslage nicht noch zu verschlechtern. Das gilt besonders im Hinblick auf seine Gesundheit, wobei die Möglichkeiten zur Behandlung nicht nur in Deutschland gegeben sind.

„Alles oder nichts"

Es geht um den Einsatz von ‚alles oder nichts'. Das Risiko ist bei den engen Beziehungen aller Systeme untereinander in Europa eigentlich vorher klar. Wenn Herr Y. dennoch alles einsetzt, um es dann doch zu verlieren, setzt er gewissermaßen sein ganzes Leben ein. Im Seelsorgebereich sind wir mit solchen konkreten ‚alles oder nichts' – Lebensweisen nicht (mehr) vertraut. Hier gibt es schließlich für alles eine Art soziales Netzwerk, das jedoch wiederum nur Berechtigten offen steht. In Deutschland wird das rechtlich cool abgehandelt. Es geht rechtlich nicht einmal mehr um das ‚Bestehen', sondern nur noch um die rein äußere Form der Abschiebung.

Das gelobte Land und der doppelte Schaden

Die Zeit in der Abschiebungshaft reicht für die Bearbeitung der Fragestellungen nicht aus. Interkulturell sind die Seelsorgefälle auch nur bedingt. Hier konstruieren junge Männer über jede Regel hinweg ihre Form eines Überlebens am Rande mit der Hoffnung auf das volle Leben, das gelobte Land. Die irreguläre Migration gleicht einer völligen Hingabe an das wahre Leben, einer Illusion im Sinne Sigmund Freuds (Illusionen = „Erfüllungen der ältesten, stärksten und dringendsten

Wünsche der Menschheit"[118]). Diese Illusion entsteht aus (Meta-)Erzählungen, die global unterwegs sind. Medien, Verwandte und Bekannte im gelobten Land erzählen unisono vom schönen Leben im Westen. Wer darauf keine Chance hat, kann eine Struktur irregulärer Migration nutzen, die sich jenseits der qualifizierten, hierarchisch wirkenden machtgeladenen Systeme ausgebildet hat und jeden Menschen gegen Geld an jeden Punkt des gelobten Landes bringen kann. Am Ende wird der Migrant sich aber selbst überlassen und muss dann bald scheitern. So verdienen Schleuser, Schlepper, Pass- und Visaverkäufer das große Geld mit der Illusion vom gelobten Land in einer Welt der politisch definierten unterschiedlichen Zugänge zu den Ressourcen des Lebens. Der irreguläre Migrant hat den doppelten Schaden. Nach dem Einsatz aller aufzutreibenden Ressourcen sind diese verloren und seine Position im Westen ist schlechter als die vorherige im Herkunftsland.

Die irregulären Migranten konstruieren eine andere Realität als die der qualifizierten Systemordnungen und scheitern daran. Wahrscheinlich wäre ein Versuch der regulären Migration auch nicht von Erfolg gekrönt. Denn die Betroffenen schildern in ihren Geschichten implizit eine Marginalisierungssituation ohne Chancen in ihrer Herkunftsgesellschaft. Diese versuchen sie dann durch irreguläre Migration zu beheben und geraten in eine doppelte Marginalisierung. Oder anders: Soziale Position im Herkunftsland und soziale Weltposition kumulieren negativ.

Das Ergebnis dieser äußeren Konstruktionen im Inneren ist Verhärtung, Hoffnung auf nicht Machbares, Spaltung durch Aufteilung der Menschen in gut und böse ohne Zwischentöne. Die Hoffnung geht dahin, dass irgendjemand sie als Mensch erkennt und die Qualifizierungen in den Systemzusammenhängen zu ihren Gunsten durchbricht – also Hoffnung auf ein Wunder. Im Warten auf dieses Wunder vergehen oft Jahre, die sie aus ihren Herkunftsgesellschaften immer weiter entfernen, ohne ihre reale Position hier zu verbessern. In diesem Zwischenraum werden Familien gegründet, Familien vergrößert, Familien gehen zu Bruch. Es werden Zweckehen geschlossen und Familienzusammengehörigkeiten konstruiert. Wenn nichts zum gewünschten Ziel führt, muss das Wunder immer mehr Systemeigenschaften durchbrechen und wird immer unwahrscheinlicher. Der eine und andere Rechtsanwalt schafft so ein Wunder. Ähnlich wie bei den Wundern Jesu fragt dann keiner mehr danach, was nach dem Wunder geschieht, ob die Menschen glücklich werden, ein ganz normales Leben führen oder doch mehr schlecht als recht durchkommen. Letztlich vollbringen auch die Härtefallkommis-

---

[118] Sigmund Freud, Die Zukunft einer Illusion (1927), in: Studienausgabe, Band IX, S. Fischer Verlag, Frankfurt am Main, 1974, 164.

sionen keine Wunder mehr, sondern schauen lediglich nach Formfehlern, die jemand im juristischen Gemenge gemacht hat. .

Verlorene und wieder gewonnene Hoffnung

Seelsorge in der Abschiebungshaft bedeutet, die Geschichten des Scheiterns im Glauben an das Wunder immer wieder anzuhören und mit zu durchleiden. Es bedeutet aber auch, daraus Erfahrungen und Kenntnisse anzusammeln, die in die Gesellschaft zurückgemeldet werden müssen, bis Menschen bereit sind, sie zu hören (prophetischer Auftrag). In der global erlebten Welt werden die Differenzen bewusster und die Zielsetzungen ähnlicher. Und es wird deutlicher, dass viele Menschen in strukturlosen und anomischen Herkunftssituationen leben, in denen kein Recht die Macht bindet; in denen brutale Gewalt gegen Andersdenkende herrscht, in denen die Ungleichheit von Arm und Reich extremer noch als im wenigstens beobachteten, wenn auch kaum zu bändigenden Kapitalismus wächst; in denen 90 Prozent der Menschen aufgrund von Mittellosigkeit zusätzlich auch formal keine Rechte in Anspruch nehmen können; in denen auch gerechtfertigte Verfolgung durch Polizei einem ungleich größeren Risiko zuführt, als wir uns das vorstellen können; in denen die Schlepper an gerade dieser Situation reich werden, indem sie sich zum Anschein der Legalität auf Helfer in schlecht bezahlten Behörden stützen können (und das sind nur die ungefährlicheren Situationen). Wer kann, geht dahin, wo es aussieht wie im Paradies, um dann bestürzt festzustellen, dass das Paradies verschlossen ist und beim näheren Hinsehen auch ziemliche Mühsale und Plagen hat. Da sind SeelsorgerInnen mitten drin in ihren Themen vom Schicksal der Sünde, von der Hoffnung, ihrem Verlust und ihrem neuen Entstehen durch neue Perspektiven des wahren (auferstandenen) Lebens. „In den Leidenden und Verdammten dieser Erde wartet Christus auf die Seinen und ihre Präsenz".[119] Und er ist (sie sind) mitten unter uns.

Seelsorge als offene Begegnung im „Glauben, der nicht aufgibt"
Selbst in der Situation der Abschiebungshaft wird Wirklichkeit konstruiert. Die Hoffnung auf ein Leben in Fülle kann (muss) an diesem Platz als erzähltes Konstrukt unter die vielen anderen Konstrukte vom Verlust der Hoffnung und vom Ende des Lebens eingemischt werden. Methodisch kann dabei fast nichts falsch gemacht werden, sofern die Kapitalfehler der aktiven Missionierung, des Missbrauchs für die eigene Position und des ruhelosen Aktivismus ausgeschlossen werden. Missionierung gehört nicht in Zwangssituationen! Aktivismus macht blind. Die eigene Position steht immer auf dem Spiel, selbst wenn sie supermoralisch überhöht wird. Die Wirkung der seelsorgerlichen Einmi-

[119] Jürgen Moltmann, Theologische Kritik der politischen Religion, in: Johann Baptist Metz, Hg., Kirche im Prozeß der Aufklärung, Chr. Kaiser Verlag München 1970, 51.

schung bleibt offen, obwohl sie auf der Grundentscheidung der Parteilichkeit für die Menschlichkeit des Menschen beruht. Dazu passt ein multimethodisches, multiperspektivisches Seelsorgeverständnis ähnlich dem multidimensionalen von Doris Nauer. „"Im multidimensionalen Seelsorgeverständnis wird SeelsorgerInnen die Rolle von *lebensfrohen* und zugleich sehr *ernsten* KünstlerInnen zugestanden.... Die künstlerische Kompetenz, Übergänge zwischen den inhaltlichen Dimensionen von Seelsorge herstellen zu können, ist letztendlich die für die Seelsorge wichtigste Kompetenz, ..."[120] Im Multiperspektivischen wird noch mehr die aktive Konstruktion der Wirklichkeit betrachtet. Sowohl SeelsorgerInnen als auch Betreute konstruieren ihr je eigenes Bild, das im Prozess der Seelsorge um neue Konstruktionen erweitert wird. Je mehr Perspektiven, desto ‚besser' passt die Konstruktion.

Das erträgt und erfordert sodann noch weitere theologische Grundlegungen wie etwa die Folgende: „Seelsorge ist das Wagnis der Begegnung, die ihre Erfahrung immer noch vor sich hat, den Weg erst kennenlernt, indem sie ihn geht. Was in der Situation nicht gefunden wird, bleibt bloßes Wort. Seelsorge bedeutet das Wagnis, mit einem Anderen ein Stück des Weges zu gehen und sich auf einen Prozess einzulassen, in dem auch die eigene, die Lebendigkeit des Seelsorgers, der Seelsorgerin, ihr Glaube und ihre Hoffnung, jeweils neu auf dem Spiel steht. ... Nur und erst im Loslassen aller eigenen Vorstellungen darüber, was Gott für einen anderen ist, letztlich auch der eigenen Erlösungsphantasie für einen anderen und damit auch für sich selbst – und *zugleich* in einem Glauben, der nicht aufgibt und in diesem Sinne nicht resigniert, daß Gott für den anderen *werden* kann -, ist der Respekt vor dem Gespräch und vor dem Leben, um das es hier geht, lebbar, wird mit der Wirklichkeit von Begegnung und darin mit der Wirklichkeit Gottes ernstgemacht."[121] Das Verharren im ohnmächtigen Zorn über die Verhältnisse auf dieser Welt in ihren machtgeladenen Systemen kann auch ein nahezu identifikatorischer gemeinsamer Weg zwischen Abschiebungshäftlingen und SeelsorgerInnen sein.[122] Es verhindert aber die Begegnung unter dem Primat der Leben schaffenden Hoffnung, die neue Lösungen findet.

---

[120] Doris Nauer, Seelsorge. Sorge um die Seele, Kohlhammer Verlag Stuttgart 2007, 286f.
[121] Anne M. Steinmeier, Wiedergeboren zur Freiheit, Skizzen eines Dialogs zwischen Theologie und Psychoanalyse, Göttingen: Vandenhoeck & Ruprecht, 1998, 203f..
[122] Der identifikatorische Weg gehört zu den Stadien der Einarbeitung in das Problem, dessen Symptom die Abschiebungshaft ist. „Zurück blieb eine zornige und ohnmächtige Seelsorgerin, die zwar einiges versucht, aber nichts verhindert hatte." Susanne Büttner und Eva Schaaf, Die Leute werden Tunnel graben und die Leute werden bis zum Himmel gehen, in Grenzerfahrungen, Texte zur Abschiebung von Gefangenen, Reader Gefängnisseelsorge Heft 14/2007, 7. Susanne Büttner, Versinkend Stehen lernen – mitsterbend Auferstehung glauben, ebd.: „Unsere pastorale Tätigkeit in der Abschiebehaft darf sich nicht in einem den Ohnmachtsgefühlen geschuldeten Aktivismus erschöpfen." (10). Büttner bezieht sich auf weibliche Abschiebungshäftlinge mit christlichem Glauben.

Kapitel VII

Praxis und Theorie in der Seelsorge

Ratlosigkeit

Wer aktiv und praktisch täglich Seelsorge betreibt, kommt nicht umhin, sich mit den eigenen Quellen und Vorstellungen immer wieder auseinanderzusetzen. Dabei meine ich nicht die wissenschaftliche Auseinandersetzung im Sinne der Aufarbeitung von Texten, sondern das Messen von gängigen Leitvorstellungen an realen Begegnungen. Bei Gesprächen unter Seelsorgerinnen und Seelsorgern, aber auch bei Bewerbungssituationen kommen immer wieder die gleichen Gedanken zum Vorschein. Es handelt sich um eine Mischung der verschiedensten Ansätze aus dem fast unüberschaubaren Bereich der "Psychoszene", von der nicht beeinflusst zu sein, nicht möglich scheint. Die Auseinandersetzung damit kann aus meiner Sicht zunächst nur pauschal erfolgen, um dadurch die notwendige Distanz zu schaffen. Erst danach ist es sinnvoll, ins Detail zu gehen und auch zwischen den Richtungen zu differenzieren.

Seelsorge wurde in den fünfziger und sechziger Jahren sozusagen neu entdeckt und vorwiegend als Interaktion zwischen Menschen beschrieben, von denen der eine sich dem anderen zuwendet und ihn versteht. Dadurch kommt ein Prozess in Gang, in dem der andere sich bewusster sehen lernt, weniger verdrängt, seine Gefühlsebene wahrnimmt und am Ende bei geglücktem Ablauf seine Geschicke besser und selbständiger lenken kann.

Nicht nur in der psychotherapeutischen Behandlung wurden also die psychotherapeutischen Verfahren angewandt. Nach ihrem Vorbild und den Variationen in der Vorgehensweise, je nach therapeutischer Schule wechselt auch die Definition der Art des Zuhörens und der Dauer dieser Veranstaltung, wurden Beratungsstellen organisiert, Krankenhaus- und Telefonseelsorge gestaltet und so manches Gespräch mit Trauernden, Heiratswilligen und Taufeltern geführt. Mancher Seelsorger oder manche Seelsorgerin hat auch den eigenen Partner oder die eigene Partnerin auf ganz seelsorgerliche Weise vertrieben. Wer sich solcher Haltung oder Methodik bedienen wollte, musste selbstverständlich eine Ausbildung haben, die er bei anderen, die zu Beginn dieser Phase schnell auf den Zug gesprungen waren, absolvieren konnte. Seelsorger/in wurde niemand mehr automatisch mit den pastoralen oder anderen kirchlichen Weihen. Seelsorge wurde ja noch nicht in den offiziellen Ausbildungsstätten gelehrt. Nur lange berufsbegleitende Mühen konnten den Einstieg in die Kaste der Seelsorger/innen sichern. Das unsägliche Wort "Supervisor" stand fortan für die Tätigkeit, die man vorher schlicht mit Ausbilder bezeichnet hatte.[123] Wahrscheinlich aber ist es ein bezeichnendes Wort.

Der Supervisor war tatsächlich der Aufseher. Er konnte die Menschen in ihrer Ausbildung manipulieren, wie er wollte, weil ja nur er in den Zweck der Übung eingeführt war, den die Auszubildenden in endlosen Selbsterfahrungsaktionen erst mühsam finden sollten. Das Suchen des Zieles wurde dann als der eigentliche Ausbildungszweck ausgegeben. Eine "Wahrheit" konnte es per definitionem nicht geben. Jeder fand allenfalls die Stelle, an der er nicht "echt" war und dadurch Kommunikation mit dem anderen störte.

Ergebnis der pastoralpsychologischen Ausbildungen waren entweder die Fähigkeit, mit bestimmten therapeutischen Modellen wenigstens einigermaßen kompetent umzugehen, oder eine niemals nachgewiesene, aber stets postulierte Änderung im persönlichen Verhalten: offener, freier, echt, mit weniger Projektion und mehr, ohne verkrümmende Eigeninteressen behindertes, Einfühlungsvermögen - so sollte der seelsorgerliche Kontakt nun zum besten des "Klienten" von statten gehen. Der Klient wurde (nur) begleitet auf dem Weg, den er selbst geht. In der Begleitung sollte schon das Heil liegen. Nur ja keine Bevormundung, "direktive" Verhaltensweise oder Identifikation mit dem anderen! Die eigenen Impulse und Übertragungen kontrollieren, bevor sie Schaden anrichten und die Kommunikation blockieren können! So lautete die Zielsetzung nicht nur im Bereich der klinischen Seelsorgeausbildung, die eine Mischung verschiedenster Methoden und Zielsetzungen darstellt. Echtheit als Leit - Begriff, wohl ursprünglich aus der Rogers-Schule übernommen, war Grundlage des Seelsorgerverhaltens in der Gesprächsseelsorge. Die tiefenpsychologischen Richtungen unterscheiden sich in der Zielsetzung nicht wesentlich von tiefenpsychologischen Psychotherapien, auch wenn die Seelsorger nicht die große Analyse anbieten, sondern ein tiefenpsychologisch orientiertes Gespräch. Ein Ergebnis der verschiedenen Ansätze zeigte sich in der Praxis bald als Rollendiffusion.

Bei einer Konventstagung: Thema "Stand der pastoralpsychologischen Richtungen" - kamen in kurzer Zeit folgende Stichworte für die Identität von Seelsorgern/innen vor:

⇒ Mahner, Beobachter, Therapeut, Liturg, Prediger, Würdenträger, Repräsentant der Institution Kirche, Gastarbeiter, Lückenbüßer, Totenvogel, Situationsanalytiker, Zuhörer, Berater, Theologe, Pastor,

---

[123] Inzwischen las man auch die Formulierung "Supervision erteilen", so z.B. bei einer Stellenausschreibung im Gesetz- und Verordnungsblatt der Nordelbischen Ev.-Luth. Kirche vom 18.9.1989

Seelsorger, Menschensorger, Priester (Funktion), Vertreter der Menschlichkeit in der Institution Krankenhaus.

Wenn seelsorgerliche Identität so vielfältig beschrieben werden kann, muss eine starke Diffusion vermutet werden, die sich in Konfusion bei den Gesprächspartnern nieder schlagen könnte. Bei so vielen verschiedenen Paradigmen geht es nicht mehr um die persönliche Einfärbung einer beschreibbaren gemeinsamen Identität. Sollte vielleicht der Stand der Dinge erreicht sein, den Scharfenberg im Gefolge .-W. Dixons so beschrieben hat, "...dass einer Kultur, die ihre Mythologie verloren hat, auch ihre Methodologie verlorengeht (?) Übrig bleibt Verzweiflung, denn ohne Mythos und ohne Methode gibt es keinen Weg mehr, um den eigenen Platz in der Welt zu finden."[124]

Die Rollenkonfusion in der Seelsorge lässt kaum noch einen gemeinsamen "Mythos" ahnen, in dem diese Rollen zu einer Identität aufgehoben werden. Die wissenschaftliche Form dieser Seelsorge liest sich natürlich weniger aggressiv als die Erlernung in Kursen z.B. der „Klinischen Seelsorgeausbildung" (KSA) oder der wissenschaftlichen Gesprächsführung verläuft. So hat Scharfenberg in einem mehrfach aufgelegten Buch von 1972 die "Seelsorge als Gespräch" sehr einleuchtend und mit dem damaligen Hintergrund an Theologie/Philosophie so formuliert: "...,dass das seelsorgerliche Element zunächst einmal in der Verleiblichung der Annahme des Menschen, der zu ihm (sc. dem Seelsorger) kommt, besteht. Damit wird auch wieder eine Versagung zugemutet, indem wir die Über-Ich-Rolle ablehnen, aber in Aussicht stellen können, dass wir unsere Hilfe dafür anbieten, den Raum der Freiheit zu bewältigen."[125] Seelsorgerliche Betreuung muss Beschränkung darauf sein, "einen Menschen in sehr großen Schwierigkeiten ein Stück menschlicher Wegbegleitung anzubieten"[126].

Und schließlich die für die Betreuung depressiver Menschen auch heute sicher noch gültige Maßregel: "...die Tatsache, dass ein anderer Mensch da ist, der keine Versuche macht, ihm aus der Depression herauszuhelfen, sondern in ihr durch sein Dasein zur Sinnfindung des eigenen Problems beiträgt, wird gewiß als hilfreich empfunden werden."[127]

Inzwischen wurde Seelsorge gerade auch von Scharfenberg entscheidend weiterentwickelt, vor allem unter den Stichworten „Symbol"[128],

---

[124] Joachim Scharfenberg, Einführung in die Pastoralpsychologie, Vandenhoeck & Ruprecht, Göttingen 1985, 148

[125] ders., Seelsorge als Gespräch, Vandenhoeck & Ruprecht, Göttingen 5. Aufl. 1988, 124

[126] A.a.O., 145

[127] Ebd.

[128] Horst Kämpfer, Joachim Scharfenberg, Mit Symbolen leben, Walter-Verlag Olten 1980

„Geschichte"[129], „Triangulierung"[130] und unter der Verschränkung des Schicksals des Einzelnen mit dem der Strukturen um ihn[131]. Dennoch zeigt das ältere Beispiel eher idealtypisch den Ansatz des damaligen Selbstverständnisses vom „Raum der Freiheit", in dem Wegbegleitung stattfinden kann. Wer aber die Grundlagen dieser Seelsorge nicht nur nachvollziehen kann, sondern sie auch gelernt hat, stößt häufig auf die „Grenzen des Helfens"[132].

Mir z.B. geht es so, wenn ich den auf diese Weise - auch von mir selbst - seelsorgerlich begleiteten Menschen einige Zeit später wieder einmal, dann aber vielleicht ratlos, gegenüberstehe. Diese Grenzerfahrungen müssen auch mit einer neuen Gesamtsicht, wenn nicht gar mit einem neuen Lebensgefühl zusammenhängen. Anders wäre die Massivität der veränderten Eindrücke nicht zu erklären, die sich in Seelsorgebegegnungen zeigen. Weil sich dies nicht anders machen lässt, will ich mit vielen Beispielen auch eine Art eigene Ratlosigkeit zu formulieren versuchen. Die Beispiele stammen aus der Psychiatrie und dem sozialen Randbereich. Meines Erachtens zeigen sie aber gerade deshalb Typisches wie eine Lupe, zumal die Menschen, die mir begegnen, alle in irgendeiner Form auch nichtpsychiatrischen Betreuern begegnet sind. Alle geschilderten Begegnungen haben sich innerhalb eines kurzen Zeitraumes ergeben.

Austherapiert

Da ist Frau P. (Die Darstellung des Kontaktes mit ihr wirkt wahrscheinlich ziemlich banal und pauschal.) Sie muss unbedingt den Pastor sprechen, lässt sie eine Krankenschwester ausrichten. Sie selbst hat es gar nicht gewollt, sondern sie tut es, weil jemand anders es ihr geraten hat. Kleine Schritte in die Realität zurück solle ich mit ihr vorbereiten, so ist ihre erste „Anforderung" an mich. Sie stellt sich als „Therapieleiche" vor.

Einige Jahre einer wirklich fundierten Psychotherapie hat sie hinter sich. Und dann kam das, was ja eigentlich gar nicht hätte passieren dürfen - und weshalb sie denn auch aus der Therapie gefeuert wird: Sie stellt den Sinn der Therapie in Frage und das nach so vielen Sitzungen. Für sie ist das der Beweis, dass nun gar nichts mehr hilft und alle gegen sie sind. Jetzt hat sie auch noch einen gescheiterten Suizidversuch hinter sich. Wie soll sie das bloß all den Menschen erzählen, die sie kennt? Sie ist ja so einsam und allein, sagt sie bei mehreren Gelegenheiten. Ihre

---

[129] Siehe etwa ders., Luther in Psychohistorischer Sicht, WzM 37/1985, 15ff.
[130] Einführung in die Pastoralpsychologie, 121ff.
[131] Z.B. a.a.O., 139. Die wegweisenden Werke Scharfenbergs sind hier nur als Beispiel für andere zitiert. Der Nachweis einer - wenn auch verschiedenen - Entwicklung ließe sich auch bei anderen Autoren erbringen.
[132] So der Titel des Heftes 3/1989 von WzM

Freundin hat das gesagt, das befreundete Ehepaar etwas anderes, ihre Schwester, ihre Tochter, ihre Kollegen, ihre Seelsorgerin, eine andere Freundin. Sicher, die reden mit ihr, aber sie wissen ja auch nichts. Sie sagen: da hilft nur noch der Therapeut. Der aber hilft nicht mehr, weil er narzisstisch gekränkt ist mitsamt der ganzen Gruppe, dass diese Narzisstin seine Therapie und den Erfolg aller anderen Mitglieder in Frage stellt, das jedenfalls signalisiert Frau P. Dabei ist das doch der klassische Fall für die Psychoanalyse: neurotische Störung aufgrund der frühkindlichen Lebensumstände mit narzisstischer Grundeinfärbung.

Nach mehreren Gesprächen scheint es so, dass Frau P. mit ihrem Leben nicht zurechtkommt, weil sie eine berufliche Position übernommen hat, die über ihre persönlichen Kräfte geht und weil sie zusätzlich als allein erziehende Mutter einer jugendlichen Tochter doch eigentlich lieber Tochter als Mutter wäre. Mit einer nicht direktiven Methode wäre wahrscheinlich schnell der äußerste Erschöpfungsgrad des/der Therapeuten erreicht. Darin sind sich in diesem Fall alle von Frau P. zum Gespräch aufgesuchten Menschen einig. „Normale Menschen", z.b. Vorgesetzte, trauen sich kein Wort mehr zu, in der einer Frau P. durch klare Leitlinien ein Feld geboten würde, in dem sie arbeiten kann. Sie „wissen", dass da nur der Psychotherapeut helfen kann. (Das ist belegt aus Kontakten mit Vorgesetzten u.a.). Psychiater retten sich auf eine bescheidene Dosis irgendeines aufhellenden Präparates.

Seelsorger bieten ihre „Selbsthilfegruppe" an. Im Grunde handelt es sich bei den Hinweisen auf Therapeuten aus der „Nichttherapeuten – Szene" wahrscheinlich um die Verschleierung der Ablehnung einer intensiveren persönlichen Beziehung oder einer eindeutigen sachlichen Leitung. Nun gibt es innerhalb der seelsorgerlichen Methodik sicherlich auch einen Weg, mit Frau P. umzugehen. Z.B. könnte der angesprochene Pastor sagen, wenn sie selbst das Gespräch suche, sei er gerne bereit. Wenn sie dagegen nur auf Geheiß von anderen komme, sei das doch kein Grund, längere Zeit miteinander zu reden.

Es muss geklärt werden, warum der Gesprächspartner Pastor sein soll, warum nicht der Arzt oder jemand anders aus dem therapeutischen Bereich. Falls es dann zu Gesprächen kommt, müssen diese genau begrenzt werden, die Motivation erhoben, Erwartungen und Ziele formuliert werden.

Das Therapiemodell also schien bis dato bei Frau P. gescheitert. Das Begleitungsmodell hatte schon stattgefunden. Wer wollte auch jemand begleiten, der gar nicht „geht", sondern sich im intrapersonalen Kreisverkehr befindet? Bleibt das „Dasein", wie es häufiger als seelsorgerliche Haltung beschrieben wurde. Das „Dasein" aber ist doch eine merkwürdige Art der Illusion! Da ist Gott, der überall sein kann, aber doch kein Seelsorger. Der ist allenfalls sehr begrenzt da und dann besonders nicht, wenn er weg ist. Das aber ist er im Normalfall hundertfünfundsiebzig von hundertsechsundsiebzig Wochenstunden. Sollte das „Dasein" eine Art Verschmelzungswunsch auf seelsorgerlicher Seite sein?[133] Menschen fragen aber nach etwas, was sie leiten kann, was bei ihnen bleibt und was ihnen zur Stärkung dient. Sie suchen Übergangsobjekte, den Teddy, den sie mit herumschleppen können. In dieser Situation kommen nurmehr schwach die Erinnerungen an all die biblischen Grundgedanken, die von Hilfe und Halt, von Rettung und Befreiung berichten, die von Gott ausgehen soll. Nach vielen veröffentlichten Vorstellungen von Seelsorgerinnen und Seelsorgern wendet sich Gott dem Menschen im Seelsorger zu, so dass der „Klient" in der Zuwendung des Seelsorgers die Liebe Gottes spürt.

Da muss Gott schon eine merkwürdig gebrochene Zuwendung zu den Menschen haben, die die großen Worte von der Gnade und Barmherzigkeit nicht gerade glaubhaft macht! Sollte der liebe Gott wie die „nette Frau Pastorin" oder der „nette Herr Pastor" sein? Wenn das das inhaltliche Angebot der Seelsorge bleibt, braucht der so beseelsorgte Mensch ein gerüttelt Maß an Abstraktionsfähigkeit, um daraus innere Stärkung zu ziehen.

Suche nach dem "Korsett"

Noch deutlicher gab mir ein Mann zu verstehen, was das Problem mit der neueren Seelsorge ist. Jahrelang hatte er mit Unterbrechungen seelsorgerliche Gespräche in Anspruch genommen, mehrere schwere Krisen durchgemacht und war auch psychiatrisch behandelt worden. Seine Suche nach Halt und Geborgenheit drückte er in verschiedenen Verhaltensweisen aus. Zunächst war er aus der Kirche ausgetreten, um sich der Transzendentalen Meditation richtig widmen zu können. Dann trat er wieder in die Kirche ein und machte auch bei Aktivitäten des Pfarramtes mit. Häufiger fragte er nach einem Kloster oder einer Adresse, wohin er gehen könne, wenn die Eltern sterben. Danach beschäftigte er sich mit den Zeugen Jehovas und setzte sich mit ihren Thesen auch mit meiner Hilfe kritisch auseinander. Doch kürzlich traf ich ihn nach einjähriger Unterbrechung wieder. Er war sichtlich „gereift" und bot den „Wachturm" an. „Ich bin jetzt bei der Konkurrenz!", sagte er etwas verlegen, als ich an ihm vorbeiging. Es gehe ihm dort sehr gut, war seine Auskunft auf die nähere Nachfrage. Die Geborgenheit in der stabilen und durch strenge Glaubens- und Lebenskontrolle homogenisierten Gruppe, das war es offensichtlich, was er bisher gesucht hatte.

---

[133] Zum Problem Allmacht / Ohnmacht in der Seelsroge vgl. Manfred Josuttis, Der Pfarrer ist anders, Chr. Kaiser Verlag, München 1982, 70ff.; Martin Weimer, Telefonseelsorge - das Pfarrhaus des 20. Jahrhunderts?, WzM 39/1987, 38ff; Martin Hagenmaier, Der "erste" Fall oder: die Identität des Seelsorgers, WzM 34/1982, 362ff.

Was konnten ihm da die Interpretationen helfen, die seine Suche als die Suche nach Gott verstehen wollte, nach einer letzten Geborgenheit. Er suchte die Geborgenheit jetzt und konkret, nicht in irgendeiner Form von vielleicht in harter Arbeit einmal später zu erreichenden Ich-Stärke!

Seelsorge nach den pastoralpsychologischen Mustern bietet methodisch keine Anleitung zum Leben und keine definierbare Gemeinschaft an. Bisweilen schleichen sich feste Gruppen doch ein. Sie sind aber an sich nicht das Ziel einer therapeutisch ausgerichteten Seelsorge. Sie sollen ja für den „Klienten" nur ein Durchgangsstadium - eben eine Therapie - sein. „Leitung" von Menschen findet nach der Theorie nicht statt. Sie werden lediglich in eine neue Interpretation ihrer selbst eingeführt. Auch die Begegnung mit dem „Ganz Anderen" bleibt mit Absicht aus. Der/die oder das Ganz Andere ist man schließlich nicht selbst. Sichtbar wird hier vielleicht ein Defizit an inhaltlich - theologischen Formulierungen, die sich der Beliebigkeit entgegenstellen lassen. Im Hintergrund aber lauert das Gegenstück, das in nächsten Beispiel vorkommt.

Folgen von Leitung

Das dritte Erlebnis kann vom genauen Gegenteil berichten. Frau C. hat schwierige Eheprobleme und verbringt wegen eines Suizidversuchs mehrere Wochen in einer neurologischen Station. Sie kennt die Leitung durch einen charismatischen Pastor und eine charismatische Bibelgruppe. Dummerweise passierte es ausgerechnet ihr, dass ihr Ehemann, auch charismatisch bewegt, mit einer ebenfalls charismatischen Bibelschwester innigeres Verständnis gefunden hat. Nun machen ihr die Fragen das Leben zur Hölle: Wie lange muss die Ehe aufrechterhalten werden? Was muss ich als biblisch orientierte Ehefrau ertragen und tragen? Ist der Glaube bei mir groß genug - wo Glaube ist, gibt es ja keine Suizidversuche? Kann diese „Sünde" vergeben werden?

Hier fand Leitung statt. Und sie hat auch gewirkt, es sei denn, man setzt voraus, dass Frau C. schon aufgrund ähnlicher Krisengefühle zur charismatischen Bewegung gestoßen ist. Auf dem Gipfelpunkt der Krise hörte jedoch die charismatische Leitung auf und erwies sich nicht länger als wirksam.[134] War sie vielleicht lediglich der Versuch, die weitere Entwicklung der Krise zu hemmen, oder gar der Selbstheilung? Charismatische Bewegungen erheben den Anspruch, Heilung vollziehen zu können. Darin unterscheiden sie sich von Sektenbewegungen wie z.B. den Zeugen Jehovas, bei denen es lediglich um die richtige Lehre geht. Heilung allerdings erfolgt nur im rechten Glauben. Folge: Wer sie nicht erlangt, hat nicht den rechten Glauben.

---

[134] S. dazu W. Engemann, die intime Moderne, WzM 41/1989, 87ff., bes. 92f.; Heike Hagenmaier, Ich möchte wieder zwischen Gut und Böse unterscheiden lernen, Nordelbische Stimmen, 2/1989, 40ff.

Das negative Ergebnis wird dem Menschen aufgeladen, der eigentlich in der Krise gerade die besondere Zuwendung brauchte. Heilungsversprechen dieser Art wirken kontraproduktiv. Sie sind nicht „Leitung" eines Menschen, sondern Benutzung von Menschen zum Erweis der Macht Gottes, wie der Leiter der Gruppe ihn selbst sieht.[135]

Paradigmenwechsel oder neue Situation der Klienten

Damals hat das Gespräch über Seelsorge einen neuen Klang bekommen. Nicht nur New-Age hat sich intensiv mit Heilung beschäftigt und einen Paradigmenwechsel auch im Bereich der Gesundheit ausgemacht und beschrieben.

Sanfte, ganzheitliche Heilmethoden waren gefragt. Geistheiler verschiedenster Provenienz hatten große öffentliche und private Wirkungsfelder. Die psychosomatische Sicht der Wirkung seelischer Vorgänge auf die Physis wurde weiter entwickelt. Psyche und Physis werden in ihrer Vernetzung ge- und gleichzeitig als Wirkungsfeld des wahren Menschen, des kosmischen Selbst angesehen. Heil wäre dann das Einswerden mit dem kosmischen Selbst, an dem ohnehin jeder Mensch teilhat - meist ohne es zu wissen. Heilung ist Übereinstimmung mit dem wahren Kern des eigenen Wesens, der zugleich das Wesen des Kosmos ist. Die transpersonale Psychologie führt z.b. über die individuellen und allgemeinen Probleme und Wahrnehmungen hinaus zur transpersonalen Bewusstheit und zur Verbindung mit dem Kosmos als ganzem. (Hier werden die Archetypen C.G. Jungs und ihre Nähe zum Mythos als Beleg angeführt.)[136]

Betreuung von Menschen hieße dann, sie zu ihrem wahren Selbst zu führen bzw. den Weg so vorzubereiten, dass sie ihn selbst gehen können. Der Körper und sein Leiden, aber auch die seelischen Störungen werden zu marginalen Größen, die als uneigentlich zu betrachten sind. Wer sich der inneren Einheit mit dem Kosmos bewusst wird, kann seine eigene Stärke leben und sich vom Ballast der alltäglichen Störungen befreien. „Seelsorge" wäre jetzt also Anleitung zum rechten Leben nach den Welt- und Selbstvorstellungen des New-Age. *„Der Therapeut schafft eine Umwelt, die der Selbsterforschung dienlich ist, und wirkt als eine Art Führer, während dieser Vorgang sich entfaltet."*[137] An die Stelle der Ich - Werdung tritt das Loskommen vom Ich durch die Identifikation mit der kosmischen Ordnung.[138]

---

[135] Siehe dazu die Auseinandersetzung um den "Fall Kopfermann" in der Ev.-Luth. Nordelbischen Kirche, u.a. in den Nordelbischen Stimmen, 8/1988.
[136] Fritjof Capra, Wendezeit, Knaur Sonderausgabe, München 1988, Kap. 10 und 11, bes. 416ff.
[137] A.a.O., 435
[138] Die Zusammenhänge zwischen alten und neuen Paradigmen beschreibt G. Küenzlen, Tendenzen gegenwärtigen Lebensgefühls, WzM 40/1988, 465ff., bes. 472f.

Wo das New-Age Gedankengut an die Begleitmodelle anknüpft, nämlich vor allem bei dem Gedanken der Selbstentfaltung als Folge der
Wahrnehmung allgemeiner innerer, unbewusster oder jenseitiger über-
individueller Größen, da bietet die so genannte kognitive Therapie als
eine Weiterentwicklung der Verhaltenstherapie eine vom Begleitermo-
dell ganz und gar abweichende Version der Psychotherapie an. Zentrum
wird in dieser Form des Umgangs mit Menschen vor allem die Arbeit
an der Interpretation der Welt. Die Gesinnung ist das Problem des Menschen, der therapeutische Hilfe sucht. Wenn er erst die richtige Gesinnung entwickelt hat, kann sich das richtige Verhalten einstellen. Es
muss also vom Therapeuten nach falscher Gesinnung oder Problemge-
sinnung beim Klienten gesucht werden. Therapie heißt Einüben der
richtigen Gesinnung oder Verhaltensweise.[139] Im psychiatrischen Bereich hat die kognitive Therapie sich mit fast schulisch anmutenden
Modellen eingebracht.

Gegen die Desymbolisierung bei Psychosen soll das Lernen in kleinen
und überschaubaren Schritten eingesetzt werden, um die Lebenswelt
überschaubar und damit den Menschen zu ihrer Bewältigung fähig zu
machen. Die Suche nach den Grundlagen der Krankheit, Versuch von
Analyse oder Tiefenpsychologie würde danach nur zu weiterer Verwirrung führen. Sie gehört in die Grundlagenforschung und nicht in die
Beziehung zum Klienten. Im Gegensatz zu diesen Modellen wird ziemlich schnell sichtbar, dass unsere professionalisierte Seelsorge im
Durchschnitt eine entsprechende „Anleitung" für Menschen, die zur
Betreuung kommen, nicht geben kann. Die evangelikale Seelsorge hat
sich entschlossen auf das Anleitungsmodell der kognitiven Therapie gestürzt, während Pastoralpsychologen Jungscher Prägung dem New-Age
Modell nahekommen. Sicher bieten auch viele Seelsorger/innen Medi-
tationen oder Entspannung und andere Methodik an. Der Wert dieser
Übungen liegt jedoch meist bei den Übungen selbst, der erreichten Entspannung oder einer Erleichterung bei bestimmten Symptomen. Eine so
genannte „Wahrheit" aber kommt nicht zur Vermittlung. Das hat seine
Gründe in der Entstehungsgeschichte der neueren Seelsorge. Sie war
die Gegenbewegung gegen „autoritäres Gehabe", das Wahrheiten einfach unsensibel, unpersönlich und ohne Vermittlung „auf den Kopf zu-
sagen" wollte. Diese Wahrheiten hatten alle Menschen im gleichen Gewand zu ertragen, es gab keine persönliche Einfärbung - so jedenfalls
schien es den damaligen Kritikern. Anleitung hatte man einfach satt,
weil sie den Verdacht nicht zerstreuen konnte, sie sei schließlich nichts
anderes als Einfügen in einen ziemlich hohlen Kreislauf von bürgerlichen Lebenswerten und Ordnungen. Um zu sich selbst zu finden, mussten die äußerlichen Rollen abgestoßen und der Wahrheitsgehalt der

---

[139] Zur näheren Begründung siehe meinen Aufsatz Heil durch Psychotechnik? EvKomm
7/1989, 28ff. und die Buchbesprechung in WzM 41/1989, 219ff.

Anleitungen und der Anleiter hinterfragt werden. Dazu kam das Versprechen der Psychotherapien, Menschen nicht nur zu verstehen, sondern sogar eine innerpsychische Weiterentwicklung möglich zu machen, mit der der Mensch seine wahren Gefühle, seine wahren Abgründe finden und sich seinem inneren Wesen gemäß ausrichten kann.

Es handelte sich um die neue Wahrheit des Menschen, der sich nicht mehr unter ein Über-Ich von Moral, Gewissen und Traditionen demütigen und dies mit der Verdrängung seiner Triebe, die zur Neurose führt, garantieren muss. Er selbst (das Ich als Realitätsinstanz) sollte so gestärkt werden, dass es „Herr" im Menschen sein kann und jeweils frei über die Vermittlung der Wünsche des Es mit der Realität entscheiden kann. Dabei blieb es allerdings nicht. Es folgte die Freiheit des von allen Verklemmungen erlösten, den Fesseln der Unlust entkommenen Menschen, der nicht mehr gegen ein Über - Ich ankämpfen muss, weil er ein solches in der Form der gegen Triebbefriedigung gerichteten Moral gar nicht mehr kennt.

Wie groß der Druck durch den Verlust der „Ich-Instanz" werden kann, zeigt die wahllose Hinwendung zu diversen New-Age-Vorstellungen über die hinter der unüberschaubaren Realität liegenden einfachen transzendenten oder okkulten Wahrheiten. Wenn das „Ich" nicht mehr vermittelnd zwischen Es und Über-Ich stehen kann, muss die ganz große Klammer, das archaische Jenseitsverständnis, die Lücke füllen und eine psychischen Kontinuität garantieren. Die kognitive biblische Seelsorge kann hier nicht gegensteuern oder gar ein Modell bilden, weil sie noch nicht von der alten Vorstellung der „Ausrichtung" des Menschen in autoritärer Form (weil es in der Bibel steht!) losgekommen ist bzw. diesen Vorgang noch nicht selbstkritisch durchdacht hat.

Das Chaos

Dazu möchte ich noch ein viertes Beispiel geben, das ist das Chaos. Junge Menschen kamen also häufiger nicht mehr mit Über - Ich - Problemen. Sie schildern im Gegenteil etwas, was mehr mit Ich-Problemen zu tun hat. Frau X. weiß eigentlich gar nicht genau, wie sie das Problem beschreiben soll. Sie wirkt ganz normal, aber doch auch etwas durcheinander. Das Durcheinander hat nicht die Züge des vollkommenen Chaos. In ihren Worten mischen sich verschiedenste Denkmodelle, Religionen, Erfahrungen und Erlebnisse. Sie hat es zu Hause gut, kann aber weder den Wohlstand genießen noch ihn dazu benutzen, sich in irgendeiner Form für besondere „Leistungen" oder Erfahrungen befreit zu sehen. Um zum Abitur zu lernen, musste sie von zu Hause ausziehen. Sie hat als Leiterin von kirchlichen Jugendgruppen fungiert, kann aber mit der Kirche nichts mehr anfangen. Sie hat das Bedürfnis zu beichten, weiß aber nicht was, und denkt, das sei doch „katholisch".

Die religiösen Symbole benutzt sie als Worte, mit denen sie „herumspielt" und plötzlich haben diese Worte eine Bedeutung, vor der sie erschrickt und die sie in einen Wahn treibt. Sie kommt in der Welt herum, kann da aber nicht bleiben. Nach Hause zu gehen kommt ihr vor wie der falsche Weg. Alle Menschen haben recht, sie weiß nichts mehr zu unterscheiden. Es fehlt ihr der ruhende Punkt in sich selbst - das Ich. Sicher könnte man da eine narzisstische Störung vermuten. Große Kränkbarkeit, grandiose Ideen, Wut, Depression und Beziehungslosigkeit kämen als Interpretamente schon in Frage.

Die fehlende „Ordnung der Welt" durch das Ich, Perspektivlosigkeit trotz guter Voraussetzungen lassen aber bei dieser „Diagnose"" zögern. Frau X zeigt auf persönlicher Ebene, was die Analysen über das gegenwärtige Lebensgefühl generell aussagen.

Grenzen des Helfens

Die „Grenzen des Helfens", nennen die Helfer die neuen Erfahrungen. Der Boom an Professionalisierung aus den siebziger und achtziger Jahren des vergangenen Jahrhunderts hat die Seelsorge nicht nur gestreift, sondern ist tief in sie eingedrungen. Grenzen zeigen sich in verschiedenster Hinsicht.[140] Die Telefonseelsorge berichtet über Dauer- und Sexanrufer.[141] Die Beratungsstellen fragen nach der eigenen Identität.[142]

Wer als Gemeindepastor seelsorgerliche Ansätze zur Geltung bringen will, erlebt zeitliche, institutionelle, volkskirchliche und persönliche Grenzen.[143] Die Krankenhausseelsorge kann nicht im wünschenswerten Maße ausgedehnt werden. Die Idealzahlen, noch lange nicht überall erreicht, schwanken um eine jährliche Patientenzahl von ca. 7500 (bei 300 Betten und einer Liegezeit von ca. 15 Tagen, inzwischen illusorisch), von der Psychiatrie gar nicht zu reden. Zusätzlich lässt sich feststellen, dass Menschen, die z.B. in der Psychiatrie Seelsorge in Anspruch nehmen, sowohl mit Beratungsstellen als auch der Telefonseelsorge und natürlich der Bemühung des Gemeindepastors Erfahrung haben. In allen Bereichen stieß man bei ihnen schnell auf die Grenzen der Hilfe, auch in dem noch größeren professionalisierten Sozial- und Therapeutennetz außerhalb der Kirchen.

Auf verschiedenen Feldern wurde versucht, der rein äußeren Grenze mit der Semiprofessionalisierung von Laienhelfern zu begegnen. Dieses Modell bringt eine Aufwertung des Profis in der Gestalt, dass er/sie seine Erkenntnisse image fördernd in den Einführungs- und Fortbildungskursen weitergeben kann. Viele Profis haben selbst nur wenig Kontakt mit Klienten. Ihre Klienten sind ausbildungs,- fortbildungs-

---

[140] H.-U- Brachel, Die chronifizierte Krise, WzM 41/1989, 219ff.
[141] H. Schmidt, Die Daueranrufer und ihre "Krise", WzM 39/1987, 14f., Statistik 18f.
[142] Themenheft: Psychologische Beratung als Aufgabe der Kirche, WzM 36/1984, 179ff.
[143] Christian Morgenthaler, Grenzen des Helfens in der Seelsorge, WzM 41/1989, 204ff.

und supervisionswillige Kolleginnen und Kollegen und ehrenamtliche Mitarbeiter. Wieweit dieses Modell das Problem der Begrenzung beheben kann, sei dahingestellt. Auf jeden Fall durchbricht es die Begrenzung des Profis.[144] Ob es nicht am Ende nur der weiteren Erosion von Alltagswissen bei der Lösung von Lebensumständen Vorschub leistet, muss zumindest gefragt werden.[145] Die weitergehende Frage aber lautet, ob nicht neue Paradigmen in die Seelsorge eingeführt werden müssen, um Seelsorge weiterzuentwickeln. Nicht zu ändern sind die Situationen, in denen Seelsorge geschieht, und die Menschen, die von der Seelsorge Hilfe erwarten. Es scheint aber so, als ob die Themen, Erwartungen und Vorzeichen sich ändern, unter denen Seelsorge nachgefragt wird. So kommt z.b. in letzter Zeit immer mehr eine Gruppe zur Seelsorge, nämlich die jüngeren Menschen, die Information über den christlichen Glauben erwarten oder eine Einführung in den Glauben.[146] Da besteht kein Bedarf an Abstand von übermächtigen Überlieferungen oder moralischen Zeigefingern. Das Gespräch suchen auch vermehrt (junge) Menschen, die in der Predigt von der Gnade und Barmherzigkeit Gottes für alle Menschen das Gericht und die Hölle vermissen.

Die zweite Gruppe sind Menschen in höheren Lebensaltern, deren Krisen chronifiziert erscheinen. Sie haben große Beratungs- oder Therapieerfahrung, kennen sich in Selbsthilfegruppen aus, können die ganze Litanei der Selbstbeobachtung und Selbstreflektion gebetsmühlenartig anwenden. Nur eines können sie nicht: Sich aus ihrer Krise befreien. Schließlich sind Gegenüber in der Seelsorge mehr und mehr alte Menschen. Gerade sie wurden wohl kirchlich betreut aber im Gefolge der therapeutischen Ausrichtung der Seelsorge - schließlich galt seit Freud der Satz, über vierzig sei eine Therapie sinnlos - kaum echter Gedanken gewürdigt. Ausnahmen bestätigen die Regel.[147] Alle diese Menschen leben in einer Gesellschaft, in der jeder jederzeit jedes Programm unverbindlich empfangen kann, jeder mit jedem Kontakt haben kann, aber in der ein echtes Gegenüber oft nicht verfügbar ist.

Glaubwürdigkeit als zentraler Leitbegriff

Über das Therapie- / Begleitungsmodell hinaus ist ein weiteres Modell oder Paradigma für Seelsorge notwendig, nicht um das bisherige zu

---

[144] B. Dost hat über diese Frage interessante Überlegungen im Zusammenhang mit der Narzissmustheorie angestellt. WzM 41/1989, 229ff.

[145] Dazu B. Müller, Ein Helfer ist zu nichts nütze, WzM 41/1989, 180ff., bes. 186ff.

[146] Eine Schilderung dieser Art findet sich z.B. bei K. Kammholz, Frömmigkeit in der Freizeit, in: Frömmigkeit im Alltag der Welt, Nordelbischer Konvent Heft 27, Ev. Presseverband Nord; Kiel 1988, 21ff., bes. 24.

[147] H. Hiatt, Dynamische Psychotherapie mit alternden Patienten WzM/1979, 136ff., ist eine der wenigen Veröffentlichungen in WzM zur Altersseelsorge. Sonst lediglicvh Margot Lücht - Steinberg, Gespräche mit alten Menschen, Vandenhoeck & Ruprecht, Göttingen 1981.

ersetzen, sondern es zu ergänzen. Man könnte es auf eine Kurzform bringen, die lautet: Die Zeit derer, die Menschen zu ihrem Selbst oder Ich befreien wollten und mussten, ist vorbei. Die Zeit der Gurus ist gekommen. Was gebraucht wird, sind Modelle zur Lebensgestaltung, Gruppen, die diese gemeinsam einüben, Menschen, mit denen die neue Erfahrung ausgetauscht werden kann.

Nicht Echtheit - sondern Glaubwürdigkeit - heißt der neue seelsorgerliche Leitbegriff. Der echt zugewandte, mit großer Akzeptanz für sein Gegenüber ausgestattete, nicht moralisch wertende Zuhörer ist nach wie vor nötig. Mindestens genau so wichtig aber ist es, dass er auch einen glaubwürdigen Lebensentwurf selbst darstellen kann. Das ist kein Zurück zur autoritären Führung durch Zurechtweisung, die dem "Klienten" nicht die Wahl ließ, zuzustimmen oder abzulehnen. Beim Begleitungsmodell kam es nicht auf die Person des Begleiters an, auf das, was er selbst für gutes und gelungenes Leben hält.

Seine Wärme dem Klienten gegenüber konnte auch auf einem von Sinnlosigkeit geleiteten eigenen Leben aufbauen. Echtheit musste also kein Modell für gelungenes Leben, gelungene Problemlösung oder tragenden Sinnhorizont sein, sondern nur eine Haltung. Wenn Glaubwürdigkeit zum Leitbegriff wird - aus der Sicht der Menschen, die Seelsorge in Anspruch nehmen, scheint er ohnehin schon immer Leitbegriff zu sein, wie sonst wäre die Frustration der vielen Menschen zu erklären, die unter chronifizierten Krisen leiden und von einem Seelsorger oder Therapeuten zum anderen gehen[148] - , entsteht aus der einseitigen Klientzentrierung eine Beziehung. Der Seelsorger oder die Seelsorgerin ist der andere Brennpunkt in der Beziehung.

Es erhebt sich aber erstens gleich die Frage, ob hier nicht eine neuer Versuch erfolgt, die Sünde aus der Beziehung zu eliminieren und eine Unmittelbarkeit zu installieren, die nach den theologischen Vorstellungen den Sündenbegriff und die Vorläufigkeit aus der Beziehung hinaus manövriert. Wäre eine Seelsorge, die Anleitung bietet, das Ende der protestantischen Sündenvorstellung, in der alle in gleicher Weise an der Sünde Anteil haben? (Die „blinden Blindenleiter"). Wenn Seelsorge als Austausch unter grundsätzlich durch Sünde gekennzeichneten Menschen geschieht, dann könnte nicht der eine den anderen leiten. Sie müssten sich von einer dritten Sache, Gott oder Symbol oder Wort Gottes gemeinsam leiten lassen.

Zweitens muss man sich Gedanken darüber machen, ob nicht mit Anleitung das moderne Bild vom Menschen - das genaue Gegenteil der Sündenlehre - als sich entfaltendem Individuum in Zweifel gezogen werden muss. „Werde, der du bist" verträgt keine Anleitung, sondern allenfalls Entfaltungshilfe. Das geht aber nur, solange das Bild vom

---

[148] S. H.-U. Brachel, a.a.O.

Menschen Gültigkeit hat, das den Menschen als theoretisch ungebrochen entwicklungsfähig und seine Störungen als Ergebnis gesellschaftlicher und/oder frühkindlicher Einflüsse deklariert, die durch Therapie eliminiert oder minimiert werden können. Menschen in Krisen „entwickeln" sich aber häufig eben gerade nicht, noch ist ihnen selbst bestimmtes Handeln anzutherapieren. Sie geraten deshalb in die Gefahr, als nicht kooperativ und damit als nicht therapiefähig abgestempelt zu werden. Denn sie stören das Bild des Therapeuten von der eigenen Omnipotenz genauso wie das Bild vom grenzenlos entwicklungsfähigen Menschen[149], die beide entscheidend zusammenhängen.

Drittens könnte das dritte Problem darin bestehen, dass bei Anleitung Menschen verführt werden, nicht die angemessene Problemlösung selbst zu erarbeiten, sondern sich mit fremden Lösungen zu identifizieren. Dieses Problem entsteht nur bei manipulativer Anleitung. Keine Seelsorge konnte zu irgendeinem Zeitpunkt davon ausgehen, den Gesprächspartner nicht zu beeinflussen. Die "wertfreie" Begleitung ist immer schon eine Illusion gewesen.

Anleitung zum Leben?

Welche Art der Anleitung könnte das sein? Welche bisherigen Modelle des Umgangs mit Menschen wären nun geeignet, Anleitung zum Leben zu sein? Im christlichen Bereich stehen da z.b. spirituelle Formen bereit. Diese lassen aber kaum Anleitung im Alltagsleben zu, weil sie auf die religiöse Dimension ausgerichtet sind. Sie sind jedoch manchmal geeignet, Menschen die geistliche Dimension des Lebens zu eröffnen und damit einen neuen oder anderen Lebenshintergrund zu bieten. Darüber hinaus wären aus christlicher Sicht die ethischen und ontologischen Aussagen des Glaubens neu zu formulieren und als Anleitung zum Leben nahe zu bringen. Schließlich sind Möglichkeiten der Einübung und Betätigung neu zu gründen oder zu reaktivieren. Auch der Gottesdienst kann in seiner seelsorgerlichen Funktion neu entdeckt und gestaltet werden.[150] Neben den rituellen und wiederholenden Elementen erfreuen sich gerade unter kranken Menschen die Grundaussagen des Glaubens, aktuell und einfach formuliert, zunehmender Aufmerksamkeit. Nach Gottesdiensten finden sich bei mir stets die motiviertesten „Nachfrager" nach Seelsorge ein!

Dazu gehört vor allem der Grundgedanke der paulinischen Theologie des jetzt schon und noch nicht oder in der lutherischen Formulierung des simul iustus ac paccator. Dieser Grundgedanke ist der Verzicht auf

---

[149] Vgl. Martin Hagenmaier, Gruppenarbeit mit "chronischen" Alkoholikern, WzM 37/ 1985, 336ff.
[150] Hans Joachim Thilo, Die therapeutische Funktion des Gottesdienstes, Stauda Verlag Kassel 19

die allmächtige Aneignung der Lösungen menschlicher Ambivalenz, oder auch der Verzicht auf den Omnipotenzwahn.

Religiöse Phantasien psychisch kranker Menschen

Ich will dies am Beispiel der religiösen Phantasien psychisch kranker Menschen erläutern. Der auffälligste Arbeitsbereich in der Psychiatrieseelsorge ist die Religion. Religion ist deshalb wichtig, weil sie Typisches für die Seelsorge überhaupt zeigt. Religiöse Phänomene, Verhaltensweisen, Vorstellungen und Phantasien müssen im psychiatrischen Rahmen mit besonderer Sorgfalt betrachtet werden. Sie bilden nämlich einen besonders missverständlichen Teil der Person. Oft gelten sie als Symptom einer Wahnerkrankung oder wahnhaften Verarbeitung der Realität. Damit kommt aber das Ganze der Religion auf den Prüfstand.[151]

Ein neueres Modell der psychiatrischen Betrachtung von Religion sieht diese im Rahmen der Schizophrenie als eine Art Überkompensation von Unsicherheiten der Person in der für den kranken Menschen zerfallenden Welt.[152] Sind nicht dann auch bestimmte überlieferte Formen religiöser Erfahrung möglicherweise mit diesem Etikett zu kennzeichnen? Wenn z.B. die Erleuchtung des Buddha nach sieben Jahren einsamen Ringens unter einem Feigenbaum, die Berufung des Propheten Mohammed in einer einsamen Höhle und die Versuchung Jesu nach vierzigtägigem Fasten in der Wüste eintreten, dann kann ein psychiatrieerfahrener Mensch mit diesen Ausnahmezuständen allerhand anfangen. Wer schließlich noch manche der Prophetenberufungen oder gar die Offenbarung daraufhin untersucht, wird an Ausnahmezuständen im Rahmen der religiösen Erfahrung nicht herumkommen.

Religiöse Erfahrungen sind Grenzerlebnisse

welche die ganze Existenz des Menschen zum Inhalt haben. Sie binden die Ambivalenz menschlicher Existenz, indem sie sie zum Ausdruck bringen und gleichzeitig überwinden. Und genau im zweiten Schritt liegt auch der Unterschied zur wahnhaften Verarbeitung.

In der Versuchung Jesu (Mt. 4, 1-4) geht es z.B. um drei Ambivalenzen: Materielles und Geistiges, Vertrauen auf Gott und das Auf die Probe Stellen Gottes, Macht und Glaube. Jesus löst die Ambivalenzen nicht auf. Er geht nur mit ihnen um! Er betritt nicht den wahnhaften Weg, die Ambivalenz durch Identifikation mit der vermuteten größeren Macht zu lösen, sondern steht sie durch mit der Eindeutigkeit seines Vertrauens zu Gott, das keinerlei Probe, Versuchung/Versuchs, bedarf. Der Glaube

---

[151] Zum Problem Psychiatrie und Religion s. z.B. Hans Küng, Freud und die Zukunft der Religion, bes. 111ff. und 143ff.
[152] Christian Scharfetter, Schizophrene Menschen, Urban & Schwarzenburg, München, Wien , Baltimore, 2. Aufl. 1986, 35-59.

verhindert nicht die Ambivalenzen des menschlichen Lebens, was der Wahn gerne möchte. Er ermöglicht das Leben in und mit den Ambivalenzen durch ein eindeutiges Vertrauen in die Liebe Gottes. Am „Fall" lässt sich der Unterschied noch deutlicher darstellen. Eine Patientin empfängt mich mit den Worten: Sie kennen mich ja! Nach einigem Hin und Her erklärt sie mir, sie sei doch Eva und Maria, die Mutter der ganzen Welt (ein Diener Gottes müsste sie ja kennen!). Sie wolle mir erzählen, dass sie nachts nicht schlafen könne, weil sie schließlich aufpassen müsse, dass die Welt nicht untergeht. Allenfalls zu Hause sei der Schlaf mal eine Stunde möglich, dann könne nämlich Adam die Wache übernehmen.

Der Wahn besagt, dass die Ambivalenzen eigentlich unerträglich sein müssen. Der Mensch wird unfähig, die Welt unbeobachtet sich selbst zu überlassen, dann käme die große Katastrophe. Vielleicht wird dadurch im geschilderten Fall ein übergroßes Maß an Aggressionen gegenüber nahe stehenden Menschen (Zerstörungspotential für „die ganze Welt") im Rahmen gehalten. Das mächtige religiöse Symbol der Mutter - diesmal gleich doppelt als Mutter der Menschen und Mutter Gottes - verleiht Identität, bringt aber in der wahnhaften Form keine Befreiung.

♦ Bei der Versuchung Jesu, die Erfahrung des Geschöpf- und damit Abhängigseins (nach 40 Tagen Hunger unerlässlich) durch Identifikation mit der Allmacht zu überwinden - aus Steinen Brot zu machen, oder die Erfahrung der Mitseins mit anderen Menschen durch die Herrschaft über die ganze Erde zu eliminieren, kommt eine ganz demütige Lösung zum Vorschein.

♦ Jesus identifiziert sich weder mit Gott noch mit dem Satan. Er vertraut darauf, dass das, was hier ambivalent erscheint, bei Gott gut aufgehoben ist.

Daran wird sichtbar, warum im Christentum Gott nicht mit der bloßen Allmacht, sondern mit der Wahrheit und der Liebe identifiziert werden kann. Die bloße Allmacht müsste die Ambivalenzen unerträglich machen, weil sie sie als bloße göttliche Willkür erscheinen lassen müsste. Menschen, die sich mit religiösen Symbolen oder Gestalten identifizieren, sind besonders dem Spott oder der Verachtung ihrer Umwelt ausgeliefert. Oft gelten sie auch einfach als unheimlich. Bisweilen führt die Ineinssetzung mit Gott oder einem seiner Boten auch zur tatsächlichen Ausrottung der vermeintlich „Bösen", wenn Gott nur als Rächer und Richter des Bösen verstanden wird. Seelsorge ist in diesem Fall der Versuch, die „Wahrheit" zu verhandeln, nachdem zunächst die Begegnung mit den Vorstellungen des zu betreuenden Menschen stattgefunden hat. Wohin würde bloße Begleitung führen? Sollten Seelsorger gar in den Wahn mit einsteigen? Unter extremen Bedingungen kann Seelsorge nur gelingen, wenn eine glaubwürdige Identität auf Seiten des Seelsorgers sichtbar wird.

Es gibt in der religiösen Szene viele Lösungen für die Menschen, die zur Seelsorge kommen. Fast alle zeichnen sich dadurch aus, dass sie der Versuchung erliegen, die Ambivalenzen durch Verbindung und Identifikation mit den „Mächten" zu lösen. Schlagworte verdeutlichen das schnell: Okkultismus (Verbindung mit jenseitigen Mächten), Teufels- oder Satanskulte (Verbindung mit der nach Gott höchsten oder im Glauben der Anhänger vor Gott höchsten Macht), New Age (Identifikation mit dem Zentrum des Weltalls) oder Islamismus nebst zugehörigem Terror (Identifikation mit der Allmacht Gottes). Vor allem psychisch anfällige Menschen erhoffen sich aus der Szene Kräfte zur Sicherung des eigenen psychischen Lebens oder Kräfte, um andere von sich selbst abhängig zu machen. Seelsorge kann als Anleitung verstanden werden, das Leben in seiner Geschöpflichkeit anzunehmen (d.h. positive und negative Aspekte zu akzeptieren), die in der Vollkommenheit Gottes aufgehoben ist. Vollkommenheit ist das den Geschöpfen nicht zugängliche, in Gott aber geglaubte Ziel, das auch nicht durch menschliche Allmachtsphantasien erreicht werden kann.

Seelsorge ist Anleitung zur Demut und zur Freiheit der Kinder Gottes, trotz ihrer Unvollkommenheit und Ambivalenz (auch gegenüber der Natur) angenommen zu sein. Daraus erwächst ein Gegenseitigkeits - Verhältnis zu dem Menschen, der Seelsorge in Anspruch nimmt. Das Vertrauen, miteinander umgehen zu können, kann nicht nur einseitig vom „Klienten" zum Seelsorger verlaufen. Gerade umgekehrt geschieht ein wichtiger Schritt, wenn der Seelsorger dem „Klienten" vertrauen lernt. Ohne diesen Schritt handelte es sich am Ende um eine Kontrollbeziehung.

Wenn ich von hier aus „Begleitung" und „Echtheit" anschaue, habe ich den Eindruck, dass sie Verschleierungsbegriffe sind, die versuchen, den/die Seelsorger/in aus dem Zentrum herauszunehmen. Ihre Funktion war wichtig, solange der/die „Klient/in" der autoritären Bemächtigung durch den/die Seelsorger/in entrissen werden musste. Nachdem dies geschehen ist, droht die Bemächtigung durch den/die nur aus Haltungen bestehende(n) Seelsorger/in. Dieser aber ist nur zu entkommen, wenn der/die Seelsorger/in sich klar macht, dass er/sie bei seiner/ihrer Begegnung mit Menschen durchaus von einem konkreten Angebot an Weltverständnis/Wirklichkeitsrezeption bzw. deren Veränderung mit ganz bestimmten Zielen ausgeht, das dem/der Gegenüber/in eine Veränderung zumutet - was offenbar Frauen leichter fällt als Männern. „Begleitung" wurde eindeutig von Männern erfunden.

Ein Moslem in der christlichen Seelsorge

Ein Moslem, der sich in forensischer Verwahrung befindet - der Grund ist ein schweres Delikt gegen das Leben eines anderen Menschen - kennt schon aus dem Gefängnis die Rolle des Pastors als einer

„gewährenden" Person. So möchte er zunächst mit meiner Hilfe Dinge durchsetzen, die aufgrund seiner Haftsituation nicht möglich sind. Mit allen verantwortlichen Mitarbeitern hat er sich bis zur Unmöglichkeit von Kommunikation überworfen, weil er jedem, der ihm etwas verweigert, mit böser und grausamer Rache droht. Zehn Gespräche lang werden immer neue Rachephantasien ausgebreitet. Bisweilen schlugen die Rachephantasien auch in die Drohung mit grausamem Selbstmord um. Sicher wäre das Aushalten dieser Gesprächssituation zunächst eine sinnvolle Sache. Sie erweist sich auch als positiv in dem Sinne, dass eine Art Vertrautheit entsteht. Am Ende eines Gesprächsabschnittes entschließe ich mich, ihm zu erklären, dass sein Gedankengebäude der Rache ihm in unserer kulturellen Situation Schwierigkeiten macht, weil unser Rechtssystem den Verzicht auf Rache zum Ziel hat. Ich persönlich sei auch der Meinung, durch seine Racheschwüre verstricke er sich immer tiefer in eine Gegnerschaft zu allen, die mit ihm umgehen müssen. Außerdem sei ich davon überzeugt, dass Rache kein Problem lösen könne, sondern nach meinem Glauben Vergebung die Freiheit bringe. Sicher könne ich verstehen, dass das in seiner Heimat anders aussehe und sein Denken dort wahrscheinlich akzeptiert würde. Wer in seiner Ehre gekränkt sei, könne sich nach seinem Glauben wohl keinen Gedanken an Vergebung erlauben. Nach einer kleinen Pause, in der ich ihn zum ersten Mal nachdenklich sah, fragte er mich: *„Warum kommt sonst niemand und sagt mir, denke so oder mach das so!"*

Auch wenn damit noch nicht die Grundlage der psychischen Struktur dieses Menschen umgekrempelt worden ist, so mag es vielleicht doch ein erster Schritt zur neuen Sicht seiner Welt sein. „Störung" wurde auf dem Hintergrund der Systemischen Therapie als eine Methode beschrieben, im seelsorgerlichen Umgang verkrustete seelische Strukturen zu öffnen.[153] Voraussetzung allerdings ist der Glaube, dass ein Mensch sich auch in so schwierigen Situationen neu einstellen kann - also ein Vertrauen in das betroffene Gegenüber und auf Gott.

Als neuer Schritt in der Seelsorgediskussion folgte nicht ganz unerwartet die Frage nach der Identität, teilweise in Verbindung mit der so genannten Leitbilddiskussion.

Identität

Identität scheint in Zeiten, in denen alle von Krise reden, ein großes Thema zu sein. Selbst Verwaltungen werden von der Welle erfasst und schließen sich in eifriger Scheinaufgeschlossenheit der von einer corporate identity träumenden Leitbilddiskussion an. Der Zweck dieser Übung allerdings wird vorgegeben von finanziellen Grenzen, deren

---

[153] Isolde Karle, Professionelle Seelsorge, in Uta Pohl-Patalong, Frank Muchlinski, Hg., Seelsorge im Plural, ebv 1999

Wahrnehmung die Krisenvorstellung vor allem bestimmt. Sogar Gefängnisse und Kirchen fingen an, ihren Identität zu befragen, die doch so sicher schien wie nichts anderes auf dieser Welt.

Die entscheidende Frage blieb bestehen:

- Was kommt als befreites Selbst oder authentisches Ich der Seelsorgerin oder des Seelsorgers zum Vorschein?

- Wer sind die Gefangenen, die Kranken, die Gemeindemitglieder, wie verstehen sie sich?

- Was kommt bei ihnen als selbstverwirklichtes Ich oder verwirklichtes Selbst zum Vorschein. Wie erwünscht ist das jeweils?

Schon diese Fragen führten aus dem naturgesetzähnlich selbstverständlich sich entfaltenden Ich in der Gesellschaft hinaus und bereiteten den Weg der postmodernen Denkweise. Die Postmoderne betont den Konstruktionscharakter der Identität als Ich-Leistung, wobei das Ich als Konstrukteur sehr nebulös und schwebend bleibt.

Die Begrifflichkeit Identität

hat sich gegen Begriffe wie Persönlichkeit, Ganzheit oder Charakter durchgesetzt. „Die Einführung des Identitätskonzepts hatte in der soziologischen und psychologischen Diskussion ebenso wie in der religionspädagogischen und praktisch-theologischen Debatte mehr oder weniger eine kritische Funktion.... Mit der Orientierung am Identitätsbegriff sollte sowohl ein objektivistisches als auch ein statisches Missverständnis überwunden werden. Das Identitätskonzept bricht mit der übervereinfachenden Grundannahme, dass die Persönlichkeitsstrukturen des einzelnen, wie seine Wertorientierungen, seine Bedürfnisdispositionen, lediglich eine Abbildung der objektivierten, institutionalisierten Werte seien. Der einzelne ist nicht bloß ein vom Ganzen geprägter Teil, sondern konstruktiver Akteur, der der gesellschaftlich-kulturellen Umwelt als eigenständiger auch gegenübertritt und mit ihr interagiert."[154]

Die Identitätsbegrifflichkeit setzt sich von Konzepten wie Eriksons weitgehend paradigmatisch rezipiertem Werk „Identität und Lebenszyklus" ab, weil es zu sehr den Gedanken der Abschließbarkeit und Einheit betone. Erikson hatte bei seinem Entwurf jedoch bereits von lebenslanger Entwicklung gesprochen, was ihn wieder von seinen Vorläufern unterschied. In der Psychoanalyse war beispielsweise bis in die fünfziger Jahre die Idee vorhanden, eine Analyse sei jenseits von vierzig Jahren nicht angezeigt, Entwicklung also selbst im Sinne der Neuordnung von psychischen Komponenten nicht mehr möglich.

---

[154] Henning Luther, Identität und Fragment, in: Religion und Alltag, Radius Verlag Stuttgart 1992, 160-182, Zitat 161

„Mit den Kriterien der Vollständigkeit, der Einheitlichkeit und Konti-
nuität gerät dieser Begriff (sc. der voll entfalteten Identität) in die Nähe
jener klassischen Bildungskonzeptionen, die als ihr Ziel die Entfaltung
der vollen Persönlichkeit oder der allseitig gebildeten Persönlichkeit
ansehen. Das Ideal der Persönlichkeitsreife, der Ich-Stärke, der ganzen
Persönlichkeit scheint mir auf einem harmonistischen und idealisieren-
den Welt und Menschenbild zu beruhen. "[155]

Die postmoderne Identitätsbegrifflichkeit bricht mit der Vorstellung
von der abgeschlossenen Identität, die sich im Alltagssprachgebrauch
beispielsweise in der Vorstellung des Lebenslaufes niederschlägt. Das
zu sich findende Individuum, in dem sich alles um einen Wesenskern
herumgruppiert, das sich selbst verwirklicht, in dem es seine Verbiegungen und neurotischen Abwehrformen wahrnimmt und „integriert",
sogar die Echtheit im Sinne von Kongruenz zwischen psychischer Welt
und Handlung, Gefühl und Wort in diesem einen Individuum stehen
unter dem Verdacht, die Zusammenhänge eines Menschen mit seiner
Welt und in sich selbst nicht mehr richtig und treffend zu beschreiben.
Der bürgerlich - idealistische Ansatz der wesenhaft unverlierbar ausge-
prägten Persönlichkeit in ihrer Umwelt geht unter. Das „Praktische
Wörterbuch der Pastoralanthropologie" formuliert folgendermaßen:
„Unter Identität wird die Summe aller Bilder, Ideen u. Kräfte verstan-
den, die einer Person das Gefühl einflößen „wie sie selbst' zu sein und
'wie sie selbst' zu handeln. "[156]

Diese Formulierung umgeht sehr geschickt die Frage, was denn ‚selbst'
wäre und spricht bei der Identität vom 'Gefühl' einer Person, wie sie
selbst zu sein. Dadurch wird der Blick jedoch auf die Wahrnehmung
gelenkt. Offensichtlich können wir zwar Identität nicht genau definieren, aber durchaus einen Zustand von Identität wahrnehmen oder empfinden. Im Gegensatz zu der definitorischen Ablehnung von Identität
im Sinne von Kontinuität und Geschlossenheit der Person erleben wir
Momente der Identität als im besten Sinne Selbsteinigkeit, Selbstför-
migkeit oder Selbststimmigkeit und Beziehungskongruenz. Die Frage,
welche Identität wir denn hätten, taucht eben gerade an dem Punkt auf,
an dem diese Gefühle nicht mehr vorherrschen. Nur schwer lässt sich
für diese einer Binsenweisheit nahekommende Aussage eine andere
Formulierung finden.

Jedenfalls verläuft die vorherrschende Wahrnehmung von Identität lebenspraktisch im exakten Gegensatz zum theoretischen Postulat der
prinzipiellen Unabgeschlossenheit. Dennoch entspricht das theoreti-
sche Konstrukt der prinzipiellen Unabgeschlossenheit einer gesellschaftlich weit verbreiteten Erfahrung von Unübersichtlichkeit,

---

[155] A.a.O. 164
[156] Herder Wien und Vandenhoeck & Ruprecht Göttingen 1975, Stichworte Identitätsfin-
dung und Identitätskrise, pastorale, sp. 494f.

Unsicherheit und Diskontinuität, ja gebrochenen Lebensverläufen. Der postmoderne Zugang zur Identitätsfrage macht aus der Not, Kontinuität, Kohäsion und inneren Zusammenhang zu verlieren, eine Tugend und deren Theorie. Darin steckt der Versuch, Kontinuitäts-, Traditions- oder Rollenverlust als Befreiung zu definieren. Sie vergisst dabei auch nicht, dass Herausgehen oder Herausfallen aus fester und eindeutiger Selbstdefinition und Selbstwahrnehmung mit Verlustängsten verbunden ist, schätzt jedoch den Gewinn an Befreiung höher ein als den Verlust von Kontinuität. *„Die Entwicklung einer gelungenen 'Patchwork-Identität' bietet bereits, wie gezeigt, eine Chance zum Widerstand gegen Institutionalisierung und Standardisierung, da das Individuum ihren Einflüssen nur mit Teilidentitäten unterliegt und nicht in ihnen aufgeht."*[157]

Ob das lebenspraktisch plausibel ist, das wird zum Test der postmodernen Identitätsbegrifflichkeit werden. Zu stark ist noch die lebens- praktische und alltägliche Erfahrung von Einheitlichkeit der Person oder des Individuums. Ein entscheidender Unterschied zur Identitätsvorstellung, die Selbstverwirklichung zum Ziel hat, liegt darin: Postmodernes Erleben von Unübersichtlichkeit wirkt trotz der permanenten Konstruktionsaufgabe passiv. Befreiung ist danach Schicksal und Freisetzung, nicht aktiv zu verwirklichende Gestaltungsaufgabe. Die alten Strukturen aufzubrechen war in den Befreiungsideen seit der Aufklärung und auch vorher mit der Hoffnung auf neues Leben und neue Identität verbunden und hatte darin eine hermeneutische Verbindung mit der „Metanoia" des Neuen Testaments. Postmodern gesehen fällt auf das Individuum der Zwang, aus der zerfallenden Welt momentane Identitäten zu konstruieren. Assoziativ kommt eine Welt zum Vorschein, die aus zerfallenden Großbauten viele kleine Hütten für diverse Bedürfnisse schaffen.

Postmodernes Lebensverständnis - ein wenig karikiert

Jeder ist der Autor seines eigenen unverwechselbaren identiformen Zusammenstellung. Niemand kann vorgefertigte Verläufe übernehmen, nichts ist abgeschlossen. Niemand geht oder wächst in vorgegebene Strukturen hinein. Ein Patchwork stellt ein Gewebe aus verschiedensten Einzelstoffen dar, die gemeinsam ein differenziertes und möglicherweise buntes oder gar schrilles Ensemble oder Ganzes ergeben.

Zunächst kam Patchwork in unserem Land als Wandbehang auf, an dem der (spieß-)bürgerliche Haushalt eine artig eingekleidete und begrenzte ‚Unordnung' als Schmuck zuließ. Das Einheitsgrau der weiblichen Röcke war das nächste, was lang und ‚unordentlich' sein durfte. Ein Mann

---

[157] Uta Pohl-Patalong, Seelsorge zwischen Individuum und Gesellschaft, Kohlhammer Verlag Stuttgart 1996, 258

kann sich heute noch kaum leisten, eine Hose zu tragen, die aus patchworkähnlicher Zusammenstellung besteht. Was sich bei dem einen nur auf Stoffe bezieht, hielt bei dem oder der anderen irgendwann einmal als Lebenshaltung Einzug. Zunehmend gab es weniger Dinge, die „man" nicht tut, die sich nicht gehören, die zu einer bestimmten Stellung in der Gesellschaft nicht passen. Die Länge der Haare kann bunt variieren, heute bisweilen schon auf demselben Kopf. Wer sich früher mit seiner Frau oder seinem Mann nicht mehr verstand, musste umständliche und kräftezehrende Verfahren zur Scheidung auf sich nehmen. Heute kommen Partnerschaften mal zustande, mal enden sie - beides angeblich ohne aufreibenden Identitätsverlust. Die nicht mehr nötige Einlinigkeit der Person ermöglicht schon mal verschiedene Partner(innen) für diversifizierte Zwecke und Anlässe. Auch die Gesellschaft muss nicht mehr aus einem Guss sein. Ganz abgesehen davon, dass eine bunte Mischung von Sprachen und Lebensstilen sich weiter verbreitet, diversifiziert sich die Arbeitszeit ebenso wie die Einteilung eines Tages. Musste ein ordentlicher Mensch noch vor wenigen Jahren nachts schlafen und tagsüber arbeiten, früh aufstehen und nicht zu spät ins Bett gehen, so teilt er sich heute die Zeit um die letzten Mohikaner des Traditionalismus nämlich die Schulen herum so ein, dass etwa vorhandene Kinder zur Schule können. Der Rest unterliegt der freien Disposition wenigstens soweit, wie Dienstpläne oder flexible Arbeitszeiten das erlauben.

Ein Beruf, der Berufung wäre, wird in diesem Modell undenkbar, weil er festlegt und von einer Dauer ausgeht, die niemand mehr anbieten kann: der Lebenszeitdauer. Darüber hinaus wäre unklar, welche Teilidentität von der Berufung betroffen ist. Stattdessen hat der Mensch diverse Fertigkeiten und Weiterbildungen, die die Selbstfeilbietung auf dem Tagelöhnermarkt ermöglichen und erleichtern und dauernd durch neue Aspekte ausgebaut werden. Die Kontakte zu Mitmenschen bleiben partiell. Sie unterliegen dem Kalkül einer „Ökonomie der Aufmerksamkeit"[158]. Keiner verfällt einem anderen mit Haut und Haaren und trachtet danach, das kontinuierlich auszubauen. Berufung kann unter Umständen in der Mehrzahl existieren. Interessant wird sie erst, wenn sie Aufmerksamkeit auf dem Markt des Tagelohnes sichert.

Wer die Herkunft von „Patchwork" untersucht,

stößt auf einen ganz praktischen, fast schon lebensnotwendigen Zusammenhang. Fell- oder Lederreste, die bei der Verarbeitung übrigbleiben, werden gesammelt, bis man aus einem Rest ein volles Stück (Kleidungsstück beispielsweise) herstellen kann. Patchwork hat seinen ‚Sitz im Leben' in einer Mangelgesellschaft, während wir diesen Begriff im Sinne von Überfluss an Möglichkeiten verstehen. Wenn jedoch Worte

---

[158] Georg Franck, Ökonomie der Aufmerksamkeit, Hanser Verlag 1997

ein wenig ihres Sitzes im Leben behalten, selbst wenn sie in neuer kultureller Umgebung benutzt werden, wäre zu untersuchen, ob das, was sich mit Patchwork-Identität beschrieben wird, nicht auch einem Mangel entspringt.

Was sich eine wohl situierte Lebenswelt als allzeit geöffneten Super- Welt-Markt vorstellen kann, ist für die Mehrheit der Menschen bitterste Mangelgesellschaft. In den westlichen Ländern verschwindet die Arbeit, mit deren Hilfe sich einige (männliche) Generationen sinnerfüllt selbst erfahren konnten. Mit der Arbeit bilden sich individuelle Chancen auf 'Selbstverwirklichung' im Sinne von Wahlmöglichkeiten verschiedenster Art erheblich zurück. Hängen diese doch weitgehend vom Einkommen in Geld ab.

Wer drei verschiedene Tätigkeiten ausüben muss, um sich ernähren zu können, erlebt dieses Patchwork vielleicht nicht als besonders befreiend. Wen die Gesellschaft nach einem längeren Studium nicht in eine herkömmliche akademische Laufbahn bringen kann, wer nach einer Berufsausbildung schon auf der Straße sitzt wie selbst in manchen Teilen Europas, hat wahrscheinlich andere Gedanken über Wahlzwänge und -chancen als die Generation, die sich mit dem Elan aus dem 68-Jahr in den besten beamteten Positionen festgesetzt hat.

Die Wirtschaft wird nicht müde, Flexibilität zu fordern und jederzeitige Umsetzbarkeit und Freisetzbarkeit von Menschen zu meinen. Da hat sich das, was als Wahlvielfalt und gleichzeitig Zwang zur Auswahl beschrieben wird, längst in handfesten Unterwerfungszwang gewandelt. Das Patchwork besteht in diesem Bereich eher in unübersichtlichen Entscheidungen von Wirtschaftslenkern und Geldverwaltern, die ihre MitarbeiterInnen zwingen, dem kurzfristigen zählbaren finanziellen Erfolg nachzuziehen.

Warum allerdings dieser Mensch seine Äußerlichkeit zu pflegen neigt, die allemal eine erhebliche Festlegung, Kontinuität und sogar Unterwerfung unter nicht kontrollierbare natürliche Prozesse mit sich bringt, das wird aus einem solchen Ansatz nicht klar. Sollte diese vielleicht den Platz der nicht mehr formulierbaren Kontinuität und Kohäsion eingenommen haben? Eine ähnliche Funktion könnte die starke Beschäftigung mit dem Tod und das Sich Einlassen auf abstruseste Eindeutigkeiten sektiererischer Art ausüben.[159]

---

[159] Josuttis hat einen solchen Weg als dreistufigen Vorgang beschrieben: „Zunächst bemüht man sich um Kontakt mit Kirchengemeinden der großen Konfessionen, wird aber schnell enttäuscht durch die spirituelle Leere, die man dort trifft. Hier wird über Gott bestenfalls geredet und über die Dynamik des Evangeliums diskutiert. Aber weder in den Gemeindeveranstaltungen noch im Gottesdienst kommt es zur wirklichen Erfahrung jener machtvollen Wirklichkeit. Im zweiten Schritt bewegen sich suchende Zeitgenossen in der Therapie- bzw. Psychoszene. Dort gibt es emotionale Entdeckungen, Selbsterfahrungsmöglichkeiten, intensive zwischenmenschliche Kontakte, die höchst aufregend und

Was jedenfalls mit der Idee des Patchwork auch verschwindet, ist die (alte, organische) Wachstumsvorstellung von der Zeugung, dem Heranwachsen / sich Ausbilden, zur Reife gelangen und schließlich Absterben innerhalb der einen Identität.

Die Patchwork - Idee macht klar, dass wir nicht einfach eine Identität haben, sondern ein Zusammenspiel verschiedenster Teilidentitäten darstellen, deren widersprechender Charakter vor allem gegen die Vorstellungen von Ganzheitlichkeit und Standardisierung gerichtet ist. Damit lässt sich auch sehr effektive Kritik an dem Paradigma der Ganzheit üben, das in den achtziger Jahren als eines der großen Paradigmen gebraucht wurde.

Die praktische Vorstellung von Teilidentitäten

bleibt unklar. Vorstellbar ist, dass gesellschaftliche Teilsysteme ein Eigenleben führen und ihr Zusammenhang mit einem Ganzen nur formal nachvollziehbar wird. Fast alle spezialisierte Berufsarbeit spielt sich in einem solchen Teilsystem ab. Die Gesellschaft lebt von spezialisierten und standardisierten Teilsystemen nur deshalb, weil sie jeweils Funktionen des Ganzen übernehmen. Fiele das Ganze weg, wären auch die Teilsysteme nicht mehr existent. Gilt dieser Satz auch umgekehrt?

Ich kann mir auch noch vorstellen, dass ein Mann, der viel Böses und Dummes getan hat, gegenüber seinen Kindern geradezu die Liebe in Person ist. Aber er bleibt doch derselbe Mensch. Ich kann mir - um es auf die Spitze zu treiben - noch vorstellen, dass ein guter Gemeindepastor oder ein guter Lehrer pädophil ist und dies auch in der Gemeinde in die Tat umsetzt - eine Teilidentität? Welche Teilidentität soll der Richter verurteilen, wenn jemand dreißig Diebstähle begangen hat? Wie sitzt die Teilidentität dann ihre Gefängnisstrafe ab, was tun die anderen Teile währenddessen? Welche Teilidentität unterliegt guter oder schlechter Stimmung. Welche Teilidentität behandelt der Psychotherapeut? Den Wert von Krankheit entwickelt die multiple Identität, wenn sie sich auf mehrere Namen oder Persönlichkeiten verteilt, deren loser oder durch eine Psychose überkompensierter Zusammenhang in psychiatrische Behandlung führt, dann allerdings als "multiple Persönlichkeit".

---

animierend sein können. Aber immer noch mangelt es am Transzendenzbezug. Deshalb führt der Weg weiter in esoterische Gruppen, die das, worüber in den Kirchen geredet wird, erfahrbar machen, und die das, was man in der Psychoszene erlebt, in Richtung Transzendenz entgrenzen. Da greifen sie häufig genug auf alte, vergessene spirituelle Methoden der christlichen Frömmigkeitsgeschichte zurück." Manfred Josuttis, Identität und Konversion, in: Dietrich Stollberg u.a., Identität im Wandel in Kirche und Gesellschaft, Richard Riess zum 60. Geburtstag, Vandenhoeck & Ruprecht, Göttingen 1998, 118-127, Zitat 124

Patchwork-Identität versucht eine Antithese zur karikierten Vorstellung einer harmonistischen entwicklungspsychologisch geprägten Persönlichkeitsidee. Die Vermutung, es handle sich eher um einen spätbürgerlichen Blick unter einigermaßen begüterter Perspektive, entsteht bei mir vor allem aus lebenspraktischer Blickrichtung. Das Subjekt wird Gestaltungs- und Organisationszentrum in der enttraditionalisierten Gesellschaft. Dies kann es nur verwirklichen, wenn es den im höchsten Maße ambivalenten Freisetzungsprozess aus den traditionellen Lebensmustern mit radikaler Subjektorientierung und sozialer Selbstorganisation anstelle der herkömmlichen familiären Bindungen überwindet. Die professionellen Helfer müssen für dieses Ziel von der „Klientelisierung" abgehen und offensive Förderung der Selbstorganisation zum Zweck der Ermächtigung (empowerment) des Subjekts betreiben.[160]

Deutlich wird damit zumindest, dass es nicht darum gehen kann, neue Weltanschauungsmodelle geschlossener Art zu entwerfen. Fast scheint es aber, als müssten die kohäsiven Kräfte, die die Individuen nicht mehr als ihre Identität entwickeln, von psychosozialen Versorgungsstrukturelementen gebildet werden. Bei Keupp finden sich mehr die Freisetzungsdynamik beklagende Elemente als solche, die daraus eine Tugend machen. Am Ende steht die nahezu klassische Idee des „empowerment". Ähnliches war bereits in den sechziger Jahren als „Hilfe zur Selbsthilfe" formuliert und seither in zahllosen Selbsthilfegruppen nahezu epidemisch verbreitet worden. Das Ende der Klientelisierung bedeutet die Rückgabe von Verantwortung an das wie immer zu definierende Subjekt. Darin ist es leicht, diesem Gedankengang zu folgen. Wie aber kann die psychosoziale Arbeit zur „Ermächtigung" von Individuen beitragen, wenn es diese im klassischen Sinne gar nicht mehr gibt? Hier besteht die Gefahr, Teilidentitäten zu stärken, die andere Teile nicht mehr zulassen, sondern sich solchermaßen ermächtigt, an die Stelle des Ganzen setzen.

Postmoderne Seelsorge

Diese Gefahr versucht der postmoderne Seelsorgeansatz zu vermeiden. *„Konkret bedeutet dies für die Seelsorge, aus philosophischer, psychologischer und theologischer Einsicht heraus dem Menschen bei dem permanenten Prozess der Bildung einer multiplen Identität behilflich zu sein. Häufig wird dies zunächst eine Klärung der Zielvorstellungen bedeuten, da nicht nur das wissenschaftliche, sondern auch das alltagspraktische Identitätsverständnis nach wie vor von Einheitlichkeit geprägt ist und ein Teil der subjektiven Identitätsprobleme aus unrealistischen Zielvorstellungen resultiert. "[161]*

---

[160] s. Heiner Keupp, Psychologisches Handeln in der Risikogesellschaft, Quintessenz Verlag München 1994, 42f

[161] Aa.O., 257

„Besondere Relevanz bekommt die Seelsorge hinsichtlich der die Ent-
wicklung eines Kohärenzgefühls, das auch für eine multiple Identität
wesentlich bleibt und dessen Fehlen häufig die Ursache persönlicher
Identitätsprobleme darstellt. Grundlage der Kohärenzarbeit bleibt
auch für die Seelsorge, dass Kohärenz nicht Zentralität und Vereinheit-
lichung bedeutet, sondern jeweils individuellen Charakter besitzt und
vom Individuum selbst hergestellt werden muss."[162]

Als Methode, mit der dies zu erreichen wäre, schält sich eine ganz einfache Form heraus: *„Bei dem individuellen Bemühen um Kohärenz*
kommt methodisch die postmodern favorisierte Narrativität zum Tra-
gen,..."[163] Wir erzählen voneinander und erleben bzw. formen darin Kohärenz: Ich erzähle, also bin ich.... Das Ganze als 'Erzählendes', als
Speicheragentur für Teile, ähnlich der Speichermedien im Computer?
Ganz deutlich wird damit ein Fixpunkt, ein Ich in Form eines Gesetzten,
eines Axioms kreiert bzw. der neuzeitliche Philosophieansatz fortge-
setzt. In der Tat bleibt die Frage offen, ob etwas Ganzes je und je in der
Tat nur in seinen Teilen beschrieben werden kann, obwohl das Individuum zumindest im täglichen Augenschein eine endliche ganze Er-
scheinung mit dieser zugehörigen Erscheinungsbildern darstellt.

Ich bin, der ich bin

Nach der Betrachtung der Idee der multiplen Identität, die diese zumindest als befragenswert erscheinen lässt, findet sich in ‚Jahwe' genau
das, was offenbar das Thema einer postmodernen Identitätsvorstellung
ist: Unabgeschlossenheit und Mehrdeutigkeit bei dem, der sogar in der
multipelsten Identität den Stoff für die kohäsiven Kräfte bilden soll.
Wenn Gott eines zugeschrieben wird, dann das, dass er sich selbst stets
treu ist, wie er uns treu ist. Das aber wäre die höchste Form der Eindeutigkeit. Stattdessen sagt also dieser Gott zu Moses auf die Frage, wer er
sei:

♦ *„Ich bin, der ich bin..."* (Luther),

♦ *„Ich bin der Ich-bin-da..."* (Einheitsübersetzung).

♦ *„Ich werde da sein, als der ich da sein werde..."* (Gerhard v. Rad)

„Es ist mit Recht immer wieder betont worden, dass das (hajah) - im
Sinne von ‚vorhanden sein', ‚da sein' zu verstehen sei, also gerade nicht
im Sinne eines absoluten, sondern eines bezogenen und wirkenden
Seins: ich werde (für euch) dasein. ... es ist Jahwes Freiheit, die sich

---

[162] A:a.O., 258
[163] Ebd.

nicht im einzelnen festlegt. ... und doch soll man ihre (der Aussage) theologische Grundsätzlichkeit nicht überschätzen. "[164]

Man erkennt leicht in dieser Bibelstelle ausdrücklich die Ablehnung von Ganzheit und die Tendenz und Aufforderung zum Unfertigen und Unabgeschlossenen. Allerdings kommt die menschliche Denk- oder Lebenspraxis in die Quere. Das Spiel mit Ganzheit und Unbestimmtheit im Gottesbild verführt zu der Aussage, gerade im unfertigen und gebrochenen Fragment sei das Abwesende, Bestimmte, Ganze anwesend.

„Mit der Gottesebenbildlichkeit des Menschen ist nicht nur die Sündenlehre (‚wie Gott sein wollen'), sondern auch das Bilderverbot (Dt 27,15, Ex 20) verbunden und die Offenbarung des Jahwenamens in Ex 3,14. Diese Selbstoffenbarung Gottes („Ich bin, der ich bin" oder „Ich bin, der ich sein werde") enthielt jenes Moment des Unbestimmten, Geheimnisvollen, Nichtfestgelegten, das der Vorstellung einer in sich abgeschlossenen Ganzheit gerade widerspricht. Wenn nun der Mensch als Ebenbild Gottes verstanden ist, so muss hierin auch diese eigentümlich dialektische Verknüpfung von Anwesenheit und Abwesenheit mitgesehen werden. Der sich offenbarende Gott ist zugleich der sich verbergende und entziehende Gott. Dies muss auch nach dem Gedanken der Gottesebenbildlichkeit für den Menschen gelten. Ich erinnere nun: im Fragment war die Totalität gerade als abwesende anwesend. "[165] Dies erhält seine Prägnanz, wenn man therapeutische Denkkultur dagegensetzt. In der psychoanalytischen Diktion erscheint das Fragmentarische in ganz anderen Begriffen. Hier handelt es sich um Defizite und Ausweglosigkeiten, die den Menschen dennoch nicht hindern, von Gott angesprochen sein zu können. *„Aus dieser Welt mythischer Unfreiheiten, neurotischer Bindungen und infantiler Lebenseinstellungen gibt es keinen anderen Ausweg, als dass einmal die Erfahrung einer anderen, vom Menschen unabhängigen, absoluten Macht in das Menschenleben einbricht und zu Bewusstsein kommt, dass jeder Mensch, wie Moses es im Bild des brennenden Dombuschs sieht trotz aller Unzulänglichkeit, Angst und Unfähigkeit das Medium sein kann, in dem sein Gott erscheint, ohne ihn zu verbrennen (Ex 3). Wie für Israel, so ist für jeden Menschen der Aufbruch zur Freiheit identisch ist mit der Entdeckung von ‚seinem Gott' erhört und angeredet worden zu sein. "[166]*

Es ist ein weiter Schritt vom Ich als Konstrukteur seiner fragmentarischen Wirklichkeit zu dem Angesprochensein von Gott als überwältigendem Einbruch ins Menschenleben, sei dieses nun übernatürlicher

---

[164] Gerhard von Rad, Theologie des Alten Testaments, Band 1, Chr. Kaiser Verlag München 19 57, 182

[165] Henning Luther, Identität und Fragment, in: Religion und Alltag, Radius Verlag Stuttgart 1992,160-182, Zitat 175f.

[166] Eugen Drewermann, Strukturen des Bösen, Sonderausgabe Band Ill, Schöningh Paderborn u.a. 1988, XXXVII

oder unbewusster Herkunft. Besteht hier Identität in autonomer Konstruktion, entsteht sie dort in heteronomem Zugriff.

Weitere theologische Ansätze zur prinzipiellen Unabgeschlossenheit und Fragmentarität finden sich in den paulinisch - lutherischen Gedanken „jetzt schon und noch nicht", des „ich sehe jetzt durch einen Spiegel in einem dunklen Wort, dann aber von Angesicht zu Angesicht...", des „simul iustus ac peccator". Die postmoderne Theorie versucht, um Bestimmungen und Bewertungen herumzukommen, indem sie die prinzipielle Gleichwertigkeit der verschiedenen Identitäten behauptet. Dadurch vermeidet sie die Verlagerung von zu erreichenden Zielen oder Zuständen in die Zukunft und erklärt das Jetzt zum Paradies (der gleichwertigen Möglichkeiten) und zur Endzeit zugleich. Theologisch ist das eine Art präsentischer Eschatologie, die Gottes Zukunft im Jetzt der Identitätsbildung am Werk sieht. Dass dies jedoch auch theologisch nicht haltbar sein kann, zeigt die Differenzerfahrung der Patchwork - Theorie. Im Zwang, selbst gestalten und zusammenbauen zu müssen, liegt die Differenzerfahrung, die in der theologischen Tradition mit dem Wort Sünde bezeichnet wird.

Der Vorläufer Carl R. Rogers

Als einer der Vorläufer der postmodernen Entwicklung kann die Tradition der humanistischen Psychologie angesehen werden. Der für die Seelsorgebewegung mit seiner Methode entscheidend wegweisende Carl R. Rogers hat sich in dieser Tradition weit über die Methodik des nichtdirektiven Gesprächs hinausbewegt. Auch er nahm noch 'lebenslange Entwicklung' in seinen späteren Schriften an. Sein Resümee der Entwicklung zur Persönlichkeit lautet:

„Ich habe darauf hingewiesen, dass jedes Individuum anscheinend eine doppelte Frage stellt: 'Wer bin ich?' Und 'Wie kann ich mich zu meinem Selbst entwickeln?' Weiter habe ich gezeigt, dass in einem günstigen psychologischen Klima ein Entwicklungsprozess stattfindet, dass der einzelne dabei eine nach der anderen seiner Abwehrmasken, mit denen er dem Leben bislang begegnete, fallen lässt, dass er die verborgenen Aspekte seines Selbst voll erfährt, dass er in diesen Erlebnissen den Fremden entdeckt, der hinter diesen Masken gelebt hat - den Fremden: sich selbst. Ich habe versucht, meine Sicht der charakterisierenden Merkmale eines Menschen darzulegen, der diesen Entwicklungsprozess durchlaufen hat: ein Mensch, der gegenüber allen Elementen seines organischen Erlebens offener ist, der Vertrauen zum eigenen Organismus als einem empfänglichen Instrument entwickelt, der Bewertungen aus sich heraus vornimmt, ein Mensch, der lernt, sein Leben als fließenden, fortwährenden Prozess zu sehen, in dem er ständig neue Aspekte seines Wesens im Strom seiner Erfahrung entdeckt. Das scheinen mir einige

der Elemente zu sein, die bei der Entwicklung zum Menschen eine Rolle spielen. "[167]

Die Entwicklung zum Menschen als eines Endpunktes psychischer Entfaltung darf hier nicht mit einer statischen Vorstellung der Endpersönlichkeit verwechselt werden. Folgerichtig hat Rogers eine Beschreibung des „neuen Menschen" versucht, die zwar nicht postmodern klingt, aber alle Elemente einer postmodernen Denkweise bereits enthält. Standardisierung und Nivellierung werden auch hier vermieden. Die Betonung liegt auf der prinzipiellen Offenheit des Entwicklungsprozesses. Anders als bei der postmodernen Vorstellung bleibt der Begriff der Entwicklung (also vom Weniger zum Mehr, vom Schlechteren zum Besseren oder von weniger Mensch zu mehr Mensch) wichtig. Darüber hinaus spielt die Einbindung in die sich entwickelnde Gesellschaft eine große Rolle. Rogers nennt folgende Grundannahmen:

- Der Wunsch nach Authentizität

- Institutionen sind für den Menschen da

- Bedeutungslosigkeit materieller Dinge

- Nicht-moralisierende Besorgnis

- Der Wunsch nach Intimität

„Dieser Mensch sucht nach neuen Formen der Gemeinschaft, der Nähe, der Intimität, der Gemeinsamkeit. Er sucht neue Formen der Kommunikation in einer solchen Gemeinschaft - verbalen wie nonverbalen, gefühlsmäßigen wie intellektuellen. Er erkennt, dass er nicht lange in einer Gemeinschaft leben wird und in unserer mobilen Welt imstande sein muss, rasch Nähe zu schaffen. ... Das heißt, er muss rasch intime, kommunikative und persönliche Bindungen mit anderen eingehen und diese Bindungen ohne heftigen Konflikt oder übergroßes Trauern auch wieder aufgeben können. " (209)[168]

Bei dem so von Rogers formulierten Vorstellungen des neuen Menschen kommt zwar keine multiple Identität, aber doch ihre Vorstufe zum Vorschein. Radikal selbst bestimmt und erfahrungsgeleitet braucht dieser Mensch keine Über – Ichs und deren Repräsentanten mehr. Offenbar entfällt die Leitung, auch eine etwaige geistliche Leitung, wenn der Mensch sich nur auf sich selbst wirklich besinnt.

---

[167] Carl R. Rogers: Entwicklung der Persönlichkeit, Klett-Cotta Stuttgart, 4. Auflage 1983, 129) (original: On Becoming a Person, USA 1961).

[168] Auszug aus: Carl R. Rogers, Die Entstehung des neuen Menschen - eine neue Revolution, in: Carl R. Rogers, Rachel L. Rosenberg, Die Person als Mittelpunkt der Wirklichkeit, Klett-Cotta Stuttgart 1980, (Original portugiesisch São Paulo 1977) Kap 11, 200 - 218

Ein neues Gottesbild?

Was bedeutet der Gedanke einer multiplen Identität für das Bild von Gott? Muss nicht dem multiplen Menschen auch ein multiples Gottesbild entsprechen? *„Der Therapeut steht dem Schamanen der Primitivkulturen näher als dem modernen Theologen. Der Theologe verbündet sich mit dem Idealsystem seiner Gläubigen; er versucht im Extremfall missionarisch, das heißt kolonisatorisch, seine Wertvorstellungen einzuprägen. Er steht grundsätzlich auf einer Seite, auf der seines Gottes, der zugleich das absolut Gute verkörpert. Der Schamane kennt viele Mächte und versucht, ein Gleichgewicht zwischen ihnen herzustellen, das seinem Klienten zugute kommt.*"[169]

- Die multiple Identität korrespondiert nicht mit dem eindeutigen, einzelnen, persönlichen Gott.
- Auch Gott muss in diesem Modell als multiple Größe erscheinen.

Der Schritt zu den Göttern, sofern die multiple Identität Gottes über die einst formulierten ‚Gottesbilder' hinausgeht, ist nicht weit. Am ehesten könnte dies noch in formaler Hinsicht mit der „Gott-ist-tot-Theologie" von Thomas J.J. Altizer verglichen werden. Hier verwandelt sich Gott in der Tat in der Kenosis (Entleerung) in eine neue Gestalt bzw. Identität, bis er jeweils in einer ganz anderen Seinsweise aufgeht und seine Identität findet. Allerdings handelt es sich in dieser Sichtweise um eine unumkehrbare Entwicklung der fortschreitenden Kenosis. Die verschiedenen Gestalten Gottes erbringen einen geschichtlichen und menschlichen Entwicklungsprozess zu höheren Formen des Daseins.[170]

War vielleicht die Einführung des einen Gottes am Ende doch nur die Folge beginnender Standardisierung und Einheitlichkeit, die im Interesse der Beherrschung und Disziplinierung, aber auch der Vorstellung von Chancengleichheit und Gerechtigkeit des Menschen lag, und somit ein Teil der Austreibung des Heiligen Geistes? Wenn dies so war, hat auch die Seelsorge bis zur Seelsorgebewegung vor allem die Standardisierung und Vereinheitlichung des Menschen im Sinn haben können.

Seelsorge als Perspektivwechsel

Die mit der Kritik an der standardisierenden und objektivierenden Sozialforschung einhergehende Patchworkidee erzwingt geradezu einen Standortwechsel: Die konsequente Hinwendung zum Subjekt des Menschen, mit dem und Seelsorgerinnen und Seelsorger umgehen. *„Die Perspektive der Subjekte mit psychosozialen Problemen kommt*

[169] Wolfgang Schmidbauer, Alles oder nichts, Rowohlt Verlag Reinbek bei Hamburg, 2.Aufl. 1983, 396f
[170] Thomas J.J. Altizer, The Gospel of Christian Atheism, Westminster Press Philadelphia 1966, …dass Gott tot sei, Zwingli Verlag Zürich 1968

systematisch zu kurz. Entweder werden Forschungsstrategien verwendet, die mit der ausschließlichen Orientierung an objektvierbaren Daten der Rekonstruktion subjektiver Perspektiven keinen wichtigen Stellenwert einräumt. Oder es wird ausschließlich die Sicht der Experten bei der Definition psychischen Leids eingeholt. Dabei gehen Vertreter der Psy-Professionen in der Regel von einer Pathologieunterstellung aus, während die psychiatrische Soziologie eher einer Opferunterstellung zuneigt. Beide Positionen lassen sich durch ihre Ausblendung der Betroffenensicht charakterisieren, als sei diese entweder pathologisch verzerrt oder als müsse man advokatorisch für die stummen Opfer sprechen. ....Diese systematische Verstellung der Subjektperspektive aus methodischen und / oder professionsideologischen Gründen wird zunehmend porös. "[171]

Dieser Ansatz wird vor allem in der Seelsorge mit Menschen, die nicht unseren Sozialisationsbedingungen entstammen, unterstützt. Wir begegnen ihnen in der Abschiebungshaft oder in den Asyl- und Flüchtlingsunterkünften. Nur rein subjektorientiert lassen sich ihre Wege und Denkweisen nachvollziehen. Standardisierung und Generalisierung, die Suche nach Defiziten oder zu korrigierendem Verhalten wirken hier völlig kontraproduktiv. Dies hat zunächst nichts mit postmodernem Verständnis zu tun, sondern mit der Unkenntnis gesellschaftlicher Bedingungen in den Herkunftsländern und meistens multiplen Aufenthaltsbedingungen unter verschiedensten Umständen und in verschiedenen Ländern und Sozialformen. Viele der Menschen, die in Abschiebungshaft landen, haben ein multiples Tagelöhnerleben hinter sich, bei dem Flexibilität, Freisetzung und Selbstorganisation in jeder Hinsicht lebensnotwendig waren. Flucht oder Migration mit zufälligen Zielen ohne feste kulturelle Anbindung erlauben keine beamtenlaufbahnähnliche Lebensentwicklung mit formalrechtlich relativ gesicherten sozialen Lebenserwartungen. Noch nicht einmal Selbsthilfegruppen liegen im Horizont dieser Lebensführung. Allenfalls Hilfsvereinigungen in den westlichen Ländern legen ihre Maßstäbe von Gerechtigkeit im Sinne der Menschenrechte an diese Lebensläufe an. Sie betreiben genau das, was die postmoderne Theorie ablehnt, indem sie unsere Standards auf Fremde anwenden. Die Seelsorge mit Abschiebungshäftlingen muss versuchen, überhaupt eine offene Gesprächsmöglichkeit zu finden. Das geht nur durch den Wechsel der Perspektive.[172]

Ein ‚normaler' Strafgefangener berichtet in einem Gespräch, er fühle sich als Opfer seiner früheren Lebensbedingungen, nicht etwa als Täter verschiedenster Einbrüche. Er erlebt seine Lebensweise als aufgezwungen durch die vorangehenden Fehlverhaltensweisen seiner Umwelt, die

---

[171] Heiner Keupp, a.a.O., 60

[172] Vgl. dazu Martin Hagemnaier, Abschiebung, Sierksdorf 1994, 73ff-, Abschiebung und (k)ein Ende, Sierksdorf, 2. Aufl. 1997 sowie zahlreiche andere Veröffentlichungen

ihn dazu gebracht hat, süchtig zu werden. Im Rausch, den er sich durch Einbrüche finanziert, entstehen kurze Momente des „ich muss nicht wie ich selbst sein". Nach längerer Haftzeit wendet sich nach durchgestandenem kaltem Entzug die Identitätswahrnehmung: „Endlich wieder einen klaren Kopf! Ich will da nicht wieder rein."[173] Nach der „Psycho"-Methode würde das Leben in der Sucht als uneigentlich verstanden oder als defizitär. Die cleane Wahrnehmung des klaren Kopfes könnte man als den Weg zum eigentlichen Selbst interpretieren. Im Rahmen der postmodernen Identitätstheorie aber sind beide Identitäten Teilidentitäten, deren Gewichtung nach Defizit oder richtig und falsch nicht nötig wird. In beiden begegnet sich der Mensch oder kann sich über beide definieren. Die multiple Identität lässt, ohne in Beliebigkeit zu versinken, Platz für die Betrachtung verschiedenster Identitätszustände. Die Subjektperspektive kann den Wahrnehmungen auch in der Sucht ihre Subjektivität lassen. Demgegenüber betont die Seelsorge in der „Psycho"-Tradition eher den Bruch, biblisch die Umkehr oder Metanoia. Mit der Umkehr werden neue Wege beschritten und die alten Verhaltensweisen abgelegt. Diese Wandlung ermöglicht die Wirkung des Heiligen Geistes.

Ob das mit einem postmodernen Identitätskonzept überhaupt denkbar ist? Gefangene erzählen uns wie psychisch kranke Menschen ihre Subjekt-Geschichte sehr genau. Daraus lässt leicht lernen, welch heftiger Verstärkungscharakter in der Welt ihres Umgangs miteinander wirksam wird, demgegenüber alle objektivierenden und infantilisierenden Elemente auch unseres Verhaltens verblassen und wirkungslos werden. SeelsorgerInnen können ihnen die Möglichkeit geben, Subjekt zu sein. Nur als Subjekt, bei dem der „da sein wird, der da ist", kann ich als Mensch und Seelsorger überhaupt einen anderen Subjekt sein lassen. Er wird da sein, auch wenn mich das Fragment, das mir der andere hinstellt, bedroht. Er wird da sein, auch wenn ich meine, das Subjektfragment des anderen sei von mir als brauchbar zu beurteilen.

Die Subjektorientierung setzt die Frage nach dem „Wert" einer momentanen Identität aus und schafft die Möglichkeit, sich zunächst das Problem, die „Sache" oder sich selbst anzusehen.

Subjektorientierung und Metanoia

Eines der unbestrittenen seelsorgerlichen Ziele ist die Umkehr, die Metanoia zum Leben. Auf verschiedenen methodischen Wegen haben Generationen von PredigerInnen und SeelsorgerInnen dieses Ziel verfolgt. Wenn die Konstruktion von Identität im dauernden Selbst- und Umweltdiskurs als das postmoderne Potential erscheint, wie kann dann die

---

[173] Zur Seelsorge mit Gefangenen s. auch Martin Hagenmaier, Betrüger, Mörder, Diebe, TBT Verlag 2017.

Vorstellung von der Umkehr damit verknüpft werden? In der Subjektorientierung wird eine neue Variante des „incurvatus in se", des in sich selbst verkrümmten Menschen sichtbar. *„Neue Identität, ..., kann ja nicht in einer Verlängerung der alten Identität bestehen, wird also weder die Geschlossenheit noch die Gebrochenheit menschlicher Existenz einfach fortsetzen. In der ‚neuen Identität' wird Geschlossenheit nicht in Gebrochenheit überführt, sondern durch einen Bruch überwunden und neu begründet. Im Neuen Testament wird ‚neue Identität' konstituiert durch Konversion. Das eschatologische Schema der Transformation gilt kosmologisch im Verhältnis von alter und neuer Welt, soteriologisch in der Folge von altem und neuem Bund, anthropologisch - biographisch im Wechsel vom alten zum neuen Leben....*

In dieser Perspektive wird die Identitätsproblematik dadurch relativiert, dass sie radikalisiert wird. Die ‚Sehnsucht nach Leben', die sich in der Suche nach Ich-Identität manifestiert, findet ihre Erfüllung in einem Akt der Entfremdung. 'Nun lebe nicht mehr ich, sondern Christus lebt in mir' (Galater 2, 20). Im Herrschaftswechsel, der in der Äonenwende passiert, findet auch eine Besetzung des Individuums statt, die eine Befreiung darstellt. ‚Neue Identität heißt deshalb für Paulus auch ‚Neue Schöpfung': Das Alte ist vergangen, siehe, ein Neues ist geworden. (2. Korinther 5, 17). "[174]

Inwiefern kann Konversion, der Herrschaftswechsel, die Entfremdung, das Subjekt neu begründen? Seelsorge in gesellschaftlichen Randsituationen wie Psychiatrie, Gefängnis oder mit sozial Ausgebremsten braucht die Idee der Metanoia, weil viele schlechte Erfahrungen und eingeübte negative Verhaltensweisen Abwärtsspiralen auch im Subjektstandpunkt nicht aufhalten. Die Umkehr liegt hier oft darin, dass überhaupt jemand zuhört und sich auch bisweilen als Projektionsfläche für negative Erfahrungen benutzen lässt, um Raum für Subjektivität zu schaffen. Erst in einem solchen Raum kann Subjektivität neu begründet werden, die die Annahme von Krankheit, von Strafe oder einer schlechten sozialen Lage als Schritt zum Neubeginn oder zur sozialen Selbsthilfeorganisation ermöglicht. Solche Neubegründung des Subjekts als sich in eigener oder auch fremder Sache organisierendes Subjekt braucht den Anstoß als Befreiungserfahrung. Auch der Begriff Empowerment wäre hier angebracht.

Die Identität, ein sich selbst organisierendes Subjekt in der Milliardenzahl lebender Subjekte zu sein kann nicht als Spielwiese für multiple Inszenierungen einer paradiesisch inszenierten Kunstwelt schwebender Individuen missverstanden werden. In ihrer jeweiligen Entfaltung zeigt sie Hinwendung zum oder Abwendung vom Leben als Achtung vor der

---

[174] Manfred Josuttis, Identität und Konversion, in: Dietrich Stollberg u.a., Identität im Wandel in Kirche und Gesellschaft, Richard Riess zum 60. Geburtsta& Vandenhoeck & Ruprecht, Göttingen 1998, 118-127, Zitat 122

Subjektivität des anderen und seinen Möglichkeiten. Ob es sinnstiftender Institutionen bedarf, um dem Einzelnen „Sinn" oder Kohärenz zuwachsen zu lassen, ob nicht vielmehr der gesellschaftliche Diskurs und die Austragung von Konflikten neu organisiert werden müssen, um der sich selbst organisierenden Subjektivität gemäß flexibler zu werden, das wäre hier zu fragen. Institutionen geben gerade die erwünschten sinnstiftenden multiplen Möglichkeiten nicht in gewünschtem Maße frei. Hier wird mehr die christliche Tradition der Umkehr des Einzelnen zur Wirkung kommen. Der Glaube an die Rechtfertigung allein aus Gnade setzt frei zum radikalen Subjektsein, das bis in die tiefsten ethischen Entscheidungen hineinreicht. Die Institution kann allenfalls dafür sorgen, dass diese Botschaft weiter unter die Menschen kommt.

Bin ich, der ich bin?

Wenn ein Mensch die Frage, wer er sei, mit dem biblischen „Ich bin, der ich bin" beantworten wollte, zeugte das allenfalls von Kommunikationsverweigerung oder gar -störung. Wenn wir in Kommunikation treten, tun wir das mit dem jeweils vorläufigen Stand der selbstorganisierten oder überkommenen Identität, die die Frage, wer ich bin, und wie ich mich im Verhältnis zu anderen einordne, beantworten. Im Verlauf der Kommunikation aber ändert sich das Bezugsfeld durch den Prozess selbst, so dass Anfangs- und Endpunkt eines Kommunikationsereignisses verschieden sein können. Nicht alltäglich wird dabei eine völlig neue Identität begründet. Oft aber ergeben sich neue Aspekte vor allem aus dem Nachvollziehen des anderen Subjekts/der anderen Subjekte, dem daraus folgenden Standortwechsel. Je und je bin ich, der ich bin, aber ich weiß nicht, wer ich sein werde. Sogar die körperliche Verfassung bleibt fließend veränderlich. Auch um dies auszudrücken helfen Anleihen bei Jesus. Jesus lehnt die Identität aus Tradition und Erbe schlichtweg ab, wenn er sagt:

♦ „Denn wer den Willen Gottes tut, der ist mein Bruder und meine Schwester und meine Mutter." (Mk 3,31-35 par.) Oder:

♦ „Wer die Hand an den Pflug legt und sieht zurück, der ist nicht geschickt für das Reich Gottes." (Lk 9,62)

Fertige Identitäten und reife Persönlichkeiten passen nicht in diese Vorstellungswelt. Dennoch bleibt die zentrale Anfrage an die postmoderne Seelsorgetheorie, wie sie ethische und gesellschaftliche Entscheidungen in den Blick nimmt und bewältigt. Wenn dem Konstrukteur seiner momentanen Lebenswelt und Identität die neben ihm aufgebaute Identität des anderen nicht zusagt, wie wird dann der Konflikt der Subjekte ohne starke kohäsive Vorstellungen und instutitionalisierte Lösungsstrategien, die erlernbar sind, bewältigt?

Auch für den politisch - gesellschaftlich erweiterten Blickwinkel lässt sich wohl ein Sitz im Leben, nicht jedoch eine Lösung erkennen. Die radikale Subjektivität und Selbstorganisation ist Antwort auf die als unmenschlich und nicht mehr steuerungsfähig erlebten Großstrukturen in Wirtschaft und Gesellschaft. Wie aber soll eine weltumspannende Menschheit ihr Dasein in überschaubaren Kleinparzellen so organisieren, dass jeder der Autor seiner Identität werden und dennoch alle miteinander leben können?

Eines allerdings wird je länger desto klarer. Die Entwicklung aus vorgegebenen standardisierungsgeneigten Identitäten hinaus drängt geradezu nach einer über die eigenen Teilidentitäten hinausgehenden Größe. Da bekommt dann der Kohäsion stiftende Heilige Geist seinen Platz wieder. Hat er nicht die vereinzelten und verunsicherten Jünger nach dem Kreuzestod und der entsetzend wirkenden Botschaft von der Auferstehung ergriffen und ihre Identität neu begründet, ja sie zum Wirken im Namen Gottes ermächtigt? (Apg. 2) Auch diese Frage wurde in einem Seelsorgeansatz behandelt.

Energetische Seelsorge?

Frau E., die in einem psychiatrischen Krankenhaus lebt, kam mit folgender Bitte zu mir als ihrem Seelsorger: *„Ich fühle mich so krank. Sie müssen mich segnen, sonst werde ich nicht gesund."* Ich versuchte zunächst, in einem Gespräch dieser Bitte auszuweichen. Frau E. konnte ihren Wunsch nicht näher begründen. Ihre Krankheit definierte sie selbst als „neuen schizophrenen Schub" und wollte mit dem Segen nicht etwa die vom Psychiater verordneten Pillen ersetzen. Sie wollte einfach nur gesegnet werden. Als ich das nicht zu verstehen schien, kniete sie plötzlich nieder. Ich legte ihr etwas widerwillig die Hände auf den Kopf und sprach den vom Gottesdienst gewohnten Segen. Danach stand Frau E. auf und sagte: *„Das hat schon geholfen. Ich komme morgen wieder!".*

Zwei Wochen lang „holte" sich Frau E. nun jeden Tag „ihren Segen ab". Ihr letzter Kommentar hieß: *„Vielen Dank! Jetzt brauche ich den Segen nicht mehr. Er hat mich geheilt."* Und ich wusste nicht, was eigentlich geschehen war. Da passte nichts zu dem, was ich theoretisch und praktisch in der Ausbildung zum Seelsorger gelernt hatte. Der unbefragte und unbegründete Vollzug einer Segenshandlung war in dieser Form von moderner Seelsorge nicht vorgesehen. Zumindest hätten Frau E. und ich verstehen und mit Worten ausdrücken können müssen, in welchem seelischen Kontext Frau E. des Segens bedurfte. Dass eine Segenshandlung wie „Handlauflegung" wirkt, das wäre eine zu einfache Erklärung gewesen.

In seinem Buch „Segenkräfte"[175] schlägt Manfred Josuttis vor, hinter die cartesianische Wende zurückzugreifen auf die theologische Tradition der Bibel, besonders des Neuen Testaments, und der Kirchenväter. Der therapeutische Impetus des bürgerlich - aufklärerischen Zeitalters („Wo Es war, soll Ich werden") müsste in sein Gegenteil gekehrt werden: „Wo Ich war, soll Es werden". Das ist deshalb nötig, weil die energetische Seelsorge mit Kräften und Mächten rechnet, deren Kampfplatz die menschliche Seele (der lebendige Mensch) ist. Seelsorge geschieht nicht mehr unter der Zielsetzung, ganz bei sich selbst, ganz authentisch oder echt zu sein bzw. zu werden. Sie geschieht vielmehr unter Befreiung von sich selbst. Nur wer frei von der eigenen Theologie und den eigenen Gefühlen ist, kann „zum geistlicher Begleiter im Machtfeld des Heiligen werden"[176]. „Die Macht, die den Menschen besetzt hält, soll gebrochen und vertrieben werden. Der Kranke, der Leidende, auch der selbstgerechte oder der hochmütige Mensch soll von der atmosphärischen Größe, die seinen Leibraum verfremdet, gereinigt werden. Ein solches Befreiungsgeschehen ist sachlich verknüpft mit einem Prozess der Auffüllung. Negative Atmosphären müssen durch positive Einflüsse abgestoßen und ersetzt werden."[177] Die magische Gestalt, in der hier Seelsorge auftritt, rechnet mit damit, "dass das Heilige eine Wirklichkeit darstellt"[178].

Heilung des Menschen in der Seelsorge geschieht nicht mehr in Form der gemeinsamen, von psychologischen oder psychotherapeutischen Methoden abgesicherten, Suche nach Identität in den Formen des Ich, des Selbst oder einer Identität. Vielmehr geschieht sie als Befreiung von „Besetzungen" durch Segenskräfte, die aus dem Heiligen fließen. Der Seelsorger oder die Seelsorgerin richten sich nicht nach dem therapeutischen, sondern nach dem geistlichen Modell in esoterischer Gestalt. In Ritualen und Gesprächen ereignet sich durch Entleerung ein mediales Geschehen. *„Durch segensreiche Seelsorge werden Menschen, wo sie auch sind, an Leib und Seele lebendig und frei."[179]*

Die energetische Seelsorge kann auch nicht auf das Gespräch verzichten. Gespräche aber sind nach dieser Vorstellung Kämpfe um Vorherrschaft zwischen den Geistern, die die Menschen besetzen:

„Im Untergrund eines seelsorgerlichen Gesprächs lauert immer die Frage, die in den kosmischen Sphären längst beantwortet ist: wer wird siegen?" Die therapeutischen Gespräche drehen sich - allerdings innerpsychisch - um dieselbe Problematik. Sie wird nur nicht so genannt.

---

[175] Manfred Josuttis, Segenskräfte. Potentiale einer energetischen Seelsorge, Chr. Kaiser/Gütersloher Verlagshaus, Göttingen 2000
[176] A.a.O., 115
[177] A.a.O., 140
[178] 141
[179] A.a.O., 262

Seelsorgegespräche, die nicht an methodischer Kälte erstickt sind, werden sich immer auch als Auseinandersetzung im Sinne der Begegnung verstehen lassen.

Die esoterischen Grundlagen der energetischen Seelsorge werden den aufgeklärten TheologInnen am meisten zu schaffen machen. Es sei deshalb darauf hingewiesen, dass Josuttis den Ursprung des Energetischen in der Konversion des Paulus und seiner Interpretation des Christusgeschehens beim Glaubenden findet (Gal. 2,20). Diese Sicht auf die seelsorgerliche Begegnung rechnet damit, dass die Aussagen des Neuen Testaments über die Herrschaft Gottes wörtlich genommen werden sollen. Nicht Entmythologisierung und psychologisch / psychotherapeutische Interpretation, sondern Unmittelbarkeit der Besetzung und Befreiung aus der Macht der Geister durch die Macht des Geistes ist das Ziel.

Leider sind die Einsichten der energetischen Seelsorge nicht durch die in der Pastoralpsychologie so beliebten und methodisch notwendigen „Fallbeispiele" belegt. Das wird in der weiteren Diskussion um die Seelsorge aber notwendig sein. An der Seelsorge wird sichtbar, wie einst als befreiend, ja geradezu geistgeleitet erlebte Aufbrüche wieder zu Austreibungsmechanismen des Geistes degenerieren, wenn sie sich nicht neuen Fragestellungen und Lebensempfindungen öffnen. Der Heilige Geist führt über die jeweiligen Erkenntnisse und Methoden hinaus, manchmal durch neues Chaos hindurch. „Das neue Leben ist „Leben im Geist", und der neue Gehorsam geschieht als „Wandel im Geist". Die neue Gemeinschaft ist selbst die „Offenbarung des Geistes" und der Kräfte der Neuschöpfung."[180] Das aber gilt für das stete Weiterwandern durch die verschiedensten Phasen und Identitäten des einzelnen Lebens genau so wie für die Gemeinde.

Metamorphose und Kosmopolitisches

Eine weitere Entwicklung kommt dazu, wenn man Seelsorge unter dem Aspekt des Weltverständnisses und Weltverhältnisses sieht. Die Globalisierung wirkt auf Individuen ebenso zurück wie auf Gesellschaften. Sie schafft einen neuen Bezugsrahmen für Seelsorge. Dafür fehlen allerdings die Begriffe. Eine Ahnung von diesem neu zu entwickelnden Denken hat Ulrich Beck formuliert. Das beginnt mit einer Binsenweisheit und versucht, über das bisher Gedachte hinaus zu gehen.

Viele haben das Gefühl, die Welt nicht mehr zu verstehen. Manche leiten daraus das Recht ab, andere zu hassen, zu beschimpfen, zu töten oder zumindest zu dominieren. Die Ideen, den nationalen Staat wieder „groß" zu machen (‚Make America great again'), mit „Gott ist groß" die anderen zu eliminieren, oder keine Fremden reinzulassen bzw. ihnen jeden Einfluss zu verwehren, leuchten vielen ein. Dass sie damit

---

[180] Jürgen Moltmann, Kirche in der Kraft des Geistes, 49

aber auf der falschen Spur sind, können sie in „Die Metamorphose der Welt" von Ulrich Beck nachlesen. Sie wollen ihre angeblich kuschlige (ätzende, gewalttätige) Welt(sicht) gegen einen Vorgang verteidigen, der eben keine Revolution oder Reformation, sondern eine Metamorphose – Verwandlung – zu bringen im Begriff ist. Die Unterscheidung vom Wandel in Gesellschaften, bei denen die Grundannahmen stets gleichbleiben, und einer Verwandlung, bei der die bisherigen Gewissheiten sich auflösen, leitet das soziologische Vorhaben von Ulrich Beck.[181]

Es handelt sich nicht um die Feststellung, die Welt sei globalisiert. Das braucht niemand mehr festzustellen. Es geht um die Überwindung einer Soziologie, die immer noch versucht, ihre Theorien aus dem Blickwinkel eines methodologischen Nationalismus heraus zu gewinnen. Das heißt: Sie theoretisiert und beschreibt die Güterverteilung zwischen den Klassen im Nationalstaatenbereich. Da geht es um die Verteilung der „goods" wie sozialen Ausgleich etc. Die „bads" (Risiken) werden gar nicht thematisiert.

Dagegen entwirft Ulrich Beck eine Theorie ‚mittlerer Reichweite' (Robert K. Merton), in der ‚Menschheit' und ‚Welt' die Eckpunkte bilden. Hier markieren die gemeinsamen Risiken („bads") die kosmopolitischen ‚Eckdaten', den Forschungshorizont. Diesen kann niemand mehr übersehen. Denn alle sind in den kosmopolitischen Horizont verwickelt. Kernkraft, Klima, Gesundheit, Tourismus, Finanzspekulation, ja sogar die Medizin bilden jeweils und zusammen einen kosmopolitischen Risikohorizont. Während in der bisherigen Theorie die Welt sozusagen um den Nationalstaat kreist, kreisen jetzt die Nationalstaaten um die Welt. Sichtbar wird das am Versagen der/aller Institutionen. „Die Verwandlung der Welt meint also, dass das bisherige, scheinbar ewige Menschenbild zerfällt und ein neues entsteht, von dem wir heute nur vage erste Konturen zu erkennen vermögen."[182]

Insbesondere stehen dafür die Auswirkungen der Reproduktionsmedizin, die u.a. Elternschaft und den Umgang mit Leben ganz neu kosmopolitisch definieren, als Neben-Folge technischen Fortschritts, nicht als beispielsweise politisches Programm. Dieses Beispiel der Metamorphose überzeugt mich nicht. Elternschaft wird auch weiterhin trotz aller Manipulationsmöglichkeiten der Reproduktion eine individuelle Verbindlichkeit behalten, ob diese dann ausgeübt wird oder nicht. Lediglich die Mystifizierung oder Überhöhung „natürlicher Zeugung" und der Fähigkeit dazu nimmt ab. Die technischen Reproduktionsmöglichkeiten und ihre Schwierigkeiten entwickelten sich auch geradezu als deren Folgen. Sie verändern im Rahmen des Gegebenen Elternschafts-

---

[181] Ulrich Beck, Die Metamorphose der Welt.
[182] A.a.O., 51

ideologien: Auch Menschen, die zusammen keine Kinder zeugen können, können nun Eltern sein. Wahrscheinlich wäre solche Einstellungsänderung ohne die Überschreitung nationaler Einigelung nicht möglich gewesen. Also handelt es sich um ein Beispiel für Globalisierung. Eine Form der Metamorphose sehe ich darin nicht. Eine Veränderung fundamentaler Art aber schon. (Siehe den Abschnitt über die Ehe.) Zwei weitere Beispiele:

1) Europa ist keine Nation und kein abgeschlossenes territoriales Gebiet, sondern ein Prozess, ein „Metamachtspiel", das einem „besonderen Modus institutioneller Improvisation" folgt und dabei die beteiligten Nationalstaaten vor allem über seine Nebenfolgen, nicht die angestrebten Hauptfolgen, verändert. Das erzeugt u.a. einen Souveränitätskonflikt in der Fiskalpolitik, den derzeit alle miterleben, siehe die ‚Eurokrise' und ihre politischen Folgen. Die Metamorphose betrifft sodann das Recht, indem die rein institutionelle Errichtung des Europäischen Gerichtshofs alle Rechtsgebiete betrifft und dadurch europäisiert. Durch die Europawahl 2014 wurde bei der sonst durch die Regierungen der Nationalstaaten entschiedenen Besetzung des Präsidenten der Europäischen Kommission der demokratische Faktor so umgesetzt, dass der Europäische Rat (der Regierungschefs) damit einen Machtverlust hinnehmen musste. Das wurde jedoch 2019 wieder korrigiert. Das Fortschreiten der Metamorphose generiert die Folge, dass auch Europagegner sich ins Europaparlament wählen ließen, obwohl sie Europa nicht wollen.

2) Der Klimawandel bringt als globales Risiko einen beispielhaften Wandel im Selbstverständnis Chinas hervor. Die Metamorphose „zeigt sich in den Machtkämpfen, die zwischen den verschiedenen Formen der Nichtanerkennung und Zurückweisung von bads einerseits und der Inszenierung von bads im Kontext der Erneuerung des Nationalismus durch vorsichtige Berücksichtigung der kosmopolitischen Perspektive andererseits stattfinden." Der Nationalstaat muss „sich den neuen normativen Erwartungen anpassen, andererseits liegt es nicht in seiner Macht, globale Risiken wie das des Klimawandels zu bewältigen."[183] Interessant an China ist, dass die Metamorphose nicht durch Proteste aus der Gesellschaft ausgelöst, sondern vom Führungspersonal angezettelt wird, „um einen Wandel in ... der Kommunistischen Partei zu bewirken".[184] Metamorphose paradox!

Das waren wie gesagt Beispiele für die Kosmopolitisierung der Menschheit, die immer noch in Nationalstaaten verfasst ist und auch regiert wird. Aber es ergeben sich zunehmend andere Gemeinschaften als Nationalstaaten, z.B. die Risikogemeinschaft der Städte, die als eine

---

[183] A.a.O., 206.
[184] A.a.O., 213.

Art Pioniere einen Prozess des voneinander Lernens durchlaufen und so Lösungen für die Weltrisikogemeinschaft erproben. „Zu den Merkmalen von Risikogemeinschaften gehört es, Projekte gemeinsamer Rechtsetzung und politischer Entscheidungsfindung aufzulegen und Stadtgrenzen überschreitende Formen ziviler Partizipation zu ermöglichen." Teilnahme an solchen Gemeinschaften sind freiwillig, können aber die Soziologie herausfordern, durch Beschreibung die Herausbildung einer Institutionalisierung zu fördern. Gedacht ist etwa an die Erfahrung der Fremdheit aller untereinander in der Stadt, die einen „Schauplatz des Lernens" geradezu erzwingt. Auch die Verkehrssituation ist ein solcher kosmopolitischer ‚Lernplatz'. In der kosmopolitischen Situation entstehen neue Brücken ebenso wie neue Polarisierungen, neue Kooperationen wie neue Konkurrenzen. Sie bleibt also zunächst ambivalent. Man muss sich daran erinnern, dass die Stadt Pionier der Demokratie war, später aber von Imperien und vom Nationalstaat ‚zwangsintegriert' wurde. „Heute … versagt der Nationalstaat vor den globalen Risiken. Die Städte-…- könnten in der gegenwärtigen kosmopolitisierten Welt globaler Gefahren einmal mehr zur größten Hoffnung der Demokratie werden."[185]

Die kosmopolitischen Perspektive macht ein neues Verständnis der Generationen nötig, die nicht mehr nationalstaatlich gedacht werden können. Beck gebraucht den diagnostischen Begriff der ‚Generationenkonstellationen', der die Alterspolarisierung ebenso enthält wie die Ausbildungs- und Arbeitsmarktposition und die ethnisch-kulturelle Diversität. Dazu kommen die Aspekte ‚Verteilung von goods und bads' und die Ausbreitung der Gleichheitsidee, welche den weltweiten sozialen Ungleichheiten allmählich jede Legitimation entzieht. Dieser Entlegitimierung folgt, dass sich auch der rechtliche Unterschied zwischen In- und Ausländern, zwischen Bürger- und Nichtbürgerrechten, ja letztlich der zwischen Einheimischen und Migranten auflöst. Da steht ein „globaler Umverteilungskampf" aufgrund der Erfahrungen der kosmopolitischen Risikogenerationen ins Haus, siehe Migration. In der Verwandlung der Welt steht letztlich die „Metamorphose der Ungleichheit" im Zentrum zukünftiger Wahrnehmung.

Das Buch von Ulrich Beck verlässt den vertrauten Horizont der Beschreibung vertrauter Gesellschaftskonstellationen und Sichtweisen und regt Forschungskonzepte an, die nichts weniger als ambivalente Perspektiven eines Prozesses der Metamorphose der (Menschen-)Welt erfassen sollen. Dass darin die Soziologie als im alten Modell des unzureichenden national begrenzten Forschungsduktus befangen erscheint, erheitert mich ein wenig. Dominieren doch kosmopolitische Perspektiven bereits in allen Religionen - auch wenn diese in der Geschichte nicht immer menschenfreundlich ausfielen und in der Folge

---

[185] A.a.O., 236.

der Aufklärung jedenfalls das Christentum in einigen Nationalstaaten unter die Räder kam. In den Religionen ging und geht es immer um ‚den Menschen', ‚die Menschheit', ‚die Welt' und ihr Gegenüber ‚Gott'. Der methodologische Nationalismus ist für ‚Gläubige' jeder Religion schon immer eine Art Katastrophe gewesen. Die kosmopolitische Perspektive ist ein Ergebnis und doch auch eine Überwindung der Aufklärung, die nationalstaatlich organisiert und damit auch konterkariert wurde.

Die Lektüre der Metamorphose macht Mut, sich auch als Nichtsoziologe die kosmopolitische Denkweise zuzutrauen und sich wenigstens in Gedanken als Weltbürger zu verstehen. Hoffentlich ist die Soziologie allein mit dieser kosmopolitischen Perspektive nicht überfordert, die nichts weniger als die Entwicklung eines neuen Menschenbildes am Horizont der Überlebensrisiken entdeckt. Die Ermächtigung sehr alter und alter, überwunden geglaubter, Menschenbilder scheint die Welt heute eher lokal und global zum Risiko zu lenken. Das Denken von Ulrich Beck führt als Entdeckungsreise zu ganz „neuen Ufern", wenn es versucht, Vorgänge zu beschreiben, für die wir oft noch nicht einmal die Worte oder Begriffe haben.

Ohne jetzt in die Tonlage von „und die Bibel hat doch recht" verfallen zu wollen, öffnet sich hier für christliche Theologie und damit auch die Seelsorge ein neuer weiter Horizont. Menschen im Gegenüber zu Gott, nicht Menschen im eingezäunten Raum ihrer Gesellschaft – das ist ein Menschenverständnis, das uns selbst postmodern abhandengekommen ist. Gefährdung und Selbstverständnis erfordern zusammen ganz neue Formen von Selbstvergewisserung sowie von Glauben an die allumfassende Rechtfertigung jedes Menschen.

Das Verwobensein in die alten Strukturen der Sünde, die ihn knechten und geradezu töten, wird überdeutlich. Das muss in eine zukünftige Seelsorgeidee eingehen, die sich kosmopolitisch versteht. Damit kehrt die Seelsorge zu ihren Ursprüngen zurück und wird vom Nationalen entgrenzt. Sie entwickelt ein Selbstverständnis der Menschen als Menschen, nicht als Deutsche, Gabuner, Tschetschenen, Polen oder Saudis. Damit werden Gefährdungen sichtbarer, wie sie im Islamismus schon längere Zeit als kosmosorientierter Herrschaftgestus auftreten. Risikohorizont ist die menschliche Sündenverfallenheit. Es werden aber auch Chancen und Verständnisse sichtbarer, die Begegnung und Botschaften von Versöhnung und Heilung als Gesamtrahmen überhaupt erst wieder verstehbar machen.

Kapitel VIII

Der Gottesdienst

Der Gottesdienst steht immer wieder von verschiedenster Seite in der Kritik. Vor allem Christoph von Lowtzow hat vor langer Zeit darauf aufmerksam gemacht, dass man nicht mit lieblosen Gottesdiensten die Liebe Gottes feiern könne.[186] In seinen fünf Thesen zum Gottesdienst führt er die Gründe auf. Das Hauptaugenmerk richtet v. Lowtzow auf das Gottesbild, das hinter den Gottesdiensten steht. Er sieht den Gottesdienst als Veranstaltung in der Folge des Kaiserkultes, bei dem der "Herr" angefleht wird, sich gnädig zu seinen Untertanen herabzubeugen. Genau das vereinzele die Menschen und mache sie zu kommunikationslosen Untertanen.

In fünf Punkten fasste v. Lowtzow seine Position zusammen:

1. Gott sei kaum noch im Alltag dieser Welt zu finden.

2. Die Möglichkeiten, eine andere Religion zu haben, sind uns näher als früher.

3. Die kirchlichen Sünden der Vergangenheit und der Gegenwart sind uns bewusster.

4. Wir drücken Gott vor allem in personalen patriarchalischen Herrschaftsbegriffen aus.

5. In unseren Gottesdiensten wird vor allem von Gottes Regiment ausgegangen, nicht von seiner Schwäche oder seinem Mitleiden.

6. Diese fünf Punkte verstärken die Schwierigkeiten, die der moderne Mensch mit Gott ohnehin hat. Daraus kann kein besserer Zugang gewonnen werden.[187]

M.E. verkennt v. Lowtzow bei aller Berechtigung seiner Kritik den Wiederholungscharakter der Liturgie. Die Liturgie stellt jedes Mal wieder neu den Versuch dar, das ganze Geschehen der Erbarmung Gottes gegenüber den Menschen nachzuvollziehen. Insofern steht natürlich zunächst der Einzelne vor Gott. Insofern trägt zunächst der Einzelne seine Situation der Gottesferne in diese Liturgie ein. Gottesferne stellt eine Erfahrung der Kommunikationslosigkeit dar. Sie bündelt die von uns Menschen jeweils in der Realität erfahrene Absonderung des Einen vom Anderen.

---

[186]Christoph v. Lowtzow, Mit lieblosen Gottesdiensten die Liebe Gottes feiern?, Kreuz Verlag Stuttgart, 2. Aufl. 1990.

[187]Chr. v. Lowtzow in einem Referat am 14. März 1992 in der Cantate-Kirche in Duvenstedt.

Der in der lutherischen Theologie so genannte natürliche Mensch ("der alte Adam") erfährt Kommunikation und Gemeinschaft in seinen natürlichen Beziehungen. Gerade dort aber erfährt er auch ihr Scheitern. Diese Daseinserfahrung wird im Alten Testament und zum Teil auch im Neuen mit dem Stichwort Sünde gekennzeichnet. Der Gottesdienst lebt aus der Spannung von Sünde und Gnade. Er lebt aus der Spannung erfahrungsgemäßer Zerklüftung und Ambivalenz menschlicher Kommunikation und des Glaubens an die Überwindung der Ambivalenz. Für den Menschen im "Naturzustand" scheint Gott fern, eine Art Schicksal, eine ferne überwältigende Größe oder auch schlicht nicht da. Für den Glauben aber und in der Verkündigung Jesu kommt Gott dem Menschen nahe. Die Entwicklung aus der Ferne in die Nähe und sogar zur Kommunikation in der Kommunion (Abendmahl) entspricht genau der Entwicklung vom alten zum neuen Menschen. Die Formen des liturgischen Gottesdienstes haben dieses Geschehen versteinert durch Liturgisierung. Die Form tötet den Inhalt. Liturgie wirkt solange fremd oder gar abstoßend, solange sie nicht persönlich durchdrungen werden kann.

So kann also der Gottesdienst nicht nur als gemeindliche Versammlung verstanden und gehalten werden. Das ist er sicher auch. Er besitzt aber einen dramatisch - dramaturgischen Ablauf. Dabei spielt die "Stellvertretung" des Priesters auch im lutherischen Gottesdienst eine Rolle. Der Messcharakter des lutherischen Gottesdienstes kommt darin zum Ausdruck. Er geht nicht von Jesu irdischem Wirken aus, sondern von seiner Heilstat am Kreuz, in der katholischen Tradition von seiner Opferung am Kreuz. Jede katholische Messe stellt dem Grunde nach eine Wiederholung der Opferung Jesu für unsere Sünden dar. In der evangelischen Messe wird dagegen weniger der Opfercharakter als die Realität der Versöhnung mit Gott betont.

Eine interessante Erklärung für dieses Phänomen bietet C. G. Jung[188].
„ Wo hingegen der Ritus als ein Handeln der Gottheit selber verstanden wird, kommt dem darin miteingeschlossenen Menschen nur instrumentale (...) Bedeutung zu. ... Das menschliche Bewusstsein (repräsentiert durch Priester und Gemeinde) ist konfrontiert mit einem autonomen, auf bewusstseinstranszendenter Basis sich abspielenden ("göttlichen" und "zeitlosen") Geschehen, welches in keiner Weise von menschlichem Handeln abhängt, sondern im Gegenteil solches Handeln anregt, sogar den Menschen als Werkzeug ergreift und zum Darsteller "göttlichen" Geschehens macht. Im rituellen Handeln stellt sich der Mensch einem autonomen "Ewigen", d.h. jenseits der Bewusstseinskategorien existierenden "Wirkenden" zur Verfügung -.... Die Schönheit der Kulthandlung ist unerläßliches Requisit, denn der Mensch hat Gott nicht recht gedient, wenn er ihm nicht auch in Schönheit dient. Darum gibt es im

---

[188]Carl Gustav Jung, Zur Psychologie der Messe, in: Psychologie und Religion, Walter - Verlag Olten und Freiburg im Breisgau, Studienausgabe 2. Aufl. 1972, 214 ff.

*Kult keine Sachlichkeit, denn diese ist Zweckdienlichkeit, eine nur-
menschliche Kategorie. Aber alles Göttliche ist Selbstzweck.* [189]
Der Grund des Gottesdienstes liegt darin, dass Gott in seinem Fernesein
von sich selbst als Mensch „mit völligster Hingabe sich selbst wieder
suchen muss"[190]. So wäre die Predigt nur ein Versuch, die Schwelle zur
Kulthandlung niedriger zu machen und den Sinn der kultischen Gottes-
diensthandlung zu erklären. Alles andere wäre reine Zweckdienlichkeit,
wenn z.B. der Gottesdienst als Lernprogramm oder als Gemeindeversammlung verstanden wird. Ob wir uns allerdings solchem Verständnis
anschließen können, um auch den evangelischen Gottesdienst zu erklären, erscheint ziemlich fraglich. Denn schließlich zielt er ja darauf hinaus, die Versöhnung, die im Gottesdienst dargestellt wird, in die Welt
zu tragen.

Dass dieser Gottesdienst, der im Grunde ein "Welttheater" darstellt,
nicht mehr Mittelpunkt der Gemeinde ist, liegt an zwei Dingen: Es gibt
die Gemeinde mit einem Mittelpunkt gar nicht. Die Menschen erleben
diese Gemeinde nicht mehr als Mittelpunkt der Welt. Der Gottesdienst
kann also nicht dadurch wieder zum Mittelpunkt der Gemeinde werden,
dass man ihn verändert, erneuert oder abschafft. Er kann nur dadurch
Mittelpunkt der Gemeinde werden, dass die Gemeinde sich als Gemeinde fühlt.

Die Voraussetzungen liegen weniger im Gottesdienst als in der Gemeinde. V. Lowtzow (s.o.) hat herausgearbeitet, dass das Gottesbild des
evangelischen Gottesdienstes nicht dem der Liebe Gottes entspricht.
Vielleicht ist dabei in Vergessenheit geraten, dass im Gottesdienst lutherischer Prägung vom fernen Herrn zum liebenden Gott in Jesus
Christus immer neu erfolgt.

So bildet der Gottesdienst auch die widersprüchliche Situation des
Menschen ab. Die Vereinzelung im Gottesdienstraum entspricht der
Vereinzelung des Menschen in seiner Verantwortung. Die Aufhebung
der Vereinzelung in der Gestalt des Abendmahls bedarf einer neuen und
längeren Einübung. Viele Protestanten verstehen nämlich das Abendmahl immer noch als eine Einzelkommunikation mit Gott. Gemeinschaft entsteht dann daraus, dass jeder einzelne an dieser Kommunikation teilnimmt. Auch durch den Gang zum Gottesdienst drückt sich eine
Kommunikation im Sinne einer Bestätigung des gemeinsamen Glaubens und „Wertehorizonts" aus. Vielen ist es in den ersten Übungen
regelrecht zuwider, in einer Kirche oder einem Saal aus sich herauszu-
gehen, ihr Gegenüber anzuschauen und einige Worte zu wechseln.

Andererseits aber kennt man sich in der durchschnittlichen Kirchengemeinde. Es kommt vor, dass sich Menschen aus dem Wege gehen, weil

[189]a.a.O., 216f., z.T. gesperrt
[190]a.a.O., 219

sie sich zu gut kennen. Im Gottesdienst - von Rollen und Aufgaben ent-
blößt - steht der einzelne gewissermaßen nackt vor seinem Gott. Gott
aber bewahre uns, voreinander nackt da zu stehen! Viele auch aktive
Gemeindemitglieder können sich im Rahmen eines Gottesdienstes
nicht öffnen. Genau besehen fragt sich also, was Öffnung soll und wohin sie führen soll. Wer Selbsterfahrung und andere Gruppentechniken
mit vollzogen hat, weiß, wie verletzlich der sich öffnende Mensch sein
kann. Therapeutisch gesehen kann eine Öffnung dieser Art nur therapeutischen Erfolg zeigen, wenn die Öffnung in der Gruppe bleibt. Bei
Trainingsgruppen wird immer die Schweigeregel gegenüber Nichtmit-
gliedern vereinbart. Dies zeigt die Problematik der angestrebten Öffnung in öffentlichen Gottesdiensten. Andererseits gibt gerade der Got-
tesdienstrahmen Möglichkeiten, sich zu öffnen. Niemand muss hier,
wenn es gut geht, um eine christliche Karriere konkurrieren und auch
nicht um andere Plätze in der Gesellschaft. Vielen Gottesdiensten folgen Gemeinschaftsveranstaltungen. Es wird gemeinsam Mittag geges-
sen, Kaffee getrunken, ein Thema vertieft oder etwas gefeiert. Gemeinden fächern sich im Laufe der Woche in verschiedenste Formen des
Zusammenseins mit verschiedensten Zielsetzungen auf. Längst nicht
alles entspricht der Liebe Gottes zu den Menschen. Dennoch kann immer wieder ein Kern davon entdeckt werden.

Vielleicht sollten Pastorinnen und Pastoren die Gottesdienste nicht im
theologischen Sinne als Gerichts - Angelegenheit und Situation des
Versagens betrachten. Vielleicht sollten wir sie viel eher als Veranstaltung ernst nehmen und für diese Veranstaltung werben. Dabei nützt die
bloße Behauptung, der Gottesdienst sei das Wichtigste auf dieser Welt,
natürlich nichts. Werbung erfolgt durch persönlichen Kontakt, durch
Offenhalten der Kirche, durch Erklärung nicht im Sinne theologischer
Aufrüstung, sondern im Sinne eines Ablaufmodells. Gottesdienst muss
immer wieder und immer neu glaubwürdig vollzogen werden. Das wird
besonders deutlich in der Diskussion über die Erneuerte Agende.

Die Auseinandersetzung mit der Erneuerten Agende

Es ist schon lange her, aber immer noch wirksam. Die VELKD hat in
einem immensen Diskussionsprozess eine "Erneuerte Agende" unters
(Kirchen-) Volk gebracht. Hatte niemand Mut zu einer neuen Agende
oder heißt erneuert eben das, nämlich den Gottesdienstleitfaden zur er-
neuten Wirkung zu bringen? Erneuert - das klingt in diesem Falle nach
der Erneuerung des Alten.... [191]

Schon einmal war dieser Leitgedanke maßgebend. Die Reform der 50i-
ger Jahre erneuerte schließlich auch die Agende. Wer den Entwurf in

---

[191]Vgl. Manfred Josuttis, Die erneuerte Agende und die agendarische Erneuerung, Pastoraltheologie 80, 1991, 504-516, hier z.B. 507

die Hand nimmt, entdeckt vieles, was gleich geblieben ist. Die angebotenen Varianten in der festen Grundstruktur wirken wie eine Zusammenfassung dessen, was in den letzten Jahrzehnten an Formen entwickelt wurde. Sicher dient auch eine Zusammenfassung der Fortentwicklung. Sie dient allerdings auch dem kirchlichen Interesse nach Einbindung und Entschärfung. So richtig profiliert erscheint die Erneuerte Agende an den Stellen, an denen die Abendmahlsliturgie in den ökumenischen Rahmen der katholisierenden Mess - Liturgie eingepasst wird. Der erstaunte Urlauber kann dagegen in manchen Gegenden Europas eine entrümpelte katholische Messe erleben.

Die Ziele "erkennbare Grundstruktur mit vielfältigen Gestaltungs - Möglichkeiten" und "Gleichberechtigung von bewährten traditionellen und neuen Texten" erscheinen schon seit längerer Zeit erreicht zu sein. Sie zu diskutieren hieße Eulen nach Athen tragen. Bleiben die anderen Ziele: Verantwortung und Beteiligung der ganzen Gemeinde, Erweiterung der reformatorischen Basis durch ökumenische Spiritualität und nicht ausgrenzende Sprache.

Wer ist die ganze Gemeinde?

Wer zur Mitarbeit in einer Gottesdienstgruppe aufruft, bekommt ein interessantes Echo! Es kommen nicht einmal die treuesten Seelen, sondern vor allem die, die sich für kompetent halten, theologisch und liturgisch mitzureden. Es handelt sich um eine Unter - Gruppe der Gruppe Gottesdienst - Besucher, theologisch und kirchlich eingefleischte Christen mit stabiler Grundstruktur! In einer solchen Gruppe kommt das ganze Spektrum vergangener theologischer Gottesdienstpositionen zum Vorschein. Die werden nun zuerst zaghaft, dann heftiger verhandelt. Wo die Gruppe zunächst als monolithischer Block erschien, zeigen sich jetzt einzelne Menschen mit diversen verschiedenen Zugängen und Gefühlen im Gottesdienst. Diese auszutauschen erzeugt Ängste, sich auszusetzen, sich zu isolieren. Die Wahrnehmung der Verschiedenheit wird meistens abgewehrt, verleugnet und verdrängt.

Wo man die „ganze Gemeinde" eingeladen hatte, bildete sich also ein innerster Kreis, der gerne (möglicherweise dem Pastor oder der Pastorin) „die Hand auflegen" möchte, daran aber nun mit einem Male sich selbst als Gruppe aus verschiedenen und divergierenden Einzelmenschen erlebt. Soll nicht die Abwehr Regie führen, bedarf es einer straffen und aufschließenden Leitung, die nach der Wahrnehmung einen durcharbeitenden Gruppenprozess ermöglicht. Der Diskussionsprozess um die "Erneuerte Agende" kann so für sich in Anspruch nehmen, im besten Falle wenigstens die ins Gespräch zu bringen, die sich mit der Kirche und die Kirche mit sich identifizieren. Was aber ist mit der „ganzen Gemeinde"? Der Kirchengemeinderat hat schließlich (nach Vorlage) sein Votum abgegeben. Die treuen "Kirchenmäuse" vertragen jede Gottesdienstreform, wenn sie nur eingeübt und von einer akzeptierten pastoralen Leitfigur verantwortet wird. Die sonstigen Kirchgänger finden sich im Laufe der Jahre damit ab. Der Rest - sagen wir 90 % - kann sowieso nur das nehmen, was ihm oder ihr vorgesetzt wird.

Sollte hier mit den Stichworten die ganze Gemeinde und Mitte der Gemeinde doch etwa nur der anklerikalisierte Teil gemeint gewesen sein? Mitarbeit in Gottesdiensten ist durchaus kein Problem. Viele Gemeinden besitzen darin eine lange und reiche Tradition. Und wenn einer aus der Familie beteiligt ist, kommt der Rest auch meistens mit. Hebt das den üblichen Gottesdienstbesuch? Ich habe theologisch gesehen keine Probleme, den Gottesdienst als „stellvertretendes Ereignis" für die ganze Gemeinde und darüber hinaus zu verstehen. Schließlich gilt die Botschaft ja der „ganzen Welt"! Das Neue Testament aber erzählt nicht vom Gottesdienst, sondern von der „Peripherie" als der Mitte - die Barmherzigkeit, Sündenvergebung und Erlösung werden gerade nicht am Gottesdienst, sondern an Zöllnern, Sündern, Ehebrechern, Aussätzigen, Kranken, Straftätern und anderen Randsiedlern festgemacht (Umkehrpunkt Mt. 25). Handelt es sich beim Gottesdienst am Sonntagmorgen also wirklich um die Mitte oder doch eher um den Rand, wenn man Mt. 25 oder Amos 5, 21ff. als Maßstab anlegt?

Wer in der Erneuerten Agende und in den Begleitschriften nach Konkretionen für "die Sache der ganzen Gemeinde" sucht, wird enttäuscht. Eine Variante zur Gestaltung des Eingangspsalms könnte die Hinterfragung oder Aktualisierung der Psalmaussagen darstellen. Was ist daran neu? Oder die Variante zu den Evangelienlesungen als szenisches Spiel. Was wäre daran neu? Selbst die Aufteilung der Predigt in kurze Erläuterungen zu den Texten des Sonntags kann keine Originalität beanspruchen. Bleibt die Mitwirkungsmöglichkeit der Gemeinde. Gottesdienst als Gottesdienst nicht der Pastorin oder des Pastors, sondern als Gestaltung aus und mit der Gemeinde.

Die Vorstellungen, die in „Gottesdienst der mündigen Gemeinde"[192] vorgestellt werden, wirken allenfalls wie eine Zusammenfassung dessen, was Pastorinnen und Pastoren mindestens seit 40 Jahren versuchen, wahrscheinlich aber viel länger. Da werden Predigtvor- und -nachgespräche, Formulierung und Durchführung von Gebeten, Zeugnisse (aus der Tradition der Freikirchen und Charismatiker), freies Gebet oder Gespräch statt Predigt vorgeschlagen. Die gemeinsame Planung von Gottesdiensten, der Gottesdienst als Thema der Gesamtgemeinde vom Kirchengemeinderat über die Kirchenmusik bis zum Küster...: das alles geschieht in fast allen Gemeinden ohnehin.

---

[192]Begleitheft zur Erneuerten Agende, Ev. Hauptbibelgesellschaft zu Berlin 1991, 28ff.

Sondergruppe Gottesdienst

Vielerorts gestalten Gemeinde - Gruppen Gottesdienste selbst. Viele Gemeindemitglieder sind bei ganz konkreten Angeboten zur Mitarbeit bereit. Sie entwickeln nicht immer einen Drang zum Gottesdienstbesuch. Manchmal werden sie durch solches Ansinnen gar verschreckt. Sie empfinden sich als Gemeindeteil, nicht aber Teil der ausführenden Ebene.

Dass also 'die Kirche' im Gegensatz zur Durchschnittsgemeinde nach der „Mitte Gottesdienst" drängt, lässt sich aus der Situation der Institution verstehen, nicht aber aus der Bibel begründen. Die Gottesdienstform ist vollends in keiner Weise heilsnotwendig, sondern nur ein „Vehikel" für die Botschaft der Barmherzigkeit. Damit kommt der zweite Punkt in Sicht: die „nicht ausgrenzende Sprache". Eine ganze Reihe von Vorschlägen erläutern dieses Ziel. Die beabsichtigte Berücksichtigung aller gesellschaftlichen Gruppen bedeutet zum einen eine Modernisierung des Sprachgebrauchs. „Schwestern" sind nun mal Schwestern und keine Brüder. Ganz selten hört man in einer Kirche noch eines von den unsäglichen regierungserklärungsähnlichen Fürbittengebeten.

Inklusive Sprache aber rührt an Grundsubstanzen ganz anderer Art. Soll eine Predigt nur noch ein-, nicht aber mehr ausschließen? Bei einem Kreiskirchentag in Ückermünde in Vorpommern im Herbst 1991 z.B. wurde gesagt, wer ein Asylantenheim verwüste, sei klar und deutlich ein Verbrecher wider die Menschlichkeit. Ich fand das angemessen, obwohl es ein bestimmtes Verhalten ausschließt. Und es hat sich ja auch oft wiederholt und als notwendig erwiesen, die Taten scharf zu verurteilen, ohne die Menschen damit zu verdammen. Auch nach 2015 gab es wieder die Notwendigkeit, klare Distanzierungen vorzunehmen. Es war das gleiche Thema, jedoch mit dem Namen AfD.

Sprache kann nur Menschen einschließen, wenn sie auch wagt, Verhalten auszuschließen. Man sollte ihr anmerken, dass sie auf die Liebe zum Menschen abzielt, ohne zu allem Ja und Amen zu sagen, dass sie Versöhnung ein-, Gewalt aber aus-, Freiheit ein-, Tyrannei von anderen aber aus-, Wohlstand für viele ein-, Zerstörung der Schöpfung aber und Ausbeutung der Zwei - Drittel- Welt ausschließt, um nur einiges zu nennen.

Man sollte ihr vor allem anmerken, dass sie den Menschen in seinen von Gott angenommenen Nöten und Selbstverfehlungen einschließt, ohne sein Tun und Lassen stets und ständig zu rechtfertigen. Soll heißen: Wenn die „Erneuerte Agende" unter der Hand nur einer formalen Sprachregelung das Wort reden wollte, um die Gottesdienste noch unanstößiger zu machen, wird sie wahrscheinlich zu einer neuen klerikalisierten ökumenischen Form und damit erst recht zur Exklusivität führen. Das Wort Gottes ist die Mitte der Gemeinde und nicht der

Gottesdienst. Wenn dies im Gottesdienst in der Mitte steht, wird er jede notwendige Reform und diverse Mitarbeit hervorrufen und vertragen. Wenn es aber nur um die Zusammenfassung der Arbeit der letzten Jahrzehnte am Gottesdienst geht, sollte man den Anspruch etwas niedriger hängen. Im Ganzen enthebt auch die Erneuerte Agende die einzelne Gemeinde, den Kirchengemeinderat und die Amtsträger nicht der Aufgabe, immer wieder immer neu Gottesdienst zu feiern und darin der eigenen Situation im Glauben gerecht zu werden. Ein Stück aus der Apostelgeschichte legt die Mitte Gottesdienst nahe:

♦ „Und sie waren täglich und stets beieinander im Tempel...“

♦ doch der Satz geht weiter: „...und brachen das Brot hin und her in den Häusern...“ (Apg 2,46).

Daraus kann allenfalls geschlossen werden, dass die ersten Christen den Tempel zu Gebeten genutzt haben. Von einer „Mitte Gottesdienst“ ist hier nicht die Rede. Bei Jesus kann das erst recht niemand behaupten. Fazit: Wenn die Erneuerte Agende den Mut gehabt hätte, die liturgisch toten Stücke - im Grunde die gesamte Eingangsliturgie und Teile der Abendmahlsliturgie - zu entfernen und durch moderne neue Formen zu ersetzen, die für alle Menschen gut singbar oder erinnerbar wären, dann wäre sie eine neue Agende geworden. Da sie aber fast nur sammelt, bewahrt und bekräftigt, konnte alle gemeindliche Mitwirkung und Sprachkosmetik sie nicht davor bewahren, eine bloße „Erneuerung“ der Agende, auf gut politisch: eine Restauration zu sein.

...und was ist denn nun Gottesdienst?

Der Gottesdienst lässt sich auch noch aus ganz anderer Perspektive betrachten. *„Auch die Struktur des Gottesdienstes könnte sich bei genauerem Zusehen als so etwas wie ein geheimes Curriculum herausstellen,...“*[193]

Scharfenberg hat die Liturgie als Heiliges Spiel gedeutet, das der Erfahrung einer seelsorgerlichen Begegnung ähnelt. Das, was sich im Gottesdienst stets wiederholt, muss nicht als Zwangsritual gesehen werden. Es ist ein Weg von der „Anbahnung des Kontaktes“ über verschiedene Stufen der Annahme, Bestätigung und Kommunikation bis hin zum Hinausgehen (oder: Hinausgeschicktwerden) in die eigene Realität. Der Gottesdienst besitzt so etwas wie eine therapeutische Funktion. Wie und wo auch immer der Versuch unternommen wurde, die Formen des Gottesdienstes zu ändern, so hat sich selbst beim politischen Nachgebet noch eine liturgische Folge durchgehalten: Information, Meditation, Aktion. Die vielfältigen Rollen, die wir im Alltag wahrnehmen, folgen wahrscheinlich einer begrenzten Zahl von Grundmustern.

---

[193] Joachim Scharfenberg, Einführung in die Pastoralpsychologie, Vandenhoeck & Ruprecht, Göttingen 1985, 101.

Deshalb lassen sich Geschichten überhaupt weitererzählen und aneignen. Deshalb nur kann das Grundmuster der Darstellung, Wahrnehmung und des Versprechens der Aufhebung menschlicher Ambivalenz immer wieder im liturgischen Spiel angeeignet werden. Liturgisches Spiel als eine Möglichkeit, „dass auch tiefere Lebensprobleme einen angemessenen Ausdruck finden, ohne dass man in ihnen untergeht, in sie rettungslos verstrickt wird"[194].

Es fragt sich dennoch oder vielleicht gerade deshalb, warum so wenige Menschen in der Lage sind, sich auf Gottesdienste überhaupt einzulassen. Wenn man sich anschaut, wie Menschen heute ihre öffentlichen und auch privaten Feste feiern, kommt eine anarchische Regellosigkeit zum Vorschein. Es gibt keine Kommunikation nach Regeln, sondern oft nur unverbindliche Formen scheinbarer Nichtkommunikation. Kaufen und Verkaufen auf Flohmärkten, Essen an vorbereiteten Theken, Kommen und Gehen nach eigenem Fahrplan und damit die klare Ablehnung von eigener Verantwortung fürs Gelingen, ... Jeder und jede Familie regelt sich selbst. Engere Kommunikation macht Angst. Vorführung und Zuschauen, nicht Interaktion bestimmen die öffentlichen Kontakte.

Daraus aber lässt sich nicht schließen, dass es überhaupt keine Regeln gibt. Die Kommunikation verläuft über Zuschreibung, Projektion und Stellvertretung. Die einzige Spielregel, die lückenlos funktioniert, ist die Abwehr von drohenden Eingrenzungen des eigenen Lebensraums. Bei der Erstellung von Bebauungsplänen finden sich zu den erforderlichen Besprechungen zahlreiche Anwohner ein, die jeden Eingriff in den bisherigen Lebensraum strikt abzuwehren versuchen. Selbst das Argument, dass Kinder die wohlverdiente Ruhe stören könnten, ist dann willkommen. Besonders schlimm und stabil wird die Abwehrfront, wenn Asylbewerber in das Wohngebiet kommen sollen. An ihnen agieren die Betroffenen alle Ängste aus, die sich chaotisch angesammelt haben.[195] Diese beiden Punkte sind einige der wenigen Stellen, an denen sich Menschen ohne Risiko und mit ‚gutem Recht' wehren zu können meinen. Angstbewältigung durch Unverbindlichkeit und Abwehr von Veränderung heißt die schwierige Mischung. Wie soll sich jemand in dieser Abwehrlage auf einen Gottesdienst einlassen?

H.J. Thilo untersuchte die therapeutische Funktion des Gottesdienstes[196] und stellt besonders den Wegcharakter des Messgottesdienstes heraus.[197] Der therapeutische Dreischritt: Erinnern, Wiederholen, Durcharbeiten kommt dabei zur Anwendung.

---

[194] A.a.O., 97

[195] Vgl. Martin Hagenmaier, Abschiebung, die ersten Abschnitte.

[196] Hans Joachim Thilo, die therapeutische Funktion des Gottesdienstes, Johannes Stauda Verlag Kassel 1985

[197] A.a.O., 80ff.

Realität des Gottesdienstes

Besonders positiv fallen die Reaktionen der Gottesdienstbesucher aus, wenn Gottesdienste gut vorbereitet und mit verschiedenen Teilnehmern und deutlich erkennbaren Abschnitten gestaltet werden. Wichtig erscheint dabei die Beteiligung aller und sei sie nur durch gelegentliches Aufstehen und Mitsingen gewährleistet. Die Rolle des / der hauptamtlichen oder amtierenden Pastors /in muss dabei klar und eindeutig zu erkennen sein. Dies wird keineswegs an der Länge seiner / ihrer Auftritte sichtbar. Eher die Prägnanz und Exaktheit der Leitung tut das Wesentliche. Wenn dann noch ein Chor oder andere Musik für festliche oder interessante Umrahmung sorgen, gibt es besonders aufgeschlossene Reaktionen. Bei allem hilft auch das Gefühl und die Wahrnehmung, die Kirche sei voll.

Die Rolle des Pastors / der Pastorin tendiert - jetzt noch abgesehen von der genaueren Diskussion der Predigt - eher zu einer Art Animation. Animation in dem Sinne, dass Menschen die Scheu verlieren. Dass sie sich zugehörig fühlen und durch die Predigt nicht zugedeckt, sondern eher angeregt werden. Empfindlich bis ablehnend reagieren sie, wenn sie den Eindruck haben, jemand maße sich eine Rolle an, die ihm nicht zusteht. Diese „Anmaßung" kann in der Art des Auftretens, in Gesten oder in Inhalten begründet liegen.

Auch die Zuteilung von Rollen löst bisweilen Diffusionsängste aus. Um dem Kirchenvorstand die angemessene Repräsentanz bei der Konfirmation zu geben, hatte ich die Konfirmanden vom KV in die Kirche geleiten lassen. Dies löste erstaunliche Reaktionen aus. Sie gingen von dem Satz: „Was hat denn der Kirchenvorstand damit zu tun?" bis zu dem Vorbehalt: „Wenn der das immer so macht, kann ich mein Kind da natürlich nicht konfirmieren lassen." Was als merkwürdig klingende Kritik sich anhört, mag in Wirklichkeit tiefer liegende symbolische Begründungen haben. Wenn die Konfirmation als Initiationsritus im Gottesdienst betrachtet wird, hat selbstverständlich der Vorstand keine Funktion.

Über die Fragen des Gottesdienstes gelangt man schließlich zum Problem Predigt. Dieser Zentralbegriff protestantischen Gottesdienstes muss neu diskutiert werden. Bei den agendarischen Versuchen spielt er eine Nebenrolle. Auch in den therapeutischen Vorstellungen vom Gottesdienst tritt ein gespaltenes Verhältnis zu Tage: Unter den Stichworten „Pfarrer - Pastor - Prediger" beschreibt Thilo lesenswerte historisch - tiefenpsychologische Zusammenhänge und ihre heutige Gestalt.[198] Zum praktischen Problem der Predigt aber kommt nichts darin vor.

---

[198]A.a.O., 169ff.

Predigt in der Krise ?

Nach Weihnachten: Ich habe mal wieder zehn Gottesdienste in drei Wochen hinter mir, daneben zwei Andachten, drei Trauerfeiern, vier Weihnachtsfeiern. Zwischen 17 und 450 Gottesdienstbesucher waren in unserer Kirche am grünen und wohlhabenden Rand der Großstadt anzutreffen. Am meisten Freude und sogar Spaß hat der Gottesdienst gemacht, in dem es gar keine Predigt gab. In diesem Gottesdienst waren 15 Kinder und drei Mütter beteiligt, die Jugendmitarbeiterin hatte alles vorbereitet. Ich war als Pastor ein Teil des ganzen Ablaufs. Der Organist und eine Bläsergruppe trugen ihren Teil bei. Die Bläser empfingen die Gottesdienstbesucher schon vor der Kirche und verabschiedeten sie dort auch. Die Besucher des Gottesdienstes, zwischen 5 Wochen und 85 Jahren alt, gingen mit, schmunzelten oder lachten, sangen und klatschten. Zum Abschluss sangen alle den Kanon: „Vom Aufgang der Sonne..." und bewegten sich dazu mit dem ganzen Körper bis zur Gebetshaltung. Zum Schluss sprachen wir gemeinsam nicht nur das Vater unser, sondern auch zweimal die Worte des Engels in der Weihnachtsgeschichte. Die den Gottesdienst gestaltenden Kinder und Mütter, Jugendliche aus der Jugendgruppe und die Jugendarbeiterin gaben am Ausgang das Weihnachtslicht weiter. Jede Familie konnte sich zwei Kerzen nehmen. Die eine, um das Licht nach Hause zu tragen; die andere, um auf dem Kirchenvorplatz einen Stern zu bilden. Das führte dazu, dass viele Menschen noch eine Weile vor der Kirche blieben, sich unterhielten und den entstehenden Stern „sortierten". Nebenbei fand sogar ein „Trauergespräch" statt. Für die nächste Christvesper war der entstandene Stern Anlass, daran weiterzubauen. Die Predigt am dritten Advent löste die altbekannten Proteste aus, weil ich die Problematik der Jungfrauengeburt und des Davidssohnes ausführlich nach der Lage der Verheißung im Alten Testament (2. Sam. 7, Ps. 2, Jesaja, Micha...) behandelt und die Jungfrauengeburt nicht als biologisches, sondern Glaubensereignis dargestellt hatte. Am zweiten Sonntag nach Weihnachten - natürlich nur noch vor „unverbesserlichen Kirchgängern" - war mir die Puste ausgegangen. Ich nahm mir deshalb kurz entschlossen ein Weihnachtslied vor (Nr. 27) und ging es Vers für Vers mit interpretatorischen Randbemerkungen durch. Zu meiner Überraschung war das Echo der kritischeren Gottesdienstbesucher geradezu begeistert.

Ein anderer Gottesdienst, der mir sehr gut gefallen hat und ein äußerst positives Echo auslöste, dauerte zweieinviertel Stunden und enthielt nicht weniger als sieben Kurzpredigten. Dem Gottesdienst waren des Weiteren noch eine Reliefenthüllung und eine Pilgerrunde um die Kirche vorangegangen. Zu allem Überfluss hatten alle sieben Ansprachen auch noch das gleiche Thema, nämlich „Singet dem Herrn ein neues Lied". Ein Zufall im Ablauf des Gottesdienstes ergab, dass fünf der sieben Ansprachen völlig frei – ohne Papier - gehalten wurden. Nachdem nämlich die ersten beiden Ansprachen, die eine Art Grußwortcharakter der höheren Amtsträger besaßen, von der Kanzel aus gehalten worden waren, ging ich zur Ankündigung der fünf Kurzansprachen an ein vor dem Altar stehendes Mikrophon. Das hatte zur Folge, dass alle anderen diese Stelle zum Reden auch benutzten. Man konnte richtig verfolgen, wie sich verschiedene Beziehungen zwischen den Rednern bzw. Rednerinnen und den Gottesdienstbesuchern während dieser fünf Ansprachen entwickelten.

Die Erfahrung der beiden Gottesdienste und mancher ähnlicher Begebenheiten erinnern mich an einen Satz aus dem Erfahrungsschatz von Predigern, Ratschlägen im Seminar und Forderungen glaubensfester Christen:

„Kein Papier zwischen Dich und Deine Hörer!" und weiter sinngemäß

♦ „Was Du nicht ohne Papier sagen kannst, das solltest Du nicht sagen".

♦ Man könnte auch sagen: Predigt soll eine lebendige, geistesgegenwärtige Kommunikation sein, keine verlesene Schrift.

Falls es also eine Krise der Predigt gibt, legten diese Erfahrungen nahe, sie mit engagierten und frei gehaltenen kurzen Predigten zu überwinden. Damit wäre immerhin schon gesagt, dass fein verästelte Textauslegungen mit exegetischem Einschlag nur dann auf die Kanzel gehören, wenn der Prediger sie so vereinfachen kann und selbst als so sinnvoll begreift, dass er sie ohne Aufzeichnungen von sich geben könnte. Das bedeutet zweitens, dass eine Predigerin oder ein Prediger im Grunde über das spricht, was er oder sie formulierungsbereit angeeignet hat. Und das heißt drittens Mut zur Unfertigkeit und zur Lücke. Insgesamt: Platz schaffen für den Geist.

Nicht nur Politikerreden, auch Predigten werden seit längerer Zeit so angelegt, dass sie „wasserdicht" durchformuliert sind. Wer nämlich auch bei guter Vorbereitung frei formuliert, kann im Ablauf des Geschehens meistens nicht auf die Absicherung nach allen Seiten achten. Auch hat die Predigerin oder der Prediger selten die aktuelle Hilfe, die es ihm erlaubt, schnellstens auf noch während der Ansprache eintretende Wahrnehmungen und Ereignisse zu reagieren. Persönliche Referenten stehen nur höheren Rängen zur Verfügung, die notfalls auch noch einen Zettel auf die Kanzel schieben können, während die Predigt schon läuft.

Endlich dient die Absicherung der schriftlich ausgefeilten Predigt dazu, jenem relativ weit verbreiteten Typus des Predigthörers oder der Predigthörerin den Wind aus den Segeln zu nehmen, die keine Gelegenheit auslassen, „falsche Aussagen" zu sammeln, zu kritisieren und notfalls auch den Vorgesetzten zu präsentieren. Auch in anderer Hinsicht dient die exakte Vorformulierung der Abwehr der Gefahr, im plötzlichen

Eifer des Gefechtes oder plötzlicher geistlicher Erleuchtung Dinge einseitig auf die Spitze zu treiben. Dramatischer Liebesentzug kann die Folge von deutlichen und zugespitzten Aussagen sein.

So zeigt die Art, in der wir unsere Predigten vorbereiten, nämlich in den meisten Fällen exakt schriftlich durchformuliert auf dem Computer geschrieben und jederzeit reproduzierbar, Angst und Angstabwehrversuche der Predigerin und des Predigers. Große Verheißungen und Gebote der Liebe und der Nächstenliebe werden in kleine Münze der Angst und Angstabwehr durch Ausgewogenheit und Absicherung nach allen Seiten umgewandelt.

Dieses Verhalten erweist sich allerdings nicht als predigerInnenspezifisch. Je höher die Position und die Verantwortung, desto mehr Absicherung bis zu dem Punkt, dass ein Redner in der Politik, z.B. in vielen Fällen von Mitarbeitern gefertigte Reden vorliest. Der politische Gegner und der nächste auf der Rangstufe in der eigenen Seilschaft - beide warten ja nur auf Aussagen, aus denen sie für sich etwas machen können. Bei all diesen Umständen endet auch ein Predigttypus, der in der Zeit der Seelsorgebewegung kreiert wurde: Die so genannte seelsorgerliche Predigt, die alle fremden und eigenen Angst- und Zweifelsmöglichkeiten einbezieht.[199] Die Darstellung der Ambivalenz des menschlichen Daseins und ihrer Untergründe rauscht an vielen Predigthörern einfach vorbei. Im Gegenteil scheinen sie dadurch außerordentlich verwirrt zu werden.

Eine Art Scheinkonjunktur tritt dort auf, wo ein Prediger oder eine Predigerin es geschafft hat, eine Richtung einzuschlagen, die in möglichst geschlossenem Ablauf eingebettet in Liturgie und Gemeindeumgebung stattfindet. Dabei spielt die Einfassung des Lebens in ein festes liturgisches Bett und entsprechend viele formelartige Predigtaussagen eine ebenso große Rolle wie die Überwindung aller Zwiespältigkeiten durch eine Art Hochgefühl, das im Gottesdienst erzeugt wird. Eine Predigt soll dem Menschen nicht zur vertieften Selbstwahrnehmung sondern zum Hinausfliegen über seine Schmerzen verhelfen. Die Generation, die antrat, neurotisierende Abwehrmechanismen zu beseitigen und das Ritualverhalten insoweit zu entfernen, als es zur Stabilisierung des neurotischen Gleichgewichtes diente, konnte sich nicht durchsetzen. Sie wird selbst Opfer eines Abwehrmechanismus. Was wir immer interessiert analysiert haben als Abwehr des Bedrohlichen durch Ausblendung der Träger von bedrohlichen Eigenschaften (Krankheit, psychische Krankheit, Armut, gemeinschaftswidriges Verhalten, Gewalt etc.), das trifft nun auf uns selber zu.

---

[199] S. dazu die Differenzierung des Begriffs bei Axel Denecke, Predigt und Seelsorge, Pth 81, 1992, 224-239

Um nicht alle stabilisierenden Abwehrmaßnahmen zu verlieren, werden auch solche Menschen (PredigerInnen) abgewehrt, die dem Gedanken folgen und ihn in die Predigt umsetzen, die Liebe Gottes zerstöre alle Abwehrhaltungen und begründe dadurch die ichstarke und offene Persönlichkeit.

Bei der Umwandlung der seelsorgerlich therapeutischen Erfahrungen in Zielsetzungen der allgemeinen Gemeindearbeit und der Predigt ist die lebenserhaltende Funktion der Abwehrmechanismen in Vergessenheit geraten. Gottesdienstbesucher erwarten vom Prediger und von der Predigerin eher ein Hilfs-Ich als einen Therapieversuch. Oder anders: Wer in eine Kirche geht, hofft, der Unübersichtlichkeit des Lebens durch eindeutige Weisung zu entfliehen.

Wenn schon die eindeutige Weisung so einfach nicht ist, weil selbst die Prediger in den Freikirchen inzwischen von der Rationalität heimgesucht sind, dann soll wenigstens der äußere Rahmen Eindeutigkeit verheißen. Wenn ich mich schon aufmache, dann möchte ich in eine Woge der Freundlichkeit und Glückseligkeit eintauchen. Was dann von der Kanzel kommt, ist am Ende halb so wichtig, wenn es nicht meine Behaglichkeit stört. Am besten funktioniert die (Schein-) Einheit zwischen Prediger und Hörer heute wie eh und je, wenn gemeinsame Abwehrmechanismen vorliegen. Mag die Religion auch zu Beginn des 20. Jahrhunderts als eine Art Kollektivneurose analysiert und erschienen sein, so erleben wir mit Vehemenz die Wiederherstellung der neurotischen Formen. In einigen Abteilungen gleitet es sogar in psychotische Formen hinüber. Ein zersplittertes Ich besetzt die Bilder der Religion. Dadurch kann wie im Selbstheilungsversuch eine zumindest zeitweise Kompensation der totalen oder partiellen Ich-Verluste erfolgen.

Viele Gottesdienstbesucher suchen einen „Anführer"

Die Krise der Predigt scheint also weniger eine Krise der Predigt als vielmehr eine Krise der Kirche und der menschlichen Selbsterfahrung zu sein. Es ist nicht mehr nötig, die Strukturen durch Bewusstmachung der Abwehrmechanismen aufzubrechen. Vielmehr besteht die Notwendigkeit, durch Hilfs-Ichs in Form von Personen und ihren Abwehrmechanismen mit Unterstützung der religiösen Bilder überhaupt erst einen Raum zu schaffen, in dem ein Ich wieder wachsen kann. Die schwebende Aufmerksamkeit des therapeutisch orientierten seelsorgerlichen Predigens kommt diesem Wunsch kaum entgegen. Insofern läuft auch die Frage nach der Krise der Predigt in eine ähnliche Richtung, wie sie für die Seelsorge festgestellt werden kann. Gefragt ist Glaubwürdigkeit und eine bestimmte Form der Eindeutigkeit[200] oder etwas deftiger ausgedrückt: Gottesdienstbesucher suchen offenbar keinen Therapeuten

---

[200] Siehe unten:, Ratlosigkeit in der Seelsorge?

sondern einen Anführer. Das gilt nur begrenzt für die „Traditionschrist-
tInnen" bei Konfirmationen, am Heiligen Abend oder bei den Hochzeiten. Es gilt aber vor allem für die, die sich vierzehntägig oder jeden
Sonntag und evtl. sogar noch häufiger als sonntäglich in eine Kirche
begeben. Was aber tut ein Anführer mit denen, die er führt? Er übt seiner Rolle nach die Funktion dessen aus, der die Menschen um sich
schart, sie zur Zustimmung bewegt und sie motiviert, in dem von ihm
vorgedachten Sinne etwas zu tun oder zu lassen. Gleichzeitig aber weist
er seine Anhänger zurecht und bringt sie durch verschiedene Formen
der Kritik und des Lobes auf den richtigen Weg. Ein Anführer hat seinen Platz nicht neben den anderen, die ihm gleich sind in Rang und
Wert. Vielmehr findet er seinen Platz an der Spitze. Die Gruppe gesteht
ihm eine, wenn auch meist mit Grenzen versehene Sanktionierungsge-
walt zu.

Als religiöser Führer hat der Prediger den Auftrag, die Gruppe nach innen zu stärken, indem er u.a. die Sünde der bösen Welt darstellt. Die
Stärkung der einzelnen Gruppenmitglieder dient einerseits dem Selbstzweck, sie ihrer Sache und des ewigen Heils gewiss zu machen. Andererseits soll diese Stärkung ihnen helfen, durch Mission andere aus der
Weltgruppe abspenstig zu machen und der eigenen Gruppe zuzuführen.
Der Unterschied zu den extremen politischen Gruppierungen besteht
darin, dass die bösen anderen mit dem Wort und nicht mit Waffenge-
walt gewonnen bzw. zugeführt werden sollen.

Die neuzeitliche Predigtidee, die mit Martin Luther ihren Anfang nahm,
hat da keine Chance. In ihr ging es um den einzelnen mit seinen Zwei-
feln und seinem Glauben vor Gott. Wie bekomme ich einen gnädigen
Gott? als eine der Ausgangsfragen der Reformation wäre zu übersetzen:
Wie bekomme ich als sündiger mit dem alten Adam in den Fallstricken
des Bösen eingeschnürter Mensch die Gewissheit, dass Gott mir gnädig
ist? Und wie kann ich dem inneren Menschen in der herrlichen Freiheit
der Kinder Gottes zugehören, Glaubensgewissheit täglich in meine sün-
dige Wirklichkeit - wenn auch gebrochen - so doch immerhin übersetzen?

Eine solche Form der Predigtgedankenführung in all in ihren Variationen gilt dem heutigen Predigthörer als Generalangriff auf seinen Glauben - wenn er ein sich selbst als gläubig bezeichnender Mensch ist -
oder auch seine Person, wenn es sich um einen Zeitgenossen handelt,
dem das Sündengerede der Kirche schon immer zuwider war. Charismatische, fundamentalistische, feministische, psychoanalytische (nicht
therapeutische) Anführer werden gesucht. Die Kultivierung des eigenen
Helfersyndroms, die sozial engagierte Restgemeinde und die Gruppe,
die die heutige Volkskirchenwelt aufrecht erhalten möchte, sucht Repräsentanten. Schließlich werden Anführer für friedensbewegte und für
ausgedehnte Gebetsgottesdienste gesucht. Dass eine Gemeinde im

Grunde alle diese Aspekte umfassen müsste und noch einige darüber hinaus, z.B. das Leben von Familien, von unvollständigen Familien und von einzelnen jüngeren oder alten Menschen und dass Jesus keine Anführer, sondern Schwester und Brüder in die Welt geschickt hat, damit die Welt an vielen Stellen gleichzeitig in Richtung auf Frieden mit Gott und unter den Menschen gehen kann, diese Predigt wollen nicht so viele hören.

Glaubenszeugnisse als Predigt

Manche Gottesdienstmodelle suchen die Wirkungen des Glaubens durch Glaubenszeugnisse der Predigthörerinnen und –hörer gleich vor Ort nachzuweisen. Dazu eine Karikatur:

Wenn ich bezeugen kann, dass in meiner Gemeinde Menschen wohnen, für die Gott eine Wohnung gefunden hat, denen Gott Arbeit gab, denen Gott das Auto wieder in Gang setzte, nachdem es stehengeblieben war, und denen Gott Erbarmen mit denen mitgab, die das alles nicht erleben - wenn ich also solche Menschen in meiner Gemeinde habe und sie unter meiner Führerschaft alles, was ich sage, bestätigen lassen kann; wenn sie dann noch dem Herrn, unserem Gott, alles vortragen dürfen, was ihnen gerade in den Sinn kommt, und ich ihnen die Hoffnung vermittele, dass all das, was sie möchten, von Gott gehört und bisweilen auch erfüllt wird; wenn ich verdrängen kann, dass das, was die Menschen im Gebetskreis während des Gottesdienstes oder im kleinen Kreise von sich geben, außerhalb des Gebets die deftigsten Streitereien auslösen würde, und dass sich Menschen wenigstens im Gebet einmal deutlich die Meinung sagen möchten, wenn ich in der Lage bin, mit ernster Miene jahrelang stets und ständig das gleiche zu sagen und das gleiche zu hören, wenn ich schließlich die ‚Kirche mit all ihren getauften Heiden' des Öfteren in Bausch und Bogen verdammen kann, dann werde ich Wirkungen des Heiligen Geistes bezeugen! Die Steigerungsform dieses Verhaltens liegt schließlich darin, dass ich einem Guru gleich selbst gar nicht mehr auftrete. Die Angelernten arbeiten für mich, bilden weitere Gruppen und ziehen mit unerbittlichem Sog Menschen in ihren Bann.

Das wirkte sich in einem Falle schließlich so aus, dass ein derart glaubensgestärkter Mensch zu mir, dem „nicht ganz so gläubigen Pastor", kam, um nachzufragen, ob sie denn, wenn sie noch nicht ganz bereit sei, vor einer kleinen Gruppe am Hausaltar ihre Sünden zu bekennen und sie anschließend zu Papier gebracht im Feuer zu verbrennen, um Aufschub bitten dürfte. Meistens überwinden diese Menschen ihren Anfall von Ungläubigkeit und tun doch das, was ihnen in einer kurzen, aber wirksamen Seelenwäsche zugemutet wird.

Welche PastorInnen hätten nicht heimlich, wenn auch ambivalent, von diesem Bild ihrer Gottesdienste geträumt![201] In der Wirklichkeit versuchten die meisten aber, den ehrlichen selbstkritischen Weg des Glaubens zu gehen, der nicht der Verdrängung, sondern der offenen Wahrnehmung und Akzeptation ambivalenter Wirklichkeit und verschiedener Lebensformen mit ihren Stärken und Schwächen dient und so die Wirklichkeit des Heiligen im Unheiligen zu suchen.

Wie andere die Predigt sehen

In einer Besprechung der Bucherscheinungen in den Jahren bis 2010 schildert Wilfried Engemann *„die Homiletik als eine facettenreiche, differenzierte, von zahlreichen kontinuierlichen Entwicklungslinien geprägte Wissenschaft mit einem hohen Anteil konvergenter Beobachtungen, Analysen und Einschätzungen. Die gelegentlich etwas vorschnell als eigene „Ansätze" apostrophierten homiletischen Impulse erweisen sich bei genauerer Betrachtung (zumeist) als ergänzende Reflexionsperspektiven, die aus dem vollständiger werdenden Bild von der Komplexität des Predigtprozesses hervorgehen und somit dem Erkenntnisfortschritt der Homiletik geschuldet sind. "*[202] So hoch will ich mit diesem Abschnitt nicht hinaus. Ich fange mit älteren Bezügen eher so an:

„Das Examen des Alltags zielt ... auf Pragmatik, da interessiert die nächste Predigt mit ihrem unabweisbaren Termin. Man ist also eher zu Glossen als zu Leitartikeln geneigt. Es wäre aber durchaus verkehrt, von einer radikalen Krise der Predigt zu sprechen. Ihre Abschaffung erwägt niemand ernsthaft. "[203] Als allgemeine Tendenzen nennt Schröer a) den Zusammenhang von Liturgik und Homiletik, b) die „wachsenden Berücksichtigung der personspezifischen Probleme der Homiletik" und c) „das Interesse an einem fundamentalhomiletischen Konsens".[204] Konsens werde oft gefordert, aber doch nicht erreicht. So bleibe die Gefahr, dass der Konsens den „geheimen Strukturen überlassen (bleibt), die uns institutionell steuern".[205] Schließlich gälte es, die speziellen Tendenzen, die in beachtlicher Weise vorhanden sind, auf ihre Tragweite zu überprüfen.[206] Das Ergebnis:

---

[201]Eine solche Traumform gleicht eher einem Tag- oder gar Alptraum als der Nachttraum, den Manfred Josuttis als Grundlage für die Pastoraltheologie benutzt: Der Traum des Theologen, Chr. Kaiser Verlag Müchen 1988, 11

[202] Wilfried Engemann, Homiletische Literatur zu Beginn des 21. Jahrhunderts. Schwerpunkte, Problemanzeigen und Perspektiven (Teil II), Theologische Rundschau, Band 75 (2010), 304 – 341, 341.

[203]Henning Schröer, Tendenzen gegenwärtiger Homiletik, in: Peter Krusche u.a., Hg., Predigtstudien für das Kirchenjahr 1990/91, Perikopenreihe I, erster Halbband, Kreuz Verlag Stuttgart, 9-18, 10.

[204]ebd.

[205]a.a.O, 13

[206]ebd.-

1 ...dem ersten Gebot folgen: „Von Gott kann man nur reden, wenn man auch von den Göttern spricht."[207]

2 „Es geht nicht nur um Erinnerung, sondern um Wiederholung" ...in der Mitteilung des in seiner menschlichen Offenbarung verborgenen Gottes.[208]

3 Die Gemeinde ist eine Lerngemeinschaft des Glaubens, also gemeindepädagogisch denken und längerfristig planen. Merkwürdigerweise fehle die Gemeindepsychologie.[209]

4 „Den homiletischen Feldherrnhügel gibt es nicht. Ein Vorschlag aber sei erlaubt: gerade weil oft gefragt wird, ob denn die Anstrengung der Predigtvorbereitung - zwölf Stunden seien ein gutes Maß, habe ich gelernt und lehre ich auch - sich als Investition bei wenig Gottesdienstteilnahme noch lohne. Ich meine, dass das mit der Predigtvorbereitung notwendige theologische Studium mehr erbringt als nur die Grundlage einer Predigt. Sie ist eine besonders angemessene Form der projektorientierten theologischen Fortbildung. Aber das würde sich pastoralökonomisch mehr rentieren, wenn wir den Predigttext den Regenten der Woche sein lassen,...."[210]

Wer sozusagen von der aktuellen Glossenmentalität und dem Druck der sonntäglichen Predigtarbeit ein paar Schritte zurücktritt, kann also doch auf Grundaufgaben der Homiletik zurückkommen. So schnell sich wohl im Fundamentalen dieser Art Übereinstimmung erzielen lässt, so sehr tritt damit die Aktualität des Geschehens in den Hintergrund. An diese Form der Predigtanweisung gibt es aber gerade von der Praxis her auch praktische Anfragen: Eine zwölfstündige Predigtvorbereitung lässt einen immensen Expertenschub auf die Predigthörer niedergehen. Oder heißt Vorbereitung hier so etwas wie: mit der Gemeinde bereits den in Frage kommenden Text, das Thema oder die dogmatische Sentenz zwölf Stunden vorbereiten, damit wenigstens gewisse Anknüpfungspunkte in der Sprache vorhanden sein können?

Auf genaueres Befragen verschiedenster Predigthörer scheint mir, dass Stegreif- und Spontanpredigten oft deshalb so gut ankommen, weil sie spürbar vom Expertendruck entlasten und „von Mensch zu Mensch" gesprochen sind. Allerdings sei auch daran erinnert, dass die besten Stehgreifreden die längste Vorbereitung brauchen. Könnte also Vorbereitung nicht einfach theologische Arbeit heißen, sondern verschiedenste Formen der Meditation und des Umgehens mit einem Thema und / oder Text? Die „Wiederholung" beginnt bei dem, der eine Predigt hält! Was aber ist zu meditieren? Die Situation, aus der die Predigt kommt

---

[207]a.a.O., 16
[208]ebd.
[209]a.a.O., 17
[210]ebd.

und in die sie hineingeht! So wird aus einer Predigt Lernarbeit in der aktuellen Gemeindesituation. Wenn Predigten immer von Texten ausgehen, wie können sie das leisten? Wie schaffen sie Platz für Geistesgegenwart?

Nach langjähriger Erfahrung glaube ich, dass das verborgene Curriculum in der Gemeinde- und Kirchensituation liegt. Ein Beispiel: In einer Gemeinde stand eine streitige Gemeindeversammlung an. Viele begaben sich unter Krisengefühlen und -ängsten in den Gottesdienst. Die Predigt handelte von Liebe, Vergebung und Versöhnung, vorgegeben durch den Predigttext. Die spürbare Erleichterung der Gemeinde verflog schnell, als nach dem Gottesdienst die heftige Auseinandersetzung in der Tat stattfand und zu einem bösen Ende führte. Die Gemeinde hatte in der Predigt eine Antwort auf ihre verborgene Angst gesehen, die im Streit dann noch heftiger ausbrach.

Da hätte die „Gemeindepsychologie" ihren Platz. Prediger / innen sollten einen gewissen Sensus für die Beziehungen in der Gemeinde und zwischen der Gemeinde und sich selbst entwickeln können. Die Gemeinschaft der Glaubenden unterliegt unzähligen Verwerfungen kränkend - narzisstischen Ursprungs. Sie lebt in einer Welt, der einander schnell folgenden, bedrohlichen und ängstigenden Bilder. Balsam und Linderung für das leicht zu kränkende Ich: darin liegt das geheime Curriculum der Predigt - nicht zuletzt auch bei Predigern / innen selbst. Es mündet in die Erwartung an den predigenden Menschen, „ein Fels in der Brandung zu sein". Eine Elternimago und die Zuschreibung von Stellvertretung Gottes liegen hier verborgen. Das annehmende, bestärkende und lindernde Wort in die Welt der Angst - eine Predigeraufgabe eigener Art. *„Dass sich nicht ein beliebiger, sondern ein so bestimmter Predigtinhalt ergibt, verdankt sich der sowohl in der Textauslegung wie in der Situationsdeutung bzw. deren hermeneutischer Vermittlung wirksamen Steuerungsfunktion systematisch - theologischer Reflexion.... Diese Reflexionsleistung tritt an die Stelle einer unmittelbaren Gleichsetzung der Wahrheitsbehauptungen des Christentums mit den Aussagen der Hl. Schrift als dem ursprünglichen Offenbarungszeugnis."*[211] Dieser Grundkategorie folgt eine Situationsbestimmung. Wilhelm Gräb sieht (seit Aufklärung und Pietismus) die Aufgabe der Predigt darin, *„dass sie die Inhalte des Christentums im Modus ihrer persönlichen Aneignung und im Lichte ihrer situativen, das wirkliche Leben treffenden Konkretisierbarkeit vorträgt."*[212]

Der Modus der persönlichen Aneignung könnte auch mit dem Stichwort des Glaubenszeugnisses bezeichnet werden. *„In der konkreten*

---

[211]Wilhelm Gräb, Wofür das Christentum heute steht, in: P. Krusche u.a., Predigtstudien für das Kirchenjahr 1991/92, Perikopenreihe II, erster Halbband, Kreuz Verlag Stuttgart 1991, 7 - 16, 10.
[212]a.a.O., 11

Vermittlung wird vom Prediger am stärksten die eigene Produktivität verlangt. Hier zeigt sich, ob die Predigt zu einem eigenen und zu einem neuen Wort des Predigers wird. (...) Und hier zeigt sich, ob das eigene und neue Wort des Predigers ein veränderndes und befreiendes, dem nach der Deutung seines Lebens suchenden Hörer sich möglicherweise anbietendes Predigtwort wird,..."[213]

Ein hoher Anspruch an die Predigt, zu verändern, zu befreien und zu deuten. Sollte nicht die Predigt zuerst verstehendes und motivierendes Wort sein, sich überhaupt mit seinen Bedürfnissen als Mensch, der einen Gottesdienst besucht, zu befassen? Genau so klingt es in der Homiletik von Gräb dann aber doch: *„So ist die Predigtaufgabe anzugehen...: Alle Sonntage des Jahres, alle gottesdienstlichen Gelegenheiten und Predigtanlässe an den festlichen Höhepunkten wie im Alltag des Lebens haben ihren religionshermeneutischen erschließbaren ‚Kasus'. Bezieht sich die Predigt auf diesen ‚Kasus', dann ist sie den Menschen nah. ... Dann wird es ihr gelingen, die Religion der Menschen tiefer über sich selbst zu verständigen."*[214] Dieses Predigtverständnis nennt Wilhelm Gräb „religiöse Rede".

Einen interessanten Zugang hat auch Wilfried Engemann vorgelegt. Die Homiletik in semiotischer Perspektive erwartet vom Prediger, *„dass er mit seiner Predigt (ein) Zeichen setze".*[215] *„Versuche nicht, mir alles zu sagen,..., richte es so ein, dass ich es ergänzen kann."*[216] Das Problem der Predigt sei, dass Prediger die Ergänzungsbedürftigkeit ihrer Predigt als Problem empfinden. Von der Zeichenlehre her aber sei es gefordert, den Kommunkationsprozess in der Predigt offen zu halten. *„Versucht der Prediger, solches Dazutun zu erübrigen, bringt er den Hörer letztlich um die Predigt selbst."*[217]

Über den fundamentalen Ansatz, dass die Botschaft als Glaube von einer Person mit eigenen Erfahrungen in die Situation der Hörer hinein vermittelt werden soll, dass der Hörer nicht zugedeckt und mit seinem Glauben zum Erliegen gebracht werden, sondern aufgeschlossen und auf den Weg der Vertiefung seiner Lebensvollzüge geleitet werden soll, lässt sich Einigkeit erzielen.

Was aber passiert in der institutionellen Umgebung heutiger Volkskirchlichkeit, die einem Wirrwarr an christlichen und anderen religiösen Klein- und Großgruppen gegenübersteht? Muss der Prediger nicht auch

---

[213]a.a.O., 12; vgl auch Wilhelm Gräb, Predigt als Mitteilung des Glaubens, Gütersloher Verlagshaus Gerd Mohn, Gütersloh 1988.

[214] Wilhelm Gräb, Predigtlehre. Über die religiöse Rede, Göttingen, Vandenhoeck & Ruprecht, 2013, 31.

[215]Wilfried Engemann, Semiotischer Essay über die eine und andere Predigt, in: P. Krusche u.a., Hg., Predigtstudien für das Kirchenjahr 1992/93, Perikopenreihe III, erster Halbband, Kreuz Verlag Stuttgart 1992, 9 - 24, 10.

[216]ebd.

[217]a.a.O., 12.

zeigen, dass er sein Gehalt nicht ohne Schweiß verdient, und für seine Institution einstehen, über die wieder einiges in der Zeitung stand, zwar über die andere Konfession, aber doch über die Kirche? Warum ausgerechnet er oder sie die Kirchensteuer braucht, wo doch andere von schlichten Beiträgen leben. Schließlich hat er oder sie es immer noch nicht geschafft, die Kirche angenehm voll zu kriegen.

Probleme mit der Realität und narzisstische Kränkung

„Der Pfarrer ist, auf eine ihn beschämende und ihn wohl auch kränkende Weise, anders. Im Unterschied zum Schamanen und zum Psychotherapeuten gehen von seinem Wort, jedenfalls was die objektive Meßbarkeit und die öffentliche Einschätzung ausmacht, nur ausnahmsweise therapeutische Wirkungen aus. Er kann beraten, trösten, ermutigen. Er kann in Predigten Kasualhandlungen und im Einzelgespräch Menschen in ihren Lebenskrisen und inneren Konflikten begleiten. Aber er kann in der Regel kranke Menschen nicht heilen. "[218] Auch wenn man die objektive Messbarkeit der genannten Therapieformen anders einschätzt als Josuttis, so bleibt doch die Aussage über die kränkende Realität der Predigt und der Worte des Pastors ein wichtiger Erfahrungswert bei der Auseinandersetzung über die Predigt. Der Prediger, die Predigerin sind „unabhängig von (ihrer) inneren Befindlichkeit zum Reden gezwungen".[219] „Gegenüber dem Wort wie dem Hörer, die ihn zum Reden zwingen, kann der Pfarrer unterschwellige Aggressionen entwickeln."[220]

Ein Lösungsansatz scheint für Josuttis aus zwei Gedankengängen aufzuscheinen: *„Wer mit dem Angebot religiöser Symbole in das Leben anderer Menschen eingreift, sollte sich die verwundende und heilende Wirkung dieser Symbole auf das eigene Leben einigermaßen bewusst gemacht haben. "*[221] Der Dialog mit den alten Texten sollte also auf der Stufe der Selbstwahrnehmung stärker geführt werden. Die Kränkung, die davon ausgeht, dass zwischen dem Aufwand für Gottesdienst und Predigt und dem Ergebnis der mangelnden Anziehungskraft der meisten Gottesdienste eine große Lücke klafft, schlägt sich in den Abwehrformen der Predigerinnen und Prediger nieder. Allerdings teilt die Gemeinde diese Abwehr. Nur selten lässt sich das Thema Gottesdienstbesuch ohne gegenseitige Zuschreibungen besprechen: Die Predigt ist zu langweilig, zu dozierend, zu abgedroschen und zu wenig mitreißend und die potentiellen Zuhörer wollen am Sonntag nicht aufstehen. Noch kränkender aber stellt sich für Prediger/innen die Tatsache dar, dass die

---

[218]Manfred Jouttis, Der Pfarrer ist anders, Aspekte einer zeitgenössischen Pastoraltheologie, Chr. Kaiser Verlag München, 1982, 97.
[219]a.a.O., 99
[220]a.a.O., 100
[221]a.a.O., 105

Menschen nicht wegen ihrer Predigt, sondern wegen bestimmter Anlässe zu Gottesdiensten kommen: Zur Taufe, Trauung, Beerdigung, ..., zu Festen und wenn die eigenen Kinder beteiligt sind. Sie kommen zu musikalischen Veranstaltungen oder weil die Nachbarin auch zum Gottesdienst geht. Und - das stellt dann die besondere Kränkung dar - zum Nachbarpastor oder zur Nachbarpastorin gehen die Leute wegen ihrer Predigt, sagen sie jedenfalls!

Das Predigen macht empfindlich, weil großes Wort und persönliche Realität, große Verheißungen und institutionelle Realität weit auseinanderklaffen. Dass die Predigt auch immer für die Predigerin und den Prediger selbst gehalten ist, weil er oder sie selbst unter der Verheißung steht, muss sich der / die Betroffene immer wieder klar machen. Ja - und dass die Predigt schließlich unter der Verheißung des Heiligen Geistes steht, das kommt fast gar nicht mehr zum Bewusstsein. So sollte vielleicht das Predigen viel mehr als ein Akt innerhalb der religiös - gesellschaftlichen Kommunikation angesiedelt werden? Die nachmoderne Beliebigkeit der Gestalten des Ich und des Über-Ich braucht ganz neue Formen der Kommunikation als die Idee eines breit angelegten gesellschaftlichen Lernprogramms zur Überwindung der Unmenschlichkeit. Kirche als Freizeitbetrieb legt andere Predigtformen nahe als die Kirche, die ein Zentrum fürs Zu-sich-selbst-Finden sein möchte. Die missionarische Gemeinde bringt die Fundamentalinhalte kontrolliert unter die Leute, die charismatische Gemeinde lebt ihrer eigenen Meinung nach aus der Geistesgegenwart.

Postmoderne Kirche?

Die Krise der Predigt ist eine Krise der Kirche. Moderne Kirchenwelten ähneln der Kunstwelt der Postmoderne. Die Form, in der ich aufgehen kann, ist das Bestimmende. Formen, Farben, Lichter, um hineinzutauchen in eine nicht durch die Realitäten von Leiden, Not und Tod gestaltete religiösen Schweinwelt! Die Problematik des Menschen in der Schöpfung taucht in den Bildern des sieghaften Gottes unter. Die Kirche wird zum Supermarkt des Religiösen mit zahlreichen Sonderangeboten - ähnlich dem ganzjährigen tropischen Badeparadies im kühlen Norden. Das Kirchenleben geriert sich als einziges Fest, weil ja die Stätten der Trauer längst in die Friedhofsfließbandkapellen ausgelagert sind, die Krankheiten in den Krankenhäusern und Heimen abgehandelt und die gesellschaftlichen Randgruppen gut versteckt sind. Das Sammeln für Menschen in Not - sei es in der Nähe oder in der Ferne - passt als exotischer Akt gut ins Badeparadies. Der islamistische Terror hat mit Religion nichts zu tun, mit unserer schon gar nicht! Ein bisschen Kitzel muss ja doch dabei sein! Der bedrohliche Urwald des Lebens ist zum Paradies gezähmt! Auch der Glauben kann zu einer Form der Sucht werden, die danach sucht, die Gleichmut abgesehen von jeder Realität zu halten. Wozu braucht man noch ein Reich Gottes, wenn das Paradies des religiösen Supermarktes gekommen ist?

In Psychiatriegottesdiensten beispielsweise spielen die Bilder des Glaubens eine existentielle Rolle. Die Menschen, die sie brauchen und gebrauchen, leben von ihnen, leiden unter ihnen oder haben schlicht die Hoffnung, der Glaube könne ihnen ganz real helfen. Sie setzten Hoffnungen auf Segenshandlungen. Und sie werden zum Teil durch religiöse Bilder in ihrer Krankheit geleitet oder bestärkt. Wer die Urgewalt des religiösen Erlebens nicht mehr kennt, sollte sich einmal psychotischen Glaubensbildern nähern. Da wird Verwerfung oder Annahme, Hass oder Liebe, Vernichtet - oder Gerettet - Werden erlebt.[222] Die vernichtende oder rettende Urgewalt der religiösen Symbole, die so hautnah zu erleben etwas anderes ist als die trügerischen Geist - Konsumbilder der postmodernen Religion, erfordert die Auseinandersetzung mit sich selbst, mit den vernichtenden Erfahrungen der Realität und den rettenden Angeboten der Barmherzigkeit Gottes. Wie also soll die Predigt sein?

Es gibt eine Geschichte im Neuen Testament, die unter diesem Gesichtspunkt bisher meines Wissens nie gelesen wurde. Es handelt sich um die Erzählung von Maria und Marta (Lk 10, 38-42). Wer das Bild dieser Szene in sich entstehen lässt, kann sich vorstellen, dass Maria, die sich dem Herrn zu Füßen setzt, sich dort geborgen fühlt. Möglich wären zwei Arten der Geborgenheit: die des Kindes und die der Liebenden. Das Bild des Sich - zu - Füßen - Setzens leitet eher auf die kindliche Geborgenheit hin. Marta dagegen stellt eher die sorgend - mütterliche Beziehung dar. So kann wohl auch die Konkurrenz zwischen Beten und Arbeiten aus der Geschichte gelesen werden. Das Bessere wäre dann das Hören auf das Wort Gottes.

Warum aber sollte Jesus, der seine Hörer zum Handeln und zum kindlichen Vertrauen in Gott auffordert, das vertrauende Hören in diese Konkurrenz hineinführen? Denn vom Hören alleine ist noch kein Partner gefunden, kein Kind erzogen, kein Wissen weitergegeben, kein Verhalten geübt, kein Verwundeter geborgen, kein Trauernder getröstet, kein Kranker gepflegt, keine Verhandlung durchgestanden, kein Geschäft abgeschlossen und kein Krieg beendet. Die Welt braucht Marta! Doch wie oft kommen Menschen heute mit einer untergründigen Sehnsucht, Worte zu hören, die aufrichten, trösten, Mut machen und bergen in die Gottesdienste, Sprechstunden oder zu Gruppen. Maria ist ausgebrochen aus der traditionellen Rolle der Frau: der sorgenden Mutter. Ausbrechen ist nur möglich, wenn die Rolle da ist. Man sollte Maria also nicht als frühe Konfiguration der Nonne verstehen, sondern

---

[222]S. Martin Hagenmaier, Erscheinungsformen des Religiösen in der Psychiatrie, WzM 32 (1980), S. 347-360

als menschliches Urbild: Als die Schwester der aktiven und sorgenden Frau, die Zuwendung des Wortes braucht.

So kann das Bild auch für Männer gelten. Predigen heißt also, den Menschen, die in sich neben dem Bild der aktiven Lebensbewältigung das Bild der Sehnsucht nach aufrichtenden, tröstenden, ermutigenden und im alten Sinne zurechtweisenden Worten haben, dieses dann Bessere zu geben. Wer nicht aufgerichtet, getröstet und zurecht gebracht wird in seinem Leben, kann auch keine aktive und zupackende Rolle bei der Bewältigung des Alltags und der Sorge für andere spielen. Genau darin aber zeigt sich sofort das Dilemma des Predigers und der Predigerin: Wer von uns Predigerinnen und Predigern lässt sich schon trösten, aufrichten, zurechtweisen und ermutigen? Wer sitzt schon einmal anderen zu Füßen, um die leere Seele pflegen zu lassen? All das sind Wirkungen des Heiligen Geistes, die in der Predigt nicht gemacht, sondern in den herzustellenden gemeinsamen Horizont hereingelassen werden.

Warum kann nicht ein "demokratischeres" Bild wie z.B. das der Emmausjünger (Lukas 24,13-33) für die Predigt als Urbild dienen? Zwei Menschen auf dem Wege, denen sich Jesus zugesellt, dass ihnen die Augen aufgehen? Dieses Bild zeigt einen Schritt weg von der Predigt hin zum Glauben des mündigen Christen. In diesem Stadium braucht er oder sie keine Predigt im oben herausgearbeiteten Sinne. Hier führt ein Seelsorger die Gedanken von zwei Menschen weiter, so dass sie ihren "Schluss" selbst finden. Eine ganz andere Intimität des Umgangs findet hier statt, als es in einer Predigt der Fall sein kann. Möglicherweise ließe sich ein inneres Gespräch des Menschen, der die Predigt gehört hat, in dieser Weise vollenden.

Die Krise der Predigt als Krise des Predigers und der Predigerin, weil niemand ein Leben lang andere zu seinen Füßen sitzen lassen kann, der nicht immer neu selbst in diese Geborgenheit hineingenommen wird. Wer predigt, sollte oft auch Predigthörer/in sein. Nur wer hören kann, kann auch reden. Ein Mensch lernt nicht zu sprechen, ja wird in seiner Seele nicht gesund, wenn niemand mit ihm spricht. Nicht das kunstvolle Hören der therapeutischen Seelsorge ist da gemeint, das ja in Wirklichkeit eine große aktive „Leistung" darstellt, sondern das einfache Hören des Menschen auf jemand, dem er vertraut. Da braucht keine Volkskirche verteidigt, kein Weltveränderungsplan ausgearbeitet (siehe die "neue Weltordnung" ab 1990/91[223]), kein vor höheren Gremien zu verantwortender Lernschritt, keine Rechtfertigung Gottes, kein Leistungsnachweis für die pastorale Daseinsberechtigung ausgearbeitet zu

---

[223] Der damalige Präsident der USA, George Bush, sprach im Zusammenhang mit dem Golfkrieg von einer neuen Weltordnung. Seither hat sich das zum geflügelten Wort entwickelt. Wie wir heute (2017), nach vier Nachfolgern auf dem Präsidentenstuhl wissen, wurde daraus am Ende eine neue Weltunordnung.

werden. Allerdings gehört da auch nicht die weinerliche Tour hin: "uns versteht ja doch keiner", die allenfalls in der Hilflosigkeit eint.

Vielleicht scheint diese Form der Predigt vielen zu wenig, wenn eine Frau oder ein Mann andere zu ihren Füßen sitzen lassen und ihnen die guten aufmunternden, zurechtbringenden Worte der frohen Botschaft sagen - weitersagen. Welch ein Vertrauensbeweis und Schrei nach Hoffnung aber ist es, dass immer noch welche kommen, die sich dieser altmodischen Form, einem anderen zu Füßen zu sitzen, bedienen. Dann wäre auch zu erklären, warum einerseits Lesungen alter Geschichten und Bibeltexte und andererseits Predigten, die frei gehalten werden, so gut ankommen. Es sind die Formen des Umgangs aus der Kindheit. Eltern lesen Geschichten vor und geben im guten Falle Antworten auf die Fragen ihrer Kinder im Gespräch. Besitzen Christen und Gemeinden eine ähnliche Form von Wachstum wie Kinder?

Darüber hinaus hat die Predigt durch ihren „Sitz im Leben" jeweils verschiedenste Aufgaben. Sie kann ebenso Situationsanalyse erfordern wie Verhaltensappelle oder Deutungen einzelner Lebenslagen. Die Unterrichtung müsste ebenso ihren Platz finden wie die politische Anrede. Selbst die Gattungen der Bekehrungsrede und des Zeugnisses dürfen nicht vergessen werden. Nur die Vielfalt schafft die Offenheit, die dem Geist seinen Platz freimacht. Wenn wir mit der Gegenwart des Heiligen Geistes rechnen, werden wir, wie auch die Predigt jeweils angelegt ist, in der Tat wieder offen dafür sein müssen, ein Medium des Heiligen Geistes zu werden. Das kann jedoch nie heißen, dass die Kirche oder der Pastor oder die Pastorin „recht haben", sondern dass es eben jener lebensschaffenden Macht des Geistes vorbehalten ist, zu „wirken" und quer zu allen Erfahrungen und Weisheiten zu stehen.

Zur Verdeutlichung noch einmal Wilfried Engemann: *„Der Heilige Geist, das ist die uns letztlich unverfügbare Kraft des Geistes, die wir voraussetzen und in Anspruch nehmen, wenn wir unser Leben sinnbewusst und das heißt ja, immer in Bezogenheit auf unsere Welt und Mitwelt führen. Diese Kraft des Heiligen Geistes trägt uns in all unserem Lassen und Tun. Und zugleich spüren wir sie gleichsam ereignishaft, wenn uns aufgeht, dass wir nicht über sie verfügen. Es ist dann, als käme der Geist über uns, wenn uns - in den glücklichen, aber ebenso in den schweren Erfahrungen des Lebens eine unwahrscheinlich(e) Sinngewissheit und (auf Gottes Reich zielende) hoffnungsstarke Handlungsenergie erfüllt."* [224] Wenn die Kommunikation in diesem Sinne misslingt, dann tritt die beschriebene Gewissheit nicht ein – eine verlorene Predigt eben.

---

[224] Wilfried Engemann, Prediglehre, 31.

Predigt in Internet- und Coronazeiten

Eine letzte Frage an die Predigt stellt sich noch. Könnte man sie nicht einfach durch internet-posting oder -streaming in verschiedenster Form ersetzen? Dann kann der „Abnehmer" sie in Ruhe lesen oder anschauen, wann er will oder dazu in der Lage ist und muss sich nicht an einem bestimmten Tag um eine bestimmte Uhrzeit in einer Kirche einfinden. Außerdem ist es noch ökologisch sinnvoll, weil einige Autofahrten zu einer Kirche entfallen werden und weil das restlos unökologische Kirchengebäude nicht geheizt werden muss. Schließlich gibt es keine schwerhörigen Zuhörer, die eine Tonverstärkung erwarten, noch die Unbilden des Wetters auf dem Weg. Man müsste sich – wie bisher - nicht persönlich kennen, um an der „Verkündigung" teil zu nehmen.

Ich kann mir einen solchen Ersatz von Gottesdiensten nicht vorstellen. Alle theologischen oder anderen Diskussionen, Verabredungen oder Planungen, sogar Seelsorge ließen sich so durchführen, was ja auch schon länger geschieht. Gelegentlich aber braucht eine jede Form von Gemeinde oder Gemeinschaft einen Raum zur gegenseitigen Wahrnehmung. Wer sich nicht trifft, kann keine Wirkung in der Gesellschaft entfalten, sich der eigenen Einordnung in dieser Gesellschaft bewusst widmen oder ein Gefühl von Zugehörigkeit entwickeln. Selbst die Leute, die das Netz auf ihre Fahnen geschrieben haben als Hacker- oder Computer-Club treffen sich gelegentlich leibhaftig zur Kommunikation. Warum sollte ausgerechnet die Kirche, die vom gesprochenen Wort lebt, dieses nur noch schriftlich oder per Konserve (Video) auszubreiten versuchen? Zudem würden alle angenehmen Begleitaktionen wegfallen wie z.B. gemeinsames Singen, Beten, Begegnungen oder doch der Kirchenkaffee. Also: Unvorstellbar.

Dennoch wurde das Unvorstellbare in der Coronakrise akut. Wochenlang mussten im Frühjahr 2020 Gottesdienste und andere Veranstaltungen ausfallen, weil Kontaktvermeidung das erste Gebot in der Pandemie war. Die Kirchen konnten sehr schnell Internetangebote unterbreiten und das Telefon als Ersatz fürs persönliche Gespräch anbieten. In den Internetauftritten der Kirchen war alles sofort präsent. Selbst Gemeinschaftsaktionen wie das Beten oder Singen zur vereinbarten Zeit bei sich zu Hause waren ohne weiteres möglich. Dem Theologen fällt aber auf, dass die Kirchen eben nicht zum Grundbestand des Lebensnotwendigen zählen. Man durfte einkaufen und in die Apotheke gehen. Aber die Kirche, den Ort, wo das wahre Leben verkündet und gefeiert wird, durfte man nicht besuchen. Bald gab es Berichte, wie die Gläubigen (aller Religionen) das empfinden. Da wurde von ‚normalen' Gläubigen das Soziale betont, wie etwa das gemeinsame Beten, von pastoraler / theologischer Seite jedoch eher die liturgische Feier. Die Predigt wurde offenbar von niemandem vermisst.[225] In den ‚Tagesthemen' oder im ‚heute-journal' konnte man Berichte über Familien am heimischen Tisch vor dem Laptop bewundern, die am Gottesdienst in Gestalt einer Fernsehübertragung ‚teilnahmen'. Auch sie vermissten die Gemeinde, also ‚das Soziale'.[226]

Wer weiß, ob sich daraus Konsequenzen für die wortlastige evangelische Kirche ergeben. Theologisch jedenfalls muss man darüber nachdenken, wie die Selbstwahrnehmung der Kirchen als Ort des wahren Lebens zumindest ein wenig genauer gefasst werden könnte. Immerhin hören wir häufig den ‚Zuspruch': *„Lobe den HERRN, meine Seele, und vergiss nicht, was er dir Gutes getan hat: der dir alle deine Sünde vergibt und heilet alle deine Gebrechen, der dein Leben vom Verderben erlöst, der dich krönet mit Gnade und Barmherzigkeit."* (Psalm 103,3f.) Ein kleines Virus hat etwas dagegen und gehört dennoch zur Schöpfung. Was kann man an theologischer Reflektion darüber erwarten? Etwa, dass manchmal die Befolgung einfacher vernünftiger Anweisungen besser sein kann als das wahre Leben? Alles erweist sich als Frage der Perspektive. Wenn das wahre Leben das zeitliche bei weitem übertrifft, wie lautet dann die Wahrheit?

Bisher hat niemand die Glaubensthese aufgebracht, das Virus sei eine Strafe Gottes für sündiges Leben der Menschheit, und zur Erinnerung an das wahre Leben gedacht, dachte ich zunächst. Dann aber wurde von orthodoxen Theologen bekannt, dass sie sich entsprechend äußerten.[227] Auch haben islamistische Prediger gesagt, China würde für sein Vorgehen gegen die Uiguren bestraft.[228] Im Islamischen Staat lautet die Propaganda, die Kreuzfahrer würden durch Allah geschwächt.[229] Allah straft auch den Iran für seinen falschen Glauben, das Schiitentum. Amerikanische evangelikale Prediger sprechen auch vom „Urteil Gottes gegen die Mächte und den Geist der Dämonen".[230] Auch könne man sich im Hause Gottes nicht infizieren.[231] Dagegen wehren sich katholische und evangelische Theologen, indem sie die Coronakrise zwar nicht für eine Strafe Gottes halten, aber doch durchaus für eine Anstoß zum Nachdenken oder zur Umkehr. „Die Pandemie ist die Folge unserer

---

[225] Siehe z.B. Wie Christen, Muslime und Juden auf das Gottesdienstverbot reagieren, Der Spiegel, 19.03.2020, 7:11 Uhr. https://www.spiegel.de/panorama/gesellschaft/corona-krise-wie-christen-muslime-und-juden-auf-gottesdienstverbot-reagieren-a-f958665b-84f5-47f7-bd5c-f5d6ea8f2309.

[226] Beispielsweise: Tagesthemen und heute-journal am 22.03.2020.

[227] Marina Mai in der TAZ, 23.3.2020: https://taz.de/Russisch-Orthodoxe-mit-Brandbrief/!5672951.

[228] https://www.haaretz.com/middle-east-news/iran/.premium-coronavirus-iran-egypt-plot-islam-ill-prepared-mideast-spreads-conspiracies-1.8597112.

[229] https://www.dw.com/de/coronavirus-der-is-will-von-der-pandemie-profitieren/a-52892535.

[230] Tagesthemen vom 29.3.2020, 17:42 Minuten: Hank Kunneman, Lord of Hosts Church

[231] Tagesthemen vom 29.03.2020, 17:27 Minuten: Guillermo Maldonado.

Lebensweise, und wir tun gut daran, die zu hinterfragen und an mehreren Stellen zu ändern. Das ist viel schwerer, als hier irgendeine Strafe zu sehen, aber leichter geht's nicht!"[232] Ist Strafe nicht dasselbe wie Folge? Allerdings ist die Strafe normalerweise eine Folge für eine Zuwiderhandlung. Wer hätte in diesem Falle gegen welches Gesetz verstoßen? Worüber sollte Gott sein Urteil fällen? Worin sollte die Strafe bestehen? Sind Ältere auf der Welt schuldiger als Junge? Das fundamentalistische Gedankengut stört es wenig, dass Gott alle ohne Ausnahme straft – Schuldige und Nichtschuldige – wie ein wütender Tyrann.

Die Coronakrise kann als Folge betrachtet werden oder auch nicht. Hätte es sie ohne Globalisierung nicht gegeben? Jede Krise ist ein Anstoß, sich etwas für die Zukunft zu überlegen. Das vernünftige zeitliche Leben schützt die Kohorte aller Menschen ohne Hinweise auf Gläubigkeit oder Zugehörigkeit. Oder anders gesagt: Das Umfassende ist die Vernunft, nicht der eigene Glaube. Tragen aber tut uns jeweils der eigene Glaube, wenn wir aus vernünftigen Gründen alleine sein müssen.

Die Deutung der Situation wird widersprüchlich werden. Vielleicht wird sich daher doch kaum jemand an sie heranwagen. Immerhin haben Psychologen, Psychiater und Zukunftsforscher das Terrain bereits besetzt. Aber sie bieten oft nur ihre alten Rezepte feil. 1) Tagesstrukturen schaffen und durchhalten, helfen statt hamstern, Blick in die Zukunft richten u.a.[233] 2) Sich darauf vorbereiten, dass sich alles ändern wird und die Chancen der Zukunft plötzlich aufscheinen: „Jede Tiefenkrise hinterlässt eine Story, ein Narrativ, das weit in die Zukunft weist. Eine der stärksten Visionen, die das Coronavirus hinterlässt, sind die musizierenden Italiener auf den Balkonen. Die zweite Vision senden uns die Satellitenbilder, die plötzlich die Industriegebiete Chinas und Italiens frei von Smog zeigen. 2020 wird der CO_2-Ausstoss der Menschheit zum ersten Mal fallen. Diese Tatsache wird etwas mit uns machen. Wenn das Virus so etwas kann – können wir das womöglich auch? Vielleicht war der Virus nur ein Sendbote aus der Zukunft. Seine drastische Botschaft lautet: Die menschliche Zivilisation ist zu dicht, zu schnell, zu überhitzt geworden. Sie rast zu sehr in eine bestimmte Richtung, in der es keine Zukunft gibt. Aber sie kann sich neu erfinden."[234] Der

---

[232] Theologin: Corona-Epidemie keine Strafe Gottes, aber Weckruf, Katholische Presseagentur Österreich, 21.03.2020, 08:43 Uhr Österreich/Kirche/Religion/Epidemie/Bibel/Theologie/Coronavirus/Polak. Frank Muchlinsky, Ist Corona eine Strafe Gottes? Das hättet ihr wohl gern!, https://www.evangelisch.de/inhalte/167079/13-03-2020/ist-corona-eine-strafe-gottes-das-haettet-ihr-wohl-gern-kommentar-frank-muchlinsky.
[233] Ulrike Scheuermann, Ausgangssperre und Quarantäne sind keine Strafe, 22.03.2020, https://www.t-online.de/gesundheit/krankheiten-symptome/id_87564068/coronavirus-6-tipps-gegen-emotionalen-stress-das-empfiehlt-die-psychologin.html
[234] Matthias Horx, 48 – Die Welt nach Corona, https://www.horx.com/48-die-welt-nach-corona.

‚Sendbote aus der Zukunft'? Da hat einer keine Angst vor weitreichenden komplexen Aussagen mit apokalyptischen Anmutungen. Nun gut, er muss ja auch keine ganze Institution verteidigen. Doch seine Aussage hört sich vier Monate später wie Stoff von gestern an. Alle wollen nur zur „Normalität" zurück – wenn auch die meisten mit Vorsicht. 3) Die Telefonseelsorge oder den/die eigene Pastor/in anrufen, bieten dagegen die Kirchen an. Damit setzen auf gewachsenes Vertrauen. Ist das genug? Wo bleibt die Botschaft als riskante und zukunftsweisende Deutung? Der „Kasus" ist jetzt. Das „wahre Leben" findet nicht in der Kirche statt, sondern im Glauben und im Reich Gottes. Das wahre Leben im Kirchengebäude ist seine Verkündigung. Vielleicht kann die Form wechseln – und Predigen in der bisherigen Form überflüssig machen. Eine ganze Predigt dauert im digitalen Zeitalter viel zu lange.

„Jede(r) von uns lebt von einem Satz!", hat sich mir aus einer Vorlesung über die Reden bei Matthäus von Ernst Käsemann im Jahr 1969 eingeprägt. Für diesen Satz musste ich in eine Vorlesung gehen. Ohne die Vorlesung von 90 Minuten hätte sich dieser Satz bei mir wohl eher nicht eingeprägt. Ob das auch digital geklappt hätte, weiß niemand. Sich einer Predigt auszusetzen, bedeutet konkret, sich aus seinem Zuhause herauszubewegen, eine Zeit einzuhalten, andere zu treffen, andere zu ertragen, einfach nur ein Teil einer Gruppe ohne weitere Funktion zu sein, ein Ritual (mit) zu zelebrieren, einige Zeit zuzuhören, meinen Glauben zu bekennen, um dann wieder zu mir (zu uns) zurückzukehren und vielleicht nur eine Tendenz der Aussage oder eben einen Satz zu behalten … Das alles fällt digital weg oder bleibt theoretisch. Eine Predigt ist viel mehr als eine Äußerung, die man in jede Form von Konserve übertragen kann. Sie bewegt und verändert meine Position in dieser Welt zumindest für eine kurze Zeit. Das Evangelische daran bleibt dann aber die Umsetzung des Satzes oder der Tendenz in meine Lebenswelt. Für meinen Glauben ist nicht die Predigt oder der Prediger verantwortlich. Was ich glaube, ist meine eigene Verantwortung: „Glauben" leitet unser Leben, nicht „Wissen". Was wir zu wissen glauben, leitet erst, wenn wir diesem Wissen vertrauen (glauben).

Könnte man die analoge Predigt ersetzen? Wohl eher nicht. Die Form, in der sie geschieht, bleibt analog offen. Sie wird sich wandeln.

Manchmal helfen alltägliche Erfahrungen weiter, wie man sie in der Urlaubsseelsorge machen kann. Dort ist nämlich nichts in feste Strukturen gefasst, sondern für alles offen und immer „Kasus". Selbst dort treffen sich Menschen leibhaftig. Allerdings steht auch da Corona im Weg. Das richtige Reisen – in die Ferne - ist erstmal fast verboten. Früher konnte man da umfangreiche Erfahrungen sammeln. Jetzt aber steht auch das im Zeichen von Krisen. „Früher" war auch das ‚Wetter zu Hause' schlechter – Klimakrise und Coronakrise geben sich die Hand. Daher fungiert das Folgende eher als Rückblick ….

Gott(esdienst) im Urlaub

Wenn die Reisezeit sich nähert, bemerkt das die eine Kirchengemeinde am sinkenden, die andere am steigenden Gottesdienstbesuch. Die erste liegt in der Stadt, die zweite im Tourismusbereich. An Nord- und Ostsee schwillt in bestimmten Orten die Zahl der Einwohner durch die Gäste auf das Sechsfache an. Das lässt auch die Zahl der Gottesdienstbesucher um das Zwei- oder Dreifache steigen. Die Pastorinnen und Pastoren freuen sich über die volle Kirche. Der Orgelsommer in Schleswig-Holstein zieht viele Zuhörer an. Auch aus dem Harz und anderen süddeutschen Feriengebieten wird ähnliches berichtet. An manchen Orten bieten die Teams von „Kirche unterwegs" ein ganzes Ferienprogramm. Wir Deutsche gelten als reiselustiges Volk. Viele fahren nicht in heimische Urlaubsgebiete, die nicht ganz zu Unrecht den Ruf des schlechten Wetters genießen, sondern ins sonnensicherere Ausland.

Wer im Sommer wegfährt, braucht in einigen europäischen Ländern am Urlaubsort seine evangelische Kirche nicht zu missen. Sie reist mit. In über einhundertzwanzig Orten bieten Pastorinnen und Pastoren, die selber Urlaub machen, im Auftrag der EKD und in Zusammenarbeit mit örtlichen Gemeinden Gottesdienste und Veranstaltungen an. Österreich bildet mit rund siebzig Einsatzorten im ganzen Land die Spitze. In einigen Orten Dänemarks, der Niederlande, Frankreichs, Italiens, an der Algarve in Portugal und sogar auf der griechischen Insel Kos fand/findet man deutschsprachige evangelische Angebote. Neu waren seit der Öffnung des Ostens Masuren und Ungarn. Die Haupteinsatzzeit liegt in den Hochsaisonmonaten Juli und August.

Die EKD scheut nicht die Kosten, alle für den Einsatz vorgesehenen Pastorinnen und Pastoren zu einer Vorbereitungstagung einzuladen. Bei Einsatz - Kosten von einigen hundert Euro pro Monat und Einsatzstelle muss man die Frage stellen, welche Ziele dieser Aufwand verfolgt.

„Im Urlaub kann die Kirche im Wesentlichen nichts anderes beabsichtigen, als was sie auch sonst möchte, nämlich die Gute Nachricht von Jesus Christus in Wort und Tat zu vermitteln. In erster Linie wird es darum gehen, Menschen eine Zeitlang zu begleiten, in der sie besonders bereit sind, sich den Problemen des Lebens - bis hin zu der Frage nach seinem Sinn - zu stellen. Viele Erlebnisse, die im Urlaub gemacht werden, bieten sich theologischer Deutung an, etwa der blaue Himmel, das klare Wasser, der grüne Wald, Kunstwerke, Konzerte, das beglückende Zusammensein mit anderen Menschen - aber auch deren negative Entsprechungen." (Leitlinien für den kirchlichen Dienst in den Urlaubsorten im Inland und Ausland, EKD, 1979, S. 9) Die Leitlinien gehen davon aus, dass Urlauber ein kirchliches Angebot erwarten, wobei die Nennungen bei einer Befragung zwischen 3,8 und 40,7 Prozent lagen. In den Erwartungen der Menschen an den Urlaub entdeckt die EKD -

Leitlinie „deutlich religiöse Züge: man hofft auf Ganzheit, auf einen Sinn, der Klarheit gibt, auf Personen, die Verständnis haben, auf eine bergende Gemeinschaft. Dieser Überschuss an Erwartung ist sicher ein Anknüpfungspunkt für den Urlauberseelsorger." (S.6) Die EKD schickt absichtlich Urlauber/innen als Seelsorger/innen unter die Menschen, die Ferien machen, um ausdrücklich die so definierte Situation als Urlauber und Urlauberin zu teilen. Insofern gilt in diesem Arbeitsfeld der Grundsatz, man müsse dem Feriengast ein Feriengast werden, um ihn oder sie seelsorgerlich erreichen zu können - ein biblischer Grundsatz (den Juden ein Jude, den Griechen ein Grieche...), der in der kirchlichen Alltagsarbeit sonst selten umgesetzt werden kann. Pfarrer oder Pfarrerin leben mit ihrer Familie dann auch auf dem Campingplatz oder in einer Ferienwohnung.

Das Angebot reicht von Gottesdiensten am Sonntag oder in der Woche, Treffpunkte, Diskussions- oder Dia – Abende (natürlich heute digital mit laptop und beamer als Präsentation) bis zur Gute-Nacht-Geschichte oder Nachtwanderung. Besonders Kinder sind gut ansprechbar, wenn sie den Veranstaltungsort alleine erreichen können. Oft erscheinen ganze Generationenverbände zum Gottesdienst.

In fremdsprachigen Gegenden Europas muss der Pfarrer oder die Pfarrerin einen erheblichen Teil des Einsatzes mit Werbung und Information verbringen. So ist es Übung, den Kurverwaltungen, Hotels und Campingplätzen einen Besuch abzustatten, in manchen Gegenden sind die Ansprechpartner unter den Reiseveranstaltern zu finden. Überall wird man freundlich und offen empfangen. Bei Pauschalurlaubern soll der ankommende Gast Gottesdienstzeit und -ort auf dem Informa-tionsblatt neben den anderen wichtigen Adressen finden. In La Grande Motte in Südfrankreich konnte das Angebot über die elektronischen digitalen Werbetafeln an den Haupteinfallstraßen laufen. Autos werden mit Handzetteln 'verziert', was aber in manchen Ländern verboten ist. Plakate sollten an möglichst gut sichtbaren Orten hängen. Durch diese „Lauf- und Besuchsarbeit" lernt man seinen Urlaubsort ganz gut kennen. Selbst Supermärkte sind manchmal bereit, Plakate auszuhängen. Je nach „religiöser Verfassung" ist die Aufnahmebereitschaft der Einheimischen verschieden. In Griechenland gehört die Information über die religiösen Angebote zum know how der Tourismusbranche. In Frankreich ist der Glauben Privat- und Kirchensache. Trotzdem kann man auch dort Tourismusbüro seine Plakate und Handzettel loswerden.

Die Urlaubsseelsorge vor allem im fremdsprachigen Ausland erfordert Kooperation. In Frankreich betrifft das die selbständigen Ortsgemeinden der Eglise Reformee de France, teilweise ist auch die Kooperation mit der katholischen Kirche notwendig. Besonders in Erinnerung geblieben ist mir eine Situation aus dem französischen Ort Argelès - Plage, in dem die Polizei die Schlüssel der katholischen Kapelle aufbewahrt. Von dort muss, wer Gottesdienst hält, den Schlüssel abholen und ihn hinterher wieder abliefern. Auf der Insel Kos leben rund fünfzig Bewohnerinnen aus dem deutschen Sprachraum, die vor Ort als Ansprechpartnerinnen dienen. Dort benutzte die Urlauberseelsorge die katholische Kirche am Ort. Sie entstammt der italienischen Besatzungszeit nach 1912. Inzwischen gibt es sie nur noch auf Rhodos und Kreta, aber in erweiterter Form.

Die deutschsprachigen Bewohner können die jeweiligen Seelsorger/innen mit in Anspruch nehmen und sind auch in die Aktivitäten eingebunden oder umgekehrt. In Griechenland koordiniert das deutsche evangelische Pfarramt in Athen die Aktivitäten. Die ökumenische Zusammenarbeit mit der orthodoxen Kirche konnte vor Ort noch nicht organisiert werden. In Frankreich und Österreich leben die protestantischen Gemeinden in der Diaspora und in einer erheblichen Minderheitensituation. In Italien arbeitet die Urlauberseelsorge mit der Evangelischen Kirche (deutscher Sprache) und an einem Ort mit der Waldensergemeinde zusammen. In Dänemark kommt man, sofern die kirchlichen Angebote nicht auf einem Campingplatz stattfinden, bei der lutherischen Staatskirche unter.

Die Erfahrung zeigt, dass Menschen aus verschiedensten Gegenden die Gottesdienste besuchen. In allen Einsatzgebieten im Ausland findet man Holländer, Schweizer und Deutsche aus dem Süden, Südwesten, Westen und Osten, in Frankreich auch aus dem Elsaß. Seltenere Gäste stellen die norddeutschen Landstriche. Die überwiegende Zahl derer, die an den Veranstaltungen teilnehmen, gehen auch zu Hause in die Gottesdienste. Unter ihnen befinden sich immer auch kirchliche Mitarbeiter/innen. Sie sind mit dem gottesdienstlichen Leben und den Abläufen vertraut. Die Chance, Menschen anzusprechen, die der Kirche ganz fern stehen, ist eher gering, mit Ausnahme von Orten, die aus verschiedenen, meist historischen Gründen touristisch von Interesse sind. In den Gottesdiensten geht es lockerer zu als zu Hause. Spontane Auswahl der Lieder, Mitwirkung durch mitgebrachte Musikinstrumente oder bei den Lesungen und Gebeten - das ist genauso möglich wie ein traditionell vorbereiteter Gottesdienst. Meistens dauert der Gottesdienst länger als zu Hause, weil man sich hinterher angeregt unterhält. Auch die Gottesdienstbesucher finden es interessant, Menschen aus anderen Gegenden kennen zu lernen.

In manchen Urlaubsgebieten finden den ganzen Sonntag hindurch Gottesdienste statt. So begannen in einer katholischen Kirche in Südfrankreich die Katholiken am Morgen mit ihrer Messe. Es folgte der anglikanische church service, der niederländische Gottesdienst, die französischen Protestanten und schließlich am Abend der evangelische Gottesdienst in deutscher Sprache. Bisweilen hilft man sich gegenseitig aus, was von Sprachkenntnissen abhängt. So musste ich in

Griechenland die Predigt des katholischen Priesters aus dem Englischen übersetzen, weil die Mehrzahl seiner Gottesdienstbesucher nur deutsch verstehen konnte. Ökumenisch konnte der Gottesdienst aber nicht sein, weil sich kein protestantischer Gottesdienstbesucher eingefunden hatte. Die jeweils andere Denomination ist auch bereit, in den Abkündigungen die anderen Gottesdienste zu erwähnen. An den Türen hängen die verschiedensten Plakate in der Landessprache, in Englisch und Deutsch. An der heiligen Kommunion durfte ich trotz meiner Hilfstätigkeit in Kos als Evangelischer nicht teilnehmen.

In weitläufigen Urlaubsgebieten muss man oft einige Kilometer zurücklegen, um zu einer kirchlichen Veranstaltung zu gelangen. Es gehört deshalb schon eine feste Absicht dazu, von den logistischen Problemen, wenn man ohne Fahrzeug gekommen ist, einmal ganz abgesehen. Das hält aber beispielsweise Holländer nicht davon ab, den Gottesdienst auch in 50 Kilometern Umkreis zu besuchen.

Besuche in Gefängnissen oder Krankenhäusern werden manchmal nötig, wenn Urlauber/innen erkranken oder gar jemand in der Gegend im Gefängnis sitzt, eine Realität, die sich leider nicht verleugnen lässt. Selbst Taufen, Trauungen oder Beerdigungen können in diesem Dienst im Ausland vorkommen.

Die entscheidende Frage bleibt: Wem dient der Einsatz in den Urlaubsgebieten mehr: den UrlauberInnen oder den entsandten Seelsorger/innen? Die Seelsorger/innen erzielen eindeutig positive Ergebnisse. Der Einsatz wird zur die Hälfte als Sonderurlaub angerechnet. Der Blick weitet sich über die eigene alltägliche Gemeinde- oder andere Tätigkeit aus. Mit Ausnahme von Österreich erzwingt das fremde Land das Sprechen in einer anderen Sprache. Der Abstand von zu Hause ist durch die Ferienaufgabe gesichert, während sich viele sonst wohl doch innerlich mit dem heimischen Arbeitsfeld beschäftigen. Sie lernen Menschen mit ihren anderen Lebensgewohnheiten wirklich kennen und leben einige Wochen mit ihnen. Die Auseinandersetzung mit den eigenen liturgischen und anderen kirchlichen Gewohnheiten weitet den Horizont, was besonders angesichts der landeskirchlichen Engführung in Deutschland ganz wichtig scheint. Viele spüren sogar neuen Schwung für den heimischen Wiedereinstieg und gewinnen wieder Freude an ihrer pastoralen Arbeit. Nicht zu vergessen die positive Kooperationserfahrung, die zu Hause oft hinter Eifersüchteleien oder Konkurrenzgefühlen zurücktritt.

Eigentlich hören sich diese Erfahrungen genau wie der echte Urlaubserfolg an. Den aber wünschte man den anderen Urlauber/innen eigentlich. Wer jedoch deutschsprachige Gottesdienste anbietet, enthebt die Menschen der Möglichkeit, sich mit anderen religiösen Formen zu befassen oder sie „auszuprobieren". Deshalb gab/gibt es ganze bewusst den Versuch, beispielsweise in Frankreich die Gottesdienste für einheimische und 'germanophone' Protestanten gemeinsam in der französischen Gottesdienstform anzubieten. Die einheimische Gemeinde versucht sich dann an einem deutschen oder englischen Lied, Gebete sind zweisprachig und die Predigt wird entweder übersetzt oder in der jeweiligen Sprache mit je eigenem Inhalt gehalten. Wer es kann, predigt auch gerne mal in der Sprache des Gastlandes. Nach den Gottesdiensten bietet die gastgebende Gemeinde den nun allenthalben so genannten Kirchenkaffee an. Wenn diese Gemeinsamkeit nicht organisierbar sein sollte, müsste es geradezu zur Seelsorgeaufgabe gehören, den Menschen in den Ferien die einheimischen Gottesdienste zu erschließen.

Von den katholischen Kollegen oder den orthodoxen Glaubensbrüdern habe ich einen offeneren Umgang mit dem gottesdienstlichen Raum gelernt. In Südfrankreich standen während des katholischen Gottesdienstes am Abend alle Türen der Kirche weit offen, obwohl draußen ein erheblicher Verkehr und sonstiger Betrieb lärmte. Einer der Gründe dafür liegt in den hohen Temperaturen. Aber die offene Tür lockte Gottesdienstbesucher und Neugierige an. Niemand störte sich daran, dass der eine kam und der andere ging. In der orthodoxen Kirche in Griechenland herrschte während der Osterfeierlichkeiten z.b. ohnehin ein Kommen und Gehen während des gesamten Gottesdienstes. Dass ausgerechnet die protestantischen Kirchentüren immer so verschlossen bleiben, dient unter diesem Blickwinkel weniger der Konzentration, sondern zeigt eher das ängstliche Eingeklemmt - Sein. Als ich in Südfrankreich den katholischen Brauch der offenen Tür nachahmte, kamen während des protestantischen Gottesdienstes am Abend neben den nur rund zwanzig Gottesdienstbesuchern dreißig Neugierige, die das Geschehen betrachteten, sich ein wenig hinsetzten und dann auch wieder verschwanden. Seither stört es mich kaum noch, wenn jemand während des Gottesdienstes kommt oder geht oder sich mal ein wenig unterhält.

Ob sich der Aufwand lohnt, den die EKD mit der Urlauberseelsorge betreibt, lässt sich so einfach nicht sagen. Selbst wenn nur die Pastorinnen und Pastoren nach der Urlauberseelsorge mehr Freude an der heimischen Arbeit bekämen, wäre das schon ein lohnendes Ergebnis. Auch den Urlauberinnen und Urlaubern bleibt zumindest eine Erinnerung an einen zwangloseren Gottesdienst als zu Hause. Mancherorts bilden sich richtige Urlaubsgemeinden, die sich im Folgejahr wieder treffen.

Die Tourismusbranche umwirbt die UrlauberInnen mit professionellem Geschick und hohem Einsatz. Urlaubsseelsorge bildet in diesem riesigen Wirtschaftszweig eine Randerscheinung, eine Nische. Dennoch ist gerade das ihr Pfund zum Wuchern. Touristische Wirtschaft kann am Menschen nur so weit Interesse zeigen, wie er bereit ist, für diesen speziellen Zweck sein Geld einzusetzen. Die Kirche gibt es auch in anderen Lebenslagen. Sie interessiert sich für den Menschen in Urlaub und Alltag. In der Urlaubsseelsorge sehen sich Seelsorger/innen und

Gemeindemitglieder unter neuen Gesichtspunkten und ohne die häuslichen Rollen und Zwänge. Es gibt beiden neuen Atem. Einmal und darauf folgend fast immer hatte ich das Gefühl, mich als Urlaubspastor bei der Gottesdienstgemeinde zum Schluss ausdrücklich für den Gottesdienst bedanken zu müssen.

Was nun kommt, muss ich noch erzählen. Es war zu interessant, als Urlaubsseelsorger diesen neuen Ort zu erkunden.

Urlaub in Sankt Peter ?

Der Tag der Ankunft am Samstag war noch standesgemäß. Das Thermometer zeigte 32 Grad Celsius. Am Sonntag schwitzten wir im Gottesdienst. Doch dann ging es bergab. Der Gipfel waren 17.5 Grad am Mittwoch um die Mittagszeit und ein kalter Wind aus Nordost. Dazwischen hatte es am Montag den ganzen Tag geregnet und am Dienstag noch einige Schauer gegeben. Erst am Freitag zeigte das Thermometer in Strandnähe wieder 23 Grad an, bei strahlendem Sonnenschein und einem lebhaften kühlen Wind. Dass der Regen in den folgenden Wochen noch mehr werden würde, wussten wir da noch nicht.

Ferien an der Nordsee? Falsch geraten - es ist der Atlantik südlich von Bordeaux. (Die Kollegen aus den Folgejahren versicherten uns, das Wetter sei eine Ausnahme gewesen.)

Auch einige andere Faktoren sorgten für Verwirrung. Bei der Ankunft auf dem vorbestellten Campingplatz musste noch vor Eintritt in den Platz die gesamte Summe für vier Wochen bezahlt werden. Das ist nicht gerade ein Vertrauensbeweis für einen Kunden, der so lange gebucht hat. (Den Zusammenhang mit der Wetterunsicherheit verstand ich bei der Ankunft noch nicht.) Die Campingordnung hörte sich an, als habe sie ein Deutscher oder gar ein Österreicher erfunden. Bei Drohung mit Platzverweis und im schlimmeren Falle mit der Polizei wurde Ruhe auf dem Platz, das Bereitstellen des Restmülls zu einer bestimmten Tageszeit und der Rest der Campingordnung in deutscher Sprache eingeschärft. Und schließlich kostete der Platz noch für drei Personen und Hund pro Nacht rund 50 Euro. Einen Tarif für zwei Personen gab es nicht im Angebot. Wie der Preis gerechtfertigt ist, wagt man als vorgebuchter Tourist mit Altwohnmobil gar nicht mehr zu fragen. In der Hochsaison nimmt jeder, was er kriegen kann.

In den ersten Tagen gab es dann noch eine andere Überraschung. Aufgeschreckt prüften unsere Nasen die Umgebung unseres Wohnmobils, bis klar war, dass bestimmte Gerüche nur bei einer bestimmten Windrichtung auftraten und nicht aus der Gasanlage kamen. Die örtliche Papierfabrik nennt sich selbst die größte in Europa und beschäftigt rund eintausend Menschen. Die riesigen Wälder ringsum liefern den notwendigen Rohstoff ohne große Transportkosten. Der Gedanke an eintausend Arbeitsplätze kann ein wenig Geruch schon mal aushalten.

Auf dem Platz und darum herum herrschte nichts von der ausgelassenen und manchmal auch angestrengten französischen Urlauberstimmung im Menschengewühle. Selbst die von den Franzosen als „Urlaubs – Muss" angesehene Animation fiel so dezent aus, dass sie an unserem Platze gar nicht zu bemerken war. Da hatte am Mittelmeer ein ganz anderer Ton geherrscht. Dort konnte man bis zwölf in der Nacht gar nicht ans Schlafen denken, weil die Animation lautstark den ganzen Platz beherrschte und wenn sie mal leise ausfiel, die Geräusche umliegender Veranstaltungen nicht zu überhören waren. Da stürzt sich der Urlauber ins Menschengewühl, das ängstlicheren Mitmenschen bisweilen Platzangst beschert und empfindliche Hunde bis zum Nervenzusammenbruch treibt. Hier scheinen um halbzehn die Bürgersteige hochgeklappt bis auf ein kleineres Areal in der Mitte des Ortsteils „Plage". Die Campingnachbarn schließen zum Teil um zehn Uhr abends die Türen ihrer Mobilhomes von innen ab. Nachts herrscht Ruhe. „Kultur" ist Fehlanzeige bis auf den evangelischen und den katholischen Gottesdienst und die europaweit üblichen Gospel Singers aus New York zum Eintritt von 16 Euro. Die einheimische Künstlerausstellung schließt wie das office de tourisme pünktlich um 19 Uhr den Laden zu. Überallhin kann der Tourist bei genug Übung auf einem großen und straßenunabhängigen Radwegenetz per eigenem oder geliehenem Fahrrad gelangen.

Der Überraschungen nicht genug. Galt doch Frankreich noch vor wenigen Jahren als das Einkaufsparadies schlechthin, weil man auch noch nach sechs und am Sonntag einkaufen konnte, so ist es inzwischen längst von Deutschland überholt. Während hier die Läden pünktlich um acht schließen und am Sonntag nur drei Stunden öffnen – und das auch nur in der Hochsaison fünf Wochen lang -, kann man zumindest an der Ostseeküste fast das ganze Jahr bis zehn Uhr abends einkaufen und am Sonntag bis zu sechs Stunden. An der Ostseeküste wird mit der Öffnungszeit ab elf jedoch am Sonntag die Gottesdienstzeit respektiert. Die verschiedenen religiösen Kulturreste existieren also noch.

Dennoch ist der Sonnenuntergang am Atlantik unvergleichlich – auch wenn man ihn trotz der Gefilde südlich von Bordeaux wegen des kühlen Seewindes lieber mit einer leichten Jacke bekleidet genießen sollte. Das Schauspiel wird von zahlreichen Touristen beobachtet. Trotz Jacke hat man jedes Mal das Gefühl: Gleich klatscht die Menge Beifall. Auch das Spazieren und Baden am unendlichen Strand mit seiner gleichmäßigen Dünung übertrifft alles andere in Europa. Allerdings werden sich empfindlichere Naturen bald einen Schnupfen holen – der kühle Wind.... Die Düne von Pilat wenige Kilometer südlich von Arcachon muss man gesehen oder bestiegen haben. Sie erreicht eine Höhe von 114 Metern.

Voller Staunen kann man sehen, dass in den Strandgebieten die Dünen teilweise bebaut sind und in der Tat Stücke voller Sand als Baugrundstücke zum Verkauf stehen. Dabei haben die Preise für Häuser in den Urlaubsregionen längst deutsche Verhältnisse erreicht oder gar übertroffen. Dem Bibelkundigen fällt die Bergpredigt ein: „Wer meine Rede hört und tut sie nicht, der ist einem törichten Mann gleich, der sein Haus auf den Sand baute. Da nun ein Platzregen fiel und kamen die Wasser und wehten die Winde und stießen an das Haus, da fiel es und tat einen großen Fall." (Mt 7, 26f.)

Wenn irgendwo ein Markt angeboten wird, schlagen sich die Touristen – hier sind es vor allem die Franzosen selbst – nahezu um Parkplätze. Mittelaltermärkte oder Touristenmärkte ohne Historie – das ist ganz egal. Wer sich die Mühe macht, sich durch einen solchen Markt ‚durchzuwühlen', versteht gar nicht, was es da besonderes gibt. Ähnliches gibt es in der Türkei und in Italien, in Deutschland oder anderswo. Schließlich bemüht sich jeder bessere Supermarkt um eine Marktatmosphäre.

Zur Versorgung der deutschsprachigen Touristen schickt die EKD, wie schon gesagt, ihre UrlaubspastorInnen in Europas Feriengebiete. Die Mehrsprachigkeit ist für alle ein Gewinn, wo doch besonders die protestantischen Gemeinden überall unter einer Konzentration auf binnensprachliches Vereinsmilieu fast schon leiden und so die Globalisierung und damit am Ende sich selbst verschlafen. Besonders einschlägig ist in dieser Hinsicht die Beobachtung, dass selbst kirchliche Jugendgruppen im Ausland gerne unter sich bleiben, weil der Besuch eines Gottesdienstes in der beschriebenen Form die etwas narzisstisch ausgerichtete, manchmal evangelikale, Programmatik stören könnte.

Überall, wo deutsche UrlauberInnen in nennenswerter Zahl auftauchen, findet sich ein Musiker, der das vorhandene Instrument zur Freude aller bedienen kann. Da staunen dann wieder die französischen Protestanten und erinnern sich daran, dass die lutherische Schwesterfraktion sehr stark von der Musik lebt.

In nicht allzu großer Entfernung finden sich auch die hiesigen und allen gemeinsamen romanischen Erinnerungen an die mittelalterliche Vergangenheit mit ihrer theologischen Prägung und die allmähliche Durchsetzung des Jakobsweges nach dem Jahr 1000. Die Vorgeschichte desselben ist ebenso verwirrend wie seine Gegenwart. In dem Ort St. Jean-au-Pied-de-Port ist nach den Berichten der lokalen Zeitung die Pilgerzahl in Richtung Santiago innerhalb von zehn Jahren von 2000 auf 26000 angestiegen. Selbst die (lutherischen) „Nordelbischen Stimmen" (heute: „Evangelische Stimmen") widmeten dieser Pilgerstraße viele Berichte. Die heimische Kirche kann offenbar nicht den Kitzel bieten, den man auf französischen und spanischen Straßen per Bus, Fahrrad, Auto, Wohnmobil oder zu Fuß erlebt. Das „Nachmachen" scheint gerade in der Zeit der globalen Medien ein sehr beliebter Zeitvertreib zu sein. Wie die Menschen ihre paar Wochen Ferien verbringen, muss man ihnen ohnehin überlassen. Die Orte am Wege freut es. Jeder Pilger hinterlässt „mindestens 15 Euro", was eine eher bescheidene Summe im Verhältnis zu den Ausgaben eines konventionellen Urlaubs wäre. Wir trafen schließlich auch in Vezelay eine supernette Fahrradpilgergruppe, die sich an unserem Hund ergötzten.

Und so schließt man ob des freundlichen Gemischs in den Gottesdiensten und der gemeinsamen Geschichte mit einem etwas verwirrten Blick auf gegenwärtige religiöse Usancen auch schließlich seinen Frieden mit den um 1800 Kilometer nach Süden versetzten St.-Peter-Verhältnissen. Das wichtigste an den Ferien ist doch der interessante Nachbar und seine Geschichte. Und hier ist es doch anders als in St. Peter, wo allein die deutsche Zunge herrscht. Ohne Touristen allerdings wäre vermutlich hier wie dort längst die letzte Tür ins Schloss gefallen. Das verschafft dem ganzen wieder einen kleinen Abglanz von „Disneyland".

Übrigens: Der Hund. In Frankreich herrscht eine Hundebegeisterung besonderer Art. „Gewöhnliche" Einheimische, Touristen, Kinder und Erwachsene bemerkten nicht nur unseren Hund. Sie fragen nach seinen Eigenschaften, nach seinem Namen, nach seiner Rasse und ob er zur Jagd gebraucht wird. Ein Kind ging zweihundert Meter rückwärts an der Hand seines Vaters, um den Hund zu sehen. Und ein Paar entschuldigte sich in vornehmst zurückhaltendem höflichsten Französisch für seine Fragen nach Rasse, Alter und „Wesen" dieses Hundes. Sie selbst haben die französische Version zu Hause. Dieser sei so unruhig, dass sie ihn nicht mitnehmen können. Jeden Tag erlebt man was mit einem zappeligen „Kleinen Münsterländer" im Schlepptau.

In Arles sur Tech bremste ein Fahrzeug direkt neben mir. Die Fahrerin sprang heraus und fragte nach dem Hund. Dann ging sie zu einer Haustür und klopfte und klingelte. Aus dem Fenster im ersten Stock schaute ein verschlafener Mann. „Schick die Hunde runter...!" In der Tat, es kamen zwei von der gleichen Rasse, nur auf französisch. „Ils sont cousins!", sagte die Frau immer wieder und freute sich. Während dieser „Hundevorstellung" konnte ich das Auto etwas näher betrachten. Es war ein Bäckerauto, offenbar mit Brot vom Verkauf zurück. Als die „Cousins" sich ausführlich beschnuppert und die Herrschaften dies und das ausgetauscht hatten, konnte ich mir den Weg zum Bäcker sparen und bekam zwei schöne Baguettes für wenig Geld.

Kapitel IX

Kirchlicher Umgang untereinander

Friedenspflicht in der Kirche

Bei Konflikten entscheidet letztlich immer der Buchstabe eines darauf bezogenen Gesetzes, wenn sie nicht vorher ausgeräumt werden. Das steht bereits in der Bergpredigt:

♦ „Einige dich mit deinem Widersacher, solange du mit ihm auf dem Wege bist, damit er dich nicht dem Richter übergibt und der Richter dem Diener und du ins Gefängnis kommst. Ich sage dir: Du wirst nicht von dort herauskommen, bis du auch den letzten Pfennig bezahlt hast." (Mt 5, 25/26).

Dieser Satz müsste Mitarbeitern / innen in den Kirchen über den Arbeitsplatz gehängt werden. In der Kirche herrscht nur vordergründig ein offenerer und Mitarbeitern / innen gegenüber versöhnlicherer Ton und Stil als in anderen Institutionen. Arbeitgeber sind Widersacher, auch wenn man sich immer etwas anderes einbildet und - das ist noch wichtiger - auch wenn die Kirche immer wieder von einem besonderen Dienstverhältnis spricht. In der Kirche wird knallharte Mitarbeiterbearbeitung gemacht. Schon der ewige Kampf der Kirchen gegen die Tarife für kirchliche Mitarbeiter/innen legt davon Zeugnis ab. Sie wollen gerne mit ihren Mitarbeitern / innen tun und lassen, was sie wollen. Auch die Pastorinnen und Pastoren sind davon ihrerseits nicht ausgenommen. Wer von diesen eine andere Art des Umgangs mit Mitarbeitern pflegt, auch längere Wege geht und Fehler der anderen vielleicht selbst ausbügelt, wird bei nächster Gelegenheit aufs Kreuz gelegt.

Dienstgemeinschaft in der Kirche heißt immer Unterordnung unter - ja und das ist genau die große Frage - unter was? Viele Entscheidungen werden von Gremien getroffen, in denen viele Mitglieder wenig Ahnung von Mitarbeiterführung und noch weniger Ahnung vom Glauben besitzen. Niemand schult die Gremienvertreter / innen, wie jede Gewerkschaft das tut. Freiwillige Angebote können gar nicht alle erreichen. Es kann theoretisch jemand einen Kirchengemeinderat leiten, der noch kaum in die Bibel geschaut hat, und - das ist das Wesentliche - keine leitende Idee vom Christentum besitzt. Dienstgemeinschaft ist insofern Unterordnung unter das Gebot absoluter Konfliktscheu. Wer in irgendeiner Weise aufmuckt, oder wessen Äußerungen von irgendjemand so verstanden werden, bekommt gnadenlos reingehängt, was er nicht anders wollte: Den Zwang zum Frieden oder die einmütige Aburteilung und persönliche Vernichtung durch Ämter und Gremien. Das geht natürlich nicht so weit, dass irgendjemand in der Personalakte verräterische Notizen ablegt. Das geschieht durch böse Reden hinter dem

Rücken. Leute die es wissen müssen, berichten stets, dass in der Kirche im Gegensatz zu anderen Betrieben ein vergiftetes Klima herrscht, weil Konflikte - unterdrückt und der absoluten Friedenspflicht geopfert - sich in Angst und psychischen Störungen äußern. Während normalerweise der Mitarbeiter bei bestimmten Vorfällen im hohen Bogen fliegt, wird in der Kirche zunächst zugedeckt und dann entweder der Mitarbeiter unterdrückt und schachmatt gesetzt oder bei der nächsten passenden Gelegenheit bittere Rache genommen. Wer die Friedlosigkeit der Kirche in irgendeiner Weise aufgedeckt hat, durch eine Kündigungsschutzklage, durch öffentliches Widerreden, durch offen ausgetragene Konflikte, bekommt sein Stigma. Wer die Schande aufdeckt, bekommt sie aufgeladen. Vergebung liegt in der Verkündigung als Zentralinhalt vor. Im Leben der Institution herrscht Aufrechnung auf allen Ebenen.

Bei Konflikten, und seien sie noch so klein, steht die Kirche nie auf der Seite ihrer Mitarbeiterinnen oder Mitarbeiter. Das passiert sogar ihren leitenden Geistlichen. Bei öffentlich aufbrechenden Konflikten stellt sich niemand einfach mal hinter sie. Mitarbeiter und Mitarbeiterinnen werden geopfert, um den Frieden von Institution zu Institution oder innerhalb der Institution zu erhalten. Bei Konflikten in den Gemeinden werden Pastorinnen oder Pastoren sogar geopfert, wenn sie mit Konflikten gar nichts zu tun haben. Der Mitarbeiter / in im Beamtenstatus - fast nur Pastorinnen und Pastoren - verliert dadurch zwar nicht seine materielle Lebensgrundlage. Er oder sie kann sich aber auch nicht entsprechend heftig zur Wehr setzen, weil auch das der Friedenspflicht widerspricht. Ein Pastor oder eine Pastorin mit gebrochenem Rückgrat oder mit Gummirücken entspricht aber weder dem Bild der Kirche von ihren Pastorinnen oder Pastoren noch dem der Bibel, noch dem Selbstbild derer, die den Beruf ausüben. Deshalb kann eine Versetzung oder ein Stellenwechsel wegen des Friedens zwischen den Institutionen oder innerhalb der Institution viel schlimmere Folgen haben als ein Rausschmiss. Leistungsbezogene Entscheidungen sind nachprüfbar. Kirchliche Friedens - Entscheidungen vernebeln. Die Institution, die Wahrheit predigt, will der Wahrheit jedenfalls in diesem Bereich nur dann dienen, wenn sie die Institution selbst vor Angriffen schützt. Genau damit aber treibt sie den Heiligen Geist buchstäblich aus.

Andere Mitarbeiterinnen oder Mitarbeiter spüren sehr schnell, dass Offenheit und Aufgeschlossenheit keine Mittel kirchlicher Arbeit oder Verwaltung sein können. Wer gut mit der Friedenspflicht gegenüber dem jeweiligen Vorgesetzten zurechtkommt, kann fast tun und lassen, was er oder sie will. Wer sich nicht so gut ducken kann, kann auch tun und lassen, was er oder sie will, es wird wenig nützen. Es scheint so, als ob die in der Theologie fast nicht mehr vorhandene dunkle und unnahbare Seite Gottes ausgerechnet von der Institution Kirche verkörpert würde.

Entscheidungen wurden von Einzelpersonen in Gremien verlagert. Jeder kann sich nun auf die Anonymisierung der Gremien verlassen - niemand ist es gewesen. Was einmal als Demokratisierung gemeint war, erweist sich immer mehr als Hemmschuh für eine sinnvolle Kirchenbildung. Einen Bischof, der selbstherrlich zu entscheiden schien, konnte man kritisieren, die Kirche oder die Gemeinde wechseln oder klein beigeben oder es am Ende ganz gut finden, dass er die Verantwortung trägt. Einen selbst gewählten Kirchengemeinderat verantwortlich zu machen bedeutet eventuell, das ganze Dorf gegen sich aufzubringen. Gremien konterkarieren sinnvolle „Gnadenhandlungen" einzelner leitender Personen und schneiden kühne Entwürfe auch im Personalbereich kurzerhand auf Flickwerk zusammen. Nach dem Motto: Wir tun niemand weh und vertreten am besten uns selbst, damit uns keiner weh tut, besetzen Gremien Ämter, schließen aber Störenfriede andererseits wieder nicht ganz aus, damit diese sich nicht etwa ein Mandat von irgendeiner Mehrheit holen und ihrerseits die Macht erringen. Friedenspflicht in der Kirche bedeutet für Mitarbeiter und Amtsträger, sich mit allem immer zu identifizieren, ohne dafür belohnt zu werden. Die Kirche fordert Loyalität ein und bringt sie selbst nur sehr eingeschränkt - nämlich meistens in der Vertuschung - auf. Der Schutzzweck der Friedenspflicht richtet sich lediglich auf das Gesamte, nie auf einzelne Menschen.

♦ Das aber widerspricht genau der Verkündigung der frohen Botschaft als Erlösung.

♦ Erlöst werden können nur Menschen oder Geschöpfe und das auch nur durch die Wahrheit der Barmherzigkeit. Strukturen zu ändern, dass sie nicht allzusehr im Wege stehen, ist dagegen schlichtes, aber notwendiges Menschenwerk.

„Geistliche Leitung"?

Fragen von Macht, Leitung, Demokratie und den dazugehörigen Personen sind je nach Blickpunkt und Standort sehr differenziert zu betrachten und kaum zu beurteilen. Besonders unter dem Aspekt der demokratischen Ordnung stellt sich die Grundfrage, ob eine Kirche, die sich als ganze erst im Jahre 1985 positiv zur Demokratie im Gemeinwesen geäußert hat, in ihren eigenen Reihen demokratische Ansätze überhaupt realisieren könnte.

Aus theologischer Perspektive drängt sich zusätzlich die Frage auf, ob eine mit „Verkündigung" oder „Kommunikation von froher Botschaft" beschriebene Grundaufgabe demokratisch legitimiert werden kann, soll oder darf. Demokratische Machtkontrolle in der Verwaltung von Geld und der Arbeit in den Strukturen einer Großorganisation liegt da assoziativ schon näher beieinander. Die nordelbische Verfassung wurde in einer Zeit der verstärkten Aufmerksamkeit für demokratische Strukturen erarbeitet. Besonders auffällig ist dabei der Versuch, (vermutete) Pastorenmacht zu begrenzen. Die geistliche Leitung der Kirche liegt daher bei Vorständen, nicht bei einzelnen männlichen oder weiblichen Geistlichen. Wurde hier des Guten zu viel getan oder vielleicht ein falscher Begriff für das benutzt, was ein Vorstand überhaupt leiten kann?

Unsere Kirche baut auf einem direkt gewählten Kirchengemeinderat eine Unzahl anderer, nicht direkt gewählter Gremien auf. Dieser Aufbau wird durchschossen von ständeartigen Vertretungen und Vertretungselementen. Bereits in der Stufe der direkt gewählten Kirchenvorstände kommt es zu merkwürdigen Eigenarten kirchlicher Verwaltungs- und Entscheidungswege. Mit der Absicht der Machtkontrolle gegenüber den Pastoren hat die nordelbische Verfassung beispielsweise dafür gesorgt, dass in jedem Kirchengemeinderat mindestens ein stimmberechtigter kirchlicher Mitarbeiter Sitz und Stimme hat. Durch diese Regelung kommt der entsprechende Mitarbeiter in den Genuss, gleichzeitig Arbeitgeber und Arbeitnehmer zu sein. Die Begründung, jeder Pastor habe schließlich auch einen geborenen Sitz im KV und sei meist sogar der Vorsitzende, mag einleuchtend klingen. Im Vergleich zu den Mitarbeitenden ist der Kirchengemeinderat nicht Arbeitgeber des Pastors / der Pastorin, noch dienst- oder fachaufsichtführende Stelle. Sicher wäre es zur Machtbegrenzung konsequent, den Pastorinnen und Pastoren im KV allenfalls einen Sitz ohne Stimmrecht zu geben. Dadurch könnten seelsorgerliche und Verwaltungsaufgabe schlichter und besser getrennt werden. Dasselbe gilt auch für kirchliche Mitarbeiterinnen und Mitarbeiter. Kirchenkreissynoden und die Landeskirchensynoden gelten als Kirchenparlamente, obwohl sie von einer Parlamentsform weit entfernt sind. Ihre Beschickung erfolgt durch die Kirchenvorstände, Pastorenkonvente, Dienste und Werke Konvente, Mitarbeiterkonvente und Berufungen. Die Gruppe der Pastorinnen und Pastoren darf nicht die Mehrheit bilden. Eine demokratisch legitimierte Synode käme allein durch Urwahl zustande. (Eine solche existiert in der Württembergischen Kirche.)

Eine Synode trifft keine Entscheidungen über die letzte Wahrheit. Aber sie bestimmt die Grundlinien der Gesamtkirche mit vielen Mitarbeiterinnen und Mitarbeitern und der Verwaltung der Haushalte. In der Praxis sind Synoden zur effektiven Kontrolle kaum in der Lage, weil allein die Verwaltungen den wirklichen Überblick über die Finanzen besitzen!

Aufgrund dieser Situation bekommen Synoden und Gremien vor allem Bedeutung bei der öffentlichen Präsentation der Kirche, bei der Besetzung von Themen und bei der Personal- / Repräsentantenauswahl. Wer in Synoden und Gremien gewählt wird, muss viel Zeit bei der Mitarbeit verbringen, die bei Hauptamtlichen in der konkreten Arbeit fehlt und bei Ehrenamtlichen die freie Zeit ohne Gegenleistung erheblich schmälert. Zur echten Einarbeitung in die jeweilige Materie oder Personalentscheidung reicht es jedoch meistens nicht. Deshalb dominieren naturgemäß die Interessen der hauptamtlichen Mitarbeiterinnen und Mitarbeiter in Verwaltung und Seelsorge auch in den Gremien.

Für viele Gemeindemitglieder sind kirchliche Gremien böhmische Dörfer. Sie identifizieren die Kirche, wenn sie nicht selbst in irgendeiner Weise mitarbeiten, mit ihren Repräsentanten: Das sind auf Gemeindeebene vor allem Pastorinnen und Pastoren, bisweilen auch andere Mitarbeiterinnen oder Mitarbeiter, auf der öffentlichen Ebene die, die von den Medien positiv oder negativ dargestellt werden. Im Blick auf die Synoden von Demokratie zu reden, wäre weit überzogen. Sie gleichen eher großen Beratungsgremien. Das Problem scheint mir jedoch inhaltlicher Art zu sein. Die Hauptverantwortung für die geistliche Gestaltung des Gemeindelebens lag in der nordelbischen Kirche beim Kirchenvorstand. Das führte dazu, dass Menschen wenig oder gar nicht inhaltlich orientiert darüber entscheiden müssen, wie ein Pastor oder eine Pastorin zu reden, zu singen oder zu handeln hat, ob ein Konflikt ausgetragen oder unter den Tisch gekehrt wird, ob die Orgel so oder so gespielt und der Altar nicht doch anders geschmückt werden sollte. Der Kirchenvorstand erhielt damit die Fachaufsicht über die pastorale Arbeit, die nach kirchlichem Herkommen eigentlich die Pröpste ausüben sollten. Da allerdings auch die pröpstliche Aufgabe nicht nur mit fachlicher Aufsicht, sondern auch mit Seelsorge und Dienstaufsicht befasst wird, fehlt auch von dieser Seite die Eindeutigkeit. Das Problem wird dadurch verstärkt, dass jeder Pastor und jede Pastorin in seiner / ihrer Verkündigung frei ist. Eine derartige Gemengelage kontrolliert Macht auf eine kaum nachvollziehbare, oftmals aber unkontrollierbar wirksame Weise. Demokratischer Aufbau wäre in seiner modernen Form jedoch zumindest an der Offenheit und Nachvollziehbarkeit der Kontrollvorgänge interessiert.

Gleichzeitig mit den Versuchen der demokratischen Kontrolle innerhalb der Kirche entwickelten sich weitere entscheidende Veränderungen, die auch in anderen gesellschaftlichen Bereichen zu beobachten sind. Entscheidungen wurden zunehmend von Einzelpersonen in Gremien verlagert. Jeder kann sich nun auf die Anonymisierung der Gremien verlassen. Niemand kann für etwas persönlich verantwortlich gemacht werden.

Einen Bischof, der selbstherrlich zu entscheiden schien, konnte man kritisieren, die Kirche oder die Gemeinde wechseln oder klein beigeben oder es am Ende ganz gut finden, dass er allein die Verantwortung trägt. Am Dorfpastor konnten sich die Geister scheiden. Einen selbst gewählten Kirchengemeinderat verantwortlich zu machen, das bedeutet am Ende, Verantwortung auf sich selbst zu nehmen.

Andererseits kann das noch am nächsten am demokratischen Prinzip stehende Gremium der Kirche, der Kirchengemeinderat, jederzeit in seinen Entscheidungen durch das höhere Gremium, das nicht mehr durch Urwahl zustande kommt, korrigiert werden. Dabei spielen oft nicht Sachkenntnisse, sondern einerseits Stimmungen und Mehrheiten, also Machtverhältnisse, andererseits formale Gesetzesauslegungen die herausragende Rolle. Die Praxis zeigt mehrere Probleme der Kirchenleitung. Dazu sechs Thesen:

1. Kompetenzbeschneidung des gemeindlichen und meist sachkundigeren Leitungsgremiums durch die nächsten höheren Ebenen verhindert sinnvolle Leitung.

2. Formalismus steht oft über berechtigten Interessen der Gemeinden und Einzelner.

3. Wenn über den Weg finanzieller Entscheidungen geistliche Leitung ausgeübt wird, führt das zu unhaltbarer Vermischung von unvermischbaren Ebenen.

4. Geistliche Leitung schlägt sich in der beabsichtigten Form allenfalls in Prioritäten nieder. Deshalb besteht der Leitungsauftrag der Kirchenvorstände nicht in der Entscheidung über Einzelfragen von Liturgie und gemeindlicher Arbeit. Die Durchführung gottesdienstlicher und gemeindlicher Arbeit wird von den Mitarbeiterinnen und Mitarbeitern wahrgenommen.

5. Der Kirchengemeinderat ist keine Balint-, Seelsorge- oder Gemeindegruppe. In diesem Gremium geht es um Machtausübung.

6. Geistliche Leitung kann nur durch Personen, nicht aber durch Gremien ausgeübt werden.

Der erste und zweite Punkt zeigt die Probleme der kirchlichen Struktur überhaupt. Eine Großkirche kann nicht anders, als ihre Gemeinden über denselben Leisten zu schlagen. Während es früher reiche und arme Gemeinden gab, muss die Institution Kirche heute im Sinne der Gerechtigkeit alles über Erlasse regeln. Das reicht von der Anzahl der Toiletten bis zur Größe und Einrichtung der Küche im Pastorat. Was Mitarbeiter zu sagen oder zu lassen haben, wie die Arbeitszeit zu verteilen ist, was „zu Hause sein" bei Pastorinnen oder Pastoren zu bedeuten hat - für all das gibt es Erlasse.

Zu Schwierigkeiten kommt es in der Regel, wenn Streit aufflammt oder irgendjemand über Formalienreiterei die Machtfrage stellt. Die Leitung unserer Großkirche kann nur formalisiert geschehen, weil nicht Personen, sondern Gremien und - infolge der kaum vorhandenen Sachkenntnis der Mehrheit der Gremienmitglieder - letzten Endes die Verwaltungen die Kirche leiten.

Kompetenzbeschneidung der untersten Ebene - ein Gefühl, das in letzter Zeit vor allem die Bürgerinnen und Bürger der neuen Bundesländer auf der kommunalpolitischen Ebene zuerst thematisierten. Wenn überhaupt, dann sollte in der Kirchengemeinde Authentizität, echte Gemeinschaft erlebbar sein.

Zum dritten und vierten Punkt: Ein Kirchengemeinderat kann durch Prioritäten Leitung im Sinne von Rahmendaten und Grundentscheidungen über Stellenpläne ausüben. Wenn aber geistliche Leitung durch den Kirchengemeinderat bedeuten soll, dass die durch Ausbildung und Erfahrung begründete tägliche Arbeit der Mitarbeiterinnen und Mitarbeiter kontrolliert wird, handelt es sich oft um Verhinderung von Arbeit und keinesfalls um geistliche Leitung. Ein Vorstand einer Kirchengemeinde hat darüber zu sinnen, wie die Fähigkeiten der Mitarbeiterinnen und Mitarbeiter am besten eingesetzt werden können und sich in den Dienst dieser Sache zu stellen. Deshalb ist es sachgerecht, die geistliche Leitung zu streichen und dem Kirchengemeinderat eine sachliche oder formale Leitung zuzuweisen. Das wäre auch für das Selbstverständnis des Kirchenvorstandes einfacher.

Kein Sportvereinsvorstand trainiert selbst die verschiedenen Sportgruppen und Abteilungen seines Vereins. Kein Aufsichtsrat tätigt selbst die Geschäfte. In der Kirche soll der Kirchengemeinderat leiten und kontrollieren, obwohl es dafür oft an ausreichender inhaltlicher Kompetenz mangelt. Auch für sachliche Leitung ist als Eingangsvoraussetzung für Kirchenvorstände zumindest eine Grundschulung in biblischen und Verwaltungsfragen zu fordern. Kirchenvorstandskandidaten sollen vorher wissen, dass auf die Wahl eine Schulung folgt.

Dennoch ist ein Vorstand ein Machtgremium. Alle Einmütigkeit, zu der Kirchenvorstände aufgerufen sind, stößt an natürliche Grenzen, weil unterschiedliche Menschen an den Prozessen beteiligt werden. Da geht es nicht um unumstößliche Wahrheiten oder 100prozentige Sachentscheidungen. Es geht darum, wer glaubwürdig bleiben kann in den Entscheidungsprozessen und das Vertrauen der Mehrheiten behalten oder wieder erwerben kann. Insofern laufen politische Prozesse auch in den Kirchenvorständen ab. Pastorinnen und Pastoren können sich nach der jetzigen Verfassungslage aus dem gemeindepolitischen Machtprozess nicht heraushalten. Im Kirchengemeinderat ist man als Pastor oder Pastorin weder Berater/in noch Supervisor/in noch die/der, die es allen recht machen können. Dabei ist Durchsetzungsvermögen gefragt. Wer dabei nicht mittun möchte, darf konsequenterweise nicht im Vorstand sitzen. Das aber ist Pastorinnen oder Pastoren in unserer Kirche gar nicht möglich. Macht und Seelsorge werden auf diese Weise untrennbar vermischt.

Zur Zeit kommt zudem jede(r) Pastor/in als Kirchenvorstandsvorsitzende/r in den Verdacht, nur die eigenen Hobbys zu pflegen

(Gottesdienstfragen, Gemeindefeedback, Haushaltsplanung) und die eigenen Vorteile (z.B. hinsichtlich der Dienstwohnung) zu suchen. Sehr viel offener könnte es in den Gemeinden zugehen, wenn alle Projekte und Planungen auch von den Pastorinnen oder Pastoren im KV jeweils beantragt werden müssten und dieser unabhängig vom Amt entscheiden könnte. Damit ließe sich auch die Verantwortung besser klären und verteilen. Um diese Verquickung von Macht und Seelsorge wenigstens zunächst auf der Gemeindeebene zu entwirren, bieten sich zwei Lösungsmöglichkeiten an:

a) Pastorinnen und Pastoren reihen sich in die Wahlprozedur zum Kirchengemeinderat ein. Nur wer sich zur Wahl stellt, kann auch ein demokratisch gewähltes Gremium leiten. Für Pastorinnen und Pastoren wäre im Falle einer demokratischen Kandidatur in der eigenen Gemeinde auch die Möglichkeit gegeben, ihre Kirchengemeinderatstätigkeit als ehrenamtlich anzusehen. Das Problem an dieser Lösung ist folgendes: Wer als Pastor oder Pastorin nicht gewählt wird, wird sich zumindest fragen müssen, ob er oder sie sein / ihr Amt in dieser Gemeinde weiter ausüben kann oder will.

b) Die bessere Entflechtung ergäbe sich daher, wenn Pastorinnen oder Pastoren in der eigenen Gemeinde gar nicht am Gremium teilnähmen.

Bei Leitung, Verwaltung und Seelsorge ist es notwendig, Dezentralisierung und Entflechtung zu betreiben. Die Vorstände oder Räte müssen eine klare Sachkompetenz erhalten. Den Pastorinnen und Pastoren steht in der geistlichen Kompetenz persönlich-geistliche Freiheit zu. Die demokratische Kontrolle mit dem Mehrheitsprinzip dafür nicht die geeignete Kontrollform ist, sondern meist nur Gängelei. Das hieße:

1. Zwischen Amt und Gemeinde ist Entflechtung nötig. Die Arbeit von Pastoren und Pastorinnen lässt sich dann eventuell eher als "geistliche Leitung" verstehen, wenn die Vorstände sich auf die Sachfragen konzentrieren und die Mittel beisammen halten. Pastorinnen und Pastoren sollten sich nicht qua Amt gemeindepolitisch betätigen müssen.

2. Dezentralisierung, d.h. mehr Kompetenzen auf die unteren Ebenen und vor allem weniger Abhängigkeit von - als übermächtig empfundener - Verwaltung, verträgt sich durchaus mit einer zentralen Finanzverwaltung, wie sie beim derzeitigen System nötig scheint. Allerdings könnten die Gemeinden sich dann ganz anders um die Verteilung der Finanzen innerhalb der Gesamtkirche kümmern. Vielen Kirchenvorstandsmitgliedern ist nicht einmal bekannt, wie die Zuweisung für den laufenden Haushalt ausgerechnet wird.

3. Eine Folge der Entflechtung von Leitung und geistlich - inhaltlicher Arbeit wäre auch die Auflösung der Verquickung geistlicher und administrativer Leitungsfunktionen in den geistlichen Leitungsämtern.

4. Mitarbeiterleitung gehört nicht in die Hand der Vorstände!

5. Wenn ein Pastor oder eine Pastorin gerne Macht ausüben und Verwaltung betreiben möchte, sollte sie / er das in der Kommune oder anderswo politisch in die Tat umsetzen.

6. Die Entflechtung könnte der Kirche auch im Gesamtbereich dienen. Geistliche Leiter / innen können ihre Funktion unabhängiger wahrnehmen, wenn die Gewichte eindeutig verteilt werden, wenn klargestellt werden könnte, was ein Bischof oder eine Bischöfin wünscht und was die Verwaltung oder die Synode genehmigt bzw. untersagt. Pastorinnen und Pastoren in allen Verantwortungsebenen verlieren ihre geistlichen Qualitäten, wenn sie in Vorstände, Gremien und Verwaltungen eingebunden werden.

7. Wenn die Verwaltungs-, Sach- und Gremienkompetenz von der geistlich - seelsorgerlichen Arbeit nicht getrennt wird, bringt das ähnliche Folgen hervor wie im Staat: Die Verwaltung wird infolge der klaren Sachkompetenz zur eigentlichen Regierung. Eine Verwaltung als ganze wurde aber noch nie von einer geistlichen Erneuerung ergriffen, ein Gremium ebenso wenig. Einzelne Menschen können nach unserem Glauben jeden Tag vom Heiligen Geist ergriffen werden und neu anfangen, selbst wenn ihre geistliche Qualität ohne mehrheitliche Zustimmung bleiben sollte.

In allen Bereichen, die mit Organisation und sachorientierter Leitung zu tun haben, ist unser System nicht demokratisch genug. Der Leitung durch den Heiligen Geist, der im Alltag wirkt, wo und wann er will, kann jedoch auf demokratische Weise allenfalls der Platz freigehalten werden. Die Vermischungen von Geist und Kontrolle sollte aus der Verfassung entfernt werden. Sie sind aufgrund von Misstrauen gegen das Wirken des Geistes entstanden. Einem demokratisch gewählten Vorstand geistliche Qualitäten auftragen zu wollen, das bedeutet, den Heiligen Geist in den Wahlvorgang hineinzuzwingen. Geistliches Ergriffensein mit politischer oder Gremien - Macht zu verbinden, ist nicht nur nicht sachgerecht, sondern in der Mehrdeutigkeit seiner Wirkungsweise sogar gefährlich, weil die Unterscheidung der Geister in diesem Falle durch die Machtkonstellation verhindert wird. Der Heilige Geist kann nicht in demokratische noch in andere organisatorische oder politische Formen gebunden werden. Machtausübung und Machtkontrolle sind notwendiges, aber weltliches und vergängliches Menschenwerk auch in der Kirche, das zumindest im Bereich der Kirche Freiheit für geistliches Wirken schaffen soll.

Muss man noch über Frauen in leitenden Ämtern der Kirche reden?

Nein, muss man eigentlich nicht. Bald sind Frauen in den Ämtern ohnehin in der Mehrheit. Daher ‚regieren' in der Evangelischen Kirche auch Bischöfinnen. Außer einigen merkwürdigen Querköpfen ist niemand in der Lage, darin etwas Besonderes zu sehen. Frauen haben in Pfarrämtern seit den 1960iger Jahren zunehmend und mit Akzeptanz gearbeitet. Die Wahl von Frauen in Bischöfinnenämter aber bedeutet für die Kommunikationssituation in der Kirche Erhebliches. Wer die öffentliche Wirksamkeit von Frauen auch in den Gremien der Kirche und besonders dort betrachtet, stellt einen durchgängigen Zug der Kritik an der Institutionalisierung und der Institution Kirche fest.

Frauen können, ohne dafür gewissermaßen abgestraft zu werden, meiner Beobachtung nach z.B. provozierende Gedanken vorlegen. Sie können sich in den Prozess der Diskussion oder besser des Gesprächs einbringen, ohne das Lösungsmodell parat zu haben und zu präsentieren. Sie nehmen damit eine Rolle ein, die Männern heute nicht zugestanden wird. Männer, die das Gespräch suchen, werden als schwach, wankelmütig oder gar unfähig bezeichnet. Männer dagegen, die nach alter Schule ihre Modelle von Kirche als geschlossenem System durchzusetzen versuchen, werden abgewählt.

Dass Frauen mehr Verantwortung in Kirche und Gesellschaft übernehmen sollen, hat sich inzwischen gewandelt zu der Vorstellung, Frauen müssten Posten in Institutionen besetzen. Da über die Hälfte der Menschheit aus Frauen besteht, lässt sich kein vernünftiger Grund finden, warum das nicht so sein sollte. Zudem können Frauen offenbar besser leiten als Männer, wie ein norwegisches Forschungsergebnis zeigt: "The results indicate that, as regards personality, women are better suited for leadership than their male colleagues when it comes to clarity, innovation, support and targeted meticulousness."[235] Damit erübrigte sich eigentlich die Diskussion über dieses „Problem", wenn sich nicht eine Frage aus ganz anderer Sicht aufgedrängt hätte.

Die Frage lautet: Haben sich Institutionen mit hierarchischem Aufbau, auch wenn er demokratisch abgeschwächt ist - immer noch nicht überlebt? Lassen sie sich dadurch als sinnvoller begreifen, dass Frauen Schlüsselpositionen darin einnehmen? Oder galt die Institutionenkritik ausschließlich den Institutionen, in deren Schlüsselpositionen Männer sitzen? Können Frauen die fortschritt-, lebens- und bewegungsfeindlichen Formen der Institution durch ihre bloße Anwesenheit in Schlüsselpositionen beseitigen? Öffnen sie durch ihr Dasein den Platz für den Heiligen Geist?

Horst Eberhard Richter hat in den 70iger Jahren dargestellt, welch korrumpierende Wirkung Institutionen auf einzelne Aufsteiger ausüben (s.o.). Ohne Identifikation mit den Zielen der Institution, deren Durch-

---

[235] https://www.bi.edu/research/business-review/articles/2014/03/personality-for-leadership.

setzung den Menschen korrumpiert, kann danach niemand in einer Institution Schlüsselpositionen erringen. Aufstieg und Abwehr von Angst gehören eng zusammen. Die Verleugnung des Machtcharakters eines Amtes lässt Macht verändert und kritikunfähig erscheinen. Praxisnahes Denken oder Handeln wird als Verunsicherung erlebt.

Ein anderes Modell der Institution wurde von Goffman als totale Institution beschrieben. In dieser laufen alle Befugnisse in einer institutionellen Spitze zusammen. Macht kann von oben nach unten delegiert, aber nicht von unten nach oben kontrolliert werden. Struktur und Inhalt, Seelsorge und Disziplinierung werden von denselben Personen verantwortet.

Nun spitzt sich alles auf die spannende Frage zu, ob Frauen gelingen kann, was Männern bisher stets misslungen ist: Ihre Identität zu bewahren, sich nicht an die Institution, sondern die Institution an sich anzupassen. Das ganze ließe sich auch anders formulieren: Welche Hoffnungen verbindet eine verkrustende und gesellschaftliche Bedeutung verlierende Kirche mit der Wahl von Frauen in leitende Ämter? Die männlichen „Priester" schaffen es offenbar nicht mehr, die weiblichen Anteile der Religion zu integrieren. Durch den Aufstieg kommen jedoch Frauen in die Lage, den männlichen Anteil integrieren zu müssen.[236] Einfach gesagt: Sie werden immer dann vorgelassen oder vorgeschickt, wenn nichts mehr geht – wie anderswo auch.

Obwohl ich eigentlich von dieser Auseinanderdividierung weiblich / männlich wenig halte, tut sich hier ein provozierender Zugang auf. Der Theorie Sigmund Freuds folgend haben in grauer Vorzeit die einst unumschränkt herrschenden Göttinnen ihr Ansehen durch große Naturkatastrophen verloren. Ihre Machtlosigkeit bewies sich darin, diese Katastrophen nicht abwehren zu können. Heute haben die Männer sowohl die Institution als auch den Inhalt Kirche soweit heruntergewirtschaftet, dass sie unbedingt durch Frauen ersetzt werden müssen. Diese Sicht der Dinge unterstützt die Beobachtung der Bewertung von männlicher und weiblicher Offenheit.

Wenn Männer offen und gefühlsbetont reden, gelten sie als nicht leitungsfähig. Tun Frauen dasselbe, gelten sie meist als „entwaffnend". Männliche Offenheit scheint so zu wirken, als habe dieser Mann noch kein fertiges Lebenskonzept gefunden. Frauen dagegen erscheinen durch Offenheit kommunikationsfähiger als Männer. Schließlich noch ein bedeutsamer Unterschied. Mehrere weibliche leitende Geistliche haben eine Ehescheidung hinter sich. Für sich genommen sagt das gar nichts und entspricht einfach einer gesellschaftlichen Realität. Interessant erst wird dies durch den Vergleich mit männlichen Kandidaten.

---

[236] Siehe z.B. http://www.spiegel.de/kultur/gesellschaft/margarete-stokowski-ueber-feminismus-martin-schulz-und-die-spd-a-1170997.html.

Die Tatsache, dass die Ehefrau eines Kollegen mit ihren Kindern aus dem Pastorat ausgezogen war, führte dazu, dass dieser Kollege dem Kirchenvorstand seine Situation darlegen musste und über den Verlust seiner Stelle bei erfolgter Scheidung belehrt wurde. Männer, die sich scheiden ließen, mussten bis in höhere Ämter hinein ihre Stelle wechseln. In manchen Landeskirchen zieht eine Scheidung ein kirchliches Disziplinarverfahren nach sich. Propstenkandidat konnten lange Zeit nur Männer werden, die nicht geschieden sind.

Nach einer der Wahlen, bei denen dann eine der weiblichen Kandidatin gewählt wurde, berichtete unsere Kirchenzeitung: Es sei sehr gut angekommen, dass die Kandidatin auch ganz offen über ihre Scheidung gesprochen habe. Möglicherweise lassen sich Männer durch die Institution eher dazu verleiten, ihre Erfahrungen und Lebensschicksale zu unterdrücken. Den Hintergrund dazu bildet neben anderen Abwehrformen der Psyche die Furcht, als ein Mann dazustehen, der nicht einmal seine Familie „in Ordnung halten" kann. Was wird er dann wohl sonst „in Ordnung halten" können?

Warum diese Denkfigur von Frauen nicht reproduziert und auf Frauen nicht übertragen wird, müsste näher untersucht werden. Denkbar, dass eine Frau durch das Abschütteln des Ehejochs erst die Energie und Selbständigkeit beweist, die für Leitung nötig scheint?! Kommt da das alte männliche Zuschreibungsmodell verschleiert zur Wirkung, die von (leitenden) Männern verlangt, ihre Familie ganz und gar in den Hintergrund zu stellen und sie nur zum keep-smiling bereit zu halten? Bei der ganzen Sache zeigt sich am Ende doch die tiefe Prägung auf Männer- und Frauenrollen.

Männern traut man zu, alles, was sie in die Hände bekommen als Objekt zu benutzen. Seien es Fakten, Menschen, Familien, Macht oder ganz speziell Frauen.[237] Frauen dagegen ziehen nach wie vor das Bild der hegenden, pflegenden und notfalls auch sich aufopfernden Mütterlichkeit an, die alles für die Sache (= Familie, Kirche...), nichts für sich selber tut. Während sich der alte Vater-Sohn-Konflikt in den Kampfritualen um Machtposten widerspiegelt, darf man mit Spannung erwarten, wie sich in den letzten Jahrzehnten entdeckten Mutter-Tochter-Konflikte in diesem Zusammenhang entwickeln werden. In der Verschränkung zeigt sich heute schon: Die Mutter wird von Männern nicht Rangkämpfe verwickelt, sondern allenfalls verlassen. Der Vater dagegen neigt dazu, auf die Wünsche der Töchter einzugehen und sei es nur, um seine Position zu halten. Die Töchter wissen damit sehr wohl und exakt umzugehen. Spannend bleibt also, wann sich aus der öffentlichen Kommunikation

---

[237] Siehe dazu die unter dem Stichwort „#metoo" in den Medien laufende Diskussion über männlichen Macht- und Sexualmissbrauch. Z.B.: Georg Diez, Das Dunkel am Grund, http://www.spiegel.de/kultur/gesellschaft/sexismus-das-dunkel-am-grund-ko-lumne-von-georg-diez-a-1182466.html.

auf verschobenen Ebenen - Mutter / Sohn, Tochter / Vater - ein Verhältnis entwickeln wird, bei dem man von Geschwister - Rivalitäts - Konflikt sprechen könnte.

Ich möchte noch ein anderes Modell anführen: Könnten sich die alten Schlagworte der Verhaltensforschung, wie etwa „Brutpflege" und „Revierkampf" bei einer solchen Entwicklung als brauchbar erweisen oder handelt es sich nur um Spiegelungen der patriarchalischen Gesellschaft unter dem Modell der ‚hegemonialen Männlichkeit'? Steht Frauen und Männern jeweils ein eher instinktgeleitetes Verhalten zur Verfügung, das nur geringfügig veränderbar sein kann? Oder ist Verhalten sehr viel mehr gelernt, situationsabhängig oder jeweils eine neue Konstruktion? Im politischen und kirchlichen Bereich gehen Frauen mit der Hoffnung und der Zuschreibung ans Werk, dass sie Konflikte anders als durch Machtintrigen oder kriegerische Auseinandersetzungen lösen können. Wenn das der Fall ist, müsste durch weibliche Leitung ein neues gesellschaftliches und kirchliches Klima entstehen.

Wenn Frauen mehr auf die Verwirklichung und Fortentwicklung von Beziehungen achten, Männer aber mehr auf die Durchsetzung einer Lehre, könnte sich durch weibliche Leitung durchaus ein neuer Kirchentypus entwickeln. Der Typus einer solchen Kirche hätte eine Schwerpunktverlagerung zur Folge: Die Praxis des Glaubens als Praxis gegenseitiger Achtung, Pflege und des Beieinander-Bleibens mit verschiedenen Gaben könnte in Zukunft den männlichen (?) Druck, zum „Eigentlichen" kommen zu müssen, entbehrlich machen. Mit dem „Eigentlichen" war häufig etwas gemeint, das die Wiederholung feststehender Formeln, die Anbindung des Tuns an die historische und geschichtliche Tradition und die theologische Deutung beinhaltete. Wo theologisch gesehen Ausgrenzung und Eingrenzung, Spruch und Widerspruch, These und Antithese, Systemkonformes und nicht Systemkonformes miteinander dualistisch im Kampf lagen, könnte es in Zukunft eher die Verknüpfung von Lebensquellen, Lebenserfahrungen, barmherziger Zuwendung, pflegender Betreuung und Fortentwicklung der Beziehungen unter den Menschen mit dem Ziel gegenseitiger Akzeptation geben.[238]

Eines Tages müsste die hierarchische Struktur der Institution Kirche dieser Entwicklung zum Opfer fallen. Der Heilige Geist hätte wieder eine Chance auf Kirchenleitung.

Der gut lutherische Theologe wird nun fragen, wo in diesem Bild das Böse bleibt. Harte Strukturen weltlicher Herrschaft und unter den

---

[238] Das scheint auch in der Politik ein Problem zu sein. Der Bundeskanzlerin Angela Merkel wird häufig (von Männern, die ihren Posten haben wollen) vorgeworfen, ihr fehle die große Vision. Könnte es sein, dass das ihr vorgeworfene „Verwalten" einfach einen anderen Politikstil ausdrückt, als die forsche Leitidee mit Durchsetzungswillen der jeweiligen männlichen Kandidaten?

Menschen wurden in dieser Form der Theologie schon immer als der Versuch gewertet, das Böse einzudämmen. Obwohl solche Theologie ihren Offenbarungseid in der Zeit des Dritten Reiches durch Rechtfertigung der Diktatur Hitlers[239] leisten musste, geht die Theologie weiter von der Wirksamkeit des Bösen im Menschen aus. Sonst wäre schließlich die gesamte Konstruktion der Vergebung der Sünden und damit ein Zentrum der Theologie hinfällig.

Die Evangelikalen, die lange gegen Frauenordination überhaupt oder gegen Frauen in leitenden geistlichen Ämtern insbesondere wetterten und den geistlichen Notstand beschworen, könnten in der Frauenfrage genau an dieser Stelle kritisch zu argumentieren versuchen. Wenn nämlich die Vergebung der Sünden eine fundamentale theologische und Glaubenswahrheit darstellt, wenn ferner davon ausgegangen werden kann, dass menschliches Handeln, Denken und Fühlen auch in ihrer jeweiligen Zuschreibungs-, Projektions- oder Abwehrform ambivalent bleiben, dann dürfte das wahrscheinlich nicht nur für den männlichen Teil der Menschheit gelten. Andernfalls könnte man in diesem Zusammenhang die männliche Herkunft der Sünden- und Vergebungslehre sogar gleich gemeinsam mit der psychoanalytischen Lehre in ihrer jetzigen Gestalt nachweisen.

Drückt sich in der Vorstellung vom abgesondert Sein, von der Gottesferne des Menschen etwa eine typisch männliche Wahrnehmungsform des Lebens aus? Dann müsste sowohl die paulinische als auch die lutherische Vorstellung vom erlöst Sein im Glauben, aber nicht im Schauen, vom zugleich Sünder und Gerechter Sein, einer typisch männlichen Welt- und Glaubenssicht entspringen. In diesem Falle hätten wir die eigentliche Reformation noch vor uns. Die Reformation Martin Luthers könnte allenfalls als eine männliche Teilreformation angesehen werden.

Der Widerstand eher konservativer katholischer Theologen gegen die Frauenordination und die Zusammenarbeit auf Leitungsebene mit Frauen aus anderen Konfessionen schließt sich logisch an. Die katholische Kirche macht in der Tat schon lange keinen Hehl aus ihrer rein männlichen Tradierung von Ordination und Glauben. Deshalb müssten bei der katholischen Theologie und Kirche die Formen männlichen Glaubens und Lehrens am besten zu studieren sein. Tut man dies mit dem Werkzeug der psychoanalytischen Lehre, wie etwa Drewermann, dann ergeben sich interessante Verschränkungen bis in die Kleidung des Priesters hinein.[240]

---

[239] Paul Althaus und Ludwig Gogarten seien hier genannt.

[240] Eugen Drewermann, Kleriker, Psychogramm eines Ideals, ungek. Ausgabe DTV München 1991, 580ff, bes. 595f. Die psychoanalytischen Voraussetzungen erscheinen zwar etwas spekulativ, können aber hier nicht diskutiert werden.

Die Frage lautet also: Hat sich bei dem Thema Frau und Kirche nicht doch unbewusst eine Form illusionärer Wahrnehmung mit eingeschlichen? Der Wunsch, in eine möglichst konfliktfreie Zukunft zu gehen, hat sich mit dem Bild der Frau in der Kirche verbunden. Darin könnte sich die Rückkehr zu einer narzisstischen Grundhaltung widerspiegeln, die schon längere Zeit zu beobachten war. Auf Frauen wird der Schutz vor der kränkenden Realität projiziert, um der Illusion der fortbestehenden und dauernd verfügbaren narzisstischen Zufuhr nahe zu kommen. Dies vorausgesetzt, könnten Frauen in der männlichen Zuschreibung die Aufgabe bekommen, die letzten Reste männlicher Grandiosität und darin am Ende die männlichen Formen der Institution Kirche zu retten.

Ganz entscheidend wird sein, ob Frauen sich selber auch innerlich auf dieses Modell eingelassen haben. Kränkungen, die Frauen an der Realität erfahren, wurden nämlich bisher häufig als Auswirkungen der männlichen Prägung der Realität verstanden. Wenn leitende Frauen weniger auf Hierarchie und Abhängigkeit, weniger auf Selbstdurchsetzung, weniger auf ritualisierte Abwehr, weniger auf das „Amt", dafür aber mehr auf die charismatisch / geistlichen Gaben in den Gemeinden, die versöhnte Vielfalt und die Anerkennung der potentiellen Geistesgaben bei allen Menschen setzen, werden sie dem Heiligen Geist mehr Platz verschaffen, als das uns Männern bisher möglich war.

Männlich / weiblich nur eine Konstruktion

Die feministische Theologie spielt da auch eine Rolle. Nicht dass ich davon besonders viel verstehe, aber als „Mann einer Frau" und Vater von Töchtern fühle ich mich doch einigermaßen up to date in Sachen Weiblichkeit. In der esoterischen „Lieblings"zeitschrift meiner „Frauen" und auch Söhne erblickte ich die mir bekannten Bilder zweier Kolleginnen. Das interessierte nun auch mich. Beim Lesen mehrerer anderer Zeitungsbeiträge fiel mir auf, wie sich auch die weibliche Seite der Theologie, wenn auch unter innerem Widerstand, gleich alter Männertheologie auseinanderdividiert. Dorothee Sölle gingen beispielsweise die Gegensätze im mythologisch - patriarchalischen kontra befreiungstheologisch - feministischen Feld gut von der Hand. Die Anstrengung des Begriffs als „hardware" von Realitätserfahrung und gleichzeitigem Leiden unter ihr?

Was auch uns Männern zu schaffen macht, ist die oft hirnlos wirkende, ausgehöhlte Institution, die zu ändern uns nicht gelingt. Wenn der Schein nicht trügt, sind Frauen auf dem besten Wege, die männlichen Züge der Institution zu beerben und wider Willen weiterzuentwickeln. Gibt es denn bei uns überhaupt noch Phantasien, wie das alles anders gehen könnte?

Selbst wenn man inzwischen weiß und akzeptiert hat, dass Institutionen ein Eigenleben führen, bisweilen Leben ersticken, wenn sie nicht auf die reine Funktionalität reduzierbar sind, werden sie doch von weiß Gott wem, wahrscheinlich uns allen, am Leben gehalten und gefüttert: Institutionen in Gestalt von Gottheiten? Wir Männer können uns nicht einmal so weit aus ihren Fängen befreien, dass wir die angestammt patriarchale Rolle des Familienvaters präsent und lebendig ausfüllen können. Unsere Familien werden zu Anhängseln degradiert, die man halt leider in Kauf nehmen muss, meistens in den Augen der Institution nur störend zu bemerken.

In den Männerherzen regiert die Angst, nicht anerkannt zu werden und das Dasein des nützlichen Idioten in der theologisch überhöhten Institution spielen zu dürfen. Wehe, wir steigen aus, wenn wir erst einmal eingestiegen sind. Wer will da die Aufbrüche ins Menschsein aus den 70iger Jahren noch als reale Utopie vor sich hertragen und als lächerliche Memme, "die in Gefühl macht und in Beziehungskiste", auf einer Kanzel stehen? Die so genannte Gesprächsbereitschaft hat nur noch ritualisierten Kampf - Charakter im bewusst unbewusst gehaltenen Rangstreit. Wer zu viel redet - von den Männern - gilt als Schwätzer oder als jemand, der sich dauernd rechtfertigen muss. Offenheit verlockt zum Angriff.

Es scheint eher so, als seien die Zeiten derer, die im Alltäglichen und Konkreten einen Widerschein der Gotteserfahrungen der Bibel sehen und ihr Leben damit verschränken, vorbei. Die hauseigenen Fundamentalisten klopfen zwar nicht mehr ganz so energisch an unsere Türen. Vielleicht aber nehmen sie – wie die Islamisten im Islam – doch irgendwann mal wieder die Brechstange. Ritualisierte evangelikal – charismatisch - fundamentalistische Wortgemische halfen auch den Altlinken in der männlichen Kirchenstruktur und -institution auf. Merkwürdigerweise fahren noch heute gerade in vermehrter Präsenz Frauen verstärkt darauf ab - wenn auch nicht die Theologinnen.

Das mag ein Zeichen dafür sein, dass unsere im äußeren Sinne oft leer erscheinenden Kirchen so wenig zu bieten haben, dass Suchende jeden Strohhalm ergreifen, der sie aus dem inneren und äußeren realen und religiösen Chaos zu retten verspricht. Fundamentalistische Worthülsen tragen den Anschein der Partizipation an der Kraft Gottes deutlich vor sich her. Wer sein Leben Christus übergeben hat, gehört zur religiösen Oberklasse und partizipiert an der Siegeskraft Gottes. An der Formel erkennt man den Triumphchristen. Genau dagegen scheint auch der Versuch der feministischen Theologie gerichtet, Geschichte mit Gott weiter zu schreiben statt sie nur pharisäisch wieder und wieder in ein Zwangskorsett der Auslegung zu pressen.

Symbole erzählen eben nicht nur mehr über die Männer, die sie gebrauchen, als über Gott. Das gleiche gilt doch auch für Frauen. Der Gott, der mit Blitz und Donner von oben ohne menschliches Zutun gewaltig eingreift, ist in den letzten Jahrzehnten von keinem christlichen

Theologen propagiert worden. Er mag ein männliches Zerrbild oder eine tief liegende alte Sehnsucht von Menschen angesichts des Chaos, das sie anrichten, sein, die gute alte „Freud'sche Illusion". Allerdings kann auch ich nicht verleugnen, dass offenbar Männer unbewusst von dieser Illusion in die Untiefen des Daseins gestürzt werden. Dennoch bemerke ich nichts von einer "herrschenden Theologie" mit "autoritärer Unnahbarkeit".

Ich sehe überhaupt keine herrschende Theologie, sondern nur oft noch Herrschaftssprüche, die aus Überlieferungsresten hervorgeholt und in postmoderner Beliebigkeit zur Absicherung von Positionen benutzt werden. Die jahrelang gängige Betroffenheitssprache hat sich inzwischen so weit ritualisiert, dass auch darin keine Lebenserfahrungen mehr transportiert und verknüpft werden können. Sprachlosigkeit des Glaubens wird mit liturgischen Kasteiungen, sieben - Wochen - ohne - Ritualen, religiösen Massenspektakeln (pro christ 93 für 8 Millionen Mark), dem inzwischen erstaunlicher Weise auch bei Protestanten befürworteten Pilgern[241] und sektiererischen Engführungen aufgefüllt. Die Worte gehen aus, wo ein Glaube zum Reden gezwungen ist, der zurzeit wenig Sprache hat. Wäre es nicht für uns Frauen und Männer innerhalb der Kirche gut, einmal einige Wochen in der Tat zu schweigen und auf den Schwall der Worte zu verzichten?

Viele Jahre meines Männer- und Pfarrerlebens war ich an der Seite von Menschen, deren religiöse Symbole und Bilder in ganz unmystischer Weise mit ihnen machten, was sie wollten. Für die einen war es die völlige Zerstörung, für andere der totale Hass, für wieder andere die Rettung der Seele aus der Not des psychischen Todes und für einige ein mächtiges Identifikationsobjekt. „Maria" hieß da nicht einfach eine Frau. Sie war Mutter Gottes und hielt die Fäden des Lebens in der Hand. „Eva" hatte keine Möglichkeit zu schlafen, weil sie schließlich über die Schöpfung wachen musste, damit das Leben weitergeht, und Adam sich nur sehr bedingt zum Schichtwechsel bewegen ließ. Frau X. ging dem Herrn entgegen, damit sie da sei, wenn er mit seinen Füßen auf dem Berg Zion ankomme, und wurde total erschöpft von der Polizei am Wegesrand aufgegriffen, als sie sich hinter einem Busch ausruhen wollte. Fritz fühlte sich auf böseste Weise sündig, nämlich ausgeschlossen aus der Gemeinschaft mit seiner Frau, die ihn verlassen hatte. Und

---

[241] Siehe z.B. Detlef Lienau, Luthers Wallfahrtskritik als Wegweiser für heutiges Pilgern Lutherisch Pilgern, http://www.pfarrerverband.de/ pfarrerblatt/index.php? a=show &id=3837. Gegen das Wandern kann ja niemand was haben, aber zur Seligkeit führt es nicht allein! Warum sollte das Parken auf dem Parkplatz „Johannes XXIII." oder das Einatmen des Weihrauchs aus dem spektakulären Weihrauchfass in Santiagos Kathedrale am Gottesverhältnis eines Menschen etwas ändern? Einen Gottesdienst kann man schließlich überall besuchen. Nur in Santiago ist es eben ein ‚Event', egal wie einfältig die Predigten ausfallen! Mit tausend Menschen Gottesdienst zu feiern ist eben erhebender als mit neun, selbst wenn die Priester dieselben sind wie zu Hause.

Egon suchte den Zuspruch weiblicher Vergebung als armseliger Vergewaltiger. Jesus schließlich ging über Wasser und vergaß, dass er sich zu diesem Zweck nicht vor dem städtischen Brunnen hätte ausziehen müssen. Und Elia lebte in dem Zwiespalt, ob nicht hinter Gott noch ein mächtigerer Böser seinen Dienst tue, der ihm das Leben unmöglich macht.

Selbst für einen Mann war da mit den drei Bildern göttlicher „Omnis" nichts auszurichten. Der Frau an meiner Seite fiel es leichter, mit den Menschen einfach solidarisch zu sein. Ich hatte das Bedürfnis, etwas für sie in der Öffentlichkeit zu tun (und für mich gleich mit!) Das ist ziemlich gründlich misslungen. Es ist nicht leicht, auf dem Zahnfleisch männlicher (menschlicher?) Selbstdarstellung und Selbstrechtfertigung zu gehen und schlichte „Ohn – Mächtigkeit" zu erfahren, zu erleben und zu tragen. Mag darin ein wesentlicher männlicher Zug der biblisch überlieferten Erfahrungen liegen? Der Hilflosigkeit erfahrende Mann, wie der Prophet Elia als depressiv zum Tode sich wünschender, nachdem er so heftige blutrünstige Spektakel mit göttlicher Macht heraufbeschworen und seine Widersacher, die Baalspriester, umgebracht hatte?

Selbst Elia ging es anders. Er hatte die böse Erkenntnis (Einsicht) erwischt, er sei auch nicht besser als seine Väter und sich unter den Baum gelegt um zu sterben. Dann aber rafft er sich auf (wird getrieben?), in einem vierzigtägigen Marsch die ganze Wut in sich abzulaufen. Und dann folgt sein Gotteserlebnis: der sanfte Windhauch - ganz gegen seine Vorerfahrung. Mir scheint, diese Wahrnehmung von Mann liegt noch nicht im Blick feministischer Horizonte, obwohl die Bibel und das Leben auch alle anderen Lebensschattierungen von Männern bietet, von Jesus einmal ganz zu schweigen. Es hat aber auch nie ein Mann behauptet, dass Jesus etwa ein (Betroffene mögen mir verzeihen!) Oberkirchenrat oder Theologieprofessor gewesen sei.

Der von Dorothee Sölle als „emphaselose(s) nichts als" apostrophierte Zwang der (männlichen) Kirche, stets über dem Alltäglichen zum Eigentlichen kommen zu müssen, hat sich doch inzwischen als kirchenamtlicher Knebel herausgestellt, der nur noch selten angewandt wird. Wir erzählen einander Geschichten, alte und neue, von anderen und eigene, in denen wir Verletzungen, Kränkungen, Aggressionen, Wut, Trauer und Hass, Friedlosigkeit und Sehnsucht nach Heilung zum Ausdruck bringen. Manche aber erwarten gerade von Männern unter den Theologen immer wieder den Schwertschlag, der den gordischen Knoten entwirrt.

Nein, nein, wir haben kein anderes Thema, wir Männer! Auch wir suchen Worte des Glaubens in der Erfahrung des Alltags und erleben daran unser Scheitern, unsere Kränkung und bisweilen nach Zeiten der Dürre einen neuen Aufbruch aus der Sehnsucht nach dem Leben. Die

Erfahrungen unserer Vorfahren sind doch deutlich genug, auch mit zum großen Teil vermännlichten Symbolen. Wir wagen sie nur oft nicht mit unseren zusammenzubringen. Die Unmittelbarkeit des Lebens, seine Zwänge und Befreiungserfahrungen, das immer neue Herausgehen aus dem Alten, das gefangen nimmt - ist das nicht ein Kennzeichen jeden Glaubens, sei er männlich oder weiblich? Und wenn Gott eine Frau ist oder ein Kind... - Bilder und Symbole menschlicher Wirklichkeiten und Hoffnungen. Große Sehnsucht, heruntergewirtschaftet zu kleiner Münze, hinter der „man" die Urkraft des wahren Lebens gerade noch spürt. Für neue Aufbrüche kann es allemal reichen, wenn einige ihren Wahrnehmungen vom Leben trauen und anderen die Augen befreiend öffnen können.

Am Ende aber leben wir alle in Zeiten, die uns den Atem zu rauben drohen. Niemand fällt etwas ein, weder Frauen noch Männern, wie die rasenden Kerle mit ihren Gewehren und Bomben, die wir Jahrzehnte lang in der Versenkung verschwunden glaubten, wieder in dieselbige befördert werden könnten! Die Beschwörungen auf den Kanzeln klingen wie Gebetsmühlen. Sollten da nicht die Bilder des Lebens aufhelfen?

Kapitel X

Wovon wird die Kirche leben?

Bei allen Forderungen, den Heiligen Geist nicht aus der Kirche auszutreiben, drängt sich die Frage auf, wovon die Kirche in der Zukunft leben will. Hindert es den Heiligen Geist, seine Kirche zu leiten, wenn die Strukturen von Geld leben? Ist es sinnvoll, die Kirchensteuer abzuschaffen? Der Sonntagsgottesdienst könnte auch stattfinden, wenn der Pastor werktags einer anderen Berufstätigkeit nachgeht. Das hätte sogar manches für sich, mit dem jetzigen System aber sind wir unabhängig, wirklich auf die Bibel einerseits und die Gemeinde andererseits zu hören und beides zu vermitteln, den Raum der Kirche auch für den Heiligen Geist offen zu halten und vorzubereiten. Nicht nur am Sonntag ist das notwendig, sondern gerade an allen anderen Tagen.

Die Menschen, die in dieser durch Kirchensteuern finanzierten Kirche arbeiten, brauchen nicht bei jedem Arbeitsvorgang darüber nachzudenken, ob er auch etwas zum Lebensunterhalt beitragen kann. Sie können auch einmal einen Umweg mit einem Menschen machen oder mit Menschen umgehen, denen keiner mehr zuhören will. Wir können uns sogar noch die Großzügigkeit leisten, Menschen zu betreuen, die uns ablehnend gegenüberstehen. Die Kirchensteuer als Beitragssystem der Kirchen schafft auch zurzeit noch ein Gleichmaß und eine Überschaubarkeit der finanziellen Möglichkeiten. Nur dadurch können Dauerbetrieb und Planung überhaupt aufrechterhalten werden. Eine Kirche wird dadurch unabhängig vom Einfluss einzelner Großzahler, eifernd missionierender Gruppen, sektenhafter Randgruppentheologie und politischer Willfährigkeit. Genau genommen schafft der Kirchensteuereinzug die Freiheit, die die Kirche für ihren Auftrag braucht, sich den Menschen unabhängig von ihrem Stand, ihrer Leistung, ihrem gesellschaftlichen Status zuzuwenden.

Das gibt die Möglichkeit zur Verkündigung des Evangeliums an alle Menschen. Andererseits liegt darin für die Kirchen auch die Versuchung, die Unabhängigkeit zum Selbstzweck zu steigern. Unabhängigkeit ist an den Einsatz für das Wirken des Geistes gebunden. In Kirchen, die vom Wohlstand abhängig werden, wächst die Bereitschaft, all das zu tun, was den Wohlstand mehren oder zu erhalten hilft. Eine arme Bekenntniskirche kann die gesellschaftliche Rolle, die die Kirche auch heute noch wahrnimmt, nicht aufrecht halten. Ihre Unabhängigkeit wächst aber enorm, sofern auf die Dauer eine Entwicklung zur Sekte verhindert werden kann. Die kleine überschaubare bekennende Gemeinde kann allzu leicht von einzelnen dominiert werden. Das gilt sowohl im gruppendynamischen als auch im finanziellen Sinne. Sie entwickelt das Gefühl aller Gruppen des "Wir" und des "Nicht - Wir". Damit stellt sie kein Modell für die Überwindung von Klüften und Gegensätzen in der Gesellschaft dar. Zu den Grundaussagen der christlichen Theologie und Glaubens gehört die Überwindung von Gegensätzen bis hin zu dem Gedanken, dass in Gott alle Gegensätze aufgehoben sind. Die Volkskirche steht in der Gefahr, dies als das Prinzip des nach allen Seiten Offenseins misszuverstehen.

Geistgeschaffene Offenheit ist nur eine Grundvoraussetzung, um zur Überwindung von Gegensätzen beizutragen. Sie stellt keine grundsätzliche Beliebigkeit dar. Sonst müsste die Kirche auch offen sein für alles, was Offenheit zerstört: für Menschen- und Tierversuche, satanische Kulte, Kriege, Unterdrückung, Terror und alles andere. Die Offenheit des Glaubens ist zielgerichtete Offenheit der Liebe, die verbinden möchte. Sie ist Offenheit für Menschen und ihre Sehnsüchte, Träume, Ängste, Wut, Ärger, Klage und Trauer. Sie ist Offenheit für die Wirkungen des Heiligen Geistes. Dieser schafft „Liebe, Freude, Friede, Geduld, Freundlichkeit, Güte, Treue, Sanftmut und Unbestechlichkeit".

Dieses Bewusstsein muss das Unternehmen Kirche prägen. Weder Gewinnmaximierung noch bessere Ausbeutung der menschlichen Ressourcen kann das Ziel der schlankeren Verwaltung und der Konzentration auf die Kernaufgaben sein. Überall wird die Kirche jetzt als Unternehmen gesehen. Dadurch kommt es kirchenleitendem Handeln gleich, wenn finanzielle und personelle Ressourcen auf den Prüfstand und in die Neuordnung geführt werden. Die Kirche ist ein großer Arbeitgeber, dessen Personal- und Finanzplanung ähnlichen Kriterien unterzogen werden kann wie in anderen Großstrukturen. Sie hat auch dieselben Probleme wie andere Großstrukturen. Wer ein Unternehmen führt, muss es von Zeit zu Zeit restrukturieren, die Produktpalette durchforsten und die Mitarbeiter und Mitarbeiterinnen neu motivieren. Eigentlich war das in den Kirchen einst ganz gut gelöst. Die Motivation kam aus der Botschaft, die zu verkünden und daraus zu leben die Aufgabe und das Produkt ist. Als Leitbild dienten die Heiligen, die Märtyrer, Jesus und die besonderen Glaubensgrößen. Die protestantischen Kirchen entwickelten das Leitbild vom Priestertum aller Gläubigen, von denen jeder einzelne an seinem jeweiligen Platz in der Welt die Botschaft von der Erlösung durch das Kreuz Christi mit Leben erfüllen sollte. Wirkungsstätte des Heiligen Geistes wurde sozusagen die säkulare Welt von Beruf und Stand. Jeder Mann und jede Frau hatten ihre Fähigkeiten und Fertigkeiten als Gaben des Geistes zu verstehen und zu glauben. In der Kirche wurde nur das Bewusstsein dieses Geistwirkens wach gehalten sowie in Bekenntnis, Dank, Bitte und dem Hören auf das Evangelium neu orientiert. Das Bewusstsein aber, dass Fähigkeiten verkümmern und Fertigkeiten verkommen, wenn sie nicht geistgeleitet sind, schwindet und wird durch den Stolz auf eigene Fähigkeiten und zunehmend durch Spiel mit dem „Glück" ersetzt.

In der Gemeinde dagegen gibt es keine durch Geistesgaben besonders herausgehobene Einzeldarsteller, sondern die Vielfalt der verschiedensten Gaben und Möglichkeiten. Es gibt keinen charismatischen und autoritären Führer, der allein die Geister unterscheidet und dadurch die Unsicheren an sich zieht, denn das Haupt ist Christus. Es gibt aber wohl Menschen, die sich in besonderer Weise sogar beruflich dazu verpflichtet haben, das Gespräch in den Glauben und den Glauben ins Gespräch zu bringen. In dieser Offenheit gibt es keine Missionierung auf „Teufel komm raus!". Dafür aber gibt es Gelegenheiten genug, das richtige, das heilende, das öffnende oder das tröstende Wort zur rechten Zeit zu sagen. Hier gibt es keine Reich - Gottes - Partei, die den anderen Menschen, Parteien und Gruppierungen wenn schon nicht offen überlegen, dann doch im Stillen weit vorauseilt. Hier gibt es aber durchaus die Fähigkeit und die Offenheit, Fragen nach dem Menschen und seinem Leiden in dieser Welt vor Menschen und vor Gott zu stellen.

In dieser Offenheit gibt es kein kirchliches Lehramt, das die Auslegungen der Bibel vereinheitlicht und die Meinungen und Seelen der Menschen mit Worten niedermacht. Wohl aber gibt es Geschichten darüber, wie Menschen Befreiung, Trost, Wiedergeburt und sogar Auferstehung erfahren. Die Gemeinschaft der Heiligen ist keine Gemeinschaft der Edleren, die die Wahrheit gepachtet haben. Sie ist eine Gemeinschaft der Heiligen darin, dass es in ihr nicht die Zwänge von Karriere, Anpassung, Leistung und vorauseilendem Gehorsam geben muss. Sie ist die Gemeinschaft, die der Heilige Geist immer neu schafft und immer neu sendet.

Diese Gemeinschaft bringt viele notwendige Dinge hervor. Da wären Flüchtlingshilfe, Sterbebegleitung, Hilfe zur Selbsthilfe in fernen Ländern und zu Hause, kümmern um die, die es selbst nicht so gut können, und, wie schon häufiger betont, Zuwendung zu denen, die uns im Grunde lächerlich oder auch feindlich wahrnehmen. Dazu gehört auch das Festhalten daran, dass Konflikte lösbar sind, wenn sie nicht mit Waffen ausgetragen werden. Zudem kommt der Glaube, Gott trachte nicht danach, Menschen zu bestrafen, sondern sie zu öffnen, zu befreien, zuversichtlich und trotzdem demütig zu machen. Nicht das Verurteilen ist Aufgabe der Menschen in diesem Sinne, sondern das Zurechthelfen, Fehler wieder gut zu machen und schließlich zu vergeben, damit Menschen als Kinder Gottes miteinander leben.

Es bleibt die Hoffnung, dass sich auch in Zukunft genug Menschen finden, die das durch ihre Kirchensteuer sicherstellen und so Gottes Blässe ein wenig konturieren helfen. Dass wir - ähnlich wie die islamische Religion - am Ende ohne helfende Struktur dastehen und jeder Verrückte ernsthaft einen Gottesstaat ausrufen und dafür auch noch Anhänger finden kann, die die Ungläubigen töten, oder dass jeder Staat sich seinen eigenen Islam schafft, in dem gegen die Regierung = gegen den Islam bedeutet, davor bewahre uns der Heilige Geist! Unsere Kirche aber soll sammeln, trösten, Raum bieten, die Rechtfertigung vor Gott – umsonst - wirklich ernst nehmen und Anregungen geben, aber nicht herrschen oder in kleinlicher Verwaltung noch den Staat zu übertreffen versuchen.

Über all dem kommt im Leben auch des „Geistlichen", ein Einschnitt, der heute ohne Ausweichen jede(n) abhängig Beschäftigte(n) trifft. Da macht man dann neue Erfahrungen.

Kapitel XI

Der Ruhestand

Eine heute unangemessene und rechtlich nicht begründbare Intervention in das individuelle Leben, in der der Heilige Geist völlig ausgedient hat.

Vollkommen ohne Geist geht es für Pastoren am Ende des Berufslebens zu. Dass Gott seine Berufung zurücknimmt, ist eher unwahrscheinlich und würde wohl von PastorInnen selbst bemerkt. Dass aber der Arbeitgeber Kirche Schluss macht, das merkt man deutlich: Zum festgesetzten Zeitpunkt heißt es: Ab in den Ruhestand: Arbeitsverbot im Beruf? Das wirkt wie ein feudalistischer Restbestand: Arbeitgeber könnten weiter beschäftigen, der Arbeitnehmer kann sich aber nicht verlängern. Ich kenne viele, die gerne über die so genannte Altersgrenze hinaus tätig gewesen wären. Es wird Zeit, dass sich da was ändert. Was einstmals eine soziale Errungenschaft war, hat sich in Zwang verwandelt.

Ruhestand: Genau genommen ist es ein willkürlicher Termin, von dem an ein Mensch in unserer Gesellschaft berechtigt ist, sich zur Ruhe zu setzen und aufgrund seiner Lebensarbeitszeit eine vertraglich festgelegte Zahlung bis zum Tod zu erhalten. Über die Definition der Altersgrenze gab und gibt es erheblichen Streit zumindest in Europa. Dabei ging es um die finanziellen Lasten, die die alternden Bevölkerungen in unserem Teil der Erde den nachfolgenden Generationen und ihrem Wirtschaften zumuten dürfen, können oder wollen. Der Vorwurf des Sozialabbaus wurde erhoben, falls die Altersgrenze angehoben wird. Bis vor kurzem wurde das Erreichen der Altersgrenze von den Menschen mit bekömmlicher Rente oder Pension als soziale Errungenschaft bewertet. Viele fieberten ihrer Rente entgegen. Sie nutzten die letzten Kalender als Abstreichlisten wie Gefängnisinsassen. Ist Arbeit mit einem Gefängnis vergleichbar, dem man durch Rente oder Pension entkommt?

Manche hassten ihre beruflichen Verpflichtungen ganz offensichtlich. Aber das ist nicht das Problem. Menschen, die ihre Erwerbstätigkeit hassen, sollten wirklich in den Ruhestand wechseln. Menschen, die ihre Arbeit ausgelaugt hat, sollten nicht endlos gequält und dann noch mit einer kleinen Rente bestraft werden.

Dass diese Intervention in ein selbst bestimmtes Leben aber zum Zwang ausartet, ist das Problem. Warum kann ein Mensch nicht selbst bestimmen, wie lange er arbeiten will? Das Zur - Ruhe - Setzen – klingt wie das ‚zur Ruhe betten' aus anderem Anlass – könnte doch als Beendigung der Lebensarbeitszeit flexibilisiert werden, wenn das Passive herausgenommen wird. Vielleicht hat jemand mit 40 Jahren keinen Spaß mehr an seiner Arbeit. Mit 50 aber kommt der Spaß wieder. Warum kann der nicht fünf Jahre pausieren und Rente beziehen und dann die Arbeit wieder aufnehmen? Beispiele bietet die Politik. Da stehen Leute in ihrer Karriere mit Ende 50 auf der Kante, mit über 70 werden sie zum beliebtesten Politiker des Landes erkoren.

Also: In unserer Gesellschaft kommt für jeden unweigerlich der Punkt, wo er oder sie zwangsweise „zur Ruhe gesetzt", sein Einkommen ohne sein Zutun und ohne seinen Willen kräftig reduziert und sein Geisteszustand per Herkommen auf den eines funktionslosen „Opas" oder einer funktionslosen „Oma", also Versorgungsempfänger/s/in, reduziert wird. Er oder sie darf nicht, sondern muss aufhören!

„Es steht Ihnen ja das Ehrenamt offen!", heißt es zur Beruhigung. In meinem Kopf erscheint für solche Leute, die zwangsweise in Rente gesetzt werden, das Bild der alten Nachbarin meiner frühen Kindheit. Sie konnte nun wirklich nicht viel mehr als den Hof fegen und hinterher kam dann der Bauer, ihr Sohn, und fegte noch mal richtig. Eine Milchkanne zu tragen, war ihr zu schwer, das machten wir Kinder gerne. Und ihr Lachen klang wie eine scheppernde Kanne aus Blech, so ein kraftloses: He, he, he ...

Ich bin irgendwann in so einen Ruhestand gewechselt und das trotz Protest ohne gefragt zu werden, also unter Zwang. Vielleicht war mein Sträuben nicht heftig genug, obwohl ich es mehrfach öffentlich gemacht habe. Das wurde aber nicht wirklich ernst genommen. Auch keine Zeitung hat darüber berichtet, obwohl ich das ausdrücklich autorisiert hatte – kein Thema!

Es ist mir also verboten, meinen Beruf unter normalen Bedingungen auszuüben. Selbstverständlich behalte ich als Pastor meine Rechte der „Wortverkündigung", also des Predigens, und der „Verwaltung der Sakramente", also des Haltens von Gottesdiensten mit Abendmahl oder Taufen etc. Ich kann auch Seelsorge betreiben. Aber ich mache es eben nicht mehr zu Erwerbszwecken. Und mancher sagt: „Sei doch froh, jetzt kannst du machen, was du willst." Will ich wirklich machen, was ich will? Das klingt nach der Frage der Kinder im Kinderladen der 70iger Jahre: Sag mal Marion, müssen wir heute wieder spielen, was wir wollen?

Das „Zur Ruhe Setzen" mag angeblich einmal den Grund gehabt haben, dass die 65 Jährigen nicht mehr in der Lage waren, einen zusammenhängenden Satz zu bilden und zuhauf kurz nach 65 oder 67 ablebten - wobei das auch heute niemand im Voraus weiß -, dass sie als geistig unbeweglich galten und den Lehren ihrer Jugend anhingen, die inzwischen drei Mal als nicht mehr zutreffend qualifiziert wurden.

Seit wann gibt es Rente?

Rechtlich existiert die ‚deutsche Rente' seit 1889[242]. Damals war das prüfungsfreie Eintrittsalter 70 Jahre. In Wirklichkeit gingen die Arbeiter mit durchschnittlich 57 Jahren in eine Rente wegen Arbeitsunfähigkeit. Die Beamtenschaft genoss bereits seit 1805 in Bayern und seit 1825 in Preußen eine steuerfinanzierte Pensionsregelung, die 1873 im Reichsbeamtengesetz für das Deutsche Reich ihre gesetzliche Grundlage fand.[243] Dieses Gesetz enthält Vorschriften über den Eintritt in die Pension durch Antrag des Beamten besonders wegen Dienstunfähigkeit (§§34ff.) und eine Zwangspensionierung wegen Amtsunfähigkeit (§61ff.). Eine Altersgrenze ist nicht enthalten. Erst im Jahre 1922 ging die Regierung die Altersfrage an. Eine gesetzliche Regelung wurde für notwendig erachtet, denn „bisher konnten zwar nach § 60 a des Reichsbeamtengesetzes 65jährige, nicht mehr dienstfähige Beamte auch ohne ihren Antrag in den Ruhestand versetzt werden, doch hatte sich dieses Verfahren wegen der damit für den betroffenen Beamten verbundenen Kränkung in der Praxis nicht durchgesetzt."[244] Das Ziel war offensichtlich eine Verjüngung der Beamtenschaft. Die Altersgrenze ist also keine alte Tradition, sondern Ergebnis einer politischen Gestaltung und noch keine hundert Jahre alt. Historisch gesehen kann man verstehen, dass die Weimarer Regierung die Beamten aus der Kaiserzeit loswerden wollte. Sie repräsentierten eben das alte System und konnten dafür sorgen, dass die neue Staatlichkeit ins Leere lief oder gar scheitern musste.

Wenn heute so getan wird, als sei die Altersgrenze eine lange gepflegte Übung der Menschheit, dann ist das grundfalsch. In früheren Jahrhunderten gab es gar niemand, der alten Menschen irgendeine Ruhezeit zugestanden hätte. Denn das setzt ja voraus, dass irgendjemand, und sei es die Regierung, vorgesorgt hat. Das wiederum setzt übersichtliche Ressourcen voraus und einheitliche Gesetzgebung. Solche Dinge gab es nicht oft. Deshalb mussten sich die Menschen versorgen, bis sie tot umfielen. Kranke mussten sich auf ihre Familien verlassen oder auf Almosen und eher unorganisierte Armenpflege. Insofern ist der Ruhestand eine große soziale und politische Leistung der Gesellschaften. Aber das bedeutet nicht, dass man die Menschen im Alter aussortieren muss, ob sie können und wollen oder nicht.

---

[242] 22. Juli 1889: Gesetz betreffend die Invaliditäts- und Alterssicherung der Arbeiter. http://www.bpb. de/politik/innenpolitik/rentenpolitik/ 141486/bismarcks-sozialgesetz.

[243] http://www.bpb.de/politik/innenpolitik/rentenpolitik/141486/ bis marcks-sozialgesetz. Gesetz, betreffend die Rechtsverhältnisse der Reichsbeamten, Vom 31. März 1873, http://www.documentarchiv.de/ nzjh.html.

[244] Entwurf eines Gesetzes über die Altersgrenze der Reichsbeamten, http://www.bundesarchiv.de/aktenreichskanzlei/1919-1933/111/wir/wir2p/kap1_1.

Bei körperlich Tätigen war und ist die Lage anders. Bei ihnen gilt Arbeit immer noch als „Schinderei" oder gar als Schikane. Sie sehen ihr Leben lang, dass Leute, die nicht „arbeiten", besser dastehen als die Handarbeiter. In meiner Kindheit hörte ich oft den Spruch aus Bauernmund: „Man sollte am Sonntag Lehrer sein und am Werktag Pfarrer!" Das sagt alles. Viele, die so denken, empfinden es weiter als (soziale) Errungenschaft, in Ruhestand geschickt zu werden, es sei denn, die erworbene Rente ist zu gering. Aber bei allen gilt auch, Verantwortliche woll(t)en viele von ihnen tatsächlich loswerden und hatten oder haben mit dem Rentenalter eine unverdächtige Gelegenheit dazu.

Allerdings erinnere ich mich lebhaft und zum Teil gerne an Kollegen, die bis zum siebzigsten Lebensjahr im Dienst standen und diesen zur vollen Zufriedenheit ihrer Gemeinde ausübten. Es gab aber auch schon Phasen, in denen die Kollegen mit 58 Jahren den Ruhestand freiwillig ansteuerten. Die Kirchen wollten Personal loswerden und taten dies auf Kosten Ihrer eigenen Ruhestandskassen. (Die Grundlage für diese Handlungsweise, der erwartete Rückgang der Kirchensteuern, ist übrigens nie eingetreten!) Gut – wer das freiwillig mitmacht und eine bessere Alternative hat... Da war dann nicht von der Unfähigkeit der Alten die Rede, die ohnehin bei Berufen wie Arzt, Journalist, Pastor oder Lehrer ein Märchen ist. Zumindest bei den PastorInnen kann ich das selbst beurteilen. Da gewinnt man ja die richtige Berufsreife eigentlich erst mit 60! Alle anderen Jahre sind Vorübungen und Ablegungsrituale für Ehrgeiz und Selbstüberschätzung. Insofern ist es ohnehin ein ‚alter' Beruf.

Zurruhesetzung gleich Unfähigkeitserklärung?

Warum also diese Unfähigerklärung Ruhestand zu einem bestimmten Alter? Die ganze Gesellschaft diskutiert, dass wir einem Zustand immer näher kommen, in dem ein Arbeitnehmer zwei oder gar drei Rentner ernähren muss. Die Landes- und anderer Institutionen Haushalte drohen von der Pensionenlast erdrückt zu werden. Wäre das nötig, wenn der oder die im derzeitigen Rentenalter Befindliche seine oder ihre Tätigkeit weiter ausübt? Wenn das Ruhestandsangebot freiwillig wäre, gäbe es sicher in manchen Arbeitsfeldern 50 Prozent der Zwangsversetzten, die gerne weiter tätig wären, um ihren Lebensunterhalt selbst zu verdienen. Diese müssten von keinem anderen regulär Arbeitenden ernährt werden. Die Steuereinkünfte des Staates wären entsprechend höher. Die Zufriedenheit unter den Generationen ebenso. Ich kann jeden jungen Mann und jede junge Frau verstehen, die darüber klagt, dass sie die vitalen heutigen RentnerInnen ernähren muss, die dann auf ihre Kosten weltweit unterwegs sind und in den Ferien den jungen Familien beim Camping die besten Stellplätze wegschnappen sowie so gar keinen bedürftigen Eindruck machen.

Zu aller Blödheit kommt dann noch das Argument, die noch gar nicht Alten müssten die Arbeitsplätze für die Jungen freimachen. Klagte nicht die Wirtschaft eben noch über die wegbrechenden Fachkräfte und dadurch entstehenden wirtschaftlichen Schaden? Bis zugewanderte MigrantInnen - wenn die Politik sich endlich dazu durchringt, das Land für Zuwanderer zu öffnen und den Missbrauch des Asylrechtes zur Zuwanderungssteuerung einzustellen – zu gleichwertigen Fachkräften herangewachsen sind, wird es zwar unterschiedlich lang, aber insgesamt zu lange dauern. Wann wird wie bei IngineurInnen schon lange die Klagewelle übers Land schwappen, dass es nicht genug ÄrztInnen, LehrerInnen, JournalistInnen oder auch PastorInnen gibt. Wobei auf die Dauer fraglicher wird, ob es letztere dann überhaupt noch geben muss! Der Pastor / die Pastorin ohne Gemeindemitglieder muss erst noch erfunden werden, es sei denn, das Ganze wird von einer anderen Religion übernommen, wo die Kollegen (!) dann sehr viel preiswerter und einfacher fundamentalistisch vorzubereiten und zu dirigieren sind.

Weiteres Argument: „Wir leben in einer freien Gesellschaft, wo jeder nach seiner Facon existieren kann!" Schön wär's, wenn das auf unsere Gesellschaft zuträfe! Man wird in allen Sachen gegängelt und gleichgemacht und hat Vorschriften aller Art zu befolgen. Wer schon einmal ein Haus gebaut, eine Steuererklärung abgegeben oder in Frankreich ein religiöses Plakat an falscher Stelle aufgehängt hat, weiß das. Am Schlimmsten sind die ungeschriebenen: Man muss ‚vernünftig sein', darf auf keinen Fall irgendjemand kritisieren, weil der- oder diejenige sich gemeint fühlen könnte und dann nicht mehr zum Gespräch bereit ist, sondern zum Richter geht.

Eine der inzwischen dümmsten Vorschriften ist die der „Zur Ruhe Setzung". Sie wurde erfunden, um verbrauchte oder nicht mehr gewollte Menschen elegant loszuwerden, findet aber den Euphemismus, den Menschen einen „verdienten Lebensabend zu gewähren". Inzwischen ist sie zu einem realitätsblinden und unangemessenen Mechanismus der Ausgliederung verkommen, mit dem sich die Gesellschaft selbst schadet. Wie kann eine arbeitende Generation ihre nicht mehr arbeiten dürfenden KollegInnen 25 bis 30 Jahre auf dem Niveau halten wollen und gesetzlich dazu gezwungen werden, das sie selbst vielleicht nie erreichen wird? Das ist in manchen Berufen und den entsprechenden Lebensverläufen einem gesamten Erwerbsleben gleichzusetzen. Das kann allenfalls denen zukommen, die wirklich und nachweislich einfach nicht mehr können, nie aber denen, die noch können und auch noch wollen. Zudem trifft die Unterhaltpflicht eine arbeitende Generation, die zum Teil ins Prekariat gezwungen wird. Das nicht etwa, weil die Alten die Plätze nicht räumen wollen, sondern einfach aufgrund der

Flexibilisierungsideologie.[245] Der Staat nimmt sie besonders gerne in Anspruch und setzt sie um.

Individuen individuell behandeln

Irgendwann muss sich diese Gesellschaft so organisieren, dass Individuen auch individuell behandelt werden. Warum hat sich im Erfindungsraum des Individuums das Individuum an den wirklich brisanten Stellen noch immer nicht verifizieren lassen? Die lächerliche Gleichmacherei hat ja bereits beim einstmals als objektiv geltenden nominalen Alter des Menschen ihr Ende gefunden, indem die medizinische Wissenschaft erkannt hat, dass Individuen, die dem Kalender nach gleich alt sind, biologisch auf völlig verschiedenen Altersstufen stehen können. Natürlich hängt so etwas auch mit dem individuellen Lebensstil zusammen. Man darf sich also bei diesen Überlegungen nicht in eine falsche moralisierende Haltung gegenüber den individuellen Lebensstilen drängen lassen. Dem allerdings durch Gleichmacherei - also ein erzwungenes Gleichmaß - vorzubeugen, erscheint geradezu idiotisch. Die Gesellschaft kann garantieren, dass jemand unbeschadet zu einem bestimmten Zeitpunkt einen Anspruch auf „Ruhegeld" hat, sie sollte aber niemand zwingen, das dann im Gleichschritt ohne Grund mit zu vollziehen. Warum sollten Dachdecker und Bauarbeiter den vielen Dienstleistungsberufen und gar noch den Geistesarbeitern gleichgesetzt werden?

An anderen Punkten folgt das Alterssicherungssystem individuellen und Lebensstilfragen sehr penibel und sehr kontraproduktiv. Kinderlose Paare – meist eine Frage des Lebensstils, manchmal auch der persönlichen Not – können sich gemeinsam über zwei lange Lebensarbeitszeiten und daher entsprechend bessere Renten und Pensionen freuen als Eltern, wo sich einer zeitweise hauptberuflich um mehrere Kinder kümmerte.[246] Seit der „Ehe für alle" (Mitte 2017) gilt das natürlich auch für gleichgeschlechtliche Paare. Wenn sie verwitwen, setzt sich das fort. Wer sein Leben lang oder gar nur Teile seines Lebens einen knappen Lohn bezog, wird im Alter dafür mit einer besonders kleinen Rente ‚belohnt'. Wer sich dann aus diesem Grund eine geringfügige Tätigkeit besorgt, um z.B. bis in hohe Alter zu putzen oder Karren auf dem Supermarktgelände zusammen zu schieben, der tut das wegen individueller Knappheit seiner Rente. Auch der oder die darf nicht mehr in seinem oder ihrem regulären Beruf arbeiten, um das Einkommen zu erhalten. Wer länger krank ist oder einem anderen Schicksal unterliegt, wie z.B.

---

[245] Bernd Kramer, Die Legende von der anspruchsvollen Generation Y, Spiegel online, 30 November 2015, http://www.spiegel.de/karriere/ berufsstart/die-generation-y-ist-in-wahrheit-eine-generation-prekaer-a-1064394.html.

[246] Dass das auch noch in anderer Hinsicht der Fall ist zeigt: http://www.t-online.de/eltern/familie/id_77935284/eltern-zahlen-dop-pelte-sozialbeitraege-ex-richter-fordert-aufstand.html.

psychischer Erkrankung, oder gar mehrere Gefängnisaufenthalte selbst herbeiführt, spürt auch das nachher ganz individuell. Da wäre so ein bisschen Individualität beim Eintritt in die Rente doch nicht zu viel verlangt! Aber das ist bei den ‚ganz gerechten Sachen', die sich individuell auswirken wohl eine Stufe zu viel! Besser wäre es allerdings in den genannten Punkten weniger individuell und dafür bei Eintrittsalter individueller zu werden.

Altersdiskriminierung

Diskriminierung wegen Alters scheint unausweichlich. Nicht nur das. „Es reicht zu wissen, dass wir …, Verachtung und Wut herausfordern, wenn wir uns in einem alten oder verbrauchten Körper, Gehäuse oder Kostüm bewegen."[247] Das wissen wir aus eigener Erfahrung, wenn wir uns überlegen, was wir traditionsgemäß als „Junge" über „die Alten" oder das Alter gedacht haben. Aber es geht viel konkreter:

Die Diskriminierung wegen Alters ist eine der letzten Bastionen einer Gesellschaftsform, in der alles im Gleichschritt passieren musste. Heute gibt es ein Gesetz gegen Diskriminierung (AGG), doch das wird beim Rentenalter einfach nicht angewendet. Hier werden beim Aussortieren alle gleich behandelt, heißt es. Bloßes Alter als Grund für Deaktivierung aber diskriminiert Menschen. Warum soll das Gesetz für alle Sonderfälle des Lebens, für das Alter aber nicht gelten? Das Alter wurde jetzt sogar als Begründung für die Zahl der Urlaubstage gerichtlich als Diskriminierung untersagt. Das Bundesarbeits-gericht kippte die Urlaubsstaffelung nach Alter im öffentlichen Dienst. „Diese an das Lebensalter anknüpfende Staffelung der Urlaubsdauer verstößt gegen das Verbot der Altersdiskriminierung in § 7 Abs. 1 iVm. § 1 AGG. Sie ist als sachlich nicht nach den §§ 8, 10 AGG gerechtfertigte unmittelbare Benachteiligung wegen des Alters gemäß § 7 Abs. 2 AGG iVm. § 134 BGB unwirksam. Zur Beseitigung dieser Diskriminierung ist eine Anpassung auf 30 Urlaubstage erforderlich."[248] Ich erinnere mich: in meinen ersten fünf Berufsjahren gewährte mir mein Arbeitgeber aufgrund meines Alters fünf statt sechs Urlaubswochen. Erst im veritablen Alter von dreißig war ich der sechsten Woche würdig. Das war genauso eine für richtig gehaltene Regelung wie die Zwangsberentung nach Alter, die heutigen Maßstäben rechtlich nicht mehr standhält. Wenn das jetzt eindeutig als Unrecht festgestellt ist, müsste man eigentlich einen finanziellen Ausgleich bekommen, der je nach Zeitdauer schon mal mit Zinsen ein Jahresgehalt ausmachen kann. Gar nicht an die möglichen Beeinträchtigungen durch Überforderung gerade in der nicht gewährten

---

[247] Frank Schirrmacher, Das Methusalem-Komplott, Karl Blessing Verlag München 2004, zitiert aus der 8. Auflage, 13.
[248] Bundesarbeitsgericht, Urteil vom 20.3. 2012 – 9 AZR 529/10, Absatz 47.

Urlaubszeit zu denken, die vielleicht eine Beförderung verhindert haben.

Damit erklären sich auch gesellschaftliche Regelungen aller Art. Sie kommen aufgrund bestimmter Anlässe zu Stande und sollten eigentlich nach einiger Zeit überprüft und neu gestaltet werden. Dazu haben wir doch die Demokratie, die mit den ehernen Gesetzen göttlicher Herkunft Schluss gemacht hat. Das funktioniert aber bloß als Theorie. Denn die Regelungen laden sich auch im demokratischen Leben mit Tradition und Macht auf. Wer etwas Menschengemachtes ändern will, stößt auf den Widerstand von Menschen, die sich damit eingerichtet haben und etwas davon haben. Daher gelten ihnen gesellschaftliche Regelungen immer noch als göttlich bzw. unveränderlich. Besonders in Institutionen begegnet man dieser Denkweise. Da kann es dann schon mal vorkommen, dass eine hundertjährige Regelung für eines der Zehn Gebote gehalten wird. So bekommt sie sakrosankten Status, selbst wenn die übrige Gesellschaft schon längst dabei ist, sie aufzulösen oder umzuwandeln wie bei der Rentenregelung.[249] Staat und ev. Kirche (namentlich die Nordkirche) arbeiten hier allerdings nicht im Gleichschritt. Die Kirche ist die letzte Bastion des ‚ehernen' Rentenalters. Wahrscheinlich aber wird das wegen der Personalsituation nicht mehr lange so sein. Noch arbeitet die Kirche mit der Reduzierung von Pfarrstellen – wegen Pfarrermangels in der Zukunft.[250] Das wird aber nicht reichen. Noch ist die ev. Kirche froh, wenn sie die Alten ohne Diskussion loswerden kann. Nur die gewählten Bischöfe können die Zeit überschreiten. Dass aber ausgerechnet die ev. Kirche, die sich viel auf ihre ‚soziale Ader' einbildet und sie in kirchlichen Denkschriften gemeinsam mit der katholischen Schwester herauskehrt[251], sozial als Gegensatz zu individuell angemessen versteht, ist dann doch erstaunlich. Seelsorge soll dann wohl dazu dienen, Probleme zu bearbeiten, die von undurchlässigen und individuell nicht angemessenen Regelungen hervorgerufen werden. Menschengemäß ist das nicht.

---

[249] http://www.welt.de/kultur/article131688577/Dass-man-laenger-arbeiten-darf-sagt-einem-keiner.html. Alan Posener, Dass man länger arbeiten darf, sagt einem keiner, Die Welt, 28.8.2014. Stefan Schulte, Länger arbeiten für mehr Rente – das geht auch heute schon, 25.11.2015, http://www.derwesten.de/wirtschaft/laenger-arbeiten-fuer-mehr-rente-das-geht-auch-heute-schon-id10208859.html. http://www.deutsche-rentenversicherung.de/ Allgemein/de/Inhalt/5_ Services/rententipp/wer_laenger_arbeitet_bekommt _mehr_rente.html.

[250] Beispiel: Perspektive der Personalentwicklung für Pastorinnen und Pastoren 2020-2030, Kirchenkreissynode Rendsburg, 24.11.2018. https://www.evangelisch.de/inhalte/155290/01-03-2019/nordkirche-verabschiedet-gesetz-gegen-pastorenschwund.

[251] Zuletzt in: Gemeinsame Verantwortung für eine gerechte Gesellschaft. Initiative des Rates der Evangelischen Kirche in Deutschland und der Deutschen Bischofskonferenz für eine erneuerte Wirtschafts- und Sozialordnung, 28. 02. 2014.

Spiegelungen der „Altenwelt"

Alter ist weder ein Verdienst noch eine Krankheit, sondern ein natürlicher Verlauf. Wenn man sich so anschaut, wie die gesellschaftlichen Gepflogenheiten im Alter sind, fällt auf, dass das schlechte Gewissen regiert. Spätestens ab sechzig werden in der Regel Geburtstage groß gefeiert, so als wäre das Altern ein Verdienst. Manchmal ist es Show: Was ich mir alles leisten kann! Ich kenne auch Menschen, die Kredite für ihren großen Geburtstag aufnehmen. An geschenkte Jahre denkt dabei kaum jemand. Letztlich sind die Zahlen der vergehenden Jahre einfach nur eine Konstruktion, um dem Betroffenen zu zeigen, dass er trotz des fortschreitenden Alters nicht vergessen ist bzw. nicht vergessen werden soll – schlechtes Gewissen eben. Denn in Wirklichkeit droht allen dieses Schicksal vielleicht mit der Ausnahme, sie bekleideten herausgehobene Positionen. Der Geburtstag ist ja eine Ausnahme und nicht der Alltag, auch wenn viele psychisch davon nahezu leben. Die gesellschaftliche Konstruktion Geburtstag ruht auch allgemein auf einigen gesellschaftlichen und strukturellen Voraussetzungen. Das Feiern des Geburtstages gibt es historisch gesehen erst seit kürzerer Zeit und ist keineswegs ‚naturgegeben'.[252]

Das gesellschaftliche Leben spielt sich aber im Alltag ab. Da hört man keine Lobeshymnen. Da herrschen eher die Rivalität und Taktik, unter denen viele in aktiven Tagen gelitten haben. Insofern sind manche froh, dem durch Alter entgangen zu sein. Das ist aber kein Grund, alle auszusortieren. Wegen dieser merkwürdigen Zwiespältigkeit, Unehrlichkeit oder Ambivalenz zelebrieren die Nachrückenden den Altenkult mit dem Geburtstag.

Die Positionen nicht bekleideten, dürfen sich der Aufmerksamkeit der Kirchen als AltenkreisteilnehmerInnen und des Lamentierens der Gesellschaft über die aus Altersgründen steigenden – nahezu unbezahlbaren - Gesundheitskosten sicher sein. Heute gibt es auch Seniorenbeiräte in den Kommunen. Das klingt wie das Trostpflaster der Ausgesonderten. Denn Entscheidungsmacht ist damit nicht verbunden. Und im Altenkreis habe ich miterlebt, wie der zuständige Propst beim Jubiläum den über 70-Jährigen ins Ohr schrie: „Wir brauchen die Alten!" Wahrscheinlich hatte er das ‚nicht' vergessen. Denn er sagte nicht, wozu sie zu gebrauchen sind. Eventuell dienen sie der Kirche damit, dass sie einen wöchentlichen Altennachmittag veranstalten und sich damit wichtig fühlen darf – und dass sie in ihnen die treuesten Mitglieder hat, weil

---

[252] Siehe Stefan Heidenreich, Geburtstag: Wie es kommt, dass wir uns selbst feiern, Carl Hanser Verlag, München 2018.

sich das Austreten nicht mehr lohnt. Die meisten zahlen nämlich keine Kirchensteuer (mehr).

Eine Sicht auf „die Alten" kann man tatsächlich in so genannten Altenkreisen gewinnen. Diese werden in der Regel von alten Frauen besucht, die sich über etwas Aufmerksamkeit freuen. Im realen Leben ist das anders. Da stören Alte, die im Weg ‚rumstehen' oder verhindern, dass man in Urlaub fährt, weil sie dann nicht versorgt sind. Sie sind langsamer als Jüngere und brauchen an der Kasse im Supermarkt lange, um das Geld zu zählen. Sie fahren in den Autos zu vorsichtig und hindern den Verkehrsfluss. Anders als im Altenkreis bekommen sie die Aufmerksamkeit in Form von ärgerlichen Blicken oder Stirnrunzeln. Aber das alles gilt eher für die Zeit jenseits der 80. Die manchmal so genannten „jungen Alten" wähnen sich in einer neuen Lebensphase.

Für alte Männer braucht man eher eine Skat- oder Diskussionsrunde und ein Bier, je nach Vorbildung. Kaffeeklatsch ist immer noch nicht ihre Domäne. Gemeinsame Besuche im Fußballstadion oder Wandern kommen ihnen eher entgegen, vielleicht auch Radfahren auf Leistung. Geistige Größen aus dem realen Leben besuchen keine Altenkreise.

Inzwischen klingt „das Alter" sogar von PsychologInnen ganz anders: „Alter und Krankheit gehören zusammen? Von wegen. Ältere Menschen fühlen sich heute im Durchschnitt zehn Jahre jünger, als sie tatsächlich sind. Dazu trägt besonders der Gesundheitszustand bei. Sich mit 80 Jahren und älter wohlzufühlen, ist jedoch nicht nur eine Frage der körperlichen, sondern auch der geistigen Gesundheit. ... Erwartungen an Ältere sollten nicht schon aufgrund des Lebensalters heruntergeschraubt werden. Das schade diesen Menschen genauso wie Kleinkindern. Denn Fähigkeiten, die nicht mehr trainiert werden, verkümmern wie ein Muskel. Letztlich müssten auch die Kommunen dafür sorgen, dass alle Angebote von allen Menschen genutzt werden können. Also: ‚Weg mit den Barrieren!', wie der VdK in seiner gleichnamigen aktuellen Kampagne fordert."[253] Warum also soll man von einem bestimmten Alter an aus der Gesellschaft ausgeschlossen werden? Da handelt es sich um ein verheerend altmodisches Altenbild.

Alte und Junge

Die Erfahrungen werden jedoch auch an anderer Stelle zurechtgerückt. Ältere Mitarbeiter in Betrieben und Institutionen kennen das Berufs-Know-How und sind nach einer neueren Umfrage zufriedener und sogar besser bei Motivation und Sache als junge Leute, die eher Dienst

---

[253] Sozialverband VdK Deutschland https://www.vdk.de/deutschland/pages/71996/das_alter_anders_denken_weg_von_den_defiziten_hin_zu_den_moeglichkeiten?

nach Vorschrift betreiben[254] und vielleicht zu Recht andere Sachen im Kopf haben müssen (Partnerschaft, Kinder, Haus, Karriere). Wenn man die sechzig hinter sich gelassen hat, fällt vor allem die Innovationsbremse „Karriere machen" weg. Die Flexibilität steigt dadurch enorm an, die ‚Lenkbarkeit' durch andere, das stromlinienförmige Eintauchen in den vermuteten ‚mainstream', lässt nach.[255] Dadurch stehen Alte auch keinen Jüngeren im Weg beim Karriere machen, sondern sie können sich voll auf die Aufgabe konzentrieren. Nichtsdestoweniger zeigten und zeigen einige Ältere im politischen Geschäft, dass man auch mit über siebzig noch zur Zufriedenheit seiner Mitmenschen verantwortliche Tätigkeiten ausüben kann. Sicher – Ronald Reagan hat einem Jüngeren als Präsident der USA den Arbeitsplatz weggenommen, regierte aber zur überwiegenden Zufriedenheit der BürgerInnen. Dass er danach an Alzheimer litt, tut dem keinen Abbruch. Donald Trump wurde trotz Alters und weltweiter Skepsis Präsident.

Mir ist auch klar bzw. meine Frau, etwas älter als ich und immer noch selbständig tätig, als erste Leserin hat mir das klar gemacht, dass der Vorschlag der Individualisierung des Eintrittsalters in den Ruhestand erhebliche Probleme der gerechten Abwicklung erzeugen kann. Werden nicht in einer Kommission, die solche Anträge überprüft, gerade die ehrgeizigen und selbstüberschätzten KollegInnen sitzen, die nur ihren Förderern eine Verlängerung gönnen und alle anderen aus Gründen des Ehrgeizes als mögliche KonkurrentInnen ablehnen? Wer soll welche Berufsgruppe überprüfen? Sind alte LehrerInnen nicht generell aus pädagogischen Gründen für die Unterrichtung von Kindern und Heranwachsenden ungeeignet, während Studierende sich gegen ihre (alten) ProfessorInnen durchaus wehren können, bis diese von selber einsehen, dass sie in Ruhestand gehen müssen. Alte Ärzte könnten ihre gesundheitlichen und praxishinderlichen eigenen Defizite verbergen, weil Ärzte auch sonst eigene Krankheiten eher nicht wahrnehmen. „Und geh' mir weg mit alten Pastoren! Die meinen, ihre Predigten aus der Zeit vor zwanzig Jahren seien auch heute Vorbereitung genug!"

Alle diese Probleme gibt es auch bei Berufstätigen jüngeren Alters, ohne dass man sie gerecht lösen könnte. Es gibt keine gerechte Berufungs-, Beförderungs- oder Wahlpraxis im Erwerbsleben und dennoch funktioniert das meiste irgendwie dann doch. Selbst wenn zurückgewiesene BewerberInnen zumindest im öffentlichen Dienst heute sogar vor Gericht ziehen. Bei Berufungen, Beförderungen und Wahlen sitzen meiner Erfahrung nach in der Tat die Ehrgeizigen und Selbstüberschät-

---

254 EY Jobstudie 2015, www.ey.com/Publication/vwLUAssets/EY-jobstudie-2015-motivation-infografik.pdf, Page 11. Siehe auch: Bernd Kramer, Die Legende von der anspruchsvollen Generation Y, a.a.O.
255 Ein individueller Beleg dafür: Stefan Kuzmany, Letzter ARD-Talk von Günther Jauch, Geschafft! Spiegel online, 30. November 2015, Absätze 11 und 12.

zer an den Hebeln und verteilen die vorhandenen Kuchen nach ihrem Gutdünken. Ähnliches könnte auch beim Renteneintritt passieren, womit man sich ob der gewonnen Freiheit individuell abfinden könnte.

Der Ruhestand oder die Rente ist auch nicht das Paradies, als das er von blitzsauberen Medien gern bezeichnet wird.[256] „Die Vorstellung, mit dem Abschied aus der Arbeitswelt beginne ein schöneres und selbstbestimmteres Leben, ist in vielen Fällen falsch."[257] Marketingerfindungen wie „Silber-Surfer" oder „Best-Ager" halten ihre Absicht kaum hinter dem Berg. Die Alten sollen konsumieren, reisend und kaufend für Umsatz sorgen - und nicht etwa sparen. Mindestens 30 Prozent können aber mangels Geldes nicht konsumieren. Auch das Oma- und Opaglück, sofern nicht dem Marketing-Trick zuzurechnen, kommt für viele nicht in Frage. 30 Prozent der so genannten Babyboom-Frauen haben keine Kinder. Sie müssten die Enkel eigens adoptieren.

Arbeit macht nicht krank

Die Diskussion wird auch als Problematisierung eines früheren Renteneintritts geführt. So stand in einem Artikel in der Zeit zu lesen: „So zeigten Wissenschaftler der Universität Zürich, dass Arbeiter umso früher starben, je eher sie in Ruhestand gingen – und zwar nicht nur jene, die gesundheitliche Probleme hatten. Österreich hatte während einer Stahlkrise Ende der achtziger Jahre Arbeitern die Möglichkeit eröffnet, schon mit Anfang fünfzig aus dem Berufsleben auszusteigen. Dieses Angebot galt aber nur für bestimmte Regionen. Deshalb konnten die Forscher zwei Gruppen miteinander vergleichen, deren Gesundheit und Lebenssituation sehr ähnlich waren, von denen aber nur eine vom Regierungsprogramm profitierte. Nachdem sie die Daten von 21.000 Menschen ausgewertet hatten, staunten die Wissenschaftler: Männer, die das gut gemeinte Angebot wahrgenommen hatten, starben früher. Mit jedem Jahr, das sie eher zu arbeiten aufgehört hatten, nahm die Wahrscheinlichkeit, älter als 67 Jahre zu werden, um 13 Prozent ab. Auf die frühe Rente folgte der frühe Tod."[258]

Dieser Gedankengang wird sogar noch fortgeführt. "Oft heißt es, Arbeit mache die Menschen krank", sagt Ulrich Hegerl, Direktor des Universitätsklinikums Leipzig. „Aber dafür gibt es wenig Belege. Eher scheint das Gegenteil der Fall zu sein." Das Berufsleben dient allein als solches der Vorbeugung gegen psychische Probleme. Das geschieht durch

---

[256] Techniker Krankenkasse, Hg., Hans-Werner Wahl, Aktiv in den Ruhestand. Planen, gestalten, genießen. Februar 2013. Hier werden allerdings trotz Hochglanz die „Schattenseiten" nicht ausgeklammert.

[257] Zitat aus Elisabeth Niejahr, Kolja Rudzio, Und jetzt?, Die Zeit Nr. 31, 30 Juli 2015, http://www.zeit.de/2015/31/ ruhestand-fruehe-rente-fluch, Ursula Staudinger, Altersforscherin.

[258] http://www.zeit.de/2015/31/ruhestand-fruehe-rente-fluch.

Tages- und Jahresstrukturen, Kontakte im Zusammenhang mit der Tätigkeit, Erfolge und Leistungsprämien. Das wirkt als Sinn im Leben, als Gebrauchtwerden und so genannte Wertschätzung. Wenn die Arbeit wegfällt, kann das Probleme der Orientierung und Lebensstruktur mit sich führen. Das geht bis zu Depressionen oder gar Suizidideen. „Gerade veröffentlichte Zahlen des Bundesverbands der Betriebskrankenkassen zufolge leidet keine Bevölkerungsgruppe häufiger unter Depressionen als die Rentner. 16 Prozent der Ruheständler, aber nur 13,5 Prozent der arbeitslosen BKK-Versicherten und nur 8,7 Prozent der Berufstätigen machte die Krankheit zu schaffen." Andere Studien zeigen: Selbstmord kommt bei Männern ab 65 dreimal so häufig vor wie bei jüngeren, was aber auch andere Gründe haben könnte.

Dass die Rente der Gesundheit schaden kann, ist so unumstritten, dass sie sogar in der offiziellen Statistik der Weltgesundheitsorganisation als Krankmacher auftaucht. In einer Liste, anhand derer auch deutsche Ärzte ihre Diagnosen festhalten, steht unter der Kennziffer F 43.2 die „Anpassungsstörung". Eine der Ursachen: die Rente. Diese führe zu "depressiven Reaktionen" oder auch „Störungen" im Sozialverhalten. „Nicht jeder Mensch leidet darunter", sagt Jürgen Deller, Professor für Wirtschaftspsychologie an der Leuphana Universität Lüneburg, „aber eine größere Gruppe hat Schwierigkeiten – und in manchen Fällen sind die so groß, dass es klinisch auffällig ist."[259]

Dass Untätigkeit und Aussonderungspraxis der Rente ein Problem sein könnten, empfinden aber nicht alle so, die in dieser Form aus der Gesellschaft ausgeschieden wurden. Probleme macht es bei eher einem Viertel der Betroffenen. „Am häufigsten leiden Menschen, die vorher schon nicht ganz gesund waren, die Geldprobleme haben, allein leben und die nicht freiwillig aus dem Berufsleben ausgeschieden sind. Erstaunlicherweise kommen Menschen, die ein besonders erfülltes und schönes Berufsleben hatten, mit dem Ruhestand nicht etwa schlechter, sondern besser zurecht als ihre vorher schon nicht ganz so glücklichen Kollegen."[260] Dass Ruhestand einen großen Einschnitt im Leben bedeutet, kann also nicht geleugnet werden. Man muss ihn deshalb nicht abschaffen und die (Lohn-) Arbeit bis zum Tode ausdehnen. Es spricht aber nichts dagegen, den Eintritt in diese Lebensphase flexibel zu gestalten. Diskriminierung wegen Alters ist unnötig.

Zu erwähnen sind aber auch die Bedenken, die viele Menschen ängstigen, wenn sie an eine individuelle Gestaltung des Eintritts in den Ruhestand denken. Sie fürchten eine weitere Erhöhung des Renteneintrittsalters und damit die Kürzung sozialer Leistungen. „Dieses Gesülze der tollen Arbeit über 65J hinaus gilt nur für einen sehr kleinen erlesenen

---

[259] A.a.O.
[260] A.a.O.

Personenkreis. Jeder der stressig oder körperlich täglich gefordert wird, wird wohl diese Leistung ab diesem Alter nicht mehr erfüllen können.“[261] Mancher argwöhnt sogar, dass die freiwillige Verschiebung des Renteneintritts nur den Boden für die weitere Verschiebung des gesetzlichen Eintrittsalters bereitet. Gerade das aber sollte nicht der Fall sein, wenn der Renteneintritt freigegeben wird. Das ist dann nicht mehr notwendig, weil es viele gibt, die freiwillig länger arbeiten werden. Dadurch könnten andere früher gehen. Alles aber gilt natürlich nur für Arbeit in gestalteten Verhältnissen. Bei Sklaven- oder Kinderarbeit, bei anderen Formen der Ausbeutung gilt auch in Europa der Satz nicht, dass Arbeit nicht krank macht.

Was ist anders im Ruhestand?

Im Ruhestand fahre ich nicht mehr in die Ferien, um meinem Arbeitgeber oder den Umständen meines selbst gewählten Berufes zu entkommen. Im Ruhestand verlege ich meinen Wohnsitz für einige Wochen, um dort das zu tun, was ich auch sonst mache: Mein Leben zu führen. Keiner kann mich ohne mein Einverständnis zurückholen oder dazu bewegen, den Ort meines Daseins zu verlegen. Und ich kann mir eine neue Existenz aufbauen, ohne dass die bisherige einfach weg ist – aber erfreulicher Weise ohne Arbeitgeber, manchmal aber auch mit einem solchen! Dafür muss ich dann wissen oder erkunden, was mein Einsatz wert ist und wer mich dafür bezahlen wird. Sehr hilfreich sind dafür die Fortbildungen, die ich in meiner beruflichen Zeit mitgemacht habe, wie eben auch alle Erfahrung, die ich im Umgang mit Menschen und Situationen gesammelt habe. Und wenn das eine nicht klappt, mache ich etwas anderes. Wenn ich zu etwas gar keine Lust habe, dann lasse ich es. Es ist eigentlich ein ganz schöner und selbstbestimmter Zustand, bis vielleicht irgendwann nichts mehr geht. Aber auch das entscheide - hoffentlich - ich selbst und nicht irgendein Arbeitgeber.

Aber Achtung! Es handelt sich um radikale Selbstbestimmung, in der ich auch schnell erfahre, wenn ich nicht (mehr) gebraucht werde. Ebenso schnell zeigt sich: Ich bin für nichts mehr zuständig, d.h. keiner muss mich fragen. Oder wenn ich gefragt werde, dann liegt das nicht mehr daran, dass ich einen bestimmten Beruf ausübe oder eine berufliche Funktion wahrnehme. Ich bin insofern aus dem öffentlichen Raum ausgeschieden.[262] Dann zeigt es sich, wie ich in meinem Leben gelernt habe, mit Frustrationen umzugehen und trotzdem am Ball zu bleiben. Da entscheidet sich also, ob ich dem Heiligen Geist oder der Institution

---

[261] Lesermeinungen zu http://www.zeit.de/2015/31/ruhestand-fruehe-rente-fluch.
[262] Peter Hahne, Talk im ZDF: Endlich Rentner! Und was dann? https://www.zdf.de/gesellschaft/peter-hahne/peter-hahne-vom-27-november-2017-100.html, „… und die Gesellschaft tut so, als wären diese Menschen überhaupt nicht mehr Teil eines öffentlichen Raumes…“ (Andreas Kruse, im Talk vorgestellt als „der Altersforscher in Deutschland“.)

Kirche mein inneres Leben anvertraut habe. Für das äußere sorgt dankenswerter Weise die Kirche durch die Pension. Das ist eine große soziale Leistung und verdient Anerkennung trotz all dem, was in diesem Buch zu lesen war.

Allerdings ganz ohne Loyalität zur Kirche geht das nicht. Wenn ich plötzlich zum Islam überträte, dem Dschihadismus frönte oder für eine indische Religion in den Wettbewerb zöge, wäre wohl die Geduld der Kirche auch meiner Meinung nach zu Recht zu Ende - auch wenn ich behauptete, der Heilige Geist stecke hinter dieser neuen Ausrichtung meines Lebens. Nach der Auffassung Jesu „weht (immer noch) der Wind, wo er will und du hörst sein Sausen wohl. Du weist aber nicht, woher er kommt und wohin er fährt. So ist es bei jedem, der aus dem Geist geboren wird." (Joh. 3, 8) Nach der Auffassung aller Theologen kann dieser anarchistische Ansatz nicht bedeuten, dass eine andere Religion alles besser kann. Die Aussage macht nur Sinn im Bereich des Christseins.

Andere glauben nicht an den anarchistischen Heiligen Geist - und damit auch nicht an Gott und Jesus sowie deren geradezu anarchistische und Leben schaffende Freiheit. Sie glauben an höllische Strafen, gnadenlose göttliche Gerichte, gnadenlose göttliche (und menschliche) Gewalt, eine Reihe von Wiedergeburten als Strafe und daran, dass Gott alles Mögliche verboten hat. Und eine zunehmende Zahl glaubt an sich, dass sie ein „Recht" haben zu leben als gebe es keine anderen. Da bleibe ich doch lieber ein Anarchist im Herzen, wo das von Anfang an drinsteckt und keiner Mühe bedarf, oder erst recht im Kopf, was man sich mühsam erarbeiten muss! Das heißt mit Paulus: „Prüfet aber alles, das Gute behaltet." (1.Thess. 5,21)

Kapitel XII

Kann man die Digitalisierung überleben oder ist sie als „Zeichen der Zeit" zusammen mit Klima und Corona der Vorschein der Apokalypse?[263]

Der Algorithmus entscheidet über Leben oder Tod, er verdient für uns Geld, er gibt oder verweigert einen Kredit, er vernichtet unsere Arbeit oder findet ein neues wirksames Antibiotikum[264] – ein neuer ungnädiger Gott? Aber: Algorithmen sind nichts Aufregendes, sondern Regeln, wie die Maschine zu einem Ergebnis kommt. Das geschieht schneller mit weitaus mehr Daten als im menschlichen Gehirn: „Mit einer neuen Methode haben Forscher unter tausenden Stoffen ein extrem wirksames Antibiotikum identifiziert. Es könnte zum Lebensretter werden, die Zulassung steht aber noch aus. … Es funktioniert nach einem vollkommen anderem Wirkprinzip als bislang bekannte antibakterielle Stoffe und tötet einige der gefährlichsten Erreger weltweit ab, darunter auch Arten, gegen die derzeit kein einziges bekanntes Antibiotikum mehr wirkt."[265] Der Lebensretter „künstliche Intelligenz"!

Manchmal denke ich, Probleme mit Algorithmen werden herbeigeredet, wenn auch hin und wieder mit profunder Kenntnis der Materie. Dass Algorithmen aber Propheten neben den vielen „Dunkelsehern" auf den Plan rufen, das ist irgendwie neu. Bei mir melden sich bei dieser Konstellation eher ein paar ‚alte Gedanken', wenn ich lese, was ein junger Autor unter „Zukunftsblind" als neue Welt entworfen hat. Ebenso geht es mir, wenn ich vom Überdruss lese, mit dem ein älterer Kenner der Szene die dahinterstehende Gewinnerideologie aufs Korn nimmt.[266] Sind wir bei den Themen der ‚Künstlichen Intelligenz' nicht mitten in unserem Glaubensprofil?

Warum also soll es ein Problem sein, wenn ich eine Werbung bekomme, die mir aufgrund meines bisherigen Kaufverhaltens ein Produkt oder eine Leistung anbietet? Ich kaufe doch nur, was ich mit meinem eingebauten Algorithmus namens Gehirn und nach Kontostand als brauchbar oder sinnvoll ansehe. Im Falle des Falles suche ich mir die

---

[263] Angeregt durch: Benedikt Herles, Zukunftsblind. Wie wir die Kontrolle über den Fortschritt verlieren, Droemer Verlag 2018.

[264] Julia Merlot, Künstliche Intelligenz entdeckt vielversprechendes Antibiotikum, Spiegel-online, 21.02.2020, 23:40 Uhr.

[265] Ebd.

[266] Tim Leberecht, Gegen die Diktatur der Gewinner. Wie wir verlieren können, ohne Verlierer zu sein, München: Droemer Knaur 2020.

im Augenblick günstigste Möglichkeit aus. Wenn ich dafür einen Kredit benötigte, machte es dann einen Unterschied, ob mir ein Algorithmus das verweigert oder ein Mensch? Wo soll darin eine Manipulation zu finden sein? Es gibt Befürchtungen, die die gesellschaftliche Auswirkung so beschreiben: „Was wird aus unserer Gesellschaft, wenn hochintelligente Algorithmen uns besser kennen als wir uns selbst?"[267] Droht gar ein neuer Totalitarismus?[268] Oder gilt die andere Ansicht des Informatikers Jürgen Schmidhuber: Es sei leicht, Künstliche Intelligenz zu einem „sozialen Wesen" zu trainieren. Langfristig werde die Künstliche Intelligenz die Welt besser machen, davon sei er überzeugt."[269]

Drei Beispiele: 1) Ich war der Meinung, ein bestimmtes Telezoom – Objektiv haben zu müssen. Das schien mir unter den üblichen Angeboten so teuer zu sein, dass ich den Wunsch aufschob. Nach einiger Suche fand sich ein Verkäufer aus Hongkong, der das Objektiv rund 200 Euro billiger anbot. Die üblichen Risiken (Betrugsmöglichkeit, weil von S-H aus kaum zu kontrollieren) wogen wir ab und beschlossen, das Teil zu kaufen. Der erste Anlauf endete mit der mail, das gute Stück sei leider einem Unfall auf der Strecke zum Opfer gefallen und daher nicht mehr lieferbar. Wir warteten geduldig ca. 4 Wochen. Danach war die zugesagte Ware geliefert und erfüllt seither mehr als zufrieden stellend ihren Dienst. Zwei Jahr später kostet sie auch im Internet - Handel immer noch 200 Euro mehr als wir bezahlt haben. Der ziemlich bescheuerte amazon- oder google-Algorithmus schickte ein halbes Jahr lang das „Normalangebot" jeden Tag auf meinen Bildschirm. Da funktionierte wohl eine Datenanalyse nicht – oder es war ein Filterblasenerlebnis.

2) Das Erstehen einer Handkreissäge dauerte bei mir. Vor zwanzig Jahren habe ich die alte entsorgt. Man musste sie mittels einer Bohrmaschine übers Elektrokabel betreiben. Meine Suche nach einer neuen endete immer mit „zu teuer". Schließlich ging alles auch von Hand. Dann aber gab es ein Angebot im Prospekt für ungefähr die Hälfte des üblichen Preises. Das ließ sich übers Netz leicht herausfinden. Jetzt ziert sie meinen Maschinenpark und funktioniert per Akku wunderbar. Gefahren der Digitalisierung? Nein: Segnungen! Die Warenwelt wurde in den Jahrzehnten viel übersichtlicher. Aber die kleinen örtlichen Anbieter haben das bis auf Ausnahmen nicht überlebt.

3) Ich möchte mein Haus betreten. Da aber just in diesem Moment der Strom ausfällt, ist leider die smarte Regelung meiner Haustür nicht möglich. Da ein anderer Schlüssel nicht vorhanden ist, muss ich mich gedulden, bis der Mitarbeiter des Stromversorgers mit dem Schlüssel

---

[267] Medienbischof Jung fordert mehr Debatte über Künstliche Intelligenz, Ev. Pressedient vom 17.10.2018, https://www.ekd.de/medienbischof-jung-fordert-debatte-ueber-kuenstliche-intelligenz-38746.htm.
[268] Dieselbe Meldung des Ev. Pressedienstes.
[269] Ebenda.

für den außenliegenden Stromkasten erscheint. Der drückt die Sicherung wieder rein, aber leider hat meine Haustür mit der Sicherung nichts zu tun. Der Grund ist die Überproduktion von Windstrom, die das Netz kurzfristig zusammenbrechen ließ. Ein Mitarbeiter hatte vergessen, die Windräder zum richtigen Zeitpunkt herunterzufahren. Da hilft nur noch die Hoffnung, ich hätte irgendwo ein Fenster offengelassen, durch das ich einsteigen könnte. Nun gut, nach neunzig Minuten ist der Strom wieder da und ich kann mein Haus betreten. Man kann sich mit künstlicher Intelligenz im smart home das Leben schwer machen statt sein Haus mit einem Schlüssel zu öffnen. Auch wer meine Haustür hacken will, braucht Strom.

Bestätigen diese Beispiele die Befürchtung, dass der Algorithmus mich besser kennt als ich mich selbst? Oder droht ein neuer Totalitarismus? Wer Nachrichten nicht von Fakes unterscheiden kann, wählt vielleicht die falsche Partei. Oder sollte ein(e) „Verführte(r)" das Wahlrecht verlieren? Bei Wahlen konnte man auch den Fakenews der katholischen Kirche erliegen, deren Wahlempfehlungen von der Kanzel kamen und Konrad Adenauer eine lange Regierungszeit bescherten. Heute hört man aus Polen und Russland Ähnliches von den „Fakenews" katholischer oder orthodoxer Machart.

War das im täglichen Leben nicht vor Jahrzehnten genauso: Der Betreiber des Kaufladens im Dorf wusste, was meine Eltern und andere Leute kaufen und hielt entsprechenden Vorrat. Oder man machte es wie beim Bäcker – nach drei Nachfragen backte er auch Vollkornbrot. Der eingebaute Algorithmus des Ladenbetreibers funktionierte ganz gut. Alltäglich anderswo einkaufen als im Dorf – das ging kaum. Also wurde bezahlt, was es kostet. Erst in den 1960iger Jahren änderte sich das langsam. Dann wussten die Ladenbetreiber im Dorf sehr schnell und ganz ohne Algorithmus, wer sich erdreistete, anderswo (preiswerter) einzukaufen. Heute wollen wir nicht bezahlen, was „es kostet", sondern möglichst preisgünstig weltweit einkaufen. Was wir uns heute auch sparen, ist die Auseinandersetzung mit ignorantem oder unwilligem Verkaufspersonal einschließlich der früher schwierigen Abwicklung von Garantiefällen. Das geht heute alles viel besser – trotz oder wegen maschineller Algokratie. Smart ist alles, so lange die Stromversorgung funktioniert. Früher konnte man aber die Kasse auch ohne Strom bedienen. Smart sind ebenso der Transport und die Lieferung, wenn auch das Klima darunter ächzt.

Warum also sollte „der Mensch" der Datenkrake nicht gewachsen sein, die doch immer nur ausspucken kann, was man ihr eingibt? Ausrechnet diese Datenblähungsmaschine soll viele von uns zur nutzlosen Masse machen? Wenn die Rechner uns das Lenkrad abnehmen, dann übernimmt google in Zukunft die Verantwortung, wenn das Auto, in dem ich sitze, einen Hund, eine Katze, ein Kaninchen oder gar einen

Menschen überfährt. Ist es denn denkbar, dass ich befördert werde und meine Verantwortung für die Art der Fahrt an eine Maschine delegiere – fast wie bei der Bahn oder dem Bus? Bei letzterem sitzt immerhin ein Mensch am Lenkrad. Ansonsten widerspricht das der selbst bestimmten Mobilität ganz beträchtlich, die doch eigentlich die Ursache für den Auto – Boom war. Bei den neueren Fahrzeugen spielen Daten eine große Rolle: Sie werden gespeichert und können u.a. nach Fahrstil ausgewertet werden. Die Versicherungen werden danach das Risiko der Fahrzeugführer einschätzen und dem/der Risikofahrer/in die Kosten weitergeben. Was wäre daran falsch, wenn sich Risiko - Verantwortung auf eigenes Verhalten bezöge? Raser könnten ganz schnell erkannt und aus dem Verkehr gezogen werden, bevor sie sich und andere gefährden oder umfahren.

Ohne eigenes Fahrzeug lebte man übrigens auch. In den fünfziger Jahren des 20. Jahrhunderts kam man auch irgendwo hin, wenn auch mit heute unvorstellbarem Zeitaufwand. Man musste möglichst in der Nähe seines Arbeitsplatzes wohnen. Nur für total regelmäßige Veranstaltungen wie Schulbesuch oder Bürotätigkeit konnte man sich eine gewisse Entfernung leisten. Aber einfach mal nach Hause fahren, weil die Kleine die Treppe runtergefallen ist, das ging nicht. Den Bus verpassen hieß vielleicht, sich der entfernten Verwandtschaft zu erinnern, die eben in der Kleinstadt des Arbeitsplatzes wohnte. Vielleicht war da noch ein Bett frei. Wenn überhaupt, konnte man vielleicht einen Nachbarn zu Hause telefonisch erreichen, der dann die eigene Familie benachrichtigen konnte – wenn er nett war. (Die Alternative hieß: Zehn oder fünfzehn Kilometer zu Fuß. Letztlich war das auch kein Problem. Die Menschen waren das stundenlange Gehen gewohnt. Eventuell kam noch jemand mit einem der seltenen Fahrzeuge vorbei, der zum Mitnehmen bereit war.) Wenn man kein Geld mithatte, konnte man sein Abendessen nicht einfach mit Karte oder smartphone bezahlen. Alle heutigen Annehmlichkeiten – der Lebensstil - sind letztlich Daten - und damit zugleich Klimafragen. Die Daten müssen ja schließlich durch eine Menge elektrischen Stroms jederzeit parat stehen.

Designerbaby

Die Mär vom Designer Baby geistert schon vierzig Jahre durch alle Medien. Heute spricht man von Gefahren des Biohacking. Damals witterten Fachleute die Gefahr, dass die Frau durch einen medizinischen Apparat ‚männlicher Medizin' ersetzt werden könnte und die Zeugung nur noch in vitro erfolgen wird, weil die Risiken des natürlichen Vorgangs unkalkulierbar bleiben. Dahinter die gesellschaftliche Spaltung auszumachen zwischen denen, die es sich leisten können und denen, die durch die Digitalisierung zur auch bald biologisch ausrangierten nutzlosen Masse absteigen, ist dann wohl doch etwas weit hergeholt. „Väter und Mütter werden das Erbgut ihrer Söhne und Töchter entsprechend den Anforderungen der Wirtschaft anpassen. Die Folge dürfte eine deutliche Reduzierung der menschlichen Vielfalt sein. ... Wenn die eigenen physischen und geistigen Möglichkeiten im Kern das Ergebnis einer bewussten Wahl sind, lassen sie sich nicht mehr dem Schicksal zuschreiben. Werden Kinder ihren Erzeugern ein falsches Design vorwerfen?"[270] Früher wurden die Gene durch die so genannte Partnerwahl gemischt. Auch da spielten manche der Gesichtspunkte eine Rolle, die heute genetisch arrangiert werden sollen: Status, Gesundheit, Aussehen und die guten alten freud'schen unbewussten Motive. Das waren und sind dann die Partner, „die Gott zusammengeführt hat..." (siehe Kap. IV)

So sehr es manche versucht haben – daraus entstanden keine Bio-Kasten. Trotzdem fiel auf, dass in bestimmten agrarischen Gebieten immer nur die Dummen zurückblieben, während die Agileren in die Stadt strebten. Das konnte man noch nach Jahrzehnten bemerken. Mit digitalen Algorithmen die Biooptimierung der Auserlesenen, d.h. Bessergestellten, herrichten zu wollen, dieses Ziel erreichen jetzt schon die sozialen Verhältnisse dadurch, dass der Betuchte länger lebt. Ob er sich auch darüber freuen kann, sei dahingestellt. Der Gewinner bekommt alles, der Verlierer stirbt, oder: „Wer hat, dem wird gegeben, damit er die Fülle habe, wer nicht hat, dem wird auch das genommen, was er hat" (Matthäus 25,29; von Robert K. Merton in der Wissenschaftssoziologie verwendet) - auch das ist längst Wirklichkeit. Frühere Erfolge sind die Grundlage kommender Erfolge. Die Agglomeration von Kapital und Wissen wird durch die Digitalisierung verstärkt oder auch nur beschleunigt. Dass sich in den oberen Milieus die Vorteile, in den unteren die Nachteile kumulieren, das zu erkennen bedarf es keiner Digitalisierung. Das soziale Problem ist die politische Gegensteuerung. Die schafft die Maschine nicht. Das Gleichnis von den „anvertrauten Pfunden" (Matthäus 25, 14-30) endete für den, der sein Geld nicht vermehrte, in der Finsternis, wo Heulen und Zähneklappern herrschen. Welch schöne Beschreibung des Turbokapitalismus – und das ganz ohne Algorithmus. Nur ist das natürlich kein Aufruf zur Ausbeutung oder zur kapitalistischen Ausbootung anderer gewesen, sondern eine Einladung zum Gottvertrauen. Wer sich von der teuflischen Angst leiten lässt, verliert alles.

Computer-Hirn-Schnittstellen und Nationalstaat

Die Furcht vor Hirn-Computer-Schnittstellen mit der Idee, daraus durch Auslagerung der Gehirnkopien in die Cloud ewiges Leben zu schaffen, erscheint mir geradezu absurd. Der Mensch ist eine lebendige Seele, die Cloud jedoch nicht. Der kann man einfach den Stecker ziehen. (Das

---

[270] Zukunftsblind, 143.

kann man im übertragenen Sinne beim Menschen natürlich auch. Dann ist es ein Verbrechen!) Wieso sollte eine Gespenster-Cloud von Eltern und Großeltern als Leben gelten? Das hört sich an wie jene Patientin aus der Psychiatrie, die mir erzählte, sie höre die Stimmen aller Kaiser und Könige und aller Menschen, die je gelebt haben. Daher müsse sie die ganze Nacht wach bleiben, um diese zu kontrollieren. Sonst gehe die Welt unter. Diese Kontrolle soll dann die Maschine machen, die nur rechnen kann? Kontrolle wird Illusion und Unterdrückungsversuch, wie man in China bereits sieht. Dort wird das Verhalten von Menschen durch die Datenkrake kontrolliert wie früher von der Dorfgemeinschaft – nur jetzt im ganzen Milliardenstaat.

Der Nationalstaat wird ausrangiert. Bei Klima und Migration geht das auch gar nicht anders. Auch „Kernkraft, Klima, Gesundheit, Tourismus, Finanzspekulation, ja sogar die Medizin bilden jeweils und zusammen einen kosmopolitischen Risikohorizont", sagte Ulrich Beck in seiner ‚Metamorphose der Welt'.[271] Heute ist schon die Marktmacht des Silicon Valley so groß, dass Staaten von den dortigen Firmen an der Nase herumgeführt werden können. Warum kann dann ein ungehobelter Präsident die ganze Welt am Nasenring herumführen – etwa weil er sich als Milliardär per digitaler Präsenz in die Politik gekauft hat, was die Mehrheit gar nicht wollte? Das zeigt die kosmopolitische Lage.

Zur Schwäche der Nationalstaaten im Gegenüber zu digital neu geordneter Machtkonzentrationen und Menschheitsproblemen kommt, dass politische Programme sich nach der Mehrheit der (lokalen) Wähler richten. Die sind heute in den Demokratien so alt, dass sie nicht mit der Zukunft zu gewinnen sind. Nichts ändern, heißt die erste Devise. Bestehendes optimieren, die zweite. (Innovator's Dilemma) Der herkömmlichen Politik wird der Boden entzogen, weil sie keinen Mechanismus zur Erneuerung entwickelt wie die Wirtschaft, die durch startups stets in der Weiterentwicklung steckt. Die Wirtschaft läuft global – ja eigentlich kosmopolitisch. Die Politik spielt sich immer noch oder wieder auf das Territorium bezogen ab. Digitale Industrie wird die Verwerfungen unter den Nationen verstärken, sofern sie keine Arbeit z.B. für die Staaten in Afrika schafft.

Die Gesellschaften im Westen verstärken ihre Optimierungsbemühungen für die eigene Bevölkerung, in Afrika können Kinder gegen die einfachsten Krankheiten immer noch nicht geimpft werden. In Pakistan gilt das sogar für die Masern – und das nicht aus finanziellen, sondern aus Glaubens-Gründen. Und wir sind heute kaum in der Lage, zu verstehen, dass wir in einer Welt leben, in der man nicht einem Teil die Segnungen des anderen Teiles vorenthalten kann.

---

[271] Ulrich Beck, Die Metamorphose der Welt.

Kein Narrativ

Die gegenwärtige Situation wird durch Narrativlosigkeit geprägt. Es fehlen ihr der Glaube und die Liebe. Es könnte aber auch sein, sie hat uns das neoliberalistische Modell vom Gewinner so eingeprägt, dass wir darunter alles andere verlieren. ‚The winner takes it all': Dieses Lebensmotto zerstört im Endeffekt jeden Glauben und jede Liebe. Zumindest in Europa hat niemand mehr eine mitreißende Utopie. Fortschritt hat den Namen Bedrohung. Benedikt Herles befürchtet „nutzlose Massen", wenn die smarten Maschinen die menschliche Arbeitskraft ablösen. Die Unterhaltungsindustrie wird noch mehr Kunden haben als schon heute. Ökonomische Selektion bedeutet auch, dass hochautomatisierte Gesellschaften schrumpfen. Das anachronistische Narrativ vom Leben als Arbeit sollte von der Antwort auf die Frage abgelöst werden: „Wie führt man ein erfülltes Leben ohne ökonomische Wertschöpfung?"[272] Das ist eine erstaunliche Wende, die man so bei den Algorithmen nicht erwartet hat.

Bei Tim Leberecht kommt dieselbe Fragestellung als Plädoyer für das Bedingungslose Grundeinkommen vor. Das verbindet sich mit der Erkenntnis, dass das Gewinnermodell grundsätzlich inhuman sei, weil es eindimensional die Wirklichkeit nur aus Zwecken der Optimierung und Effizienz betrachtet, ohne zu bemerken, wie das Nichteffiziente, das Traurige, ja das Verlieren und die Melancholie Grundbedingungen für humanes Leben und Wirtschaften sind. Das bedingungslose Grundeinkommen, das nicht an bestimmte Leistungen geknüpft wird, gleicht dem Wirken Gottes, der über den Bösen und den Guten seine Sonne aufgehen lässt: „Verlieren ist und bleibt menschlich, es lässt sich nicht automatisieren, es ist ein Kernmerkmal, vielleicht ja sogar die Essenz der conditio humana. Es gilt, eine Gesellschaft zu schaffen, in der Verletzlich - sein - Können, ja, Verletzt – werden - Können möglich ist, ohne erniedrigt zu werden. In der man zerbrechen kann, ohne gebrochen zu sein."[273]

Die Frage nach dem erfüllten Leben ohne ökonomische Wertschöpfung beantworten Religionen und Philosophien seit Urzeiten: Du sollst dem folgen, was dein Schöpfer und Erhalter dir zukommen lässt. Der Sinn deines Lebens liegt darin, den Geboten zu folgen, die Mitmenschen zu lieben, deine Feinde zu lieben, Gott zu lieben und zu leben. Eine andere Religion sieht den Sinn darin, sich Allah zu unterwerfen, die Gebete zu verrichten, Almosen zu geben, (in manchen Auslegungen die Ungläubigen zu vernichten) und zu leben. Wenn das befolgt wird, gibt es immer genug zu tun. Die ökonomische Wertschöpfung unterstützt nur das Leben auch im Zeitalter der Digitalisierung, schafft es aber nicht. Ohne

---

[272] Zukunftsblind, 223.
[273] Tim Leberecht, Gegen die Diktatur der Gewinner, 70.

Menschen müssten Mäuse und Kaninchen die künstliche Intelligenz am Laufen halten und sich über deren Unangepasstheit im tierischen Universum wundern bzw. ärgern.

„Nur seine Fähigkeit, sich in andere hineinzuversetzen, und sein Vermögen, wertebasierte Schlüsse zu ziehen, behüten den Homo sapiens in Zukunft vor der Irrelevanz. Das heißt, solange wir uns um unsere Artgenossen kümmern, werden wir nicht nutzlos. Für eine gesellschaftliche Wertschöpfung sind wir weiter unersetzlich. Selbst wenn alle ökonomische Macht von künstlicher Intelligenz ausgeht, bleiben uns mehr als genug Aufgaben, bei denen es vor allem auf emotionale Geisteskraft ankommt."[274]

Diesen Schluss nachzuvollziehen, wird niemand schwerfallen. Warum aber übernimmt Benedict Herles den Pessimismus der alten Leute, wo doch nach seiner eigenen Aussage „Zeit für einen furchtlosen Neuanfang"[275] ist? Der hat „drei Dimensionen": Neue Legitimierung des digitalen Kapitalismus, Bändigung der Gefahren des technologischen Wandels, Kontrolle über die menschlichen Eingriffe in die Biosphäre gewinnen. Das dafür notwendige neue Denken sieht Benedikt Herles in der Überwindung „antiker" rot-schwarzer rechts-links Schemata durch neue Vorwärts-Strategien in der postindustriellen Phase. Das sieht so aus: Kapital und Arbeit steuerlich gleich belasten, durch bürgerschaftliches Engagement bedingtes Grundeinkommen, Aktien für alle (finde ich nicht gut, das knappe Geld eines Grundeinkommens auch noch irgendwelchen angeblichen Anlagefachleuten zu überlassen, die es dann verjubeln), Bildungsrevolution, öffentliches Geld für führende Technologie, Bürger-Blockchain, Zukunftsministerium, Künstliche Intelligenz und kritische Software überwachen, EU-Agentur für Biotechnologie, UN-Technologie-Konferenz und internationale Kontrollinstitutionen schaffen.

Wider Erwarten endet das Buch „Zukunftsblind" mit einem hoffnungsvollen Blick auf unser Land, dem der Autor zutraut, das Innovator's Dilemma zu überwinden – wenn die Nation die „Zeichen der Zeit" erkennt. Diesem Erkennen widersprechen nationalistische Partei- und Denkweisen überall auf der Welt. ,Trotzdem Leser' – es klingt wie bei den Propheten, ,erkennt die Zeichen der Zeit, die ich Euch zeige!'

Diese ,Zeichen' liegen offen zu Tage. Um sich ihnen zu stellen, bedarf es keiner Parteienkämpfe noch einer Prophetie, sondern man braucht Intelligenz, Mut, Durchhalte- und Kommunikationsvermögen – die alten Tugenden eben – und Glauben, der nicht aufgibt. Der Algorithmus ist nur eine Methode, nicht das Leben selbst. ,Der Mensch' kann eine neue Art der Verelendung von Vielen vorantreiben oder neue Schritte

---

[274] Zukunftsblind, 226.
[275] Zukunftsblind, 232

zum menschlichen Leben der Menschheit tun. Niemand nimmt uns das ab! Aber die Digitalisierung unterstützt uns dabei – allen Gefahren, die ihr angehängt werden, zum Trotz. Die Gefahren liegen bei uns und unseren seelischen und gesellschaftlich-politischen Abgründen, nicht bei der ‚künstlichen Intelligenz'. Wir sind gewissenmaßen das „Innovator's Dilemma".

Digitalisierung der Theologie

Jetzt fehlt noch die Digitalisierung der theologischen Bemühungen. (Siehe auch Kap VIII, 230f.) Einen Schritt dazu machte in der Reformationsausstellung zum Lutherjahr 2017 der Segensroboter „Bless U-2". „Die Installation sei ein Experiment der medialen Vermittlung und ‚keine Karikatur des Segens' gewesen, sagte Jung, der auch sogenannter Medienbischof der Evangelischen Kirche in Deutschland ist. Der Segensroboter habe auch zum ‚Nachdenken und zur Debatte über die Grenzen der Digitalisierung' bei der medialen Vermittlung angeregt."[276] Theologisch korrekt ist daran: Der Roboter segnet alle gleich, die es wollen, ohne Vorurteile oder Vorbehalte auf beiden Seiten, ohne Trauschein, Glaubensbekenntnis, Konfession oder … – ähnlich dem Segen Gottes. Wenn er sogar zum Nachdenken anregt, tut er seinen Dienst. Es sei denn, er wird wirklich intelligent, dann weiß er durch Gesichtserkennung, welcher Sünder vor ihm steht und verlangt zuerst Beichte, Kircheneintritt, Zahlung des Kirchgeldes oder die versäumte Taufe der Kinder. Da wären wir dann wieder auf der gleichen Ebene gelandet wie vor der Digitalisierung, nur etwas schneller. Dann müsste zumindest die evangelische Pastorin vor Ort wieder ihre Barmherzigkeit walten lassen und hoffen, dass das den säumigen Gläubigen beeindruckt.

Digitalisierung ist eine gehobene Form von Verwaltung. Da läuft alles nach Schema F – mit dem erwarteten, weil programmierten Ergebnis. Denn das System kennt keine neuen Ideen, weil seine Algorithmen von heute jeweils gestern entwickelt wurden. Seine angebliche Lernfähigkeit folgt auch programmierten Pfaden. Seine Vorteile der weltweiten Vernetzung und papierlosen blitzartigen Verbreitung können im positiven Fall segensreich wirken, im negativen Falle aber auch tödlich. Der negative Fall – vom Drohnenkrieg bis zum so genannten „shitstorm" der MenschenhasserInnen bewegt leider die öffentliche Wahrnehmung und Hilflosigkeit. Das erfordert keine neue Ethik. Da reicht die alte.

Wenn dann aber ein nicht vorauszudenkender Umstand eintritt - und sei es das Coronavirus „aus China" – helfen nur ‚antike' analoge Rezepte wie zuhause bleiben, Kontakt vermeiden, Hände waschen, Mundschutz und die Hoffnung, dass das hilft. Ohne Digitalisierung aber wüssten wir

---

[276] Evangelischer Pressedienst vom 6.11.2017, zugänglich auf der Seite „EKD.de: https://www.ekd.de/jung-segensroboter-hat-zum-nachdenken-ueber-glauben-angeregt-30221.htm.

erst mal gar nichts davon. Mit Digitalisierung können alle gleichzeitig die analogen Kontakte verringern. So hilft sie, das analoge auch wirksam umzusetzen, da alle gleichzeitig informiert werden. Dabei zeigen sich Verwerfungen analoger Art sehr schnell: Veranstaltungen müssen verboten werden. Keiner macht das von selbst, wofür die Kreise Tirschenreuth in Oberfranken und Heinsberg gute Beispiele sind. Ob Fasching oder Bierfest – es wird gefeiert, gewissermaßen auf Teufel komm raus. Von selbst kommen die meisten nicht auf die Idee, das digital verbreitete Wissen analog zu benutzen. Weitere Beispiele: 1) In verschiedenen Orten wurden „Coronaparties" gefeiert, die von der Polizei aufgelöst werden mussten. 2) Die ganze Welt wusste schon, dass in Österreichs Skigebiet Ischgl wie eine Virenschleuder wirkte, bevor man vor Ort auf die Idee kam, das Wissen analog umzusetzen und die Partyräume zu schließen. Das Wissen kam aus Island, wo ein Flieger mit einer Skifahrergruppe von 14 Infizierten direkt aus dem Skigebiet landete. 3) Vielleicht wurde das Corona-Drama in Italien bei einem Fußballspiel, dessen Ergebnis die Zuschauer entzückte, unwissentlich zumindest mit befördert.[277]

Also kann Digitalisierung nicht gewissermaßen von selbst das ‚antike' menschliche Gemüt ändern, das sich sagt: Bei uns kann das nicht sein; mich wird es schon nicht treffen; ich bin jung und gehöre nicht zur Risikogruppe; die meinen, sie können mir etwas sagen; ist doch alles weit weg; die Schuldigen finden wir schon; die Regierung ist schuld; alles wird aufgebauscht; ich sehe keine Viren; die Italiener sind selber schuld; Tür zu, die Fremden bringen das mit. Die Datenschwemme ändert kaum die uralte menschliche Ausstattung mit all ihren Wahrnehmungsverzerrungen, Vorurteilen, kognitiven Differenzen, Selbstbezogenheiten und Bosheiten – der sündigen Verfassung des menschlichen Gemüts eben.

Dass ein Mensch sich entwickelt, das ist auch kaum noch möglich. Auf der Plattform erscheint dann auch nicht die Individualität, sondern nur ihre tote zurechtgerückte Liste mit eins und null. Das unbestechliche, aber doch manipulierbare, Gedächtnis des Netzes lässt einmal geäußerte Worte, Ideen oder Phantasien als Jetztzeit erscheinen, die sie nicht sind. Der lebendige Mensch ist ein Variables, Vielfältiges, das Schatten wirft und Wirkungen erzielt, entgegennimmt, überwindet, zustimmt, ablehnt, liebt oder hasst. Das Abbild im Netz ist reine Schablone, bloße Liste, ohne Zukunft oder Stellungnahme – ein reiner Datensatz. Schon vor dem Abschluss der Schule kann man sich mit einzelnen Listenpunkten um alle Chancen bringen oder andere jederzeit stolpern lassen. Oder

---

[277] Tom Mustroph, Die Geschichte vom Spiel Null, Zeit-online, 24. März 2020, 10:42 Uhr, https://www.zeit.de/sport/2020-03/italien-bergamo-fussball-champions-league-coronavirus-verbreitung/komplettansicht.

man kann zum Abziehbild der Wünsche anderer werden, indem man sich präsentiert.

„Der Druck, das eigene Leben zu stilisieren und zu vermarkten, hat drastisch zugenommen und stellt letztlich die vollkommene Ökonomisierung aller Lebensbereiche dar: Jeder ist sein eigenes Start-up. Das Leben ein Profitcenter. Das schöne, gute Leben die persönliche Marke. Das Ich? Eine Plattform. Wir erleben eine Rückkehr des ‚eindimensionalen Menschen' (Herbert Marcuse), der nun paradoxerweise durch die Expansion in digitale Lebenswelten und gesellschaftliche Liberalisierung vielfältige Ausdrucks- und Verwirklichungsdimensionen als Optionen hat, dessen Wert und Selbstwert jedoch zu einer einzigen Dimension reduziert werden: Daten.“[278]

Wie wollen wir da mit der Vergebung der Sünden umgehen? Mit all dem gut Gemeinten, perfekter Selbstoptimierung, protziger Rechthaberei, gerechtfertigter Beschimpfung und Bedrohung, den Selbstrechtfertigungen oder geschönter Wirklichkeit? Macht das auch das Netz? Die Sündenapp listet alle Sünden auf und gewichtet sie, um sie dann der Vergebungsapp oder Gnadenapp zu übergeben? Der Theologe wird zum Appschreiber, die Ergebnisse der Appnutzung werden im Kirchenamt registriert und ausgewertet – natürlich nicht in entpersönlichter Form. So ergibt sich ein Faktor der Gläubigkeit in der Gesellschaft und beim einzelnen, mit denen man dann argumentieren, d.h. ein- und ausgrenzen kann. Selber glauben muss man dann nichts mehr, da man ja alles weiß – vom Stromverbrauch bis zur Spendenbereitschaft, von den Hoffnungen bis zu den Ängsten, von der öffentlich zur Schau getragenen Ethik bis zum schmählichen Ergebnis in der Wirklichkeit.

Am Ende werden die Chancen aufs ewige Leben mit der Jenseitsapp berechnet. So weiß jeder auch über diese Welt hinaus Bescheid. Je nach theologischer Richtung wirft die Fegefeuerapp bei den einen die Jahrtausende bis auf zehn Stellen hinter dem Komma aus. Bei den anderen kommt die Jüngste-Gerichts-App zum Einsatz. Sie bewertet die Chancen, zu den Schafen oder Böcken gezählt zu werden. Der Klimafaktor ist schon überall einprogrammiert. Man muss schließlich sein generell klimaschädliches Dasein wenigstens zum Ableben noch rechtzeitig bereuen können. Dann wird das Urteil im Gericht keine Überraschung mehr sein was es noch zu biblischen Zeiten war. (Matthäus 25, 31-46) Datensatz sei Dank! Nach den Worten Jesu gilt das allerdings nicht. Denn danach ist Gott gnädig, auch wenn der Datensatz nicht ganz perfekt sein sollte.

Bei all den Algorithmen: Gott wird irgendwann einsehen, dass er das katholische Fegefeuer ausgehen lassen muss – wegen des Klimas. Wohin dann mit den Sünden, wenn man sie nicht mehr verbrennen kann?

---

[278] Tim Leberecht, Gegen die Diktatur der Gewinner, 69.

Irgendwann wird Gott sehen, dass das so nicht weitergeht und dass er das Ende einleiten muss. Das mit den Menschen war wohl doch eine blödsinnige Idee. Aber zur Schöpfung gab es noch keine App, die die Schädlichkeit des menschlichen Daseins für die gesamte Schöpfung ausrechnen konnte. Die göttliche Phantasie reichte dazu offenbar nicht ganz. Er gab noch das Motto aus: „Seid fruchtbar und mehret euch und füllet die Erde und machet sie euch untertan und herrschet über die Fische im Meer und über die Vögel unter dem Himmel und über alles Getier, das auf Erden kriecht." (1. Mose 1,28) Dass das irgendwann in Verdrängung, Ausrottung und Selbst-Bedrohung der Gattung Mensch übergehen würde, …. Vor der Sintflut hatte er aber doch schon mal eine Ahnung, die er in seiner unverstellten Emotion gleichzeitig bereute. Das ist einer der Unterschiede zwischen Gott und dem Algorithmus. Letzterer kann nichts bereuen! (Dennoch verwechseln manche Menschen Gott mit einem Algorithmus: Man speist ein und das Erwartete kommt heraus. Als hätte er oder sie keine Emotion oder/und keinen Willen!)

In weltlicher Sprache gesprochen klingt das so: „Menschen haben andere Menschen im Lauf der Geschichte schon mehrmals an den Rand der Ausrottung gebracht. Jetzt bedroht sich die gesamte Spezies mit einem Massenselbstmord selbst. … Wir bringen uns um, weil die Entscheidung für den Tod bequemer ist als die für das Leben."[279] Und der Algorithmus hilft uns dabei, das ordentlich zu verwalten, damit keiner aus der Reihe tanzt. Hoffnungen auf Leben im Geist kommen darin nicht mehr vor. Der Geist ist leider nicht zu verwalten.

‚Ändere dein Leben' war einst die Botschaft Jesu. Heute antwortet man darauf mit dem Satz: ‚Wenn ich etwas ändere, bringt das gar nichts. Es müssen alle mitmachen! Tun sie es nicht, muss man sie zwingen – und sei es per App und shitstorm in den (a-)sozialen Medien!' Aber: Der Wind weht, wo er will und du hörst sein Sausen wohl …. Der Algorithmus kennt uns nicht besser als wir uns selbst. Er ergreift uns nur als Datenblatt. Der Geist dagegen ergreift uns als lebendige Menschen, die nicht menschenzentriert, sondern menschlich – wenn auch derzeit etwas melancholisch – im chaotischen Leben zurechtzukommen versuchen.

Wenn ich etwas ändere, bedeutet das zugleich, etwas zurückzulassen, etwas zu verlieren. Es gibt keinen Fortschritt ohne Verlust, keinen Klimaschutz ohne Änderungen im Leben und keine Digitalisierung ohne analoge Einschnitte. In Tim Leberechts letztem Kapitel steht: „Unsere Menschlichkeit kann nicht gewonnen, sondern nur verloren werden. Es ist diese Demut, die uns helfen, die uns heilen könnte. Wenn ein Sieg

---

[279] Jonathan Safran Four, Wir sind das Klima!, Köln: Kiepenheuer und Witsch, 4. Auflage 2019, 242.

nicht mehr möglich und ein Verlust unvermeidlich ist, bedeutet verlieren, sich auf einen hartnäckigen Akt des Glaubens einzulassen: die Hoffnung ist alles, was uns bleibt, wenn die Niederlage näherrückt. In diesem Sinne sind wir, hoffentlich, alle Verlierer. Wenn wir uns wandeln, verlieren wir. Mit jedem Jahr, das wir auf der Erde verbringen, verlieren wir. Wir verlieren: unsere Lieben, unsere Jugend, unsere Unschuld, unsere Träume, unsere Kräfte und schließlich, wenn wir ganz am Ende sind, unser Leben."[280]

Etwas ist größer als wir. Das sind aber weder der Algorithmus noch die Datenplattformen noch die überall gegenwärtigen menschlichen Katastrophen noch das Virus. „Wenn wir uns selbst verlieren, überschreiten wir das eigene Selbst zugunsten einer dritten oder vermeintlich höheren Entität. Dies können andere Körper sein, höhere Bewusstseinszustände, Kulte, Religionen oder transzendente Konzepte anderer Natur – sie alle eint das Gefühl, Teil von etwas zu sein, das größer ist als wir selbst."[281] Wäre dafür ‚Heiliger Geist' nicht der richtige Ausdruck?

---

[280] Tim Leberecht, Gegen die Diktatur der Gewinner, 229.
[281] Leberecht, 187.